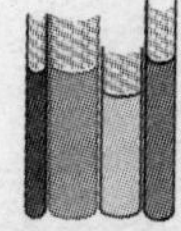

江西财经大学博士论文文库

职业体育的组织形态与制度安排

郑志强 著

中国财政经济出版社

图书在版编目（CIP）数据

职业体育的组织形态与制度安排/郑志强著．—北京：中国财政经济出版社，2009.12

（江西财经大学博士论文文库）

ISBN 978－7－5095－1699－7

Ⅰ．职…　Ⅱ．郑…　Ⅲ．职业体育－体育组织－研究　Ⅳ．G8

中国版本图书馆CIP数据核字（2009）第115431号

责任编辑：林治滨　　　　责任校对：杨瑞琦

封面设计：郁　佳　　　　版式设计：兰　波

中国财政经济出版社出版

URL：http：//www.cfeph.cn

E－mail：cfeph@cfeph.cn

社址：北京市海淀区阜成路甲28号　邮政编码：100142

发行处电话：88190406　财经书店电话：64033436

北京财经印刷厂印刷　各地新华书店经销

880×1230毫米　32开　12.625印张　285 000字

2009年12月第1版　2009年12月北京第1次印刷

定价：28.00元

ISBN 978－7－5095－1699－7/G·0032

（图书出现印装问题，本社负责调换）

本社质量投诉电话：010－88190744

序　言

2008年北京奥运会和残奥会的成功举办激发了中国和全球新一轮的体育热情。从经济学的角度来看，人们之所以热衷于体育运动，是因为其具有较高的投入产出性价比，从而催生了体育产业的兴起和体育经济的繁荣。郑志强同志长期以来对体育产业有着浓厚的兴趣，也一直有志于从事体育经济学的研究。本书在其博士论文“职业体育的组织形态与制度安排”基础上，数沥其稿，如今即将付梓出版，作为导师，尤感欣慰。

从全球范围看，以职业体育为核心的全球体育产业已成为不可忽视的新兴产业，且随着各国居民收入的提高和闲暇时间的增加，媒体技术的迅速发展和世界市场的进一步融合，全球体育产业的发展可谓方兴未艾。在我国，体育运动长期成为一项政府领导下增强人民体质的事业和振奋民族精神的政治武器，但也在相当程度上忽视了体育运动所具有的经济属性。多年来体育事业由国家包办，体育自身的商业开发严重不足。1993年，原国家体育运动委员会以足球项目为突破口开始了体育职业化改革。但与中国在其他项目摘金夺银、狂揽奖牌相比，职业化后中国足球却每况愈下，一次次令广大球迷和赞助商失望。国外发展迅猛的职业体育与国内职业体育的举步维艰形成了鲜明的反差。中国体育职业化改革是否错了？中国职业体育应如何科学发展？在改革开放30周年的今天，不仅需要对过去的反思，更需要理性的思考。郑志强同志在广泛阅读相关文献资料的基础上，以职业体育的组织和制度为研究对象，希望通过揭示职业体育发展的层次态规律，为我国职业体育的科学发展提供有益借鉴。本书从契约治理的视角，围绕着“资产专用性”这一核心概念，对职业体育的各种特殊的组织形态和制度安排进行了系统研究，认为职业体育的组织形态和制度安排是职业体育各相关利益者通过各种竞争和合作手段，保护其专用性投资，抑制机会主义行为的层次态治理机制。

围绕该书的核心论点，作者首先从生产和消费两个方面，阐述了职业体育市场的各种组织，职业体育市场利益相关者的专用性投资的内涵，以“专用性投资”为核心，进而构建了职业体育组织和制度与专用性投资三者之间关系的分析框架，以此作为该书的理论支点。在此基础上，通过对世界职业体育发展历程的回顾，从历史与逻辑相统一的角度，进一步实证了职业体育组织形态和制度安排围绕着专用性投资保护，相互影响和演进而形成层次态治理机制。本书以现代职业体育所特有的两个主要组织形态——联盟和俱乐部为对象，进而剖析了职业体育的治理机制，并以上述论断为依据，最后提出了关于我国职业体育组织和制度改革的对策建议。

本书既是运用新制度经济学关于组织和制度关系的一般理论，研究职业体育组织形态和制度安排的一部佳作，又是通过对职业体育组织形态和制度安排的个案研究，丰富和创新新制度经济学关于组织和制度关系理论的一部力作。具体表现在如下三个方面：

1. 本书认为组织和制度的互动构成了契约治理机制的核心内容，其主要目的就在于保护专用性投资。一些经济学家从宏观上区分了组织和制度，但并没有将其应用于微观经济领域。还有一些经济学家却经常混淆组织和制度。郑志强同志认为组织和制度并不完全一致，两者互动演进的根源在于专用性投资的变化，职业体育的各种相关利益者专用性资产的变化使其建立了各种组织和制度来防范机会主义行为，保护其专用性投资。

2. 本书系统地研究了职业体育市场中专用性投资与组织、制度三者的关系，认为正是专用性投资价值的变化决定了职业体育组织和制度的变迁。与一般行业不同，职业体育的生产者和消费者都进行了不同程度的专用性投资，这使职业体育的治理机制呈现出一种较为典型的相关利益者治理机制。专用性投资的变化使利益相关者必然首先寻求组织的保障，而新组织的出现必然导致其特定制度的产生，这些特定的新制度又成为组织变迁的诱因。利益相关者不同程度的专用性投资必然要求与之对应的组织和制度保障，职业俱乐部和职业联盟的出现及其不同的制度安排、职业运动员与俱乐部地位的转变、俱乐部边界的变化等现象均提供了有力的佐证。我国职业体育出现的诸多问题正是未能根据不同程度的专用性投资建立健全相应的组织和制度保障。

3. 本书提出了组织和制度演进的层次态变化规律。在区分组织和制度的前提下运用系统论，认为不同时期的组织必然有其特定制度，而制度又成为组织产生和变迁的诱因。随着时空的变化，组织和制度演进的结果使各种更高层次的组织和制度得以产生，并对原有的组织和制度产生影响。组织和制度正是通过层次态演变而达到保护其专用性资产的目的的。组织和制度层次态变化的总体趋势是从简单到复杂、从初级到高级依次有序出现。任何跨越层次的发展往往扭曲组织和制度的内部序列结构，从而造成组织和制度的失衡，最终影响对专用性投资的保护。组织和制度的这种层次态发展规律也为有序、高效地解决我国职业体育组织和制度存在的问题提供了思路。

郑志强同志的研究对于我国体育职业化改革至少有以下现实意义：(1) 为政府体育管理部门提供改善监督管理体制及其行为的建议；(2) 为完善各个俱乐部的经营管理提供具有操作性的建议；(3) 为职业体育市场的各个参与者如运动员、经纪人、场馆管理者和媒体等提供策略性指导。本书资料详实、观点明确、论证严密、逻辑清晰，显示了作者较强的学术素养和独立从事科研的能力。

艰难困苦，玉汝于成，我相信郑志强同志今后在体育经济学领域将会有更大的成就。

是为序。

伍世安

2009 年 1 月 5 日

中文摘要

职业体育经过100多年的发展已经成为一个成熟而影响巨大的产业，其产值甚至超过了汽车、石油和航空工业等传统产业，并具有很高的产业关联度。伴随着人民生活水平的提高和对精神生活需求的持续增长，职业体育正成为方兴未艾的“无烟工业”，其市场前景不可限量。与此形成鲜明对照的是我国职业体育的发展面临种种困难，“假球”、“黑哨”甚至球队罢赛等各种负面新闻层出不穷，以足球为代表的职业体育竞技比赛成绩也每况愈下。在成功举办了2008年北京奥运会后中国职业体育的发展进入了一个新的阶段，有鉴于此，本书以职业体育的组织和制度为研究对象，通过揭示职业体育发展的规律，希望为我国职业体育的发展提供有益借鉴。

本书从契约治理的视角，围绕着“资产专用性”这一核心概念，对职业体育的各种特殊的组织形态和制度安排进行了系统研究。本书的核心论点是：职业体育的组织形态和制度安排是职业体育各相关利益者通过各种竞争和合作手段，保护其专用性投资，抑制机会主义行为的层次态治理机制。

围绕本书的核心论点，全书共分六章。

第1章是导论，主要对研究背景、选题依据、研究现状、研究思路和主要观点进行简要介绍。

第2章主要分析职业体育市场利益相关者的专用性投资，首先介绍了职业体育市场的各种组织，然后从生产和消费两个方面对职业体育市场的专用性投资进行分析，说明职业体育市场各个利益相关者均进行了较高水平的专用性投资。

第3章构建了职业体育组织和制度的理论分析框架，以此作为本书的理论支点。诺斯从宏观上对组织和制度进行了区分，但并未将其应用于微观经济领域。本书则尝试把诺斯的理论应用于微观领域——即契约的治理上。以本书的核心概念专用性资产为出发点，笔者从组织和制度、组织和专用性投资、制度和专用性投资以及组织、制度和专用性投资等不同角度对契约的治理进行了研究，并进一步将体育市场组织分为替代组织、辅助组织和法律组织三类，同时把制度分为组织内部的操作规则、组织之间的经济制度和法律制度三类。进而总结出组织和制度层次态演进的规律，即上述不同层次的组织和制度在时间和空间两个维度上有序地递进变化并日益复杂。结合职业体育市场的实际，本书认为职业体育市场交易主体的专用性投资从根本上决定了交易的属性和签约过程，组织和制度通过互动耦合形成契约的层次态治理机制，组织和制度演进的目的就在于保护组织（及其内部成员）的专用性投资。

第4章是关于职业体育的历史分析，实际上也是从职业体育历史发展的视角对第3章构建的专用性投资治理理论的一个实证研究。本章将职业体育的历史分为三个阶段，19世纪中期到20世纪初期是职业体育的诞生阶段，技术的进步、生活水平的提高和社会环境的改变使体育市场逐渐形成。俱乐部经历了从运动员控制到资本家控制的过程，其根本原因在于专用性投资程度的变化。而联盟的产生主要为保护俱乐部的专用性投资以及统一比赛规则，财政困难使联盟陆续制订了一系列竞争平衡制度。第二个阶段是20世纪初期到20世纪中期，球员地位有所上升，工会开始得到法律保护，但受到特定法律（如“反垄断豁免”）和社会大环境的影响，球员的工资和转会仍然受到限制，俱乐部仍处于资本家控制之下。职业体育市场价值的增加使俱乐部和联盟的治理机制逐渐完善，俱乐部出现了专职教练，联盟出现了总裁，所有权和经营权开始分离。第三个阶段是20世纪中期至今，借助媒体和广告赞助，职业体育在全球范围内扩张。联盟和俱乐部的治理机制进一步完善，各种辅助市场组织陆续出现，电视媒体转播价值的增加和球员商业价值的提高使俱乐部开始出现纵向一体化趋势。在球员工会和相关法律的帮助下，运动员的收入和地位大大提高，其根源仍然是人力资本与物质资本专用性程度的改变。运动员的人力资本超过了资本家的物质资本，这也使劳资争端日益复杂。俱乐部和联盟与其他相关利益者之间的利益冲突也随着各种专用性投资的变化而日益频繁，促使各种职业体育的相关法律逐渐增加。纵观历史，可以发现职业体育的各种组织和制度都是市场相关利益者为了防范机会主义行为、保护其专用性投资而建立健全的，组织之间、制度之间以及组织和制度之间随着专用性投资价值的变化而不断相互影响，在时空维度上不断发展变化，总的趋势是从简单到复杂，从初级到高级，呈现一种层次态的变化规律。

第5章是关于职业体育治理机制的分析。联盟和俱乐部是职业体育所特有的两个主要的组织形态，其为保护利益相关者的专用性投资而建立的治理机制也独具特色。本章从联盟和俱乐部两个层次对此进行讨论，分别论述了联盟内部的平衡制度及其与外部的合作、竞争制度以及俱乐部的内部和外部治理机制等。

第6章是对我国职业体育组织和制度的研究，通过对中国体育改革的历史分析，笔者认为社会和经济的发展水平根本上决定了职业体育的发展状况，我国的职业体育尚处于初级阶段。我国的体育改革是一种政府主导的强制性制度变迁，争光竞技仍然是政府的第一选择，这使我国体育管理机构具有“官民两重性”特征。而造成我国职业体育市场绩效低下，“假球”、“黑哨”盛行的关键是专用性投资与利益相关者的剩余控制权、索取权未能匹配，即未能根据相关利益者不同程度的专用性投资建立健全对应的组织和制度以保护其专用性投资，一些进行了较高专用性投资的市场主体得不到足够的剩余控制权和索取权，导致各种机会主义行为盛行。结合本书提出的层次态理论，本书构建了一个体育管理机构与俱乐部利润分配的均衡比例模型，并通过现实情况进行验证，笔者认为，现阶段我国各体育专业协会过份重视竞技成绩，在一定程度上影响了市场，有必要在市场和竞技成绩之间寻求一个平衡。接下来提出了关于我国职业体育组织和制度改革的对策建议，认为首先必须完善俱乐部的治理机制，而后是协会管理机制的改革，最后是各种辅助市场组织的建立以及法律的完善。其核心内容包括俱乐部国企资本的退出、俱乐部治理机制的完善、协会和俱乐部权利义务的重新分配、管理机构的改革、赛制改革以及市场辅助治理机制和法律制度的完善等。

关键词： 职业体育　专用性投资　治理机制　组织形态　制度安排

Abstract

After more than 100 years of development, professional sports have become a mature industry that yields a tremendous impact. Its value even surpasses the traditional industries like automobile, oil and aviation. It has a high degree of industry correlation, including sports supplies, broadcast media, advertising sponsorship, intermediary insurance, sports competitions, and other businesses. Judging from the trend of development, professional sports are becoming a promising "smokeless industry". With the improvement of people's living standards and sustained growth of demand for cultural life, its market potential is limitless. This is in stark contrast to the difficulties faced by the development of professional sports. Damaging news such as "unfair Play", "black whistle," and even team strikes appears almost every day. Athletic performances are constantly deteriorating too. Through the studies of professional sports, this paper hopes to reveal by the underlying laws of professional sports development and to provide useful lessons for the development of our country's professional sports.

In this paper, we conducted a systematic study of all the organizational structure and institutional arrangement specific to professional sports from the perspective of contract governance and the core concept of "asset specificity" . The full text is divided into six chapters. Chapter I is the introduction. It provides a brief summary of the study background, topics choice basis, current research status, research ideas and main conclusion.

Chapter II analyzes the specific investment by professional sports market stakeholders. This chapter first introduces the various organizations in the professional sports market. It then analyzes the specific investment in professional sports market from the perspectives of producers and consumers. We demonstrated that professional sports market stakeholders all undertake high levels of specific investment.

Chapter III built a theoretical analysis framework for the professional sports organization and institutions. North makes a macro-economic distinction between the organization and institutions, but did not apply it micro-economic fields. This paper's innovation is to apply this theory to the micro-economics, i. e. the governance of contract. The core concept of this paper is specific asset. From this starting point, this paper studied contract governance from several perspectives, including organization and institutions, organization and specific investment, institutions and specific investment, as well as organization, institutions and specific investment. Furthermore, we classified sports market organizations into three categories: substitute organization, support organization, and legal organization. At the same time, we divide the institutions into three groups: operational rules internal to organizations, economic institutions between the organizations, and legal institutions. Different levels of organizations and institutions influence and transform each other. These transformations over time and space evolve progressively in an orderly manner and become increasingly complex. Combined with the reality of the professional sports market, we concluded that specific investment of the main players in professional sports market determines the transaction dimensionality and contract process and that organization and institutions interact to form the layered contract governance mechanisms.

Chapter IV analyzes the history of professional sports. It is a case study of the contract governance theory constructed in Chapter III using the historical development of professional sports.

In this chapter, I divide the history of professional sports into three phases. Mid-19th century to the early 20th century saw the birth of professional sports. Advances in technology, improvement of living standard, and changes in social environment led to the formation of sports market. Clubs control was transferred from players to the capitalists and the fundamental reason of that lies in the difference in specific investment. The main considerations of the formation of league include protecting the specific investment on clubs and unifying of the rules of the games. Financial difficulties forced the league to formulate a series of competition balance institutions. The second stage is from mid-20th century to early 20th century. Influence of players rise a little. Union began receiving legal protection. However, due to certain laws (such as "anti-monopoly exemption") and the social environment, the wages and transfer of players are still limited. Professional sports market value increase led to gradual improvement in clubs and league governance mechanisms. Clubs started to have professional coaches, league started to have CEO, ownership and management right started to separate. The third stage is mid-20th century to now, with the help of media and advertisement, professional sports expanded on a global scale. League and clubs governance mechanisms showed further improvement , all kinds of support market organizations appear over time. Laws regarding professional sports increase. With the help of players union and related laws, players' income and influence increased greatly. The fundamental reason is the change of the ratio between human capital and material capital. The human capital of the players surpassed the investors. Labor dispute got increasingly complex. An increase in the value of broadcast TV media and the commercial value of the players led to vertical integration. Conflict of interests between clubs, league, and other stakeholders increased greatly along with changes in various specific investments.

Looking back at the history, we can see that professional sports organizations and institutions were formed by market stakeholders to prevent opportunism and protect specific investment. Organization and institutions influenced each other as specific investment changed. The overall trend is from simple to complex, from rudimentary to sophisticated, displaying a layered evolution pattern.

Leagues and clubs are two main professional sports organizational structure. The governance mechanisms established to protect stakeholders' specific investment is also very unique. Chapter V discusses this from the point of view of league and clubs separately. It contains sections discussing league internal balance institutions, league external cooperation and competition institutions, clubs internal and external governance mechanisms, etc.

Chapter VI studies our country's professional sports. Through historical analysis of China sports reform, we come to the conclusion that our country's sports reform a government-led forced institutions alternation. Competition for honor is the first choice of the government. This makes our sports governance organization to have a public-private duality. Social and economic development level limits our professional sports market. The crucial problem in our professional market is the mismatch between specific investment and profit control. We do not have organization and institutions to protect stakeholders' specific investment. Some market entity that made high levels specific investment did not get enough entitlement to profit. This led to the widespread of opportunism. Starting from this and based on layered theory, we orderly propose some organization and institutions reform strategies. First we need to improve clubs governance mechanisms, then we come to the reform of governance mechanisms, lastly we need to form various support market organization and enhance legal protection. The core content include the exit of state-owned enterprise capital from the clubs, the distribution of rights between league and clubs, governance organization reform, tournament reform, and improvement of market support governance mechanisms and legal institutions.

Keywords: Professional Sports Specific Investment
Governance Mechanisms Organizational Structure
Institutions Arrangement

目录

Contents

导　论

1.1　研究背景

1.1.1　世界职业体育的迅猛发展

20 世纪 70 年代以来，体育和传媒业联手，充分发挥了市场机制的作用，打造了炙手可热的全球体育产业。以足球、篮球、网球、拳击、高尔夫和 F1 赛车为热点的职业体育赛事，成为当今体育产业的翘楚。据《远东经济评论》报道，过去 10 多年，体育产业一直保持着 8% ~9% 的年增长率①。目前世界体育产业的年产值

① 奥尔克曼·格兰尼特萨斯、本·多尔文："中国体育产业面面观"，美国《远东经济评论》，2002 年 4 月 11 日。

超过5000亿美元，且以每年20%的速度增长[①]。而世界体育产业的产值，其绝大多数份额来自职业体育发达的北美、西欧和亚洲的日本。美国国民经济中第三产业占GDP总值的75%以上，其中体育行业创造的产值排在第三产业的第3位，仅次于商业银行和证券市场，其资本利润率远远高于社会平均资本利润率[②]。早在10年前美国的体育产业的年产值就达631亿美元，超过了石油和航空工业，比石油化工业（533亿美元）和汽车业（531亿美元）都多，占其GNP的1.3%，居国民经济各产业部门的第22位。到2003年，美国体育产业年总产值已高达2130亿美元，是汽车制造业的2倍[③]。体育产业还带动了相关产业的发展，在美国经济结构现有的42个部门中，职业体育产业的产业关联度排在第8位[④]。英国体育产业的年产值为70亿英镑，其就业人口38万，超过了农业和煤炭业。日本体育产业的年收入达4.2万亿日元，在其国内十大产业中排名第六。而在意大利，任何一个娱乐性行业都无法与足球相比，足球比赛期间，城乡客流量增大，咖啡、啤酒、饮料和食品贸易额大幅增长，大大促进了市场繁荣。意大利职业足球的蓬勃发展不仅促进了足球消费，为体育事业筹措了大量资金，同时还扩大了意大利的劳动就业，繁荣了市场，促进了第三产业的发展，成为意大利国民经济十大产业中名副其实的"无烟工业"，[⑤] 英国经济学

---

① 《成都日报》2009年10月27日。

② 徐战平："中国体育产业发展资本支持体系的建立——兼谈职业足球俱乐部上市融资的问题"，国家体育总局信息中心《职业足球俱乐部上市及融资模式汇编》。

③ 一风："美国人看中国体育产业"，《环球经济》2003年第5期，第54~55页。

④ 杨年松："知识经济时代中国职业体育产业的发展趋势"，《中国第三产业》2002年第12期，第15页。

⑤ 徐钟仁："意大利'无烟工业'的透视"，《足球世界》1993年第3期，第24~26页。

家斯蒂芬·西曼斯基估计全球足球业产值达 2160 亿美元[①]。总之，职业体育已经是不可忽视的新兴产业。而且随着经济全球化进程日益加快，各国居民收入的提高和闲暇时间的增加，媒体技术的高度发展和世界市场的进一步融合，职业体育将迎来新的发展高峰。

1.1.2 中国职业体育所面临的困境

解放后，体育在我国成为一项政府领导下增强人民体质的事业和振奋民族精神的政治武器，但也在相当程度上忽视了体育所具有的经济属性，多年来体育事业由国家包办，体育自身的商业开发严重不足。1993 年，原国家体育运动委员会以足球运动为突破口开始了体育职业化改革。随后篮球、乒乓球、排球、羽毛球和围棋等体育项目纷纷开始了职业化改革。中国职业体育一度成为国人关注的焦点和企业投资的热点。国内现有体育经营机构达两万家，总投资 2000 亿元人民币[②]。但职业化改革 12 年来，中国职业体育却似乎每况愈下。以足球比赛为例，球员斗殴、吸毒屡见不鲜，“假球”、“黑哨”屡禁不绝，各种负面新闻使职业足球市场价值急剧萎缩，赞助商和球队投资者纷纷退出，管理者和俱乐部的矛盾也日益激化，2004 年甚至有 7 家足球俱乐部以罢赛相威胁要求进行体制改革。2009 年 10 月公安部门已抓获涉嫌赌球的包括足协官员、俱乐部领导和球员在内的多名业内人士，案件正在侦破审理中。与此同时，各支足球国家队频频在国际比赛中失利。其他职业体育的状况也不容乐观，职业篮球市场低迷（媒体报道只有一家盈利），职业排球、羽毛球和围棋比赛观众寥寥，几乎无法继续。

2008 年的北京奥运会取得了举世瞩目的成功，中国也以 51 枚

---

① 胡泳：“足球俱乐部与有限责任公司的未来”，《商务周刊》2002 年第 7 期，第 65 页。

② 蔡菁：“网络时代体育产业对经纪人的要求”，《体育文化导刊》2003 年第 3 期，第 39 页。

金牌的成绩力压体坛霸主美国，荣登金牌榜首，但以职业足球运动为代表的中国职业体育项目却难以令人满意（中国男子足球队有多人因有违背体育道德的行为而被红牌罚下，小组未能出线，成为奥运历史上战绩最差的东道主球队）。国外发展迅猛的职业体育与国内职业体育的举步维艰形成了鲜明的反差，奥运后中国职业体育改革面临一个新的发展阶段，如何进一步推动中国体育的职业化改革是值得研究的一个重大课题。

1.2 选题依据

与一般的行业相比，职业体育有其特殊性，包括特定的组织以及这些组织所制订的各种特定制度，如职业俱乐部之间通过相互比赛来提供产品，比赛的胜利也往往意味着市场的胜利。但与完全竞争的市场不同，各个项目的俱乐部几乎都成立了联盟来约束各自竞争行为，并通过各种合作来谋求利益最大化。在美国这个对反垄断最重视的国家，职业体育却堂而皇之地获得了反垄断豁免的地位。联盟甚至制订了各种球员分配、球队地点分配和利润分配的制度，法律也允许各个俱乐部以联盟的名义统一对外出售电视转播权。球员在工会和经纪人的帮助下获得了越来越重要的地位，一个球星有可能左右一个俱乐部甚至一个地区体育产业的变化；球员工会与联盟、俱乐部的争吵越来越频繁，罢工的次数也越来越多；城市不得不以更大的利益来拉拢球队；媒体为争夺体育转播权的投标越来越激烈……在这些行为的背后，隐藏着职业体育市场主体对各自利益的追求。为此职业体育各市场主体建立了各种不同的组织和制度来明确各自的权利义务，并约束各自的自利行为。从治理机制的角度看，各种各样的组织和制度的建立和变迁取决于各自专用性资产的投资程度、对专用性资产的谈判和对谈判达成契约的保护以及监督。这种专用性投资的价值随着市场和环境的变化而改变，市场各方必须不断地对这部分变化的产权进行重新界定。为此，组织也处于不断的兴替之中，这使各种制度也随之改变。而不同地区、不同历史时期、不同项目的职业体育都呈现出不同的特点，各种组织和制度也不尽相同。因此，对职业体育所特有的组织和制度进行深入的剖析，总结其发展的一般规律，可以为我国职业体育的发展提供有力的理论指导。

1.3 国内外研究状况

1.3.1 国内外研究现状

19 世纪中期英国和美国就已有职业体育的雏形，但国外对职业体育的规范研究是随着第二次世界大战后职业体育的迅速发展而开始的。最早有关现代职业体育组织与制度方面的论文，当属 1956 年西蒙·罗登博格（Simon Rottenberg）的“棒球运动员的劳务市场”①。在这篇论文里，罗登博格着重研究了美国棒球运动员劳动合同里的“储备条款”及其对球队的影响，他认为没有必要把好的运动员都集中在最富有的球队中，因为在职业体育领域，球队的合作比其他商业领域重要得多，文章同时认为运动员的收入差距悬殊是合理现象。1964 年，沃尔特·尼尔（Walter Neale）发表的论文“职业运动的特殊经济学”认为，职业运动产量的共同性

① Simon Rottenberg, 1956, “The Baseball Players’ Labor Market,” Journal of Political Economy, 64: 3, pp. 242 – 258.

是其最重要的特点，个别球队不是企业，整个联盟才可能被视为一个企业，因为唯有联盟才能提供整个市场所需的产量。联盟可视为一个多植被企业，个别球队是植被，它必须服从并执行联盟的决议。职业俱乐部的市场成本和需求特点使得职业联盟之间的竞争程度下降，这就为垄断创造了条件，单一联盟足以供应整个市场。这个特点也是职业运动必须受到立法机构、法院和社会大众监督和约束的原因[①]。1971 年，彼得·斯罗尔尼（Sloane, P. J）的论文"职业足球经济学：追求利益最大化的足球俱乐部"认为，即使职业联盟中企业在价格和产量方面达成一致，但花费多少维修运动场，雇佣多少员工等都由俱乐部自行决定。因此，他认为尼尔的观点并不成立，联盟并不能视为一个企业[②]。斯罗尔尼并对俱乐部目标进行了开创性的研究，认为在某些地区（如欧洲）俱乐部的获利似乎不是最重要的目标，而北美的职业体育却始终把盈利放在首位。

以上 3 篇论文开启了职业体育研究的先河，此后对于职业体育的研究均不同程度地受到这些论文的影响。综观之，国内外对职业体育的研究基本包括对职业体育市场研究、职业体育俱乐部研究、职业体育联盟以及职业体育相关组织制度研究四大部分。

1.3.1.1 关于职业体育市场的总体研究

理论的研究来自社会的实践。在 20 世纪 90 年代我国进行体育职业化改革之前，国内对职业体育的研究属于空白。随着我国职业体育从无到有，我国学者对我国体育职业化的产生和发展进行了一系列的研究。鲍明晓（2000）认为，世界经济的持续增长和人们生活水平的逐步提高形成了多样化的体育消费需求，俱乐部体制和

① Walter Neale, 1964, "The Peculiar Economics of Professional Sports," Quarterly Journal of Economics, 78: 1, pp. 1 - 14.

② Sloane, P. J. 1971. "The Economics of Professional Football: The Football Club as a Utility Maximiser." Scottish Journal of Political Economy.

联盟体制的建立和完善是职业体育的制度保障。他还对体育产业的各个分支如体育消费、职业体育、体育彩票、体育经纪人、体育无形资产等进行了较为系统的介绍。周爱光（2000）认为，在市场经济条件下，我国的竞技体育完全可以在职业化的进程中得到发展和完善，并在国民经济中发挥重要作用。连桂红（2001）、黄晓春（2002）、虞重干（2003）等对体育经济的运行机制进行了研究，认为体育经济运行机制由价格机制、竞争机制、供求机制和风险机制组成。杨铁黎（2002，2003）对职业篮球市场的内涵和构成要素、职业体育管理体制和竞赛产品的特性进行了研究，他认为影响我国职业篮球市场的关键因素是政府的准确定位。杨年松（2003）在其博士论文"职业竞技体育的经济学分析"中论述了职业体育服务产品，体育产品的组织生产以及职业体育交易如何进行。张鲲等（2001，2002）认为，供求关系的严重失衡是足球市场泡沫化产生的主要原因，应扩大供给以消除泡沫。李南筑（2004）认为，中国甲A足球联赛失灵的原因包括体育比赛的外部性、信息不完全，宏观原因与经济周期。洪志华等（2003）认为，体育竞赛商品的非实物形态、消费的一次性和生产消费的同一性决定了商品价格的特殊性，应使体育商品面向市场，使生产者成为定价决策者。陈云开（2002，2003）、耿力中（2002）从市场营销的角度对体育竞赛表演市场进行了一系列研究。张发强（2000）、李明（2001）、钟天朗（2004）、吴超林、杨晓生（2004）、韩丹（2003）和张岩（1999，2001，2002）等对体育产业的内涵和外延，体育产业的结构、组织、产业政策和发展战略等都进行了研究。

体育职业化意味着体育管理体制的变革，我国体育管理体制也成为研究的热点。谭建湘（1998）论述了中国足球职业化过程中运动水平、管理机制、经营机制与职业化的不相适应问题。韩丹（1999）认为，我国体育机制从建国初的以增强人民体质为主到为国争光，再到现阶段的职业化改革有其必然规律，而且这种发展趋势不可逆转。潘健、张鸿声（2001）认为，我国职业体育改革显现出体制内和体制外相结合，自上而下和自下而上相结合，局部和整体相结合，经济体制和政治体制相结合等特征。马志和（2003）认为，我国政府体育管理的行政色彩过浓，应以市场为导向进行政府制度创新。梁进（2002，2004）分析了体育产业化过程中政府职能转变存在的各种问题。丛湖平（2002，2003，2004）对我国职业体育的制度变迁进行了一系列研究，他认为尽管职业体育制度变迁在意识形态、制度创新成本、制度创新需求和规定性等方面存在较强约束，但全球化背景和国民价值取向变化的压力将成为我国职业体育制度创新的推动要素。经营者与职业体育管理层必将形成利益分配制度调整上的博弈格局，从而迫使职业体育管理层在利益方面做出让步，实施制度创新。我国职业体育将经历强制型、混合型和诱致型变迁的阶段。总体而言，对中国体育管理机制的研究仍比较薄弱，已有的成果和研究的人数都不多，对职业体育市场尚未取得较为一致的认识。

1.3.1.2　关于职业体育俱乐部的研究

职业体育俱乐部是职业体育的主要组织形态，罗斯（G. Ross，1974）研究了职业体育劳动力市场作用的结构、机制和经济问题，认为俱乐部的老板拿到运动员创造的大部分利润，由此降低了运动员自身的价值。奎克和胡蒂里（Quirk J. and El Hodiri M.，1974）构建了一个模型对经纪人的介入，工资分配和收入分成等进行了探讨[①]。奎克和福特（Quirk J. and Fort，1991，1992，1995，1999）、弗鲁曼（Vrooman. 1995，1996，2000）等均在此基础上进行了关于运动联盟内结构与政策改革的竞争平衡问题的研究。

我国学者近年来对职业体育俱乐部的研究也逐渐增加。2001

① Quirk J. and El Hodiri M.（1974）"The economic theory of a professional sports league" in Noll（ed.）Government and the Sports Business. Brookings Institution.

年，张林在其博士论文的基础上修改出版了《职业体育俱乐部运行机制》一书，对我国职业体育俱乐部的目标机制、组织机制、动力约束机制以及机制缺陷等进行了论述，认为职业体育俱乐部的运行机制包括以联盟为枢纽的组织机制、追求市场收益的投资机制、寄托社会的发展机制、自律机制和分享机制等，我国目前的俱乐部普遍存在的机制缺陷包括产权模糊，市场定位不清，激励约束失衡和法制建设程度低下的问题。张宝华（2000）、唐建军（2001）、罗林（2002）等对职业体育兴起的历史背景进行了研究，认为俱乐部的发展和各国的具体环境有密切的联系。梁进和亨利（英）（2002）等认为，英国职业足球商业化的最主要因素是电视转播，而俱乐部的大量上市使欧洲传统的业余足球文化被侵蚀。成惜今等（2004）认为，成绩与俱乐部总收入、球员总工资成正比。刘民胜和麻雪田（2001）的研究表明，国家足球队实力的基础是高水平职业俱乐部，俱乐部是国家足球的组织细胞，它是普及与提高结合的最佳组织形式。吕向明（2003）认为，俱乐部的利益主体包括俱乐部、股东、董事、监事、经理和员工等六方，完善俱乐部法人治理结构是规范各方行为的根本。谭建湘（2000）对职业俱乐部的经济环境、市场环境、人力资源环境、政策法律环境和社会人文环境进行了研究，认为中国体育俱乐部产权不清晰，市场经营和获取回报的主要渠道不畅，人力资源的不良竞争造成企业投入成本过高。麻雪田（1998）、顾晨光等（2005）和周进强（2000）等对中国职业足球股份制改革进行了研究，许多学者认为股份制改革是解决足球俱乐部内部弊端的有效手段之一。

1.3.1.3　关于职业联盟的研究

职业联盟是职业体育另一个主要而特殊的组织。职业体育必须由各个俱乐部进行联赛以提供“产品”，俱乐部强弱过于悬殊将使比赛失去吸引力。为争取观众，联盟对俱乐部竞争和平衡的约束就非常重要，俱乐部之间的利润分配和球员分配是其中的重点内容。阿特金森和塔齐哈特（Atkinson S.，Stanley L. and Tschirhart J，1988）发表的“代理问题中收入分配的影响因素——一个关于北美职业足球的实证研究”①，凯斯尼（Kesenne，S.，2000）发表的“职业体育的利润共享和竞争平衡”② 和“工资帽对职业体育的影响”③ 以及多布森和戈达德 1998 年的论文“职业足球联赛中的成绩和收益”④ 等均对此进行了研究，他们的结论并不一致，有的与一些以前的直观感觉有所不同，如认为诸如提高门票收入的分配比例对俱乐部之间的平衡的作用并不显著，因为对胜利者而言，胜利的回报也减少了，竞争程度也将下降，这对整个联盟的影响是负面的。

21 世纪后，我国学者对职业体育联盟进行了较为深入的研究。2002 年，杜丛新的博士论文“对职业篮球产权制度的研究”从产权角度对职业篮球联盟进行了研究，认为 NBA 联盟的实质是准公司制的功能型战略联盟。杜丛新由此认为我国职业篮球的所有权应属于各职业篮球俱乐部，应成立中国职业篮球联盟，由其拥有联赛的控制权和剩余索取权。2004 年，张剑利的博士论文“职业体育联盟及其相关法律研究”从法律的角度对职业体育联盟进行了研究，认为职业联盟是俱乐部合作生产体育竞赛产品的具有自治权的职业体育组织；中国超级联赛组织和北美职业体育联盟在目标、结

---

① Atkinson S.，Stanley L. and Tschirhart J.（1988）“Revenue Sharing as an incentive in an agency problem：an example from the National Football League” Rand Journal of Economics，19，1，27 – 43.

② Kesenne，S.（2000a），“Revenue Sharing and Competitive Balance in Professional Team Sports” Journal of Sports Economics，Vol 1，No 1，pp. 56 – 65.

③ Kesenne，S.（2000b），“The Impact of Salary Caps in Professional Team Sports”，Scottish Journal of Political Economy，Vol 47，No 4，pp. 422 – 430.

④ Dobson S. and Goddard J.（1998）“Performance and revenue in professional league football：evidence from Granger causality tests” Applied Economics，30，1641 – 1651.

构、参与者、权力、自治权力方面存在巨大差别。中超联赛是一个准政府组织的结构，组织的领导权力并不是来自俱乐部的委托授权，而是一种行政垄断。2004 年，王庆伟的博士论文“我国职业体育联盟理论研究”从职业体育生产相互依存的角度对职业体育联盟进行了研究，他认为职业联盟实际上是各个俱乐部利益的统一体，在经营上表现为垄断经营，我国职业体育应从行政垄断型向市场垄断型转变。李留东（2003）对国内外职业足球的管理机制进行了研究，认为国外职业足球的管理多集中在管理体制、管理模式和电视转播权上，国内主要集中在俱乐部的经营管理上。凌平、何正兵（2003)、陈钧、孙民治等（2002)、马志和（2003)、薛岚(2005)、王晓羲（2004)、王建国和刘玉林（2005）等都对职业联盟进行了研究。大多数学者都认为我国俱乐部的利益被侵蚀，应尽快建立职业联盟以维护俱乐部的权益。

1.3.1.4　关于职业体育二级市场的研究

随着职业体育市场的分化，各种内部和外部市场也逐渐发展起来。

1. 球员劳务市场。随着全球一体化的发展和职业运动员劳务市场的开放，运动员转会屡见不鲜，对运动员劳务市场的研究也开始成为热点。斯卡里（Scully，1974）调查了美国主要棒球联盟的各个运动员成绩与他们的违约金之间的关系，认为由于储备条款(Reserve Clause）的存在，球员的工资低于其对球队的贡献[①]。罗森（Rosen，1981）所著的《超级明星经济学》[②] 和拉齐尔和罗森

① Scully G.（1974）“Pay and performance in Major League Baseball”, American Economic Review, 64, 915 – 30.

② Rosen S.（1981）“The economics of superstars” American Economic Review , 845 – 858.

（Lazear, E. and Rosen）的“作为最优劳动合同的锦标赛模式”[①]等对职业体育明星的收入暴涨现象进行了研究，认为在职业体育市场中，顶尖表演者能为大多数观众提供高质量服务，而在低成本或无递增成本的情况下，观众的数量增多，则顶尖表演者与水平稍逊者相比，额外的奖金与他们的额外天赋不成比例。哈特、霍顿和沙罗特（Hart, R. A., Hutton, J. & Sharrot, T. ）1975 年的论文“联赛观众的统计分析”[②] 从消费者的角度对职业体育的观众需求进行了研究。杰内特（Jennett N, 1984）[③]、皮尔和托马斯（Peel D. and Thomas D, 1988）[④]等分别进行了一系列的后续研究。刘建刚和连桂红（2005）认为，职业足球运动员的高收入属于经济租金，根本原因是市场供不应求，对其课税比限薪更经济有效。卡恩（Kahn L, 2000）[⑤]、梅德（Meade J, 1974）[⑥]、罗森和桑德森（Rosen S. and Sanderson A. 2001）[⑦] 等也对运动员流动和国际劳务市场进行了研究，由于具体研究的地域和项目不同（如北美的职业体育与欧洲的足球市场有许多不同之处），他们的结论也有很大不同，但都认为运动员的国际流动将使职业体育更加开放，而职业体

---

① Lazear, E. and Rosen, S. (1981) “Rank Order Tournaments as Optimal Labor Contracts”, Journal of Political Economy, Vol. 89, pp. 841 – 864.

② Hart, R. A., Hutton, J. & Sharrot, T. (1975). “A Statistical Analysis of Association Football Attendances” Applied Statistics. 24, No. 1, pp. 17 – 27.

③ Jennett N. (1984) “Attendances, Uncertainty of Outcome and Policy in the Scottish Football League” Scottish Journal of Political Economy, 31, 2, 176 – 198.

④ Peel D. and Thomas D. (1988) “Outcome Uncertainty and the Demand for Football: An Analysis of Match Attendances in the English Football League” Scottish Journal of Political Economy, 35, 3, 242 – 249.

⑤ Kahn L, (2000) “The sports business as a labor market laboratory” Journal of Economic Perspectives, 14, 3, 75 – 94.

⑥ Meade J. (1974) “Labor – Managed Firms in Conditions of Imperfect Competition”, Economic Journal, 84, 817 – 824.

⑦ Rosen S. and Sanderson A. (2001) “Labor Markets in Professional Sports” Economic Journal, 111, 469, F47 – F68.

育界近年来流行的工资限额（salary cap）是俱乐部对人工成本（球员工资）上升的一种市场反应。

俞继英和宋全征（2004）研究了我国竞技体育人才流动的范围、形式和特点，认为我国的竞技体育人才受到各种限制，属于“准人才市场”。徐金山（2004）对我国职业足球俱乐部引进外籍球员的状况进行了分析，认为我国职业足球俱乐部引进外援的人数逐渐稳定且具有更强竞争力，但总体层次较低并有一些负面效应。袁野和魏亮（2000）的研究表明球员转会是一项高投入、高风险和高回报的投资。黄银华等（2004）认为我国足球职业俱乐部后备人才培养仍是以政府行政力量推动，具有高投入低产出的特点。

2. 城市化和职业体育。职业体育的发展与城市的发展息息相关。在北美，近年掀起了大型运动场馆建设的高潮，许多职业球队甚至免费使用由政府投资的运动场。对球队和城市关系的研究开始兴起。库斯、丹尼斯和哈姆雷斯等（1999，2001）①、巴德、罗伯特和理查德等（1990）、卡里诺、格雷德和库尔森等②均对城市发展与职业体育的关系进行了研究。他们的研究认为职业体育对城市部分产业有刺激作用，但对大部分产业的影响不如预期，而各个城市在投标过程中所支付的可能远远大于职业球队的价值。但我国多数学者对职业体育带动城市发展持肯定意见。王玉峰等（2001）、

---

① Coates, Dennis and Brad R. Humphreys. 1999. “The Growth Effects of Sports Franchises, Stadia and Arenas.” Journal of Policy Analysis and Management. 14 (4): 601 - 624; Coates, Dennis and Brad R. Humphreys. 2003. “The Effects of Professional Sports on Earnings and Employment in the Retail and Services Sector of U. S. Cities.” Regional Science and Urban Economics. 33 (2): 175 - 198. Coates, Dennis and Brad R. Humphreys. 2001a. “The Economic Consequences of Professional Sports Lockouts and Strikes.” Southern Economic Journal. 67 (3): 737 - 747.

② Carlino, Gerald and N. Edward Coulson. 2002. “Compensating differentials and the social benefits of the NFL.” Federal Reserve Bank of Philadelphia working paper no. 02 - 12/R.

徐卫华等（2004）认为，当前地方政府对俱乐部的建设和竞赛表演对城市经济都有至关重要的作用。郑欣（2001）认为，目前中国职业体育俱乐部和地方政府的关系密切，这对我国目前的职业体育有正面和负面的双重效应。

3. 职业体育中的舞弊行为。“假球”、“黑哨”是体育界公认的难题，中国职业体育也深受其害。朱允文（2003）认为，“黑哨”是裁判设租和俱乐部寻租的结果。王相林（2004）认为，中国大多数职业俱乐部是国有资产，国有产权不可避免地使俱乐部具有短期行为和维权意识弱等特点，这使得公平竞赛制度在中国联赛中不能内在维持，只能借助政府的外在力量强制干预，但由于政府监督的弱化，使中国职业联赛公平竞赛制度经常失效。李立新和陆建平（2001）从博弈论的角度对假球进行研究，他们认为越重视短期利益的俱乐部作弊的可能性越大。

1.3.2 已有研究的不足

从已有的研究来看，虽对职业体育的各种组织及其有关的制度均有涉及，但缺乏一种综合各种经济现象、把握经济行为实质的理论分析框架。具体而言，已有研究的不足主要包括：

1. 职业体育作为一种特定的组织，必然有其特定的制度，而在特定的制度环境下必然催生特定的组织，组织和制度的关系非常密切，难以割裂。但已有的研究单独论述组织或制度的较多，而对职业体育的各种组织形态和制度安排之间相互关系的系统研究相当薄弱，这就难以客观全面地把握职业体育形成和运行的规律。

2. 对职业体育各种组织和制度本质属性的研究尚嫌不足。如职业体育联盟是职业体育所特有的一种组织形态，许多研究者认为垄断是联盟的主要特性。但联盟的垄断在现实中似乎无法得到有效验证，职业联盟甚至还在反垄断最为严格的美国获得了反垄断豁免地位。联盟的垄断特征、垄断地位的获得和运用都有待进一步研究。此外，我国一些学者认为应建立我国的职业联盟以保护俱乐部的利益，但与国外职业体育的产生和发展不同，中国职业体育改革是政府主导的强制性制度变迁，多数体育资源仍然保留在政府手中。在此背景下要成立像国外那样的职业联盟时机未必成熟，同时职业联盟是否能发挥其应有作用也值得商榷。笔者认为应充分考虑历史和社会环境的影响，避免简单的制度移植。

3. 现有的一些对于职业体育俱乐部的研究多从其内部治理入手，且其理论依据主要是“股东至上”理论，多认为应维护股东的利益。但职业体育实际上有多种层次的相关利益者，除股东外，包括运动员、观众、媒体、广告赞助商和城市社区等消费者都进行了广泛的专用性投资，这些利益相关者必然要求得到相应的剩余索取权和控制权，因此职业俱乐部的治理是一种典型的共同治理模式，这种状况甚至导致了国外俱乐部的一体化趋势，但国内对此的研究尚属空白。

4. 职业体育组织和制度所出现的各种问题是造成我国职业体育市场绩效低下的主要原因，现有的研究虽然对包括职业联盟、俱乐部在内的各种职业体育组织形态及其相关制度安排中的各种问题进行了不同程度的探讨，但对造成职业体育组织和制度变迁的关键因素及其演化规律尚未进行深入研究，这直接导致对职业体育组织和制度出现的各种问题无法采用系统方法加以解决，所提对策建议似有“一叶障目，不见森林”之嫌。

有鉴于此，本书以职业体育的组织和制度为研究对象，拟解决以下几个问题：第一，构建职业体育的组织和制度的分析框架，明确各种组织和制度相互演进的逻辑关系；第二，通过对职业体育的各种组织演进和制度变迁的历史分析，寻找其发展的内在规律，探索职业体育制度和组织创新的内在机理；第三，以历史分析和比较分析得出的结论，结合中国的现实情况，为我国职业体育的发展提供建议对策。

1.4 主要观点和研究方法

1.4.1 主要观点

本书的核心概念是资产专用性。本书的核心论点是：职业体育的组织形态和制度安排是职业体育利益相关者通过各种竞争和合作手段，保护其专用性资产，抑制机会主义行为的层次态治理机制。

本书框图如下（见图 1－1）：

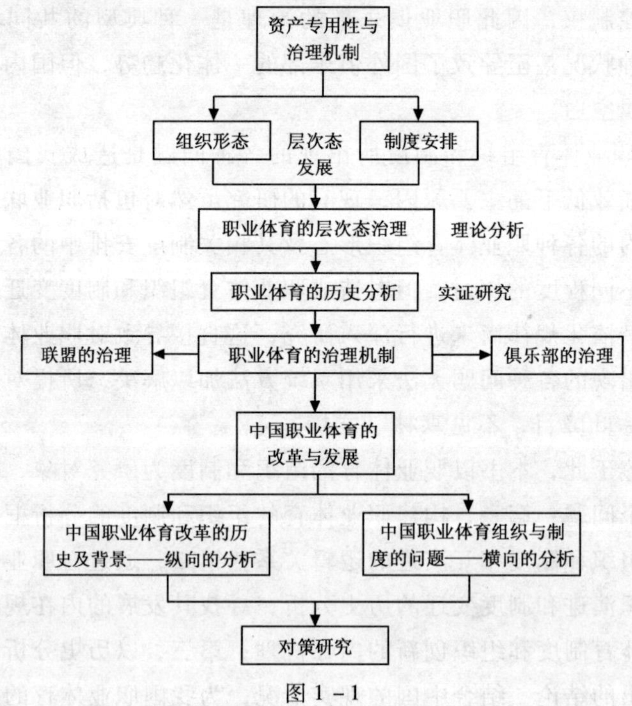

图 1－1

1.4.2　研究方法

1.4.2.1　系统分析方法

职业体育的组织和制度颇为庞杂，可谓“叠床架屋”，为此本书运用系统的层次性分析方法将组织分为市场替代、市场支持和法律组织三层，继而再细分为联盟内部和外部，俱乐部内部和外部等不同层次，将制度分为操作规则、市场制度和法律制度三层并进一步细化；运用系统的层次态分析方法，揭示组织和制度之间的互动关系。通过对职业体育组织和制度不同层面上的深入分析，可更好地揭示职业体育的内在运行机理。

1.4.2.2　历史分析方法

罗马不是一天建成的。同样，不同组织和制度的移植都必须考虑不同国家和地区的历史背景和社会环境。通过对职业体育历史的回顾和分析，我们可以更准确地把握职业体育组织和制度演变的发展规律，并以此为鉴，为我国职业体育的发展提供有益借鉴。

1.4.2.3　对比分析方法

本书通过不同地区（包括国内与国外，欧洲与北美）、不同运动项目和不同时期的对比分析，分析不同项目的职业体育在不同时期、不同地区的异同，便于发现差距，更好地总结规律。

1.5　本书的创新及不足

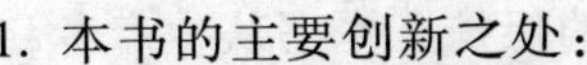

1. 本书的主要创新之处：

（1）本书认为组织和制度的互动构成了契约治理机制的核心内容，其主要目的在于保护专用性投资。诺斯从宏观上区分了组织和制度，但并没有将其应用于微观经济领域。而包括威廉姆森在内的多位经济学家却经常混淆组织和制度。本书详细分析了二者的异同，并认为组织和制度互动演进的根源就在于专用性投资的变化，职业体育的各种相关利益者专用性资产的变化使其建立了各种组织和制度来防范机会主义行为，保护其专用性投资。

（2）系统研究了专用性投资与组织、制度三者的关系。笔者认为正是专用性投资价值的变化决定了职业体育组织和制度的变迁。与一般行业不同，职业体育的消费者也进行了不同程度的专用性投资，这使职业体育的治理机制是一种较为典型的相关利益者治理机制。专用性投资的变化使利益相关者首先寻求组织的保障，而新组织的出现将导致其特定制度的产生，这些特定的新制度又成为组织变迁的诱因。利益相关者不同程度的专用性投资必然要求与之对应的组织和制度保障，职业俱乐部和职业联盟的出现及其不同制度安排、职业运动员与俱乐部地位的转变、俱乐部边界的变化等现象均提供了有力的佐证。我国职业体育出现的诸多问题正是未能根据不同程度的专用性投资建立健全相应的组织和制度保障。以此为出发点，本书提出了我国职业体育改革一系列有针对性的对策。

（3）提出了组织和制度演进的层次态变化规律。在区分组织和制度的前提下，结合系统论的理论，本书认为不同时期的组织必然有其特定制度，而制度又成为组织产生和变迁的诱因。随着时空的变化，组织和制度演进的结果使各种更高层次的组织和制度得以产生，并对原有的组织和制度产生影响。组织和制度正是通过层次态变化而达到保护其专用性资产的目的。组织和制度的层次态变化总体趋势是从简单到复杂、从初级到高级依次有序出现。任何跨越层次的发展往往扭曲组织和制度的内部序列结构，从而造成组织和制度的失衡，最终影响对专用性投资的保护。本书从生产者和消费者两个角度对职业体育的组织和制度进行了进一步划分，将生产者组织分为市场替代组织、市场辅助组织和法律组织三类，其对应的制度则分为组织内部的操作规则、组织之间的市场制度和针对所有组织的法律制度三种；职业体育的消费者可以分为观众、媒体、广告赞助商和城市社区四类，这四类消费者依次出现，围绕着不同层次的消费者陆续建立了各种不同的治理机制。组织和制度的这种层次态发展规律也为有序、高效地解决我国职业体育组织和制度存在的问题提供了思路。

2. 本书的不足之处。

（1）由于各个国家的具体情况不同，各个项目在不同发展时期又呈现出不同的状况。在一本著作里试图准确把握职业体育的发展规律难免挂一漏万。

（2）科斯认为，制度经济学仍处在积累经验资料的阶段，目前仍难以将制度通过严格的数学语言纳入正统的经济理论中[①]。本书对于职业体育组织和制度的分析主要依靠大量案例的积累，尚无法用数理模型对组织和制度的变迁进行严格的验证，这可能在一定程度上影响了本书理论逻辑的严密性。

（3）职业体育受到社会、文化、历史、经济和政治等诸多因素的影响，本书主要从经济学的角度对其进行考察，对其他一些因素的影响难免有所忽视，这可能影响本书的解释力。

（4）各种职业体育的形式多种多样，即使同一个项目在不同地区的发展状况也有很大不同。受篇幅限制，本书对职业体育的研究主要以发展较为完善、组织和制度较为复杂的北美四大联赛（职业篮球 NBA，职业橄榄球 NFL，职业棒球 MLB 和职业冰球 NHL）和欧洲的职业足球为主，对于一些以个人形式参赛的职业体育（如职业拳击、职业网球）和其他地区的职业体育较少涉及，难免有以偏概全之嫌，这些不足希望在今后的研究中得到弥补和提高。

---

① 姚洋：《制度与效率——与诺斯对话》，四川人民出版社 2002 年版，第 16 页。

2.

职业体育的市场组织和专用性投资

2.1 体育和职业体育

体育（Sport）古已有之，它是人类在漫长的生活和生产过程中所产生的以身体运动进行意志表达的一种社会活动。体育发展到当代，其文化内涵已经融合了经济、政治、教育、娱乐等多种社会功能，成为人类所共同承认、拥有和普遍热爱的一种文化现象。

体育虽然普及，但是国内外对体育的认识并不一致，国外强调其娱乐性，而国内更注重其教育性。《韦氏词典》称体育为“消遣娱乐的一个源泉或是为欢娱而从事的一种身体活动”。《简明不列颠百科全书》认为体育“泛指那些需要一定体力或技巧的娱乐性或竞赛性活动”。[①] 国内的《体育概论》认为“体育是以身体活动为媒介，以谋求个体身心健康，全面发展为直接目的，并以培养完善的社会公民为终极目的的一种社会文化现象或教育过程”。[②]“体育是一种寓教育于运动之中的社会现象，是通过运动促进人的全面发展并丰富人们文化生活的一种社会现象”。[③] 概念上的差异反映了目前中外对于体育的不同认识，这似乎也是体育在国内外不同发展状况的一种注解。

表 2-1　　体育对社会的价值

范　围	作　用
社会团结	体育提高社会形象，增进社会和谐，产生归属感和骄傲感
公众行为	体育鼓励体育道德，增强公民义务和责任，培养积极向上的道德
娱乐	体育提供娱乐并带来兴奋
追求卓越	体育鼓励成就和成功、努力工作和敢于冒险
社会公平	体育促进种族、阶级平等和性别平等
健康意识	体育鼓励运动并促进健康的生活方式
个人质量	体育有助于个性的构建，鼓励公平竞争
商业机会	体育增加社会的商业机会，吸引旅游者并帮助社会的经济发展

资料来源：James J. Zhang, Dale G. Pease, and Sai C. Hui, “Value Dimensions of Professional Sport as Viewed by Spectators,” Sports and Social Issues (February 21, 1996), 78 - 94. Reprinted by permission of Sage Publications, Inc.

国内外虽然对体育认识的侧重点不同，但体育在社会生活中的重要作用却被公认，如表 2-1 所示，体育对社会的价值遍布各个方面。从世界范围看，越是经济发达的国家，对体育越重视，参与的人也越多，67% 的美国人每天都关心比赛结果，人均体育用品支

① 董杰：“对近 25 年来中外体育概念研究的比较”，《体育与科学》2001 年第 2 期，第 32 页。

② 体育概论教材编写组：《体育概论》，高等教育出版社 1995 年版。

③ 胡晓风：“关于体育科学体系的若干问题”，《成都体育学院学报》1980 年第 1 期。

出每年 695 美元；8000 万德国人中有 2500 万是俱乐部会员，每年人均体育用品支出高达 750 美元[①]。

随着社会的发展，体育的经济功能也逐渐显露出来，体育产业甚至成为一些发达国家的支柱产业。体育项目的竞技性和对抗性与其市场规模成正比，研究表明，人们并不爱收看参与性的体育活动，如保龄球、自行车、钓鱼等就因对抗性和竞技性不足而市场化程度较低[②]。因此，职业体育一般属于竞技体育范畴，越是对抗激烈的竞技体育项目越容易市场化。代表最高竞技水平的职业体育吸引了许多人的关注，成为体育产业的核心。国内学者从不同角度对职业体育进行了研究，张林从职业体育的商品属性和社会属性出发，认为职业体育是“自觉运用价值规律，利用高水平竞技运动的商品价值和文化价值，参与社会商品活动和社会文化活动，使运动员获得报酬，并为社会提供体育和文化服务的一种活动”。[③] 谭建湘从商品经营的角度，认为职业体育是“以某一运动项目为劳务性生产和经营，围绕该项目生产开发而形成相对独立和完整的商业化、企业化经营体系”。[④] 笔者认为，职业体育是与业余体育相对立的概念，对职业体育的分析应结合业余体育进行对比分析才能把握其本质。业余体育是指那些另有职业，只是把体育当作一种业余活动的体育；而职业体育则是运动员以体育为职业，并以体育竞赛作为产品进行市场交换的一种体育。学者孙民治也持类似观点，他认为“职业篮球是相对业余篮球而言的……业余篮球是业余性质，参与者把篮球当作一种娱乐，强身的手段或业余爱好，职业化

---

① Sport Business, Int. “Measruing the Mood of Our Market.” www. sportbusiness. com. Courtesy of Sport Business, Ltd.

② Hiestand, M. (2001a, April 13). WUSA’s goals not lofty . USA Today, p. 3C.

③ 张林：“我国职业体育俱乐部发展前景”，《全国体育发展战略研讨会论文汇编》，北京体育大学出版社 1998 年版，第 394 页。

④ 谭建湘：“从足球改革看我国竞技体育职业化的发展”，《全国体育发展战略研讨会论文汇编》，北京体育大学出版社 1998 年版。

篮球参与者把篮球当作一种事业追求和谋生的主要手段”。[①] 但只注意到球员以体育为职业还不够，因为我国计划体制下也有专业篮球运动员，这些运动员也可以说是以篮球为职业的，只是他们生产的产品（比赛）不是通过市场而是通过行政手段进行分配，而这显然不是真正意义上的职业体育。所以，本书认为职业体育的内涵包括两点：以体育为职业和通过市场进行交换。以此为出发点，笔者认为职业体育是以体育比赛为商品进行市场交换的一种竞技体育的商业活动。需要说明的是，虽然职业体育本质是一种商业，但笔者并不否认职业体育有着广泛的社会影响，具有社会教化的责任和文化传递的功能。

2.2 职业体育市场

职业体育在国外已是一个涉及面广泛、参与者众多、对社会影响巨大的产业，现在全世界有 1/3 的国家开展了职业体育[②]。图 2-1是笔者勾勒出的职业体育市场结构图。其中职业俱乐部通过招募职业运动员进行比赛的方式进行生产，为加强对俱乐部的管理和协调，俱乐部一般组建职业联盟对比赛进行统一管理。职业体育的消费者包括四个层次：第一层消费者是球迷，球迷可以观看比赛或者购买相关特许商品；第二层消费者是媒体，通过支付转播费而取得转播权；第三层消费者是企业，企业通过支付赞助费或者广告费取得在特定区域或时间进行企业宣传的特权；第四层消费者是地方

---

① 孙民治：《篮球纵横》，人民体育出版社 1996 年版。

② 钟秉枢等：“我国竞技体育职业化若干问题的研究”，《北京体育大学学报》2002 年第 2 期，第 145 页。

政府，地方政府通过给予职业体育一定的优惠措施，谋求通过职业体育振兴地方经济和文化等社会效益。

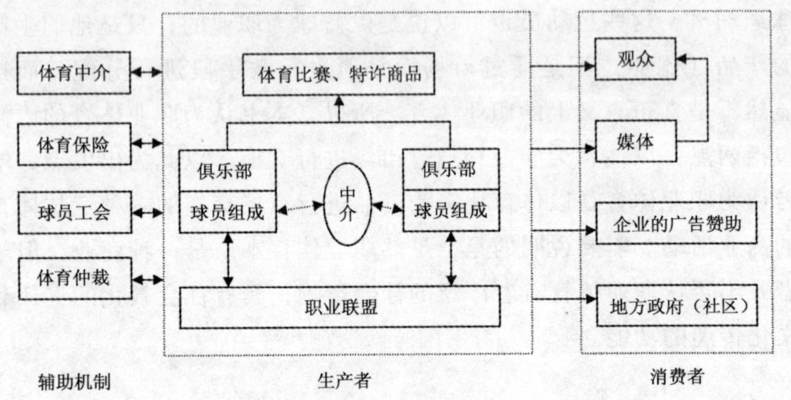

图 2－1　职业体育市场结构图

注：◀----▶　表示球员流动

此外，职业体育还有一些非常重要的辅助机制用于保障其正常发展，如对于职业体育市场中的争端，除了通常的法律手段外，职业体育更多地采用仲裁方式；球员工会成为球员与俱乐部谈判的代表组织；球员的流动和俱乐部、联盟获得商业机会普遍依靠体育经纪人来进行；体育保险涉及体育市场的各个方面，投保范围广，投保密度大。

2.2.1　职业体育的生产者

2.2.1.1　俱乐部

1. 俱乐部的概念及其变化。俱乐部是英文“Club”的译音，也是各种职业体育广泛采用的基本组织结构[①]。俱乐部最早出现于

① 有一些职业体育比赛主要是以个人的形式参加，如网球、拳击等比赛基本是由个人在经纪人的协助下参赛，这些比赛自然也没必要以俱乐部形式参赛。虽然职业拳击、职业网球等比赛也是很大的产业，但与集体项目的职业体育相比，这些职业体育的组织和形式都比较简单，因此，本书研究的职业体育不包括这些个人项目的职业体育，而以集体项目职业体育为主，如职业足球、职业篮球等。

19 世纪初，工业化进程使英国成为世界上最繁荣的国家，人们开始组织起来参加体育比赛（比如板球、赛马、高尔夫球和足球等）。体育爱好者自愿组织在一起，制订规则并相互比赛。最初这些俱乐部属于自愿协会（Voluntary Associations），其功能体现在三个方面：一是价值，即组织是围绕某个价值标准而组成；二是兴趣，即为了满足成员共同的兴趣是组织运作的目的之一；三是服务，即组织是为成员提供服务。最初的体育比赛是一种“贵族运动”，俱乐部成员需缴费加入俱乐部才能享受各种服务（比赛或训练）。后来随着体育的职业化，参加比赛的球员成为专职球员，以比赛领取报酬，此时俱乐部开始分为不同的类别。其中一种俱乐部（传统体育协会）仍以向志愿加入的成员提供服务为主，如某些健身俱乐部、高尔夫俱乐部等①。另一种就是本书要讨论的职业体育俱乐部，表 2 - 2 显示了传统体育协会与职业体育俱乐部的区别，可以发现职业体育俱乐部是一种更加商业化的组织。美国政府预算管理机构将职业体育俱乐部定义为：“主要从事为付费观众提供现场体育项目表演的企业。它向消费者提供体育比赛以满足消费者在体育娱乐方面的需要与兴趣”。②职业体育俱乐部是职业体育最基础的组织形式，一般都是具有法人资格的经济实体，能独立承担民事责任。俱乐部招募职业球员类似一般企业的招聘行为，职业运动员由此成为生产产品（进行比赛）的工人，比赛则是俱乐部生产产品的过程，传统俱乐部会员演变为广大球迷，观众付费观看比赛以及媒体支付转播费、广告赞助商支付赞助费就是消费的过程。

---

① 在发达国家，这种俱乐部占绝大多数。1993 年，瑞典有 27292 个业余体育俱乐部，会员为总人口的 1/3；1982 年，英国的业余俱乐部就有 15 万个；1994 年，法国共有 79434 个体育协会和俱乐部，共有会员 2365 万人，占总人口的 1/5。王晓莹等：《国外体育休闲俱乐部管理初探》，北京体育大学出版社 1999 年版，第 46 页。

② MingLi, An overview of Sport Industry in NorthAmerican, Unpublished, 1999, 第 1 页。

表 2－2　　传统体育协会与职业体育俱乐部的区别

传统体育协会	职业体育俱乐部
建立在成员团结的基础上	建立在提供各种服务的基础上
每个协会成员都参与管理	专业化人员进行管理
很多自愿者	少量自愿者
会员成为协会的一部分	会员是顾客
董事会和经理来自会员之中	董事会和经理人员都为顾客服务
协会的事务往往是非止式的委派	严格正式地安排俱乐部事务
会员自娱自乐为主	会员以观赏职业运动员比赛为娱乐
非正式的责任划分	责任划分明确

资料来源：改编自 B. Rubingh and A. broeke, The European Sport Club System, in Masteralexis, Carol A. barr, Mary A. Hums; principles and practice of Sports Management, Aspen Publishers, inc., 1998. P203－205.

2. 俱乐部的组织结构。职业体育俱乐部有其特定的组织结构，图 2－2 显示的是意大利足球俱乐部的组织结构，这也是一种典型的俱乐部结构。俱乐部主席领导俱乐部董事会，俱乐部总经理管理运动训练、经营部、财务部、办公室等部门，并直接对董事会负责。俱乐部董事会主要由俱乐部投资者或代表组成，对俱乐部发展的重大问题作出决策。俱乐部主席由董事会推选或指派，通常由出资最多的一方或由其指定代表担任。董事会聘请总经理负责俱乐部的日常事务和运作。俱乐部设有主管具体业务活动的职能部门。行政管理部主要负责俱乐部财务方面的工作；宣传公关部主管宣传、公共关系、广告业务等；运动管理部负责俱乐部球队的竞赛训练工作；办公室主管俱乐部的行政性事务；市场开发部负责俱乐部的经营开发；会员部负责俱乐部与球迷之间的联系。由于训练比赛是俱乐部的最主要任务，由主教练全权负责，经理一般不予干涉，有的俱乐部主教练直接向董事会负责，此时主教练成为俱乐部管理的核心。

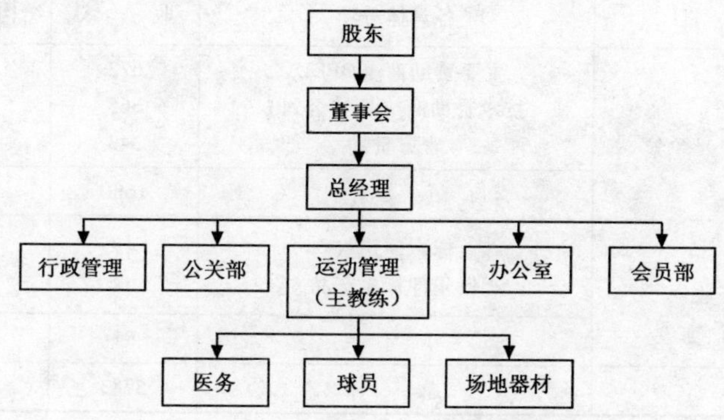

图 2－2　意大利足球俱乐部的组织结构

3. 俱乐部的经营。传统的职业体育俱乐部以门票收入为主，但现在的俱乐部收入来源更广，其主要经营收入包括门票、媒体转播、广告赞助、场馆经营和特许商品销售等。

表 2－3　　意大利 AC 米兰足球俱乐部 1995～1996

赛季收入构成表　　单位：万美元

项　目	各具体分项	收　入	结构比（%）
票房收入	联赛	2394	
	联盟杯赛	119	
	杯赛	8	
	贝尔鲁斯科尼杯赛	119	
	小　计	2640	45
电视转播权收入	联赛（一般转播、录像等）	280	
	收费电视（PPV 等）	252	
	欧洲联盟杯赛	630	
	友谊赛（即商业比赛）	210	
	小　计	1372	24

续表

项　　目	各具体分项	收　　入	结构比（%）
赞助广告收入	主要赞助商（OPEL）	672	
	技术赞助商（罗特公司）	665	
	官方赞助	343	
	小　　计	1680	29
商务收入	标志使用权	49	
	俱乐部标志产品	42	
	小　　计	91	2
	总　　计	5783	

资料来源：《意大利甲级联赛特刊号》，《日本足球周刊》，1996 年 9 月。

表 2－3 是 1996 年意大利著名足球俱乐部 AC 米兰的收入构成状况，可以发现其门票收入占全部收入的 45%，而电视转播、广告赞助的收入也成为重要的收入来源，比例分别达到 24% 和 29%。北美四大职业体育俱乐部的平均年收入超过 5000 万美元，表 2－4 显示的是美国四大职业体育联盟的收入结构，其中媒体转播收入占很大比重，职业橄榄球的媒体转播收入甚至超过门票收入，占全部收入的 63%。场馆收入（包括食品、停车、球场包厢费等）的比例高于欧洲的足球俱乐部，平均达到 13.75%。

表 2－4　　美国四大职业体育联盟俱乐部 1996 年收入结构表

单位：百万美元

项　　目	俱乐部平均年收入	最低	最高	其中（%）			
				门票	媒体	场馆	产品
职业棒球（MLB）	66	40	115	40	35	18	7
职业橄榄球（NFL）	64	53	100	24	63	9	4
职业篮球（NBA）	50	32	84	41	40	12	7
职业冰球（NHL）	35	15	55	63	17	16	4

资料来源：MLB、NFL、NBA 和 NHL 分别是四大联盟的简称。整理自 A. N. Wize, International Sport Law and Business; Klumer Law international, 1997, p. 12.

2.2.1.2 联盟

1. 联盟的作用及概念。从世界范围看，职业体育并不是一个充分竞争的市场，不论何种项目、何种级别的职业体育，俱乐部的数量都非常有限，如表 2-4 中的北美四大职业体育联盟一共只有 122 个俱乐部。Davis 认为，职业体育的产业结构是寡占市场，其特点就是组成的企业不多，彼此结合成一个组织，共同创造利润[①]。企业要获得利润，除了仰赖市场需求与降低生产成本外，最重要的是其经营策略必须视竞争对手的策略而定，因为所组成的企业数目较少，每一企业的行为都会对组织内的其他企业造成影响。也正因为这个原因，各个俱乐部对其行为也必须进行较为严格的约束，这种约束就由联盟来实施。联盟一般由俱乐部授权，对比赛的规则、比赛时间、比赛的形式、联盟的经营管理、利润分配和违规行为的处罚等都有决定权。

"联盟生来就是合作共同体。在某个层面上，球队是那些自身成功建立在对方失败之上的竞争者。在另一个层面上，每个球队的成功依赖于联盟中其他球队的成功以及作为一个机构的联盟的成功"。[②] 我国学者鲍明晓认为，美国的联盟体制实际上是指职业队的业主们为了追求自身利益最大化，把经营权委托给一些专家，让他们代表自己的利益来对联盟进行经营和管理的一种制度。它的特征是所有权和经营权相分离，是按照现代企业制度规范建立的一种"经济上的合资企业，法律上的合作实体"，它的实质是通过垄断经营来获取最大利益[③]。张林认为，"职业体育俱乐部联赛在组织形式上可采取协作型的企业集团的组织形式。所谓企业集团，是指

---

① Davis, L. E. (1974). Self - regulation in baseball. In R. G. Noll (Ed), Government and the sports business. 349 - 385. Washington, D. C.: Brookings.

② [美] 迈克尔·利兹、彼得·冯·阿尔门著，杨玉明等译：《体育经济学》，清华大学出版社 2003 年版，第 88 页。

③ 鲍明晓：《体育产业》，人民体育出版社 2000 年版，第 67 页。

由若干具有独立法人地位的企业在统一管理基础上组成的经济联合体。”① 综合上述看法，可以认为，职业联盟是俱乐部自发成立的用以约束各俱乐部行为，并进行合作生产的利益共同体。

2. 联盟的组织结构。

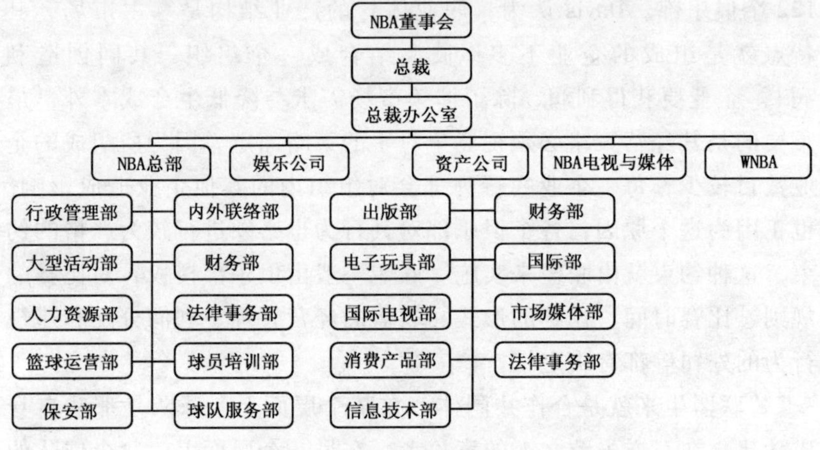

图 2－3　NBA 组织管理结构示意图

以 NBA 为例，如图 2－3 所示，NBA 的董事会是其最高的权力机构，由 30 支球队的老板或其代表构成。NBA 的所有重大问题都要通过董事会来决定，其主要职责和任务涉及联盟发展的各个方面，主要包括：（1）监督和审议财政预算；（2）任免和评估联盟总裁的工作；（3）为联盟制定战略规划；（4）确定联盟的中心问题；（5）代表联盟处理有关重要问题和事件；（6）受理和审议诉讼；（7）召开代表大会；（8）授权立法表决和投票；（9）确定职业队的数量及其合理分布；（10）决定运动员的合理分配和流动；（11）确定比赛规则，决定比赛日程；（12）与全国性的电视媒体谈判，出售电视转播权及确定收入分享比例；（13）处理与商业活

① 张林：《职业体育俱乐部运行机制》，人民体育出版社 2001 年版，第 191 页。

动有关的事务。

NBA 的日常运营活动由总裁及总裁领导下的 NBA 总部负责，总部下设 10 个部门，分别是行政管理部、内外联络部、大型活动部、财务部、人力资源部、法律事务部、篮球运营部、球员培训部、保安部和球队服务部，其中内外联络部和大型活动部还分别包括 6 个和 4 个分部。除 NBA 总部外，NBA 还设一个资产管理公司、一个娱乐公司、一个电视与传媒公司和女子 NBA 联盟（WNBA）。每一个部门都有其完整高效的内部分工，如资产管理公司下设 9 个分部，并且分工明确合理，保证了其工作的效率。目前 NBA 管理机构中，共有职员约 1000 人，其中多数不是篮球人士，而是法律、财务和市场营销等管理方面的专家，现任总裁斯特恩原来就是一名律师。

2.2.2 职业体育的消费者

2.2.2.1 观众

追求愉悦和激动是所有社会闲暇活动的共同特征，闲暇活动是克服日常紧张工作带来情感缺乏的有效方法。体育比赛的交战双方在大庭广众之下，在特定的时间内分出胜负，而这种过程充满了悬念，这使比赛成为一种极其有效的闲暇活动和有力的感情纽带，成千上万人从中得到了强烈的精神享受。

忠实的观众一般被称为球迷，英国心理学家克列季按球迷观众离体育场的“距离”将其划分为三类：“第一线的基本助威者”——他们对体育运动特别感兴趣并常常临场观看比赛；“第二线的助威者”——他们经常通过广播和电视来关心比赛，但很少光临体育场；“第三线助威者”——他们只是同别人谈论体育新闻，或根据报刊上的消息来关心运动员的比赛①。在球迷的眼里，

① B. J. 克列季：“运动员和助威者”，《体育译文》1985 年版第 6 期，第 58 页。

体育不只狭义表现为两个群体的比赛，而是广义地表现为两大地域、两个国家在进行体能、智能、科技等方面的较量，是和平时期的“战争”。这种“战争”经过大众传播后会导致整个社会的共鸣。这也是体育的巨大社会影响力的原因所在①。同时，随着体育博彩在许多国家的合法化，一些球迷更对职业体育进行了大量的物质投入。因此，比赛一方面是职业运动员得以谋生的工具；另一方面还是体育观众闲暇娱乐休闲的一种形式和获得巨额回报的希望，甚至是数代人为之激动的追求②。这两者的统一是职业体育生存的基础。

当然球迷也不是比赛单纯的接受者，各种研究均表明球迷的热情助威可以大大提升球队的实力。观众规模越大，主队胜利的可能性也越大，特别是主队迎战较弱的客队时③。德甲 35 年联赛的数据表明，50% 的主队获得了胜利，而客队获胜的比例只有 20%，其他的 30% 是平局。迄今为止 18 届世界杯足球赛上，东道主 6 次夺冠，5 次获得亚军④。布瑞研究了超过 3 万场的职业比赛，他按赢球场次对球队进行分类，发现低水平、平均水平和高水平的主队赢球的百分比分别为 32%、52% 和 70%。与之对应，客场赢球比例分别为 17%、35% 和 52%，其原因是观众激发了主队运动员的自信行为，同时抑制了客队的自信行为⑤。如果比赛胜利意味产品（比赛）的质量更高，显然体育产品顾客越多，顾客更多地参与到比赛之中（如更热情地为主队摇旗呐喊）其产品质量可能越高，

---

① 马自达：“球迷之研究”，《浙江体育科学》1996 年第 5 期。

② Eric Dunning. Sports Matters [M]. First published in 1999 by Routledge, 11. New Fetter Lane, London EC4P 4EE.

③ Schwartz, B., &Barsky, S. F. (1977). The home advantage Social Forces, 55, 641 - 661.

④ 德国《世界报》，2006 年 6 月 7 日。

⑤ Bray, S. R. (1999). The home advantage from an individual team perspective. Journal of Science and Medicine in sport. 25, 76 - 81.

这是职业体育与其他行业的一个重要区别。从理论上说，球迷也由此获得了比一般消费者更为重要的地位。

2.2.2.2 媒体

观众云集的体育场和球迷对体育赛事的渴望自然吸引了媒体的注意。在英国，BBC 电视台 1992 年通过两个频道播出 1600 小时的体育节目，几乎占其节目总量的 20%。在法国，5 家主要电视台体育节目的年播出量逐年增长，从 1992 年的 2000 小时增至 1996 年的 2504 小时。在北美地区，体育节目每年都占电视节目总量的 15%，美国每年大约播出电视体育节目近 5000 小时，体育赛事长期稳居美国电视节目排行版的前 8 位①。

观众对体育赛事的追捧使各媒体不惜巨资购买赛事转播权，然后再将转播权转包给二级媒体、广告公司和各种客户，付费电视则直接向付费观众收费，媒体的支出不菲，但其收益往往更大。如 2009 年大约有 1 亿观众通过电视观看北美职业橄榄球的决赛（被称为超级碗），决赛期间的媒体广告每 30 秒达 300 万美元，粗略地计算，整场决赛转播的广告收入高达 1.95 亿美元②。

媒体除了是职业体育的消费者之外还是体育最佳的生产合作伙伴，借助媒体，体育将全世界都变为它的市场。球场再大，其容量也是有限的，欧洲顶级球队曼联的球场大约可以容纳 6.8 万人，但通过卫星电视的转播，全世界的球迷都可以同时欣赏曼联的比赛。1998 年，足球世界杯的电视观众超过 334 亿人，是世界人口的 5 倍③。2006 年，德国世界杯英格兰和巴拉圭的比赛吸引的中国电视观众就高达 6290 万人，而这个数字比英格兰和巴拉圭的人口总和

---

① 《国外体育动态》1998 年第 31 期。

② 《国外体育动态》1995 年第 20 期。

③ 胡泳："足球俱乐部与有限责任公司的未来"，《商务周刊》2002 年第 7 期，第 65 页。

还要多①。2006年，德国足球世界杯转播权卖给了全球200个国家和地区，共签署了207份转播协议，这比联合国成员国的数目还要多。各种媒体成为俱乐部产品（比赛）的推销渠道使全世界变成了俱乐部潜在的市场。

随着技术的进步，媒体已不仅仅是比赛的“录音机”和“录像机”，媒体还起到了再加工的作用。“他们有广阔的画面、优美的细节以及比实物还大的图像……最重要的是你在看真实的人在做真正的较量，而观众对结果一无所知。出乎意料的事时有发生，美德未必胜利，好人也未必总有好报经常获胜，出乎意料的事时有发生”。② 广播和报纸对赛事和球员进行深度报道，使球迷对比赛的了解程度大大超过了比赛本身。卫星电视的观众可以在任意几种比赛项目（篮球、足球或橄榄球等）、任意几场比赛中进行选择，当一场比赛的某个镜头吸引观众的注意，就可以立即重播这个场面，并可以从超过10个角度进行欣赏，数据库中储存的数据可以为你提供详细的介绍……③媒体的参与大大提高了体育比赛的质量。

总之，体育和媒体都借助对方扩大了自身的影响力，巨额的转播收入为职业体育的发展提供了良好的资金保障。

2.2.2.3　广告赞助商

媒体对职业体育的投入使职业体育比赛的消费者遍布全球，各种企业开始认识到体育比赛是一个重要的产品推广平台。体育的广告赞助成为职业体育的消费者。体育的广告赞助是企业（赞助者和广告商）、公益组织、机构及个人之间投入（资金、实物、技术、服务等）和回报（体育冠名、广告、专利和促销等权利）互

---

① 《京华时报》2006年6月28日。

② Klattell, D. A. and Andersen, A. R. (1991). Strategic Marketing for Nonprofit Organisations, Prentice - Hall, Englewood Cliffs, NJ.

③ 严周：“一个神奇传媒大亨的体育情结”，《体育博览》2003年第4期，第73页。

惠的体育产品交换关系，是一种平等合作、互利双赢的商业行为[①]。大企业经常通过赞助重大赛事和公益事业来获得广告权、冠名权等，提高企业品牌的影响力。对俱乐部而言，这些赞助是重要的收入来源，常见的广告赞助包括对球衣和场馆冠名以及球场上的广告等。表2－5显示了赞助对双方的影响。

表2－5　　体育赞助方和被赞助方的目标

赞助方目标	被赞助方目标
建立或提升形象	获取资金
商务发展与关系营销	获取资源
媒体关系营销	获取服务
雇员关系营销	提高意识
增加销售	提高可信度
品牌定位	建立或提升形象
提升知名度	品牌定位

资料来源：［澳大利亚］戴维·希伯里、谢恩·奎克、汉斯·韦斯特比克：《体育营销学》，清华大学出版社2004年版，第255页。

从心理学角度看，利用紧张激烈的体育比赛与公众进行沟通，公众处于一种非商业的气氛中，可以较容易地接受品牌信息和形象，而且持续时间长，机会多，成本低。赞助体育对于体育迷来说是一种富有亲和力的感情投资，它可以迅速地将体育迷对体育的忠诚换成对赞助企业产品的购买力量。可口可乐赞助1996年亚特兰大奥运会1亿美元，而奥运会后其盈利猛增了21%，而其竞争对手百事可乐的利润却下降了77%[②]。

总之，赞助方通过体育广告赞助，可以提升形象、拓展品牌以

① 赞助和广告最大不同之处在于广告是直接推销自己的产品，而赞助是通过推销其他产品来间接推销产品。

② 李诚志："体育赞助商为何不惜重金"，《体育博览》2001年第9期，第8页。

及发展、巩固和社会各界的良好关系。而被赞助方也由此获得了更多的物质支持，通过与知名企业的合作还可以提升形象，树立品牌，双方实现了一种双赢。

2.2.2.4　地方政府（社区）

除了上述的三类消费者之外，地方政府（社区）也是职业体育一个非常重要的消费者。地方政府愿意对职业体育进行投资，主要有以下三点原因：

1. 地方的商业利益。体育赛事能吸引众多的观众、媒体和广告赞助商的注意，包括餐饮、娱乐、购物和房地产等都能从中获益。一些研究表明大型比赛对一个地区的经济有正面影响，Berument 和 Yucel 的研究表明工业增长率和比赛胜率之间呈现正相关关系[①]。2000 年，荷兰欧洲杯足球赛的 4 个赛事承办地盈利高达 1.1 亿美元；2002 年，韩日世界杯使日本增加了 1.86 万亿日元收入；2006 年，德国世界杯期间赴德国的游客增加了 300 万以上，一家银行估计世界杯使德国的经济增长 100 亿欧元，相当于德国 GDP 的 0.5%。西欧的一些经济学家更认为夺取世界杯能使一个国家的经济增长率提升 0.7%[②]。

2. 地方的社会效益。国外的许多研究表明体育比赛对某个地区的社会发展有重大影响。现代社会使人与人之间的“距离”越来越远，通过体育比赛可以使人们为共同的球队加油呐喊，无形之中拉近了人与人的距离，比赛的胜利往往造成一种“万民空巷”的轰动效应，即使比赛失利也有可能加强人们的凝聚力。总之，一

---

① Berument, Hakan, and Eray M. Yucel. 2003. “Long Live Fenerbahce: Production Boosting Effects of Soccer in Turkey,” Unpublished mimeo. 但也有一些研究认为体育比赛的正面影响被高估，第五章我们将对此进行进一步的讨论。

② 《日本经济新闻》，2006 年 5 月 9 日。

些国家和地区通过兴办体育赛事获得了良好的社会效益[①]。

3. 地方政府管理者的个人利益。地方政府的管理者通过引进赛事获取其个人利益是另一个重要的原因，由于体育比赛的巨大影响力，一旦某个地区成功地举办了一些重大赛事，或者该地区的球队在一些重大比赛中获胜，民众的喜悦往往提高了对地方政府的满意度，政府官员由此可以获得巨大的政治资本。如德国的民意调查显示，如果德国在2006年世界杯上夺冠，现任总理默克尔就将高票连任下届总理[②]。反之，比赛的失利也往往影响一些政府官员的仕途，因为民众往往把比赛失利视为政府无能的表现。

从世界范围看，各级地方政府一般不直接投资于职业体育，而采用税收减免、财政补贴和发行债券的方法。其最大的投入即作为生产场所的“体育设施”的配备。原因有两点：一是由于体育场馆造价越来越高，单靠俱乐部的投入一般难以为继；二是体育比赛是定期进行的，政府对场馆的投资还可以在没有进行职业比赛时用于其他项目，包括业余体育、展览等，这使对场馆的投资比较容易获得当地居民的支持。

2.2.3 职业体育市场的专用性投资

职业体育作为一种以体育比赛为商品的商业活动，其影响力比一般产业要大得多，而且职业体育市场的供需双方都进行了巨大的专用性投资。但其投资的对象、投资的范围、投资的主体和投资的幅度也都更加复杂。

2.2.3.1 职业体育市场生产者的专用性投资

---

① 丁涛等：“对英国体育发展状况的考察与调研”，《北京体育大学学报》2005年第11期，第1485～1487页。

② 英国《卫报》，2006年6月7日。

1. 俱乐部的专用性投资。职业体育俱乐部的专用性投资主要有：

（1）加盟费。上文提及，职业体育市场类似一种寡头市场而非竞争市场，这就意味着新的俱乐部面临着较高的进入壁垒，不能自由地进入职业体育市场，因为如果不能得到市场上原有俱乐部的同意，很可能意味着没有对手可以比赛。职业体育市场主要的进入壁垒是加盟费，新球队往往需要支付给原有俱乐部一笔加盟费才得以进入市场。随着职业体育市场的发展，加盟费也水涨船高，1980年 NBA 的加盟金为 120 万美元，1988 年提高到 3250 万美元，到了 1995 年则跃升到 1.25 亿美元，2004 年夏洛特山猫加入 NBA 的费用更高达 3 亿美元。

新球队为进入职业体育市场而支付的加盟费类似于一种沉没成本，不论俱乐部是主动退出还是因经营不善被动退出一般都无法得到补偿。

（2）球员工资。随着职业体育的发展，运动员的地位也逐渐提高，其中的典型标志是运动员工资暴涨，球员几乎成为富翁的代名词。2002 年，在英国排名前 500 位的富豪中，有 46 人是足球运动员①。而工资开始成为俱乐部的主要成本，一般达到总支出的一半以上。2003～2004 赛季，北美职业橄榄球的球员平均工资达到 133 万美元，NHL 为 183 万美元，MLB 为 263 万美元，NBA 更高达 490 万美元。欧洲职业足球俱乐部的工资成本与此类似，2001～2002 赛季，意大利足球俱乐部的球员工资达到 7.9 亿欧元，占俱乐部收入的 62%，英格兰、西班牙、德国和法国职业足球俱乐部的工资比例分别是：58%、56%、55% 和 53%②。

职业球员的工资不但高，其支付方式多采用年薪制，这就意味

① “为泡沫经济付出代价”，《东方体育日报》，2002 年 12 月 15 日。

② 《体育博览》2003 年第 5 期，第 24 页。

着虽然俱乐部投入巨资，但运动员一旦因故无法参赛，俱乐部仍然必须足额支付工资，这也使俱乐部的风险进一步加大。如 2009 年中国篮球明星姚明因伤缺席 NBA 火箭队整个赛季，但其工薪并不受影响。

（3）场馆投资。体育场馆对职业体育的发展有重要作用，从职业体育的产生看，职业比赛必须在特定的场馆里进行，否则无法收费，可以说，体育场馆是职业体育从业余体育中分离出来的主要因素。一些职业联盟甚至把是否拥有一个独立的体育场馆当作进入联盟的主要条件之一（如 NBA）。在现代，豪华、舒适的体育场馆意味着更多的观众、更多的媒体报道，并能吸引更多的广告赞助。因此，俱乐部一般都愿意在体育场馆上投资，体育场馆的投资也越来越大。从 1970 年到 20 世纪 80 年代中期，美国及加拿大建成的 22 个运动场馆中，建筑成本总额达到 13.389 亿美元，平均每个为 6086 万美元①。进入 20 世纪 90 年代，体育场馆的投资进一步攀升，现在接近 1 亿美元。如 1992 年建成的美国西部球馆（NBA 菲尼克斯太阳队主场）的投资高达 1 亿美元，其中菲尼克斯太阳队投入 5500 万美元，其他由政府和民间资本融资解决②。这些造价高昂的体育场馆适用范围非常狭窄，也往往成为俱乐部主要的退出壁垒。

2. 人力资本投资。职业体育主要依靠运动员和教练员的合作来完成比赛，对于观众而言，体育比赛的主角始终是人。职业体育的人力资本主要有运动员和俱乐部的管理者（一般以教练为代表）两类。

运动员的工资成为俱乐部的主要支出，但对于职业运动员而

---

① 唐小英：“北美职业体育设施投资进程与发展”，《体育文化导刊》2004 年第 11 期，第 62 页。

② 廖理、朱正芹：“从金融产品创新看美国体育场馆融资”，《国际经济评论》2004 年 9 期，第 44 ~ 47 页。

言，其人力资本的投入很大，原因主要有以下两点：

(1) 运动员的稀缺性。运动员是一种高度稀缺的人力资源，首先，运动员并非我们想象的那样“四肢发达，头脑简单”，运动员具有许多非运动员所不具备的人格特质。舒尔等的研究显示，不论是参加集体还是个人项目的运动员都比非运动员更加独立[①]。哈德曼的研究认为，运动员比非运动员更聪明[②]。库泊认为，运动员更自信，更有能力，更喜欢交际[③]；其次，一名职业运动员所必须具备的身体素质和专业技能使运动员变得更加稀缺，如篮球被称为“巨人的运动”，一般身高的人很难进入篮球界（但不等于身材高就一定可以进入），而职业足球运动员往往拥有优秀田径运动员的身体素质。

(2)运动员的高淘汰率。成为一名职业运动员除了必须具备上述“先天”条件外，还面临着严峻的“后天”考验。首先是成材率很低，15～39 岁非洲裔美国人成为 NBA 运动员的机会是北美四大联盟中最高的，也只有五万分之一；其次，运动员的运动寿命短暂，运动伤病和运动员相互之间激烈的竞争使运动员的淘汰率非常高，其运动生涯平均只有 3～7 年[④]。表 2－6 是 NBA 新秀的淘汰率，可以发现，一名 5 年 NBA 球龄的职业运动员平均淘汰率高达 33.97%。

---

① Schurr, K. T., Ashley, M. A., &JOY, K. L., (1977). A multivariate analysis of male athlete characteristics: Sport type and success. Multivariate Experimental Clinical Research, 3, 53－68.

② Hardman, K. (1973). A dual approach to the study of personality and performance in sport. In H. T. A. Whiting, K. Hardman, L. B. Hendry, &M. G. Jones (Eds.). Personality and performance in physical education and sport. London : Kimpton.

③ Cooper, L. (1969) Athletics, activity, and personality: A review of the literature. Research Quarterly, 40, 17－22.

④ ［美］杰·科克利著，管兵等译：《体育社会学》，清华大学出版社 2003 年版，第 385～386 页。

此外，职业教练员的人力资本投资也非常高。由于职业体育是一个实践性很强的行业，单靠书本的理论知识难以胜任，许多教练员往往具有运动员背景。但不是每一个运动员都能成为教练，同时一个球队的教练数量也远远少于运动员，因此职业教练是一种比职业运动员更为稀缺的人才，其人力资本投资也可能更大。

表 2－6　　1992～1997 年 NBA 新秀淘汰率

时间	新秀总数	历年淘汰人数						仍在 NBA 人数	淘汰率（%）
		1992	1993	1994	1995	1996	1997		
1992	54	6	1	4	4	4	3	32	40.74
1993	54		10	4	3	3	1	33	38.89
1994	54			6	3	7	2	36	33.33
1995	58				8	5	4	41	29.31
1996	58					15	1	42	27.59
合计	278	6	11	14	18	34	11	184	33.97

资料来源：《篮球》1998 年第 9 期，第 14 页。

2.2.3.2　职业体育市场需求者的专用性投资

1. 球迷的专用性投资。伴随着职业体育的发展，球迷们的投资也水涨船高，其投入包括物质和精神两种。

俱乐部需要缴纳巨额的加盟费和球员工资，这也意味着球迷们的负担逐渐增加。英国《卫报》曾经报道，一个典型的四口之家观看一场英格兰超级联赛的支出包括：124 英镑的门票，停车费 5 英镑，两本《观赛指南》共 5 英镑，买官方正版球衣一件 50 英镑，中场点心 10 英镑，总计花费接近 200 英镑。英超俱乐部一个赛季比赛超过 40 场，即使观看一半的比赛也需要 4000 英镑①。而近年英国工人的平均工资不过 15000 英镑。可见，成为一个忠实球迷首先需要不菲的物质投入。随着许多国家体育彩票的合法化，许

① 英国《卫报》，转自《体坛周报》2005 年 9 月 20 日。

多球迷购买了体育彩票以期获得额外收入，这也使球迷的物质投入进一步加大。

与其他消费者不同的是，除了物质投资外，球迷还进行了巨大的感情投资，而且这种感情往往难以替代。我们可以轻易地用一个品牌的电器替换另一种品牌，但球迷观看比赛往往有倾向性，一旦自己所支持的球队失利，球迷对比赛的兴趣往往大大降低。就像中国的球迷不论如何还是会更关心中国队的比赛，一些较为陌生的球队即使水平更高也不能与中国队相提并论。研究表明，实际上球队在相当程度上成为球迷的一种精神寄托，当所支持球队获胜后，有91% 的球迷感到快乐，而球队的失败使 89% 的球迷感到失望，66% 的人感到好像自己被打败一样①。

2. 媒体的专用性投资。近年比赛转播权已经成为职业体育增长最快的收入来源之一，其重要性有超过传统的门票收入的趋势。图 2-4 显示了 1980~2005 年北美四大职业联赛的媒体转播收入，

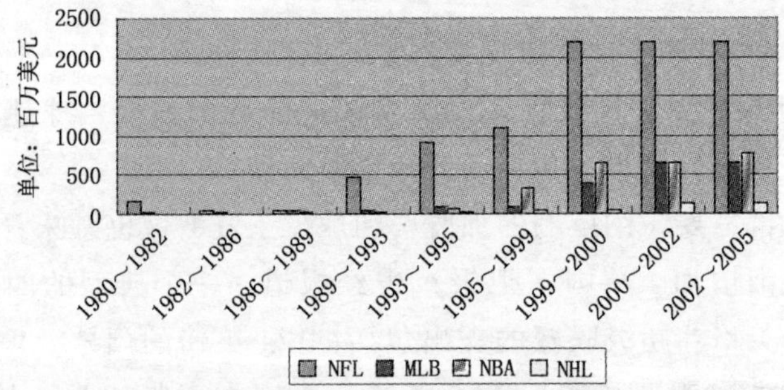

图 2-4　1980~2005 年北美四大职业联赛的媒体转播收入

资料来源：USA Today（1994）；Hirsley，M.（1998）．“ABC，ESPN Gobble rest of NFL rights：networks pay ＄ 17.6billion for 8 years”，Chicago Tribune，14Jan. p.1；Mermigas，D.（2002）．“NBA passes over to Disney and AOL”，Electronic Media，21（4），P.6；Zbar，J.D.（2002）．“Ball's bounce goes ESPN，TNT's way”．Advertising Age，73（23），p，s12.

① 薛岚：“NBA 主场文化探析”，《体育科学》2005 年第4期，第20~24 页。

可以发现，进入 20 世纪 90 年代后转播权一路飙升。1998 年，NFL 同美国四大电视网（ABC/NBC/CBS/ESPN）签下 8 年总值 174 亿美元的电视转播合同，这是美国电视史上金额最大的一笔交易。2004 年，四大电视网与 NFL 续约，转播金额又增加了 15%，再创新纪录。平均下来，每支 NFL 球队仅电视转播费，每年能分到近 8000 万美元。

赛事转播费一般是按年支付，不受赛事本身的影响，如 1998 年 NBA 因球员和俱乐部因工资谈判而停赛，但媒体转播费却分文不少。也就是说媒体在支付完转播费后，就要承担很大一部分的赛事风险。

3. 广告赞助商的专用性投资。广告赞助是除了转播权收入外职业体育市场一个新的收入来源，许多跨国大公司以体育比赛为平台进行各种商业推广。1997 年全球体育赞助为 181 亿美元[①]，1992～2003 年，整个英超来自赞助、宴请等商业活动的收入达到 3.4 亿英镑。

体育的广告赞助包括俱乐部和球员两个层次。如曼联每年从俱乐部的主赞助商、欧洲第一大手机运营商沃达丰得到 800 万英镑，而耐克以 13 年 4000 万美元成为曼联的球衣赞助商[②]。同时，由于球星的人格魅力或高超球技，许多广告赞助商还与球星单独签订赞助合同，如锐步与中国的篮球明星姚明签订一单 7 年 5000 万美元的合同，在未来 7 年内，姚明如果有 3 次入选全明星，合约就将自动扩展为终身合同。而姚明在进入 NBA 之后还至少签下过 9 单商业合同，包括苹果电脑、VISA 信用卡和麦当劳等，总收入超过 2000 万美元。

广告赞助商对于俱乐部或者球星的广告赞助当然希望其赞助对

---

① 李诚志：“体育赞助商为何不惜重金”，《体育博览》2001 年第 9 期，第 8 页。

② 林良锋：“英超豪门的球衣成为商业巨人的竞争舞台”，《体坛周报》2004 年 2 月 4 日。

象有杰出的表现，但比赛场上没有常胜将军，如果球队战绩不佳或球员表现不尽如人意，广告赞助的效果就将大打折扣。中国跨栏明星刘翔在2007年的多项广告代言身价已累计接近1亿元，但由于其在2008年北京奥运会上因伤退赛，媒体的不完全统计是广告赞助商的损失高达30亿元。

4. 地方政府的专用性投资。地方政府的投资主要通过建设体育场馆，一方面是由于体育场馆的投资巨大，俱乐部确实需要政府的资金扶持；另一方面是由于体育场馆可以成为当地的公共设施，为当地的体育事业服务。

据统计，自1990年以来，北美政府资本对体育基础设施建设的贡献开始超过民间资本，其投资比例分别为104亿美元和76亿美元[①]。截至1995年，北美四大职业联盟的82家体育场馆有53.66%完全由政府投资，完全由私人投资的只有14.63%，其余为公私合资[②]。

可见，政府公共投资在体育场馆融资中已经逐渐占据主导地位，这也意味一旦球队迁到其他地区，原来城市的场馆投资将遭受重大损失。

总之，与一般产业不同，职业体育的各级生产者和消费者都在职业体育市场中进行了各种形式的专用性投资，投资巨大且难以轻易改变用途，因此必然面临着投资的回收问题。如果投资没有保障将使整个职业体育投资不足，最终将影响整个职业体育市场的发展。通过下文的分析，我们可以知道职业体育的各种组织和制度无不与这种专用性投资有关，建立健全相关组织和制度的主要目的就在于防范各种机会主义行为，保障相关利益者的专用性投资。

---

① FitchRatings (2003), "U. S. Sporls Facility Finance - Yesterday and Today and Tomorrow", www. filchratings. com.

② 廖理、朱正芹："从金融产品创新看美国体育场馆融资"，《国际经济评论》2004年9期，第44~47页。

3.

职业体育组织与制度理论的构建与分析

3.1 职业体育组织与制度的理论构建

3.1.1 资产专用性决定交易的属性

3.1.1.1 新制度经济学的两个假设

社会科学的理论都直接或间接地包含着对人们行为的假设，本书所采用的新制度经济学的基本理论，对经济人的行为有如下两个基本假设：

1. 有限理性。阿罗认为人是有意识的理性的，但这种理性又是有限的[①]。即人们很想把事情做好，但人的智力是一种有限的稀缺性资源，这决定了人们只能在有限的程度上做到[②]。有限理性包括以下几个方面：

（1）人的认知能力是有限度的。任何人在收集、储存以及处理信息方面的能力都是有限的，同时个人的认知能力受到其原有的知识结构的限制。

（2）外部环境是复杂和不确定的，作为决策主体的个人所面临的外部环境具有复杂性和不确定性。

（3）知识的不完备性。显然，一个人要想完全理智行事，就必须具备有关每个备选策略所导致后果的完备知识。然而，人们自身不可能无所不知，环境的复杂性使人们面临的是一个不确定的世界，而且交易越多，不确定性越大，信息也越不完全。因此，有限理性在交易成本理论中是一个重要的先验性假设。

2. 机会主义倾向。机会主义是指信息的不完整或受到歪曲的披露，尤其指信息方面的误导、歪曲、掩盖、搅乱或混淆的蓄意行为。它是造成信息不对称的实际条件或认为条件的原因[③]。从经济学的角度看，人们更愿意追求收益内在、成本外化的逃避经济责任的行为。虽然经济学把追求自身利益最大化作为其基本前提，斯密并认为市场机制可以利用人们的利己心理使社会福利增加，但新制度经济学认为，机会主义使古典经济学所认为的运行良好的市场机制无法发挥作用。

新制度经济学认识到在没有有限理性和机会主义的条件下，所有的经济合同都不成问题，但由于决策的实际困难和经济必须在存在交易费用和不对称信息的环境中运行，制度就变得非常重要。为

① 卢现祥：《西方新制度经济学》，中国发展出版社 1999 年版，第 16 页。

② Simon, Herbert, 1957, Models Of Man. NY: John Wiley.

③ ［美］迈克尔．迪屈奇：《交易成本经济学》，经济科学出版社 1999 年版，第 34 页。

了把有限的影响降到最小，同时保护交易免受机会主义风险的影响，经济主体将会寻找非市场形式的组织安排（菲吕博顿，瑞切特，2006）。

3.1.1.2　资产专用性的概念

追溯源头，资产专用性思想其实源远流长。李嘉图在其名著《政治经济学及赋税原理》中就曾经以资本的流动性说明资本的技术性质对资产转移及其对工商业途径变化的影响和带来的困难。马歇尔也对雇佣关系中的人力专用性、钢铁厂的位置专用性以及专用性资产所带来的"合成准租（composite quasi - rent）"进行过分析。但他们都没有认识到资产专用性对理解组织的重要性，如马歇尔认为通过"做正确的事"和"谈判"就可以解决资产专用性产生的问题①。

威廉姆森认为正是资产专用性使组织问题变得复杂化。按照威廉姆森的定义，资产专用性是指"在不牺牲其生产价值的前提下，某项资产能够被重新配置于其他替代用途或是被替代使用者重新调配使用的程度"（威廉姆森，2001），即当某种资产在某种用途上的价值大大高于在任何其他用途上的价值时，那么该种资产在该种用途上就是具有专用性的。具体而言，专用性资产是为支撑某种交易而进行的耐久性投资，它一旦形成，投资于某一领域，就会锁定在一种特定形态上，若再作它用，其价值就会贬值②。在资产具有专用性的条件下，交易的一方具有利用契约不完全性而去占用另一方准租金的动机。一种资产是不是专用性资产，主要看该资产究竟是属于用途可变的资产，还是用途不可变的资产，它与会计上的固

① ［美］埃瑞克·G. 菲吕博顿、鲁道夫·瑞切特：《新制度经济学》，上海财经大学出版社1998年版，第156页。

② 克莱因、克劳福德和阿尔奇安在他们的名篇《纵向一体化、可占用性租金与竞争性缔约过程》中，持与威廉姆森类似的观点，并将专用性投资称为准租金，明确其为"资产价值在原定用途和次优用途上的差异"（Klein, Crawford and Alchain, 1978）。

定资产和流动资产及其固定成本和变动成本是完全不同的概念，区别的关键是看用途改变的难易程度。有很多资产，从会计角度讲是固定资产，但其用途可以较容易地改变，如用于一般目的的建筑物和设备，这些资产专用性就比较低；与之相反，某些会计上列入变动成本的项目，却可能很难改变其用途，这使其专用性程度很高，如企业专用的人力资产等。

专用性资产具有以下三个显著特征：一是由特定的经济主体拥有或控制；二是能给经济主体带来一定的收益；三是只能用于特定的用途，如果转到其他用途或由他人使用，则其创造的价值可能降低。对于专用性资产，其专用性是指该项资产能够被重新配置于其他替代用途或是被他人使用时损失其生产价值的程度。因此，一项资产的专用性与其转移使用后的生产价值损失程度成正比，当这种损失程度为零时，这种资产就成为了通用性资产。可以说，威廉姆森对资产专用性的理解突破了新古典经济学中生产要素被假定为同质且可以无费用地相互替代的概念，为企业理论的发展提供了一种新的重要分析框架。而资产专用性对交易行为的影响可以在以下三个方面得到体现：第一，资产专用性是资产交易的专用性；第二，资产专用性与沉没成本有关；第三，资产专用性的实质是一种套牢（Lock - in）效应。

3.1.1.3 资产专用性分类

总体而言，可以把专用性投资分为人力资本投资和物质资本投资两种，威廉姆森进一步把资产专用性分为以下五类（威廉姆森1985，1996）：

1. 场地专用性（site specificity），即交易中的买卖双方有紧密的关系，并且事前有最小化存货和运输费用的决策，场地一旦选定，所使用的资产就无法移动（由于它们的建设成本以及搬迁成本太高），这种专用资产要求企业的所有权要统一，这样才能使前后相继的生产阶段尽量互相靠近。

2. 物质资产专用性（physical asset specificity），即交易双方对于交易中有专用设计性能的设备进行了投资，一旦投资完成，这种设备在其他的用途上具有较低的价值，如使用特定煤质的锅炉。

3. 人力资产专用性（human asset specificity），企业工人在干中学的过程中累积了大量的专用性人力资本，因此，与不具有专用性人力资本的同等工人相比能更有效地生产商品和提供服务，这种专用性的人力资本对于交易中的供方和顾客具有特殊的价值，如设计特殊类型的飞机或汽车零件的工程师。

4. 特定用途资产（dedicated assets），指一些用于特定用途的资产，如在一个偏僻的地方，为供应大型上游用户所开发的自然资源矿藏。

5. 无形资产专用性（intangible asset specificity），包括组织的品牌和企业的商誉等。

3.1.1.4　专用性投资的价值

交易成本理论认为，当交易的一方对专用性资产进行投资后，交易的另一方可能会通过投机行为（通俗地说就是“敲竹杠”）来剥夺其投资价值。这实际上反映了专用性资产可以为市场交易主体带来超额利润这样一个事实。那么专用性资产的价值从何而来呢？实际上专用性资产的价值正是由其专用性决定，具体又可以分为流动性和可转换能力，流动性和可转换能力强的资产专用性差，但通用性强；反之，流动性和可转换能力差的资产专用性强，但通用性差。对于具有高度专用性的资产，如果改变其特定用途，那么价值损失非常大。比如，计划建造一座纪念馆，在建造后（中）临时改建成酒店，就需要投入高额的改造费用；而对于高度流通性的资产，如果改变其原来用途，价值损失基本上可以忽略。比如，货币的流动性最强，因此可以用于任何投资项目而没有价值损失。

3.1.1.5　交易的属性

市场各方通过交易来实现资源配置[①]。交易成本经济学（transaction - cost economics，TCE）实际上是根据制度比较来研究经济组织的一种方法，而交易是分析这种组织的基本单位（威廉姆森，1985）。根据不同的交易属性建立不同的契约治理机制是交易成本理论的核心内容。威廉姆森认为交易本身是异质的和多样性的，决定交易异质性的因素包括资产专用性、交易的不确定性和交易频率，但起关键作用的是资产专用性。

在威廉姆森看来，交易的第一个也是最重要的属性是资产专用性。由于专用性投资将被锁定在特定的关系当中，资产专用性越强，为预防机会主义行为所需付出的成本越高，交易双方越需要建立一种持久而稳定的契约关系。因为资产一旦转移，其价值要发生损失。同时交易的另一方由于控制了再谈判的主动权和优势地位，在机会主义动机下倾向于攫取由于专用性投资所带来的可占用租金，从而产生“敲竹杠”行为。在这种情况下，进行专用性投资的一方必须防范对方的机会主义行为，以免被对方“套牢”，这种防范措施被泛称为治理结构。交易的一方或双方都会根据交易的特征选择恰当的治理结构。在其他因素不变的条件下，随着交易专用性程度的增加，最初的治理结构从市场转向关系合同，又有可能被纵向一体化取代。

交易的第二个属性是不确定性[②]。交易不确定性的存在意味着交易决策必须是适应性的、连续性的，以及弱化这种行为上的不确定性的相应的规制结构的存在。虽然不确定性非常重要，但如果交易不具有专用性，它还是不会对组织问题产生影响。“无论不确定

① 康芒斯将交易分为买卖交易、管理交易和限额交易三种。康芒斯：《制度经济学》，商务印书馆 1994 年版，第 74 ~ 86 页。

② 但威廉姆森本人并没有明确界定不确定性的内涵，他对不确定性给予关注是因为他认为由于不确定性的普遍存在，想要一一列举是不可能的，或者代价过于高昂，因此产生了组织对交易连续性适应的需要。

性的程度有多大，只要是标准化的交易，都能用市场治理来解决”（威廉姆森，2002）[①]。

交易的第三个属性是交易频率。交易频率表现出交易在时间序列里的状况。交易发生的频率是影响交易的成本和收益的一个重要因素，可以将其分为一次、数次和经常三类。交易频率不影响交易成本的绝对值，而只影响进行交易的各种方式的相对成本。当双方的交易经常发生时，他们可以为交易构造一个专门的治理结构，将高费用分摊到大量不间断进行的交易中去，而使得单位交易的成本降低。反之，如果双方的交易只是偶尔为之，就不值得花费资源去设计专门的交易机制，采用一般性治理方式的成本相对更低。

在实际分析中，威廉姆森根据现实情况和为了分析上的便利对交易的三个维度做了不同的处理，首先假定不确定性充分大，因此需要实行适当而又连续的决策；同时又假定交易频率充分大，因此对某种交易设置专门的治理机制存在着规模经济。最终，资产专用性作为唯一重要的交易属性变量对合同治理的重要作用就被充分凸现出来了，市场、科层制以及各种中间组织等组织形式都成为了资产专用性的函数。

3.1.1.6 资产专用性和签约过程

由于交易的复杂性、信息的不完全以及机会主义行为的普遍存在，人们通过签订契约来完成交易。契约规定了交易的条款，是交易双方达成的合法承诺。不同的交易导致了不同的签约过程。由此，新制度经济学将对交易的分析进一步转变为对签约过程的分析。如何签订并监督契约的顺利实施成为交易成败的关键。

---

① 显然，在威廉姆森的分析框架中不确定性与其说是作为一个交易属性而存在，还不如说是作为交易的环境而存在。

表 3－1　　签约过程的各种属性

行为假设		资产专用性	隐含的签约过程
有限理性	机会主义		
0	+	+	有计划
+	0	+	言而有信
+	+	0	竞争
+	+	+	需治理

说明：表中“+”表示很重要，“0”表示无影响。改编自［美］奥利弗·E. 威廉姆森著，段毅才、王伟译：《资本主义经济制度——论企业签约与市场签约》，商务印书馆 2002 年版，第 49 页①。

在特别凸显专用性投资的重要性后，结合新制度经济学的行为假设，我们可以进一步分析签约的过程。此时对签约产生作用的因素包括资产专用性、有限理性和机会主义。如表 3－1 所示，这三种因素必须共同作用才产生契约问题和组织适应的需要。首先，假定在交易中当事人具有机会主义倾向，资产也是专用性的，但是当事人却有完全理性，具有无限的认识能力。在这种条件下，虽然未来是不确定的，但签约人具有无限的算计能力，就可以进行一次“无所不包”的谈判，所有相关的契约信息、包括签约人在事后可能产生的行为以及产生的风险都可以在签约前解决，并可以根据谈判结果对以后可能出现的变化做出准确的估计，那么，未来的每一项变化都可能被合理地预见到并写进契约之中，相应的行为责任就能够清楚完整地界定，交易就能够用虽然复杂但是非常完美的契约进行有效的治理；其次，假定在交易中当事人受到有限理性的限制，存在资产专用性，但当事人不存在机会主义倾向，即签约当事

① 此表仅将有限理性、机会主义和专用性投资三个要素的某一个影响假设为零进行对比，当然可以进一步将其中的两个及两个以上要素假设为零进行分析，但这与实际相差太大而不具有现实意义且可能造成行文拖沓，因此本书不对此展开论述。

人会忠诚地履行自己的承诺，此时虽然有限理性的存在将导致契约的不完全，但是契约的每一方从一开始就坦诚许诺要有效地执行契约条款，机会主义行为因而将被摒弃，先前产生的契约瑕疵就可由一般性条款来填补，契约也就变成一种承诺；再次，假定当事人受有限理性限制，并具有机会主义倾向，但不存在资产专用性。在这种条件下，一个企业或者个体从事经济活动不必付出任何沉淀成本，所有的资本——包括物质资本和人力资本——具有充分的流动性，企业和个人可以非常自由地进入市场，那么，市场竞争就将是完全的，无效配置的资源将会毫无成本地转移到能够实现最优用途的地方。此时市场的竞争性契约更为有效。最后一种情形是机会主义、有限理性和专用性投资都存在，此时情况就有很大不同，计划无法十全十美（由于理性有限），承诺得不到遵守（投机思想的存在），此时交易能否达成就取决于双方是否同样聪明（或狡猾），为此必须建立特定的治理机制才能保证契约的顺利签订和执行。由于人类的有限理性和机会主义难以避免，因此，资产专用性实际上决定了契约的内容和形式。

3.1.1.7　契约的不完全

契约被视为两个以上当事人之间确立的一种权利交易关系。专用性投资决定了签约的过程，也就是说专用性投资使交易必须采用契约加以规范。通过合约的缔结，当事人作出在什么情况下做什么和不做什么的承诺，同时对各自未来的行为进行约束。但仅仅签约并不足以保护专用性投资，因为契约本身是不完全的，原因在于：

1. 交易费用的存在导致契约不完全。在交易费用为零的世界里，不存在不完全契约，即零交易费用决定了契约是完全的。但是，在交易费用为正的情况下，部分契约可能因为交易费用过高而无法达成。契约期限越长，其未来的需求越难以准确预期，因此签约人也越不愿意详尽规定其需求。同时不断地谈判签约也会使谈判成本越来越高。

2. 有限理性的限制。由于有限理性的普遍存在，人们既不能在事前把有关的全部信息写入契约条款，也无法预测未来可能发生的偶然事件并为之设计详细的条款。这使契约的设计先天不足。

3. 机会主义的存在。机会主义的存在导致对难以改作他用专用性资产的侵占不可避免，而且这些机会主义行为是随机应变和难以察觉的。签约各方虽然对这种机会主义行为有所认识，但想在契约里对其进行完全的防范难以实现。

4. 行为的不确定性与信息不对称。契约是对未来承诺的交换，承诺从做出到兑现要经历时间，而未来事件的偶然性、复杂性和不确定性在签约时均无法预测。信息不对称是指契约当事人一方持有信息而另一方不持有，尤其在信息无法验证时为甚，这些都使契约更不完全。

契约的不完全使关于契约的各种争端不可避免，传统上，法律被视为解决契约争端的首选，但法院并不是解决契约争议的最佳方法，其原因有三个：一是契约的专用性使法官往往缺乏足够的专业知识，这使法律诉讼往往旷日持久，造成契约价值的持续下降；二是法律由人控制并解释，法官本身也是有限理性的，他们的行为也完全可能是机会主义的；三是通过法律诉讼虽然可能解决问题，但往往彻底破坏了签约双方的商业关系，这也往往有违签约人的初衷。

既然契约无法尽善尽美，签约人往往干脆签订一种不完全的“原则性”契约以节约交易成本。即签约双方只规定一个约束框架，仅仅就交易的原则、程序、解决争议的机制、权力的归属进行说明。对契约纠纷的解决更多地依靠第三方，而把法院当成最后的保障。常见的如层级组织把管理协调作为主要的协调机制，这种协调是依靠命令或行政方式，讨价还价的余地比较小，通过它可以避免交易的中断，如果当事人对交易不满，可以通过等级来协调，无需像市场交易那样对任何一个争议都寻找一个外部的第三方来解决①。

显然，专用性投资决定了各种不同的签约过程，但契约的不完整，法律解决问题的高成本和不确定性使人们更愿意依靠私人秩序所形成的各种机制来治理契约。这种私人秩序的内涵就是各种组织及其相关制度，“合同的重要性在于为组织之间持续关系提供了一个框架……这种框架只是对这些不同的关系提出一个方向性的大纲”。② 只有把各种交易组织起来，并通过构建各种制度以经济合理地发挥其有限的理性，才能使进行了专用性投资的交易各方免受投机行为的侵害。由此，各种组织和制度就成为契约治理的具体内容，成为防范机会主义行为，保护签约方专用性投资的一种治理机制。

3.1.2 组织和制度

资产专用性的存在使得契约的治理成为必需，而契约的治理必须依靠组织和制度。但许多经济学家混淆了组织和制度，如威廉姆森就认为“交易费用是经济组织的本质，而治理结构其实就是合同关系的完整性和可靠性在其中得以决定的组织框架”。③ “交易的中介是治理结构（市场制、混合制与等级制），而治理结构就是一种交易的完整性在其中得到确定的制度矩阵”④。显然，威廉姆森

---

① 高鸿业、刘凤良：《20 世纪西方经济学的发展》，商务印书馆 2004 年版，第 515 页。

② Llewellyn, Karl N., 1931, “What Price Contract? An Essay in Perspective”, Yale Law Journal, 40: 736 – 737.

③ 卢现祥：《新制度经济学》，武汉大学出版社 2004 年版，第 101 页。

④ ［美］奥利弗·E. 威廉姆森：《治理机制》，中国社会科学出版社 2001 年版，第 479 ~ 481 页。

并未具体区分组织和制度，而是把二者笼统地等同起来[①]。诺斯《西方世界的崛起》一书中的立论："有效的经济组织是增长的关键；一个有效的经济组织的产生导致了西方的崛起"也没有区分二者（此时的组织显然也包括制度在内）。一些经济学家则认识到二者的不同，但并未准确对其进行界定，如布罗姆利认为"事实上，在经济学中选择有两个层次，一个层次关注的是在给定选择集的限制下作出配置的决定；另一个层次关注的是这些选择集的结构本身"[②]。

直到1990年，诺斯才最终认识到组织与制度的不同，并对二者进行了明确的区分，继而从宏观上研究了组织、制度和经济绩效变化的关系，但诺斯并没有将其运用于微观领域[③]。诺思（1994）认为"制度是社会博弈的规则，是人所创造的用以限制人们相互交往的行为的框架。如果说制度是社会博弈的规则，组织就是社会博弈的玩者"[④]。笔者认为，专用性投资导致了不同的签约过程，契约的不完全导致一系列组织和制度的产生，组织和制度的相互作用成为保护专用性投资的契约治理机制的核心。

3.1.2.1 组织

---

① 在诺斯之前，多数新制度经济学家都未能严格区分组织和制度，混淆组织和制度最初也许和它们的字面含义有关，在一般的英文用法中，制度和组织有非常接近的涵义。英文中 institution 兼有制度和机构两种含义，institution 也往往被用来表示 organization（组织）。[德] 柯武刚、史漫飞：《制度经济学：社会秩序与公共政策》，商务印书馆 2000 年版，第 117 页。

② 这个限制无疑就是制度，而结构则是组织。[美] D·W. 布罗姆利：《经济利益与经济制度》，上海三联书店 1996 年版。

③ 1990 年，诺斯在《制度、制度变迁与经济绩效》一书中对组织和制度进行了明确的划分，并认为这是此书的重要贡献。[美] 诺斯著，刘守英译：《制度、制度变迁与经济绩效》，上海三联书店 1994 年版。

④ 1994 年诺斯获诺贝尔经济学奖之后，在北京大学中国经济研究中心成立大会上的讲演。转引自韦森：《社会制序的经济分析导论》，上海三联书店 2001 年版，第 84 页。

组织一词来自希腊文“ORGANON”，最初的意思是工具和手段。在汉语中，最初的意思是纺织[①]。组织管理学上的组织一般指一种有目的的社会实体。罗宾斯认为组织是“人们为了实现一定目标而进行合理的组织和协调，并具有一个相对可识别的边界的社会实体”[②]。霍尔提出组织是“一个有着相对可辨识边界的团体，它有一个规范的秩序，一定的职权层级，一个沟通系统和一个成员协调系统，该团体以相对持续的环境为基础而生存，从事着与一系列目标相联系的某种活动，为组织成员、组织本身和社会作出贡献”[③]。巴纳德把组织定义为“有目的地协调两个或两个以上的人之间的活动或力量的系统”[④]。从以上研究可以总结出组织管理学上的组织主要内涵包括：第一，组织是一个系统；第二，组织是有目标的；第三，组织和组织之间有明确的边界；第四，组织内部有制度以维持组织的运行。

新制度经济学广泛借鉴了上述理论，但强调了对行为的约束。诺斯认为“通过对个体行为的约束，人类的组织才成为可能”。[⑤] 柯武刚和史漫飞认为“组织是各种资源的结合体。它们具有一定的目的，并在适当的时期内持续存在。组织在一定程度上由其领导以层级制方式来协调”。[⑥] 阿罗认为“组织是在价格体系失灵的场

① 组织一词最早见于《辽史·食货志（上）》所云：“饬国人数桑麻，习组织”。

② S. P. Robbins: Managing Organizational Conflict: A Nontraditional Approach. Eaglewood (Cliffs, New Jersey): Prentice Hall, 1974, p. 3.

③ H. R. Hall: Organizations: Structure, Process, &Outcomes. Eaglewood (Cliffs, New Jersey): Prentice Hall, 1991, p. 32.

④ Barnard, Chester. 1938. The Functions of the Executive. Cambridge, MA: Harvard U. Press. p. 81.

⑤ ［美］道格拉斯·C. 诺斯著，陈郁、罗华平译：《经济史中的结构与变迁》，上海人民出版社、三联书店 1994 年版，第 227 页。

⑥ ［德］柯武刚、史漫飞：《制度经济学：社会秩序与公共政策》，商务印书馆，2000 年版，第 118 页。

合实现集体行动之利益的手段”。[①] 斯普尔伯认为“组织的产生是因为集中控制和协调个人行动有优势，厂商应理解为不主要依赖市场机制进行内部控制和协调的组织。否则相互牵连的活动中所包含的外部性将使总利润减少”。[②] 威廉姆森认为“经济组织其实就是一个为了达到某种特定目标而如何签约的问题”。[③] 笔者认为如果从治理机制的角度看，组织首先应与专用性投资有关，其要约束的行为正是机会主义行为。其次，可以将组织与利益相关者联系起来，克拉克森认为利益相关者在企业中投入了一些实物资本、人力资本、财务资本或一些有价值的东西，并由此而承担了某些形式的风险；或者说，他们因企业活动而承担风险[④]。简言之，利益相关者是那些与企业有一定的关系，并在企业中进行一定专用性投资的人。这些利益相关者由于专用性投资面临着被剥夺的风险而迫切需要组织起来以防范机会主义行为。由此，结合组织管理学和新制度经济学的理论，笔者认为，组织是为减少内部成员的利己行为而制订规则以谋求利益最大化的利益相关者的集合。

根据不同的需要，可以对组织进行不同的分类。如根据建立组织的不同目标，可把组织分为政治组织（包括政党、议会或行政机关等）、经济组织（包括企业、工会、农场和合作社等）、社会组织（包括教堂、社团或慈善机构等）、教育组织（包括学校、培训中心等）；根据组织的复杂程度，可分为简单组织和复杂组织；按与市场关系的远近，又可分为混合治理组织（特许经营、企业

---

① Arrow, Kenneth J. 1973, The Limits of Organization, New York: Norton, 1974.

② ［美］Daniel F Spulber 著，张军译：《市场的微观结构——中间层组织与厂商理论》，中国人民大学出版社 2002 年版，第 374 页。

③ ［美］奥利弗·E. 威廉姆森著，段毅才、王伟译：《资本主义经济制度——论企业签约与市场签约》，商务印书馆 2002 年版，第 33 页。

④ Clarkson, M. 1994. A risk - based model of stakeholder theory. Proceedings of the Toronto Conference on Stakeholder Theory. Center for Corporate Social Performance and Ethics. University of Toronto, Toronto, Canada.

联盟等）和层级制组织（以企业、工厂为典型）。就本书要研究的内容而言，笔者认为组织本质上是对市场机制的一种替代，因此组织可分为替代组织（替代市场完成交易，以科层组织为代表）、辅助组织（协助替代组织完成交易）以及为这些组织提供法律保障的法律组织三类。

3.1.2.2　制度

对制度的研究由来已久，多数人认为其核心内容是规则。如中国的《诗经》有“天生蒸民，有物有则”，意思是说有人群就必有规则。康芒斯认为制度是“集体行动控制个人行动的一系列行为准则或规则”[①]。柯武刚和史漫飞认为制度是“人类相互交往的规则。它抑制着可能出现的机会主义和乖僻的个人行为。使人们的行为更可预见并由此促进劳动分工和财富创造”[②]。奥斯特洛姆认为制度是“一组运行规则……所有的规则包含禁止、允许或者要求某种行为或结果这样一些条件，当个人在他们的行为中作出选择时，所采取的、监督和执行的正是这些规则”（Ostrom，1990）。诺斯对制度的定义被广泛接受，他认为制度是一系列被制定的规则、守法秩序和行为道德、伦理规范，它旨在约束主体福利或效用最大化利益的个人行为；制度为日常生活提供了一种行为准绳，从而降低了不确定性（North，1990）[③]。上述定义虽有差别，但都强调制度是对不端行为的一种规则限制。新制度经济学在对人的行为进行研究时，假定人具有为自己谋取更大利益的行为倾向。因此，可以推断由于人在追求自身利益的过程中，会采取非常隐蔽的手段，也可能会要弄狡猾的伎俩，因而如果交易双方仅仅签订协议，未来的

① 康芒斯著，于树生译：《制度经济学》（上），商务印书馆 1962 年版，第 86 页。

② 柯武刚、史漫飞：《制度经济学：社会秩序与公共政策》，商务印书馆 2000 年版，第 35 页。

③ ［美］道格拉斯·C. 诺斯著，陈郁、罗华平译：《经济史中的结构与变迁》，上海人民出版社、三联书店 1994 年版，第 225～226 页。

结果仍然具有很大的不确定性。显然人的机会主义倾向会导致经济交易秩序的混乱，但是制度可以在一定程度上约束人的机会主义行为倾向，因为制度可以通过提高违约成本的办法来惩罚或防止人的机会主义倾向。因此，笔者认为制度是约束机会主义行为的一系列规则，这些规则提供了人类相互影响的框架，构建了人类合作和竞争的秩序，其目的就是为了保护组织（及其内部成员）的专用性投资。

同样，根据不同的标准也可以对制度进行不同的分类，如人们通常所说的政治制度、经济制度、法律制度、分配制度、生产制度等是从制度指向的不同行为领域进行分类。按照制度指向行为的层次性也可以将其分为微观制度和宏观制度，前者如消费者权益保护法以及针对外部性影响范围较小的私权制度体系，后者如针对政府行为的行政法、财政法以及公法制度体系等。戴维斯和诺斯（1971）按照制度适用的范围，将制度分为制度环境和制度安排，他们认为制度环境是一系列用来建立生产、交换和分配基础的基本的政治、社会和法律基础规则，而制度安排是支配经济单位之间可能合作与竞争方式的一种安排。诺斯又把制度分为正式制度、非正式制度和实施机制[①]。他认为正式制度是人们有意识建立起来的并以正式方式加以确定的各种制度安排，包括政治规则、经济规则和契约等。非正式制度是人们在长期生活中逐步形成的习俗习惯、伦理道德、文化传统和意识形态等对人们行为产生非正式约束的规则[②]。

根据制度的适用层次以及制度与组织的关系，笔者把制度分为法律制度，经济制度和操作规则三种，分别对应于国家、组织之间

---

① ［美］道格拉斯·C. 诺斯："一个经济学家的思想演进"，转引自《制度经济学研究》2003 年第 1 期，第 217 页。

② ［美］道格拉斯·C. 诺斯著，刘守英译：《制度、制度变迁与经济绩效》，上海三联书店 1994 年版，第 3 页。

和组织内部，见图 3－1。法律制度又可以称为政治规则，由国家制订并实施。政治规则广泛规定了一个政体的层级结构、它的基本决策规则以及议程控制权的明晰特征。最高层次的法律就是宪法，宪法提供了基本的产权，国家既提供仲裁与执行规则的框架，又颁布行为准则，以此降低政治结构中的服从费用和经济部门中的交易费用。这样，构成经济组织的契约关系形式主要由国家决定，它首先考虑不同选民的不同机会成本（这导致产权反映选民集团的政治力量），其次要考虑统治者监察经济实绩的费用。国家提供的各种促进经济活动的公共物品或基础设施均是在这些条件的限制下进行的①。

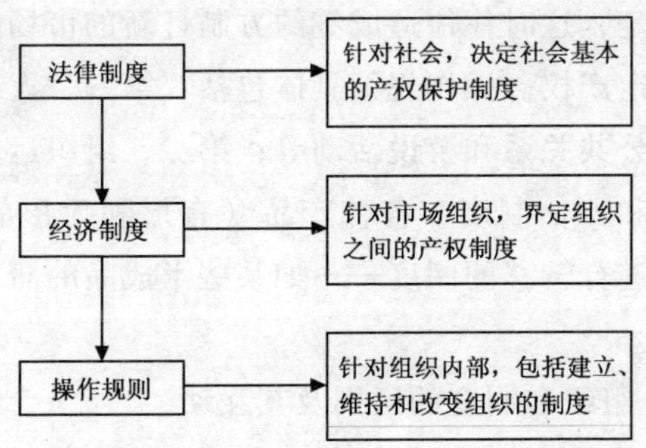

图 3－1　制度的层次及其适用范围

新制度经济学认为产权是财产用途上和所生产的收入上以及让渡资产或资源的能力上的权利。宪法和随宪法衍生的一系列法律由国家制订，这些法律决定了基本的产权，而经济规则通过次一级的市场组织界定了市场交易主体之间的产权。这些经济制度也对各种经济组织之间的机会主义行为进行约束。虽然有时法律成本过高而

① ［美］道格拉斯·C. 诺斯著，陈郁、罗华平译：《经济史中的结构与变迁》，上海人民出版社、三联书店 1994 年版，第 230 页。

难以采用，但法律为经济制度提供了最终的支持①。市场上不同经济组织之间的交易要通过签约来进行，因此也可以进一步将制度分为签约前的制度（包括信息搜索和考察制度）、签约时的谈判制度以及签约后的制度（包括监督制度、激励制度、纠纷处理制度和利益分享制度等）。

最低一级的制度是组织内部制度，本书称之为操作规则。组织内部的这种操作规则一般不涉及产权的交换，主要包括建立、维持或改变一个组织设计的费用，但随着组织内部交易的复杂化，一些原来的操作规则往往难以应付具体情况的变化，如某种专用性投资价值的变化超出了原来签约方的预期，而原来的组织内部制度对此并未有明确界定，这时往往造成签约方制订新的市场制度甚至寻求法律手段以界定产权。操作规则具体包括：第一，人事管理、信息技术的投入、公共关系和游说活动等；第二，组织运行的制度，包括决策、监管和评估制度，各种产品（有形和无形的）在可分的技术界面之间进行转移的制度——如某些半成品的滞留、内部运输费用的安排等。

3.1.2.3　组织和制度的区别及其互动

除了上述概念上的不同外，按诺斯的理论，是否有目标成为组织和制度的一个重大区别。组织作为一个有目的的实体有一个明确的目标，如企业为了获利，球队为了胜利，学校是为了培养学生。但制度没有明确的目标，也不构成一个实体，如货币是一种制度，但难以称其为组织。以体育比赛为例，比赛必须有比赛规则以判定胜负，比赛规则（包括何时比赛，何为有效得分，对犯规的处罚等）是一种制度，规则（制度）是确保比赛顺利进行的基本方式。

① 法律是在私人秩序无法有效运转时起“最后申诉”作用的，合同和法庭可以有效限制威胁力量。Paul L. Joskow：“长期垂直关系和对产业组织与政府管制的研究”，转自《新制度经济学》，上海财经大学出版社 1998 年版，第 120 页。

而进行比赛的球队则是一种组织，组织（球队）在这些规则的约束下进行比赛并设法获胜。当然球队也可能采取违规的方法以获取额外利益，但要面临被发现后更严厉的规则处罚。

虽然本书将组织与制度区分开来，但这二者的关系非常密切，难以割裂。组织和制度提供了人类互动的结构，制度结构和制度结构发展出来的组织决定了制度结构的成本①。组织和制度的相互影响、相互作用具体表现在：

1. 制度对组织的影响。

（1）组织的出现源于制度诱因，什么样的组织会出现以及它们如何演变，根本上都受到制度环境的影响。在给定某种制度约束下，组织将做出适应性的变化，甚至产生新的组织，以适应这个制度。例如，在我国的计划经济体制下，衡量企业的绩效以是否完成分配的任务甚至超产为标杆，企业的目标自然是产量最大化；而在市场经济条件下，企业的目标则转向利润最大化，显然这两种体制下的企业（组织）是截然不同的。再比如，一个国家没有法律或法律实施很弱，很可能出现黑社会组织，以部分替代政府的作用。同样的例子还有黑市，当某种商品的交易受到限制时，往往出现交易这种商品的地下市场。

（2）制度作为防范机会主义的一种规则，其约束的具体对象正是各种组织及其成员。组织是由各种利益相关者组成的，其根本目的在于最大化其集体利益，在这个过程中如没有适当的规则约束，必然造成机会主义盛行，最终影响利益相关者的专用性投资。因此各种组织无不需要相应的制度来约束并减少机会主义行为，以期保护其专用性投资。

2. 组织对制度的影响。制度是一种规则，但组织不是制度的

---

① ［美］道格拉斯·C. 诺斯著，刘守英译：《制度、制度变迁与经济绩效》，上海三联书店 1994 年版，第 5 页。

被动接受者；相反，组织是制度变迁的主导力量，规则的制订和实施都要依靠组织来完成，这使组织对制度产生关键的影响。

（1）规则的制订者是组织。规则不会先于人类社会而存在，它首先必须被创建。每个组织为了自己的利益都会有兴趣参与制度的制订（在其进行了专用性投资之后这种兴趣就变成一种需要了），特别是当它的参与可能对制度的制订起重要作用的时候。政党就是一个典型。许多时候，成立组织的根本目的就是为了改变某种制度。如美国有一个"母亲反对酒后驾车"（MAD）的组织，就是由一位因酒后驾车而失去儿子的母亲发起的，她成立 MAD 的目的就是希望促使政府强化相关的法律打击酒后驾车行为①。

（2）制度是依靠组织得以实施的。诺斯把制度分为正式制度、非正式制度和实施机制，他认为如果没有实施机制制度将形同虚设②，实施机制被视为保证制度达到目的的保障。但笔者认为实施机制不应属于制度范畴，使制度得以实施的应是组织，也就是说，制度最终依靠组织得以贯彻实行。

3. 组织和制度的互动——层次态演变。综上所述，组织和制度是相互作用的，一方面，制度是各种组织产生和发展的诱因，在特定的制度框架内，组织会产生、变化甚至消亡，以此作为对制度环境的适应；另一方面，制度的制订和实施都必须依靠各种组织。如果从达成目的的角度而言，组织无疑是制度变迁的主要因素③。即使极为合理的制度也可能因低效率的组织而失败，"有法不依"就是一个典型。

---

① 该组织的发起者是一位母亲，其儿子因车祸丧身。姚洋：《制度与效率——与诺斯对话》，四川人民出版社 2002 年版，第 82 页。

② ［美］道格拉斯·C. 诺斯："一个经济学家的思想演进"，转引自《制度经济学研究》2003 年第 1 期，第 217 页。

③ ［美］道格拉斯·C. 诺斯著，刘守英译：《制度、制度变迁与经济绩效》，上海三联书店 1994 年版，第 6 页。

组织和制度的相互作用使组织和制度的演变呈现一种层次递进的关系。这种递进包括空间和时间两个维度上的变化，空间上的递进主要指一些全新的组织和制度被创造出来，时间上的递进主要指随着时间的推移，在原来组织和制度的基础上出现的变化。不论是时间还是空间的演变，变化后的组织架构、组织职能和制度内容、制度形式都可能与原来模式下的组织和制度有很大区别，并对原来的组织形态和制度安排在一种新层次上产生影响。当然新的组织和制度总是发轫于原有的组织和制度，这使新旧组织和制度之间关系密切。一方面，上一层次的组织和制度往往影响下一层次组织和制度；另一方面，新组织和制度的产生和发展也不可避免地带有原来组织和制度的烙印，新的制度被创造出来往往是为了满足原来某个组织的需要，其实施也往往必须依靠这些组织。新的组织是否产生则需要制度诱因，当原有制度框架无法满足甚至限制了原有组织的需要时，新的组织也往往得以出现以适应制度变化。

组织和制度的演变呈现层次性，但组织与制度的相互作用也具有层次性特点。一方面，上一层次的制度往往影响下一层次的组织。如法律制度是最高层次的制度，其影响的范围包括社会各种组织以及组织内部；而经济制度主要针对具体的市场组织及组织内部，其他没有签约的市场主体自然不受约束，如签约的供应商必须按约定供货，否则可能受到处罚，当违约发生时，违约方可能自动履行其违约责任，但对违约处罚的最终保障是法律，其他没有签约的企业自然不受这个合同的限制；某个操作规则是组织内部制度，只能约束该组织的内部成员，却难以影响其他组织的内部成员；另一方面，组织对制度的影响也具有层次性。组织内部交易往往不涉及产权的交换，因此，某个组织内部制订的制度往往只在该组织范围内部有效。市场组织的交易涉及产权交换，此时交易双方通过签约来界定各自的权利义务，所制订的契约对签约双方有约束力，也就是说市场组织制订的制度是组织外部制度。而法律由国家制订，由于法律具有普遍约束力，包括对各级组织和下一层次的制度，因此，国家就成为最具影响力的组织，各种与其相悖的次级制度都属于其调整范畴。这也正是诺斯强调国家是影响制度变迁的主要因素的原因。

3.1.3 组织和资产专用性

3.1.3.1 资产专用性决定了组织形态

新制度经济学把企业看作是一系列合约的联结点 (nexus of contracts)①。如果我们把企业视为一系列契约，则同样可以把其他形式的组织也视为契约。那么为什么会有各种不同形态的组织呢?笔者认为其根源在于投资者不同程度的专用性投资。

我们可以把市场视为一端，而把科层组织（以企业为典型）视为另一端，在二者之间是混合模式的组织结构，包括各种协会、企业联盟等。市场与科层组织的主要不同有：第一，市场比科层组织有更高强度的激励水平和更低的官僚成本；第二，层级对组织环境的变化具有更强的调适能力，可以运用各种不同的治理手段提高协作水平和降低道德风险以防范机会主义行为。混合模式组织则在各方面都显示出市场和科层的中间值，具体表现为市场组织化和企业市场化。与市场相比，混合模式牺牲了激励而有利于各部门之间更高级的协作；而与等级制相比，混合模式牺牲了合作但有利于更大的激励强度。如果把激励、官僚成本和适应性这三个要素的综合当作治理成本的话，以下将要证明正是专用性投资导致了不同的治理成本，并最终决定了交易是采用市场、混合组织或是层级组织进行治理。

---

① 詹森和麦克林：企业理论："管理行为、代理成本与所有权结构"，原载《金融经济学杂志》1976 年第 10 期，中文载于陈郁：《所有权、控制与激励——代理经济学文选》，上海人民出版社、上海三联书店 1998 年版，第 5 页。

图 3－2 说明了不同程度资产专用性与治理成本的对应关系，首先假设资产专用性是考虑交易成本的主要因素，令 $M = M(k;\theta)$，$H = H(k;\theta)$，分别表示作为资产专用性（k）和转移参数向量（θ）的函数的市场治理成本与等级制治理成本[①]。设两个函数的约束条件都是要选择同样水平的资产专用性，则可以得到以下比较成本关系式：$M(0) < H(0)$ 与 $M' > H' > 0$。第一个不等式说明内部组织的官僚成本大于市场的官僚成本，正如上文所述市场在自发性调试方面更为优越。因而市场治理曲线的截距低于等级制治理的截距。第二个不等式反映的是，随着资产专用性增大，市场治理在协调型调试方面具有边际限制，这种边际限制越大，层级制的治理优势也越明显[②]。

接下来，以 $X = X(K;\theta)$ 表示作为资产专用性的一个函数的混合型模式的治理成本，则有 $M(0) < X(0) < H(0)$ 以及 $M' > X' > H' > 0$，图 3－2 所示关系就会出现（有效供给意味着在包络线上运行）。假设 k^* 是 k 的最优值，则有如下规则：（1）当 $k^* < \bar{k}_1$ 时，此时市场治理成本 $M(k)$ 最低，运用市场模式最优，此时的交易以市场现货交易为佳；（2）当 $\bar{k}_1 < \bar{k}_2$ 时运用混合模式，应采用交易各方的混合治理；（3）当 $k^* > \bar{k}_2$ 时，运用等级制治理更为有利，因为此时资产具有高度专用性，市场不仅不能实现聚集经济，而且往往形成锁定效应，从而带来各种矛盾。

由此可以得出，随着资产专用性的提高，契约的治理将从市场一端向科层组织转移，即低专用性投资采用市场机制，高度专用性投资就要采用科层组织，其决定因素是不同组织所具有的不同的治

---

① 此处 θ 用于衡量资产被移做他用的难度，如果选择同样水平的资产专用性则意味着 θ 不变，因此图 3－2 中最终省略了 θ 的影响。

② 威廉姆森认为当专用性投资逐步增大，交易双方需要对越来越多的交易扰动作出反应，这使高强度的市场激励给交易者的适应能力造成的障碍越来越大，相当于市场机制的边际限制越来越大。（威廉姆森，2001，p. 115）

理成本。随着交易专用性程度的增加，最初的治理结构从市场到各种关系合同，关系合同接着又被纵向一体化取代。这样就根据专用性投资的不同程度，分别采取市场、混合组织和科层等不同的组织形态，有区别地使激励、控制和治理结构相互匹配，实现效率目标。

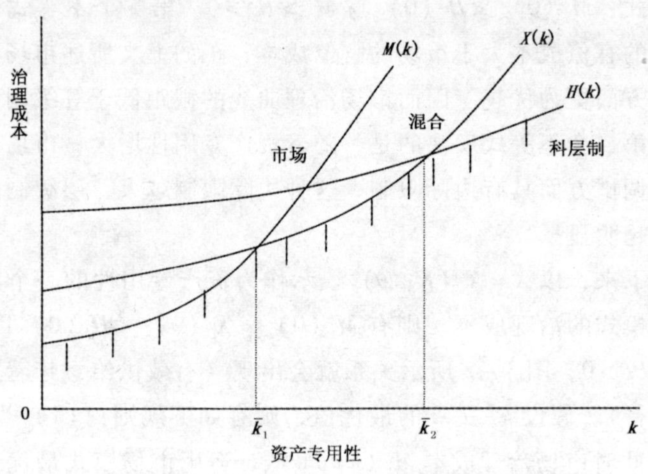

图 3－2　资产专用性和不同的治理结构①

3.1.3.2　专用性资产和组织边界的变化

专用性投资使机会主义行为变得有利可图，当然签约人可以根据不同的专用性价值选择不同的治理模式，如图 3－2 所示。但专用性资产的价值一旦变化，事先设计好的治理机制就会面临毁约危险，为此对层级组织的签约方必须不断地对原来的契约进行协商，一旦缔约成本超过内部科层的组织成本，组织的边界将随之变化

① Williamson, Oliver, 1996, The mechanisms of Governance, NY: Oxford U. Press. 中译本：[美] 道格拉斯·C. 威廉姆森著，王健等译：《治理机制》，中国社会科学出版社 2001 年版，第 117 页。

——纵向一体化就可能出现①。

与市场交易或混合治理机制相比，组织的纵向一体化至少有三个优势：首先，当机会主义出现时，与市场上的独立签约人相比，内部交易当事人不太可能牺牲整个组织的利益，因为这意味着他可能失去熟悉的商业环境，其自身的投资价值也可能大受影响；其次，与市场相比，对内部组织的监督要更容易也更有效，这使各种机会主义行为得到有效约束；最后，内部组织在解决争议上也更有效率，因为科层组织的权威管理是一种有效而低成本的解决争议的模式，市场上的争议往往诉诸法律，而上文我们已经阐述了法律的各种缺陷。

3.1.4 制度和资产专用性

本书认为制度是防范因专用性资产投资而产生各种机会主义行为的规则，因而专用性资产价值决定了制度的变化，当然制度也影响了利益相关者对专用性资产的投资。

3.1.4.1 资产专用性决定制度变迁

制度变迁是指制度诸要素或结构随时间推移和环境变化而发生的改变，是制度的替代、转换和交易过程，其动力来自于对更有效的制度绩效的需求，目的是更合适经济社会发展的组织结构。制度变迁的过程，也可以被理解为效率更高、效益更好的一种制度对另一种制度的替代过程，或者是一种具有更高效率、更好效益的制度的产生过程。制度变迁从其主体来分，有诱致性制度变迁与强制性制度变迁；从其途径来分，有制度移植和制度创新；从变迁方式来分，有渐进式制度变迁与激进式制度变迁。

---

① 关于组织边界变化的一个著名案例是 1926 年通用汽车和其配套厂家 Fisher 的合并案例。因通用公司汽车需求的增长大大超过了双方的预期，使双方不得不频繁谈判，契约谈判成本不断上涨的最终结果是通用公司收购了 Fisher 公司，实现了纵向一体化，双方的交易从市场变为组织内部。

诺斯认为制度变迁的主要来源有两个：一个是相对价格的变化，另一个是偏好的改变（North and Thomas，1973）。其实就经济学研究的范围而言，这两个来源可以合并为一个，因为价格因素变化往往就是偏好改变的主要原因。

上文已述，专用性投资有可能被对方套牢，即没有进行专用性投资或进行了较少投资的一方往往可以通过机会主义行为攫取准租金。显然，专用性资产价格的变化正是导致制度变迁的主要因素。契约的不完全使契约本身难以应付各种可能的变化，必然有一部分价值留在"公共领域"而无法完全界定（巴泽尔就认为产权总是难以完全界定的，尤其在有一部分产权必须留在公共领域时）。专用性资产的投资使这部分留在公共领域的价值进一步增大，最后往往导致交易双方谈判以重新界定其产权，谈判的结果将使原来的制度依次发生变化。

上文笔者已经把制度分为法律制度、经济制度和操作规则三种，分别对应社会、经济组织之间和组织内部。随着专用性资产价值的增加，制度变迁的顺序一般是从易到难，从简单到复杂。从空间上分析，制度变迁往往先从操作规则开始，其次是经济制度，最后是法律制度。操作规则针对组织内部，谈判主体数量较少，经济业务较为简单，一旦专用性资产的价值发生变化，依靠组织的权威，组织内部可以较容易地进行制度调整。接下来可能调整的是经济组织之间的经济制度，不同经济组织在市场中不断寻找交易机会，进行签约谈判。这种市场交易更加复杂，谈判的主体也更多，失去了管理权威，组织之间的谈判变得更加困难。因此经济组织之间的经济制度变迁是第二步可能的制度变迁。国家的法律制度是针对社会一切组织的，除了考虑经济因素外，还须考虑其他的各种因素，如社会公平、文化传承和环境保护等非经济因素，涉及社会的方方面面，因此其变化的时间和幅度都比较缓慢，笔者认为这是最后才可能发生变迁的制度。

专用性投资的变化除了导致制度在空间上的变迁外，也使制度更加完善。因为契约涉及的经济价值越来越大，交易双方必然希望进一步完善契约以防范对方的投机行为，这使契约的条款日益复杂，契约的期限也往往延长以避免交易各方对价格的频繁反应。以人力资本为例，随着企业高层管理和技术人才的价值大幅上涨（他们的离开很可能使企业陷入困境），他们的薪酬制度日益复杂，收入制度涉及的内容从最初简单的薪水到现在包括底薪、奖金、职务消费和股票期权等，支付和保障条件也更为复杂。可以想象，这些复杂的薪酬制度对于一般员工是没有必要的，至少要简单得多。

3.1.4.2　制度对专用性投资的影响

专用性投资是决定制度变迁的主要因素，但制度本身也影响了专用性投资。

1. 从法律制度分析，法律制度决定了对产权的保护，虽然法律并非解决契约纠纷的最佳方法，但法律无疑提供了一种最终保障。完善的法律制度和良好的法律组织使各种契约争议解决的机制得以顺利实施。契约无法完全界定所有可能发生的情况，法律框架越完备，社会管制和社会习俗联系越强，则契约内容的特定性就越小。政府通过使用强制力量帮助私人所有者降低交易成本并执行契约，当政府的执法行为具有系统性和可预测性时更是如此。签订契约时，契约所确定的各种交易属性取决于边际成本和边际收益。如果制度环境不完善，订立契约的成本就比较高。为尽快成交，有时只好把一些与交易有关的变量排除在外，但正是这些被排除在外的交易变量往往成为日后引发争议的根源。如一个完善的专利保护制度将使申请专利和专利的保护变得更加简易，人们也愿意更多地在发明上进行投资，但如果相关的专利申请、保护制度不完善，专利引发的纠纷就有可能大量出现，而这无疑将影响人们对专利的投资。

2. 从经济制度上分析，完善的经济制度包括一套良好的签约前搜寻交易机会制度，保障低成本签约制度，签约后监督、激励和对违规行为进行处罚的制度。这些制度越完善，机会主义行为越少，这也使交易各方更愿意进行专用性投资。同理，组织内部的操作规则越完善，组织运行的效率也越高，组织内专用性投资的所有者所受到的保护也就越全面。

3.1.5 组织和制度——层次态的利益相关者治理机制

3.1.5.1 利益相关者治理机制

由于专用性投资可能面临着机会主义行为的风险，签约双方必须建立一些防范措施，这些措施被统称为治理机制。一些学者认为治理机制就是制度，如布莱尔认为公司治理是指有关公司董事会的功能、结构、股东的权利等方面的制度安排[①]。钱颖一认为“公司治理结构是一套制度安排，用来支配若干在企业中有重大利害关系的团体，包括投资者、经理、工人之间的关系，并从这种制度安排中实现各自的经济利益。”[②] 另一些人则认为治理机制是组织，如英国牛津大学的 Mayer 就认为公司是“赖以代表和服务于他的投资者的一种组织安排，它包括从公司董事会到执行经理人员激励计划的一切东西”[③]。

虽然定义各不相同，但可以发现上述学者对治理机制内涵的理解基本一致，都认为其核心内容是组织和制度。笔者认为治理机制就是通过相互作用的组织和制度来防范机会主义行为，保护专用性投资。为此各交易主体必须对各自的责、权、利作出明确规定，具

---

① Blair Margaret. Ownership and Control: Rethinking Corporate Governance for the Twenty First Century. Washington D. C.: The Brookings Institution, 1995: p. 78 – 96.

② 青木昌彦、钱颖一：《转轨经济中的公司治理结构：内部人控制和银行的作用》，中国经济出版社 1995 年版，第 113 ~ 147 页。

③ Mayer Colin. Corporate Governance in Market and Transition Economics. For Presentation at the International Conference on Chinese Corporate Governance. Shanghai: October 1995.

体包括如何配置和行使控制权；如何监督和评价董事会、经理人员和职工以及如何设计和实施激励机制等。而这些无不涉及企业的所有权和控制权。哈特、格罗斯曼和摩尔等人的研究认为企业的所有权可以分为剩余索取权和剩余控制权，并认为企业的所有权应该属于那些对企业利润变动更敏感的一方。他们的具体结论是物质资本所有者进行了大部分专用性投资，有更大的动力来管理企业，是最优的风险承担者，因而企业的所有权应该被赋予企业的物质资本投资者。这种观点又被称为"股东至上"的治理机制。

但近年来特别是随着人力资本价值的提高，这种观点受到"利益相关者"理论的强烈挑战。简而言之，利益相关者是指那些与企业有一定的关系，并在企业中进行了一定的专用性投资的人。利益相关者理论认为对企业的投资并不限于股东，供应商、贷款人、顾客、社区尤其是企业员工往往都做出了特殊的专用性投资。利益相关者的投资价值在很大程度上依赖于他们与特定企业的长期持久关系，他们都承担着一定的投资风险，而任何控制着这类专业化资产的一方，都必然会要求获得企业联合运用其贡献的专用性投资所创造财富中的剩余，否则都可能通过威胁撤出其投入来讹诈其他投资者。既然员工、供应商、分销商甚至消费者也是企业的利益相关者，那么在某些情况下他们也应该获得企业的剩余索取权和剩余控制权（Blair, 1995）。总之，利益相关者通过各种专用性投资，与企业或紧密、或松散地联系在一起，其紧密程度取决于其投资专用性的大小。

在这些相关利益者中间，人力资本的地位日益重要，人力资本是"通过人力投资形成的资本……用于增加人的资源、影响未来的货币和消费能力的投资为人力资本投资"。① 以布莱尔为代表的学者认为，当工人受雇于同一雇主超过一定时间后，就会积累有价

---

① ［美］加里·S. 贝克尔：《人力资本》，北京大学出版社 1987 年版。

值的公司专用化技能。他们的依据主要是三点：第一，工人长期工资的提高要明显高于他们自己所预期的、仅仅是由一般性技能的改善而提高的工资；第二，职位变换比率（不管是解雇还是辞职引起的）要明显低于平均水平；第三，辞退工龄很长的工人成本很高（布莱尔，1999）。这就表明人力资本也是有专用性的，而这种人力资本的专用性表明其所有者需要承担公司的剩余风险。例如，许多员工长期地从事某一种基于专业化分工的工作，一旦其所在企业破产，他们将面临失业和收入下降的风险。也就是说，他们在分享企业剩余收益的同时也承担着剩余风险。特别是对于年龄较大的员工来说，他们的学习能力和转换工作的机会已经开始下降，他们对企业的长期人力资本投资已经使他们不可避免地承担起某些剩余风险。其次，相对于物质资本的风险而言，企业员工承担的风险越来越大。在企业经营破产时，股东可以通过买卖股票逃避风险，而长期固定在企业的员工对企业进行了长期的专用性投入，但一般不存在一个市场，可以使他们足额收回抵押的资源。人力资本地位的提升使越来越多的职工获得了企业的控制权，越来越多的企业职工获得了公司的股份①。

除了人力资本外，政府对企业的影响力也在增加。政府对企业主要起管理、监督的作用，并不存在直接的契约关系，但通过对所有企业都起约束作用的法律、法规等公共契约的形式来参与治理，这样就可避免与所有企业重复签约的成本，从而减少治理成本。此外，顾客也以各种方式，如抱怨、要求改变产品，或威胁要转入其

---

① 美国从1974年开始，陆续通过了16项鼓励推行职工股份所有制的法案，利用免税的优惠政策为员工持股计划（ESOP，Employee Stock Ownership Plan）大开绿灯。到1986年，美国实行ESOP的公司大约为8000家，约有1000万雇员参加到此项计划中，约占全美雇员总数的8%。而到20世纪90年代中期，实行ESOP的企业又增加到12000~15000家，参与员工达到1200万人，占美国劳工的12%。胡静林：《人力资本与企业制度创新》，经济科学出版社2001年版，第90页。

他企业等方式参与到企业的经营管理之中。供应商和贷款人则通过和企业签订各种保障措施以规避其专用性投资风险。

利益相关者共同治理并不是让所有的利益相关者都成为企业的所有者，享有同等的企业剩余权。而是指各利益相关者根据其不同程度的专用性投资，通过一定的方式对企业进行治理，既包括内部治理，也包括公共契约、交易契约等各种形式的外部治理方式。由于其专用性投资不同，这些利益相关者的地位也有区别。克拉克森将利益相关者分为两类：一类是基本的利益相关者，即“持续不断地参与合作，从而保持关切”的人，包括投资者、雇员和供应商以及政府和共同体等；另一类是“左右或影响公司并受公司左右或影响的，而非从事公司事务并对其生存必不可少的，如媒体和各种压力集团”①，如图 3－3 所示。显然，有效的公司治理结构应该体现各利益相关者的权益，并且让每一类利益相关者按照其专用性投资程度通过合适的方式参与治理，表达自己的意志，并对不同的利益要求进行协调，实现企业决策和运营的高效率。

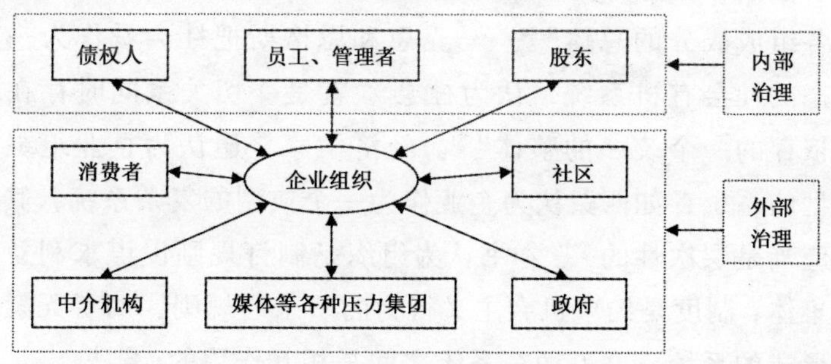

图 3－3　相关利益者治理机制

利益相关者治理对企业的管理效率很有好处，他们不同程度地承担了企业的剩余风险，因此，他们会有更大的动力搜集监督信息

① Clarkson, M. B. E. 1995, “A Stakeholder framework for analyzing and evaluating corporate performance”, Academy of Management Review, 20, 1.

和监督经营者的行为。同时，这些利益相关者来自不同的领域，各自拥有不同层次、不同数量的信息，相互之间的有效沟通，可以减少监督过程中的信息不对称现象。因此，利益相关者参与企业治理可以改善原来公司治理中监督激励不足、信息不对称等问题，从而降低代理成本，形成更有效的制衡。另外，利益相关者参与企业治理，可以实现企业的经济民主，体现社会政治和人文环境的进步。因此，笔者认为利益相关者参与的企业治理结构，通过股东、债权人、经营者、职工、大供应商和大客户等权利主体相互依赖、相互制约的行为和适当的投票机制、利益约束机制，可以促进企业长期财务契约的履行，稳定缔约人的长期合作，是比股东至上的治理机制更完善的机制，也更好地反映了现实。

3.1.5.2　组织和制度的层次态治理机制

1. 系统论视角下的组织和制度。系统论认为，世界是物质的，而物质世界是成系统的。系统整体是按照固有的规律运动和发展的。贝塔朗菲认为“系统是处于一定相互联系中的与环境发生关系的各组成成分的总体”。[①] 马克思和恩格斯把社会看作为一定经济形态的社会有机系统，认为社会“就是一切关系同时存在而又互相依存的一个统一的整体”[②]。经济学家普遍认为企业组织是一种典型的系统，如西蒙认为企业作为一个典型的复杂系统，其组织结构应当是层次性的[③]。本书认为组织是制订规则以谋求利益最大化的集体，制度是约束机会主义行为的一系列规则，两者无疑都是某种形式的系统，并且两个系统之间是相互作用的。

系统具有层次性和动态变化的特点。马克思主义哲学告诉我

---

① ［美］贝塔朗菲：“一般系统论”，载《自然科学哲学问题丛刊》1979 年第 1 ~ 2 期。

② 《马克思恩格斯全集》第 4 卷，人民出版社 1957 年版，第 144 ~ 145 页。

③ Simon H A. The Sciences of the Artificial（3rd Ed.）［M］. Cambridge，MA：MIT-Press，1996.

们，任何事物都是与一定的时间、空间相联系的；不存在脱离时间、空间的事物，也不存在脱离事物的时间、空间。层次性从空间结构上分析了系统的静态特性，而动态变化则从系统的时间特性来描述系统的动态特征。

层次是指系统内在组织结构有序的间断和连续，或是系统要素有机结合的等级次序。不同系统层次的要素存在差异，同时系统要素之间也相互协同；没有差异就没有层次，没有协同也同样没有层次。由若干个子系统所组成的大系统，具有层次等级的结构关系。系统本身层次是构成上一层次系统的子系统，又是构成下一层次子系统的母系统。系统都是由低级层次向高级层次发展，低级层次孕育着高级层次，是高级层次发展的基础；而高层次又反作用于低层次，带动低层次协调发展。高层次包含着低层次的基本差异，但又具有低层次所不具有的差异，由此形成系统整体的差异协同运动。

系统层次具有相对稳定性，但事物的转化取决于事物自身的矛盾运动，因此系统又是不断变化的。自然界、人类社会和人的思维在发展运动过程中，都呈现出层次性，但都以系统的层次转化来表明其存在、运动与发展。这就意味着构成宇宙的各种系统之间可以相互转化，并且沿着由简单到复杂、由低级到高级的演化方向辩证地向前发展。系统的变化总是从初级到高级，从简单到复杂，因此层次结构处于不断的运动转化中，不同等级的系统在相互作用下进行层次间的转化。

系统的这种空间上的层次性和时间上的演变使系统具有一种层次态发展的规律。系统通过时间和空间的实际展开获得了统一。时间标示的是一种纵向联系，空间标示的是一种横向联系，时间、空间的相互联系表现在，空间通过时间获得展开而表现为系统；时间通过空间获得延续而表现为过程。系统是空间通过时间而获得展开的自身存在；过程则是时间通过空间而获得延续的自身存在。具体而言，系统概括了现代科学所揭示的从宏观到微观的各层次实体间的有机联系的存在；过程则是揭示了各种实体的生成和消亡的历史。系统和过程也是相互联系的。这表现在，过程总是系统的过程，任何过程都是一定系统的形成、运转和层次态结构变化的过程；而系统也总是过程的系统，任何系统总是一定过程展开的结果，同时又是继起过程的开端。

2. 组织和制度的互动——专用性投资的层次态治理。随着时空的改变，专用性投资价值处于不断的变化之中，这使契约必须不断地进行调整，作为契约治理核心内容而出现的组织和制度以一种层次态演变的方式来适应相关利益者专用性投资的变化。也就是说，组织和制度之所以能够保护专用性投资，就在于组织和制度的层次互动上。以某种系统形式而存在的组织和制度的层次态发展首先表现为空间层次的复杂化，而这种层次变化又是伴随着时间而进行的。组织和制度的层次态治理机制包含三个要点：第一，组织和制度的层次划分与专用性投资的结构之间客观上存在着层次对应关系。因为，随着专用性资产价值的提升，一些原来没有被充分界定的产权进入了公共领域，引发利益相关者对其的争夺。由此产生的机会主义行为所带来的收益增大，各种投机行为变得更隐蔽，更普遍。与专用性投资价值变化相对应，作为防范机制的组织和制度也必须随之变化，其变化的趋势包括空间层次上的日益复杂（产生新的组织和制度）和原有机制内在结构的变化。总之，专用性投资价值的变化必然会在组织和制度的层次发展过程中发生作用，从而使组织和制度的结构类型发展循层次态规律递进；第二，组织和制度的不同结构类型之间不同层次的递进发展，表现为一种三向运动：在空间层次上，专用性投资的变化催生了新一层的组织和制度，而每一新层次组织和制度的发展既受到原有层次组织制度结构的刺激，同时又对原有层次的结构产生反作用。不同层次的组织之间需要建立新的制度来规范组织行为；在时间维度上，随着专用性投资的变化，原有组织内容和制度结构也在原来的基础上发生了一些变化以便更好地界定产权；在第三向，处于同一层次（相同时间顺序和空间次序）的组织和制度之间也发生相互作用，这种作用对其对应层次的专用性投资产生极大的需求推力，并使原有组织和制度发生时空的递进变化。更多更复杂的组织也意味着进行专用性投资市场主体的增加，而制度的复杂和完善程度则成为影响、约束专用性投资的框架；最后，不同组织和制度本身发展的具体方式和发展速度可能各不相同，但都遵循从低层次向高层次逐级发展的规律，跨越层次的跳跃式发展往往扭曲组织和制度发展的内部序列结构，从而造成组织和制度层次之间的某种失衡，而这最终将影响利益相关者的专用性投资的效果和意愿。

组织和制度的层次态演变如图 3－4 所示，根据不同的专用性投资程度，可以将其简单地分为三个阶段，最先出现的是科层组织$_1$ 和操作规则$_1$，这些组织和规则的内在结构和相互关系都比较简单；随着专用性投资的增加，交易各方需要更多的组织和制度来进行市场交易，保护专用性投资，这就出现了新的组织和制度，如图中的市场组织$_1$ 和经济制度$_1$，同时，原有的科层组织和操作规则也发生了改变，变为图中的科层组织$_2$ 和操作规则$_2$，在市场组织和科层组织之间需要新的制度以界定各自的权利义务；最后，随着专用性投资的进一步增长，市场的交易日益复杂，交易主体之间需要更高层次的第三方仲裁、监督机制，国家组织和法律制度就应运而生。同时，市场组织和科层组织本身也继续变化，变为市场组织$_2$ 和经济制度$_2$ 以及科层组织$_3$ 和操作规则$_3$。显然，伴随着专用性投资的变化，科层组织、市场组织和国家组织依次出现，而不同时期的不同组织都有其特定的制度，相同组织在不同时期也可能有不同的内部制度。因此随着专用性投资价值的变化，作为契约治理具体内容的组织和制度是以一种层次态形式而演变的。

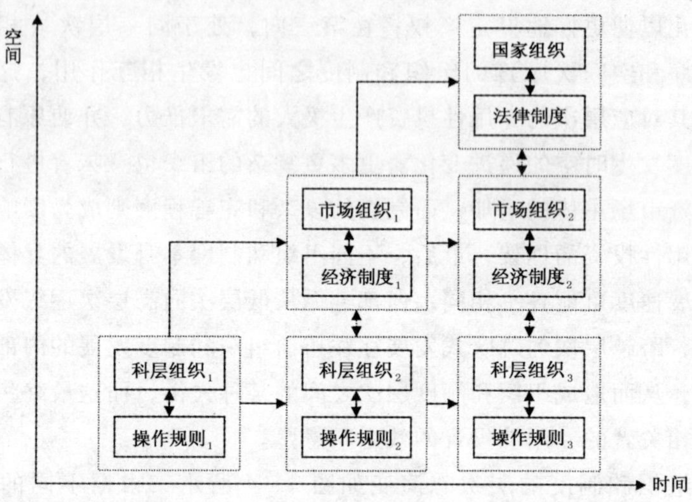

图 3－4 组织和制度的层次态治理机制

3.2 职业体育治理机制的理论分析

随着职业体育的发展，逐渐产生了各种组织形态，如职业俱乐部、职业联盟和体育经纪人等。从契约理论分析，这些组织及其成员就是签约者，为使契约顺利实施，他们不得不让渡一定的资产所有权给签约的另一方，物质资本的所有者必须将其物质资本交由他人使用、控制，而人力资本所有者也必须在一定期限内为他人服务。在有限理性和机会主义行为的威胁下，组织成员必然寻求建立各种有效的治理机制来界定各自的权利义务，以保护其专用性资产。在这些组织内部和组织之间充斥着各种制度以明确各方的产权。

职业俱乐部是一种科层制的治理结构，职业联盟则是一种混合制的治理结构，这二者是职业体育最主要也是最特殊的组织形态，本书把二者称为市场的替代组织，而其他的一些组织，包括工会、中介和仲裁等并不是职业体育特有的组织形态，在其他行业中也普遍存在。这些组织促进了市场交易的完成，本书称之为市场辅助组织。

3.2.1 职业体育的组织形态

3.2.1.1 职业体育市场替代组织

1. 职业体育联盟。世界上各个国家和地区，各种职业体育活动，几乎都采取了联盟或协会的管理形式（一般被称为 Association 或 League）。联盟是职业体育所特有的一种组织形态，职业体育俱乐部通过相互比赛向社会提供产品，它们之间的相互协调需要有一个管理机构，这个机构——联盟——同时又是它们共同利益代言人。因此，联盟也可视为一个合作共同体，各个俱乐部进入联盟并在赛场内相互比赛以生产产品（比赛），但在赛场外则必须进行广泛的合作，包括人员的流动、利润的分配、比赛形式的协调以及成本的分摊等。

（1）联盟的垄断特征分析。由于比赛数量、地点、时间等均需要联盟安排，球员的转会、新球队的加入和利润分配等也受到联盟的制约，人们往往质疑职业联盟的垄断特性，如我国学者杜丛新(2002)，张剑利（2004）和王庆伟（2004）等都认为联盟的垄断特性是其主要特点。但本书认为联盟的垄断特点并不明显，以下从理论和现实两方面来分析。

从垄断理论分析，判断一个市场是否垄断市场取决于三个因素：市场的需求弹性、市场中企业的数量和企业相互竞争程度。就某个职业联盟而言，这个市场似乎是垄断的，但问题在于某个单独的联盟未必就是单独的市场，不同联盟之间实际上进行着激烈的竞争。如北美 NBA 只是经营较好的职业篮球市场之一，北美、欧洲还有很多篮球联盟也提供类似产品，如果 NBA 价格太高或产品质量下降，消费者可以很容易以其他职业联盟替代 NBA（媒体技术的进步使这种替代轻而易举）。而从更大范围看，其他形式的运动项目，如职业足球等也可以在很大程度上满足体育迷的需要，从而替代 NBA。这些都动摇了指控联盟垄断的理论基础。如果用交易费用理论分析联盟似乎更为合理。组成联盟实现了以一个契约替代多边契约，可以大大降低多方交易的缔约成本，如德姆塞兹就认为“在现实世界里，多边契约往往成本高昂，此时就可能存在一个法律，这种法律比多边契约更便宜，这种原因也可以用于垄断问题”①。以职业足球为例，每队上场 11 人，但考虑到球员的伤病和状态变化，一般俱乐部的球员往往在 40 人以上，每个联盟的球队一般在 20 ~30 支之间。如果没有一个强有力的管理者，球队相互比赛的交易成本无疑将非常高昂。俱乐部通过组成联盟，事先约定了比赛对象、比赛时间、比赛地点和争端的解决制度，对比赛的收入进行分享，对比赛的成本（如球员工资等）进行控制，这些措施无疑都节约了缔约成本。

再从现实情况看，联盟的垄断也无法得到充分验证。以美国为例，自由竞争是美国市场经济的基石，也是美国社会、政治制度的基础。但职业联盟几乎和俱乐部共同存在了 100 多年而没有受到反垄断法的重大干预，甚至还给予其反垄断豁免，自有其道理。从下章的历史分析我们可以发现北美职业联盟的发展就大大得益于这种反垄断豁免。而且“垄断解释要求必须满足垄断的先决条件，但大多数市场却是竞争性地组织起来的”②。北美的职业联盟的出现并非出于垄断市场的考虑，其垄断地位的获得实际正是通过市场竞

---

① Demsetz, H. 1968. The cost of transacting. Quarterly Journal of Economics 82 (1). 33 - 53.

② ［美］奥利弗·O. 威廉姆森：《治理机制》，中国社会科学出版社 2001 年版，第 286 页。

争逐渐形成的。北美各种联盟可谓多种多样，任何人只要有资金、人才都可以进入职业体育，联盟之间的竞争也一直没有停止过，北美四大联盟的最终形成与其说是人为干预的结果不如说是市场选择的结果，因此，职业体育联盟的垄断最多只能称之为一种合法的"自然垄断"。

（2）联盟成员的专用性投资。通过上述理论和实践两方面的分析，笔者认为对职业联盟垄断性的批评难以成立，那么联盟的本质属性是什么呢？本书认为，联盟的实质是保护联盟成员专用性资产的一个治理结构。职业体育俱乐部组成联盟，通过相互之间进行比赛来进行生产，可以把联盟视为一种互助性的大"俱乐部"，这个大"俱乐部"具有对内提供服务和对外排他的特点。联盟成员本身就是相互依赖的资源。试想一下，一个未被联盟承认的新俱乐部进入职业体育市场（如职业篮球）后面临的最大困难是什么？是缺乏比赛对手以至无法进行比赛（生产）。当然它可以组织一批新的俱乐部，但这显然要困难得多。

俱乐部成立一种排他性联盟的目的有两个：一个目的是防止外部成员剥夺其专用性投资。成员俱乐部都有各自的专用性资产，如果这些俱乐部没有组成一个具有排他性的联盟而是以个体形式存在于市场的话，那么它们的专用性资产很容易被其他人剥夺。因为假如新成员可以通过和原有成员进行比赛而轻易地进入该市场，这就会使原有成员的价值降低，从某种程度上剥夺了原有成员的专用性投资。组成联盟使新成员难以轻易地和原有成员进行比赛，这也防止了外部资本所有者轻易剥夺原俱乐部的专用性投资；另一个目的是保护既有成员的利益不被新成员获得。既有成员本身就是相互依赖的资源，他们相互影响并提供互助服务和价值。增加成员数量将影响每个既有成员所获得的社会满足和拥挤水平。如果既有成员不断接受新成员，同时又不对既有成员进行补偿，联盟将变得过分拥挤，最终也将变成一个完全竞争市场，既有成员的专用性投资自然也就难以得到有效保护。

2. 职业体育俱乐部。职业体育俱乐部是俱乐部的投资者招募运动员，通过各种体育设施组织比赛的一种企业。新制度经济学认为企业是一组要素契约，企业本质上是人力资本产权与非人力资本产权的特别合约，是物质资本的所有权与人力资本的所有权通过交易合作利用各自资源的契约，体现出两个平等所有权之间的权、责、利关系①。现在的职业体育俱乐部需要高额的物质资本投入，包括运动员、教练、政府、媒体和广告赞助商在内的各个利益相关者都进行了专用性投资，他们的权益也必须通过各种治理机制得以保护，因此俱乐部是一种典型的相关利益者治理机制。

与其他企业相比，职业体育俱乐部最大的一个特点是高昂的人力资本投资，俱乐部的所有权一般由劳资双方共享，因为给予人力资本所有者一定的所有权可以在雇主和雇员两方面降低机会主义行为。一方面给予运动员一定的所有权可以约束雇主的机会主义行为。不论俱乐部的场馆如何豪华、技术装备如何精良，对球迷而言最具观赏性的还是比赛中运动员高超技艺的发挥和教练员的深谋远虑，这是由体育的本质决定的，体育本身就是对人类自身极限的挑战。因此，不难理解那些富有的俱乐部即使拥有良好的基础设施，在比赛成绩不佳时也难讨球迷欢心。因此，俱乐部往往首先投入巨资延揽优秀球员以期获得好成绩以取悦球迷。而成为一名优秀的运动员和教练员需要巨大的专用性投资，首先，如前文所述，成为一名职业运动员本身概率很低；其次，即使成为职业运动员还要进行长期的训练和合作才有可能成功，而体育比赛的竞技特点决定了成功者总是极少数。美国 NBA 的篮球巨星乔丹被视为迄今为止最为杰出的运动员，其 1984 年进入 NBA，但直到 1991 年才率队获得了

---

① Chueng Stenven 1983. “The Contractual Nature of the Firm,” Journal of Law and Economics, 26 (1): 1 -21.

第一个 NBA 冠军。最后，运动员的人力资本投入巨大但转移成本很高，经过长期的训练比赛运动员有可能功成名就，但一旦退出该领域，其价值往往大打折扣。乔丹在 1994 年第一次退役后试图改打棒球（乔丹原来是高中棒球队成员），也只能在老板的照顾下勉强成为职业棒球小联盟的一名替补。当然运动员可以转会到其他俱乐部，但这意味球员在某个俱乐部获得的经验和技能往往丧失殆尽。同时，由于整个职业体育市场很小，这使运动员和教练员的通用性技能与一般的律师、医生难以相提并论。总之，高昂的人力资本投资在很大程度上把运动员和教练锁进企业，可能出现雇主对运动员工资等问题上采取机会主义行为，因此，给予运动员适当的所有权能够减少雇主这种机会主义行为。

另一方面，劳资共享所有权也有效地约束了人力资本拥有者（如运动员）的机会主义行为。人力资本的特点决定了人力资本的投资者与其拥有者之间难以割裂，这意味着它在被使用过程中，外界无法对它在量上和质上进行有效或准确的测量与控制。这就使任何关于人力资本使用过程的合约不可能完善，也必然注定了在人力资本的交易过程中对人力资本的使用进行一次性直接定价的困难。而且，因为交易双方的信息不对称，人力资本交易过程本身还会增加这种困难。体育比赛终究是依靠人来完成的，运动员的运动技能和运动员本身难以割裂。但人非机器，即使久经沙场的球星也不可避免地有发挥失常的时候。这使运动员的监督成本很高，而且不够准确。周其仁就认为人力资本所有者可以凭借其事实上的控制权随时关闭有效利用其人力资源的通道，从而增加别人利用其人力资源的成本，降低人力资源的价值（周其仁，1996）。因此，授予职业运动员一定的剩余控制权和索取权将有效降低运动员的机会主义行为，提高生产效率。

除了人力资本外，作为相关利益者的球迷、政府、媒体和广告赞助的广泛参与，使职业体育俱乐部必须建立适当的治理机制以保护其专用性投资。当这些专用性投资不断增加时，企业的边界可能扩大，交易各方以统一治理来取代混合治理，纵向一体化往往成为必然的结果。近几十年来职业体育的迅猛发展和电视转播密不可分，转播权的收入甚至有超过门票收入的趋势（见表2－3，表2－4）。北美的NFL1999～2005年的电视转播费高达180亿美元，NBA也达到了7.67亿美元/年①。媒体转播收入的增加使俱乐部和电视台的专用性资产价值一路攀升，一些世界性大媒体开始参股俱乐部，而一些大俱乐部则开始涉足媒体转播领域。

广告赞助的价值也迅速增长，在欧洲达到足球俱乐部收入的30%左右（见表2－3），但广告赞助还没有出现普遍的一体化趋势。其原因有三点，一是广告赞助商一旦控股某个俱乐部就意味着其不能再不受限制地在其他俱乐部投入广告，因为这可能导致该赞助商所属的两个俱乐部进行比赛，而引发观众对比赛真实性的疑虑。因此，广告赞助一般都针对特定的一些俱乐部而不能针对整个联盟；二是广告赞助商出于其宣传目的考虑，更愿意与一些强队签约，但即使是强队也不能保证无往不胜，这使对某个特定俱乐部的过度投入风险增加；三是欧美联盟往往把转播权捆绑销售，能买得起的媒体往往都是世界性企业。与媒体相比，广告赞助商的规模要小一些，这些中小企业也可以选择某个局部来实现其宣传目的，包括对某个球星的赞助，对球衣的一部分赞助甚至对体育场馆的某个局部（如某个包厢、某个出入口）进行广告宣传。

此外，球迷、社区以及城市等各种外部利益主体也因其在俱乐部的专用性投资而参与到俱乐部的治理机制之中，这使俱乐部的外部治理处于不断的变化发展之中。

3. 比赛的裁判。职业体育俱乐部以相互比赛来提供产品，

---

① USA Today (1994); Hirsley, M. (1998). "ABC, ESPN Gobble rest of NFL rights: networks pay $ 17.6 billion for 8 years", Chicago Tribune, 14Jan. p.1.

体育比赛有统一的规则以评价双方的胜负，但比赛是由运动员来完成的，许多激烈的比赛即使有严格的规则也难以明确违规与否。因此，体育比赛需要由独立的第三方来监督规则的实施，这个第三方就是裁判。裁判被称为“赛场上的法官”，主要通过对比赛规则的理解来判断参赛者是否违规，并视其违规的程度进行处罚。

裁判的执法在很大程度上关系到比赛的胜负，其自身的公平性最为重要。为避免其他因素的干扰，裁判一般由比赛的组织者设置，但具有较为独立的地位。这种独立性包括独立于比赛组织者和独立于参赛者。独立于组织者是指裁判必须相对独立于赛事的组织者，这样可以减少组织者对赛事执法的干预。独立于参赛者则是为了避免参赛者的干预。为了更好地保证其独立性，许多比赛的裁判甚至由上一级的体育组织派遣。

与业余比赛不同，职业体育比赛的胜负往往意味着巨大的经济利益，因此，职业体育裁判的地位更显重要。要想成为一名体育裁判首先必须具备许多专业知识并经历一定数量的比赛考验，因此，许多裁判本身就有运动员的背景。而职业比赛的裁判更是万里挑一。如英国现有3.3万名注册的足球裁判，但能够执法最高级别职业足球赛事（英格兰超级联赛）的不过20名，其中只有10名能执法国际比赛（麦盖尔，2004）。NBA每年批准的新裁判员只有两到三人。要成为NBA的裁判在此前至少要具备6~10年的正式比赛执裁经验，NBA如果锁定某裁判员为他们的预备人才，一般都要再跟踪4~6年，具体考量他们的“实战能力”，只有被联盟最终认可，才会进入NBA赛场。

3.2.1.2 职业体育市场辅助组织

1. 工会。工会被视为以维护和改善雇工的劳动条件、提高雇工的经济地位为主要目的，由雇工自愿组织起来的团体或联合团体。长期以来，对工会的主要批评在于其对经济效率的负面影响①。

但现在人们已经越来越认识到工会在提高效率和契约治理上的特殊作用。在提高经济效率方面，首先，工会的工资优势可能引起劳动力资源的配置低效率，同时却也可能促使企业使用低成本和高生产力的技术。有工会组织的企业在支付了更高的工资后就只有使用高生产率的技术才能在市场上生存；其次，工会作为一种集体的声音出现也有利于提高生产率。当一个集体中的职工对现状不满时，他的一种选择是退出；另一种选择就是通过工会来调解内部矛盾、改善工作条件从而提高生产率。工会还能够增强企业员工队伍的稳定性，一方面工会对矛盾的调解职能使得职工因不满而辞职的情况减少；另一方面工会的工资优势也降低了职工的辞职率。工会强调资历因素在企业晋升和解雇决策中的影响，这也增加了企业职工的安全感，使得企业的老职工愿意将其知识和技能通过非正式的培训传授给企业的新员工。最后，工会的集体谈判也为管理层提供了一种提高生产率的信息渠道，这些都有利于提高职工的生产率（Clark，1980）。

工会也成为保护工人专用性投资的重要组织。如果工人的技能对企业的经营非常重要，当一名雇佣工人承担积累企业专用性人力资本的成本时，他就将自己置于将一份资产出租给企业的情形，其收益必须通过契约工资来实现，企业支付的工资是对工人在每一个期间花费在工作上的时间投入的一种补偿。但工人收回这种投资需要特定的组织安排。此时，工会就成为监督和执行合约的主要工具，以此防止工人受到其他联合体资

---

① 这种批评主要包括三个方面。第一，工会组织会通过参与管理而使企业的工作制度僵化；第二，工会组织的罢工活动也会造成产出的损失。特别是当企业与工会的谈判遇到僵局时，工会常常以罢工作为威胁和反抗，从而造成企业生产的停滞，而职工在此过程中则损失了相应的收入；第三，工会的工资优势导致劳动力的配置效率损失。

源所有者机会主义行为的侵害。已有的研究表明，那些更需要专业技能的行业其工会建立得更早，而且工会组织也更完善，如铁路行业工会就比农业工会更早成立（威廉姆森，1985）。对于职业体育而言，由于比赛离不开运动员的专业技能，工会组织就成为保障运动员专用性投资的重要组织。除了保障运动员的人力资本专用性投资外，运动员工会还使劳资谈判的成本下降。比赛主要依靠球员来完成，每个球员的能力、年龄、市场影响力和经验不同，其签订的契约也各不相同。如果每个俱乐部与每个劳动者单独进行契约谈判，缔约成本很高，同时可能造成球队的强弱悬殊。俱乐部通过直接与工会组织签订契约，再由工会组织对劳动者在集体劳动中的协作进行协调，类似于用一个合约代替了一系列的合约，无疑大大降低了交易费用。

工会一般可分为两类：同业工会（craft unions）和产业工会（industrial unions）。同业工会由相同技能的工人组成，而产业工会的成员指在同一行业就业，但不一定具有相同技能。运动员工会不能简单地归入上述两种纯粹类型的一种。一方面，运动员工会由运动员组成，其会员都具有相似或独特的运动技能，有同业工会的特点；另一方面，运动员工会与雇主们进行集体谈判时，则类似产业工会。这种特点是由职业体育的特点所决定的，由于运动员往往在不同俱乐部之间频繁流动，其服务年限也比一般行业短暂得多，这使企业范围内的球员工会难以有效运作，必须采用产业工会的形式与雇主谈判。但运动员工会也不是一种纯粹的产业工会，除了运动员外，职业体育的从业人员（如俱乐部的商务开发人员、法律顾问以及一般的场地维护人员）多种多样，但这些从业人员一般并不具有运动员那种高额的人力资本投资，因此，运动员工会不包括这些人，而像同业工会一样，其参与者主要是高度稀缺的运动员。

运动员工会的特殊性使其与其他行业的工会相比成立和运作难度都更大。由于运动员的职业生涯远远短于其他领域内的劳动者，因此，球员工会组织的会员更新比例很高。这迫使球员工会必须提高其管理水平，更好地为新成员服务。此外，球员工会的团结比一般工会困难。由于工会的运动员既有新秀和普通运动员，也有超级明星，能力的巨大差别使他们的需求各不相同。不同类型运动员的利益往往缺乏一致性，球星可能根本不需要工会的帮助，而替补队员则甘愿忍受低薪以求加入联盟。在谈判过程中，工会必须保证超级球星和二三流运动员的平等利益。显然，不同层次运动员的不同需求使工会的管理难度进一步加大。

2. 体育中介组织。我们生活在一个信息不对称的世界中，信息的不完全使专用性投资导致各种机会主义行为。如果拥有更多的信息，自然可以大大降低签约双方的交易风险。以提供信息服务为宗旨的中介组织也应运而生。中介是市场经济的产物，是专门提供信息服务、促进买卖双方交易成交的组织，其主要功能在于提供信息服务，从而减少交易双方的信息搜寻成本。体育中介凭借其自身的信誉、所掌握的市场信息、灵活的交易方式和特殊的专业技术知识来为体育市场交易主体服务，达到消除买卖双方交易的障碍，促进交易活动的实现，推动体育市场中各类资源的有序流动的经济组织。

根据体育中介组织的法律地位，体育中介可以分为自然人（个体户）和法人（企业）两种，前者往往投资较少，凭借与体育组织的密切关系从事中介活动，因其对体育组织较为了解，往往可以根据体育组织的自身特点为其开展各种商业活动，而后者的资金更加雄厚，可以提供全方位的商业服务。

体育中介活动主要分为三个方面：一是运动员经纪活动，专门从事运动员经纪活动的体育经纪人，主要代理运动员转会、运动员参加比赛、管理运动员日常事务等。近年来，随着体育商业化的影响，运动员经纪人的业务范围已经扩大到帮助开发运动员的无形资产、代理理财、运动员退休规划和代理解决纠纷等；二是体育赛事经纪活动，能进行此类活动的一般都是有一定规模的体育经纪公司，主要进行体育比赛和体育表演的筹划、组织、宣传、推广，包括电视转播权开发、广告代理、冠名权等特许使用权开发，纪念品开发等。除了推广已有的体育赛事外，有实力的经纪公司还通过策划组织新的赛事，举办商业性比赛，以获取更多的利益；三是体育组织经纪活动，即从事俱乐部、运动员或体育组织有关商务代理活动，这是新出现的体育经纪活动领域，包括包装和代理运动队，为运动队争取赞助，参与俱乐部资产重组，代理体育组织协调或解决有关的问题或争端，为其获取有关信息，提供订约机会，进行商业性开发等。

与一般中介不同的是，体育中介组织除了拥有一般经纪人所必须具备的法律、商务开发和市场销售知识外，职业体育的专业性决定了体育经纪人还必须具备丰富的体育运动专业知识，这使体育经纪人往往有体育背景。但经纪人行业的专业化又使最终成为经纪人的职业运动员总是凤毛麟角。因此，体育中介本身也是一种需要高度人力资本投资的行业。

3. 体育仲裁。交易涉及双方的利益分配，因此交易双方的争端难免，但法律并非解决争端的最佳途径。原因之一是由于体育纠纷的裁决具有高度的专业性和权威性，而法院的法官并非体育运动方面的专家；原因之二是各国国内法律制度差异很大，一个体育案件在不同国家法院审理，可能产生不同的诉讼结果，而这会影响体育规则及裁判准则的统一性，不利于体育项目本身的发展；原因之三是体育赛事具有较强的时效性，特别是现在普遍采取的联赛体制，一旦某些比赛争议无法及时解决，往往波及其他俱乐部比赛乃至整个联赛；最后一个原因是运动员短暂的运动寿命使其对及时解决劳资争端非常迫切。因此，职业体育往往首先采用仲裁来解决纠纷。

体育仲裁解决体育纠纷具有如下一些优势：仲裁程序的保密性、灵活性、简便性与快捷性；仲裁员的专业性；费用的低廉性；以及裁决承认与执行的国际普遍性。

依据仲裁的不同级别，体育仲裁组织可以分为四个层次。

第一个层次是体育联盟内部的仲裁组织，一般以各种委员会的形式存在，主要针对赛场内的争端，比如运动员之间的斗殴，或运动员对某些比赛判罚的不满等。内部仲裁组织有权对这些不端行为进行适当的纪律惩罚。

第二个层次的裁决者是中立的仲裁员。对于某些争议涉及更大的经济利益和更多的参与者时，联盟内部的仲裁组织往往因缺乏独立性而难以达到预期目的。此类争议通常也更加复杂和重要，譬如根据球员合同或奖金条款没有履行付款义务的争议，或者要求球员保持一定体重的条款而产生的争议等，有时还必须解决球员因解聘而产生的争议。这时仲裁可能由联盟外部的独立仲裁组织来执行。

第三个层次是系统仲裁，是处理非常重要争议的仲裁组织，一般包括国家级的仲裁组织，如美国仲裁协会等。之所以称其为系统仲裁是因为这种仲裁所解决的争议可能事关整个职业体育体系，如劳资谈判最高薪金的操作以及运算等①。以 NBA 为例，球员最高薪金的计算起源于所谓的“与篮球有关的收入”的概念，与篮球有关的收入的百分比构成最高工资的基础。但是与篮球相关的收入应包括哪些和排除哪些会对最高工资产生根本性的影响。譬如因命名权而产生的争议在集体谈判协议中就未专门指出其解决方法。这些是系统仲裁必须解决的争议。另外系统仲裁组织也解决是否应停

---

① 北美职业联盟每个俱乐部的最高工资总额根据联盟一定时期收入的一定比例来确定，此时联盟的收入总额的计算往往就成为劳资双方谈判的重点和引发争议的关键。

止最高薪金以及根据最高薪金的规定球队、球员以及其经纪人是否作弊的争议等。

最高层次的仲裁是国际仲裁组织。随着职业体育全球化的发展，越来越多的运动员加入到其他国家的职业体育组织，这使许多争议需要国际体育组织和国际法的协调。如某国职业体育联盟的一名运动员到另一国的职业联盟参赛，此时引发的争议可能就需要国际体育仲裁组织来处理。目前最著名的国际体育仲裁机构是体育仲裁院（Court of Arbitration for Sports，简称 CAS），由国际奥委会建立，但由“国际体育仲裁委员会”（International Council of Arbitration for Sport，简称 ICAS）负责运作，而 ICAS 由 20 名来自世界各国的委员组成。近几届奥运会的仲裁就由 CAS 来完成。

4. 体育保险。风险是指在特定的客观情况下和特定的时期内，某种损失发生的可能性。保险则是通过保险机构将众多的被保险人联系起来，使风险由个体转移到群体，用集中起来的保险费建立保险基金，并在保险合同范围内为被保险人的意外损失提供经济补偿的一种制度[①]。体育保险是在竞技体育领域中从事的保险活动，指保险人收取一定的保险费从而承担相应竞技体育风险的制度[②]。与其他产业相比，体育产业的风险更高。竞技体育具有不断向人类自身生理极限挑战的特点，运动员的伤残和意外事故屡见不鲜。英国考文垂大学在对 300 名足球运动员的研究后发现，其中一半人在 30 多岁退役时罹患关节炎（麦盖尔，2004），而每次职业比赛每队平均受伤的运动员高达 10%（戴维斯，2005）。同时，职业体育比赛本身受到场馆、气候以及各种社会因素的影响很大。这些都使职业体育市场交易主体的专业性投资面临着各种不可预测的风险。这些高风险阻碍了各交易主体对职业体育市场的专业性投资，而体育

---

① 杨梅英：《风险管理与保险原理》，北京航空航天大学出版社 1999 年版。

② 喜兵：《中国体育保险之研究》，北京体育大学出版社 2001 年版。

保险成为减少风险的有益机制。

体育保险的主要功能包括：

（1）保障功能。这是体育保险的主要功能，是体育领域分摊损失、转移风险的重要手段。体育领域客观存在的风险，包括大量运动员、教练员在训练、比赛、日常生活中的生命安全以及疾病、养老问题；众多体育赛事、体育装备器材等都存在着各种各样的潜在风险。各种形式的自然灾害和意外事故一旦发生，必然造成严重的经济后果。体育保险作为一种商业性的分摊损失、转移风险的经济手段，能够更好地发挥其经济补偿的作用。

（2）专家咨询功能。体育保险可以提供专家咨询服务，来自体育保险领域的专家对于体育运动、体育赛事的风险分析、风险预防和风险处理意见以及迅速、完善的索赔服务可以为体育赛事提供有效保障。

（3）对职业体育的促进功能。体育保险的发展在很大程度上解决了运动员伤残、疾病和退役后的“养老”问题，同时也为各种赛事的正常举办保驾护航。同时体育保险的发展也催生了体育保险中介服务，体育保险中介作为一个新型组织既精通保险业务，又清楚各种竞技体育风险；既了解客户需求，又熟知承保人的承保能力。许多体育保险经纪人还有丰富的体育经历，并引入许多诸如奖励补偿保险和提高奖金保险这类技术性很强的保险方案①。

在欧美各国体育保险属于一种商业保险，主要业务的开展由各种保险公司承担。保险公司分为两类，一种是综合性的大保险公司，这些公司规模很大，其保险业务包括各种商业保险，体育保险只是其中的一部分。其抗风险能力很强，主要承担一些大型国际赛事的保险业务，如德国的安联公司、英国的劳合社等。此外，随着职业体育的普及和专业化程度的加深，也开始出现专门的体育保险

① 即针对运动员是否得到某种奖励或处罚而进行的一种保险。

公司。

3.2.1.3　职业体育的政府管理组织

从世界范围看，职业体育率先在欧美等发达国家开展，至今已经发展成为比较成熟的产业。这些欧美国家一般并不设置专门的政府行政机构对职业体育进行专门管理。职业体育的主要政府管理机构包括各级劳工部门、社会保障部门、工商管理部门和税务部门等。

除了这些商业管理机构外，由于职业体育起源于业余体育，至今还与业余体育有密切的联系，业余体育运动中的佼佼者往往进入职业体育界，因此，职业体育也成为竞技水平最高的体育。而体育（包括学校体育、大众健身体育等）一般被各国政府视为一种公共事业，各国均设立一些专门的体育机构对其进行管理和扶持，而对一般的竞技体育往往通过民间体育机构进行管理，政府对其有一些政策扶持或资金资助。欧美各国的体育管理部门分为两种：一种是政府体育管理机构；另一种是民间体育管理机构。由于职业运动员已经被允许参加绝大部分最高级别的体育比赛（如奥运会等），因此民间体育协会实际上承担了一部分职业体育的管理职能。

如表3－2所示，可以发现，欧美发达国家一般不设立专门的体育管理政府机构，往往把体育归入文化、艺术和教育部门进行管理，并通过政府拨款进行扶持。但政府一般不期望通过加大对职业体育的投入来促进竞技成绩的提高，如英国在《未来十年体育规划》称："体育理事会重视竞技体育，并鼓励以各种方法——被证明是十分有效的方法，而不是追求任何新的行动——促进竞技水平的提高。一些国家投入大量资金用于特殊体育场地设施、训练计划和对竞技体育运动员重赏，为的是使竞技体育运动员在国际比赛中获得胜利而赢得国际尊严。这既不是英国对待竞技体育运动员的传统做法，也不是英国体育政策所取向”。① 对于竞技体育政府通过民间协会加以引导，一般也对其进行不同程度的扶持，包括允许发行彩票、直接资金补助和保护其无形资产等，但这些体育协会主要依靠其自身开展商业活动来维持正常的活动。

表 3－2　　　　职业体育政府管理机制

国家	政府组织及其职能	资金来源	民间协会及其职能	资金来源
美国	健康、教育和福利部和总统健康与运动理事会；负责学校体育及大众健身	政府拨款	奥委会、业余体育联合会；负责业余体育运动	彩票、捐款及商业活动
英国	文化、媒介与体育部，负责体育、艺术、旅游、媒介等事业的发展	政府拨款	体育理事会和奥委会，负责竞技体育	政府每年拨款 2500 万英镑，其他自筹
德国	内政部体育司和外交部文化司，负责全国的文化体育事业	政府拨款	体育联合会和奥委会	自筹经费为主，政府适当补助
法国	青年体育与民间组织部，负责文化体育事业	政府拨款	奥委会、体育协会，负责竞技体育	自筹经费（彩票、捐款等商业活动）为主，政府适当补助
澳大利亚	国家竞技运动委员会，体育发展局；负责制订竞技运动发展规划和发展目标	政府拨款	各个单项体育协会，负责各单项运动的发展	政府适当补助及自身商业活动
加拿大	健康与社会福利部和外交部的文化事务局，国家体育娱乐中心；负责社会体育事业的开展	政府拨款	奥委会及各级体育协会，负责竞技体育运动的开展	政府拨款、彩票、奖学（教）金，奥林匹克基金

资料来源：潘志琛、郭荣等：“对美、法、德、澳四国竞技体育管理体制的考察与调研”《中国体育科技》2004 年第 6 期。

① 曹可强、刘新兰：“英国体育政策的变迁”，《西安体育学院学报》1998 年第 3 期，第 13 页。

3.2.2 职业体育的制度安排

3.2.2.1 基本赛制和比赛规则

1. 职业体育的基本赛制。综观各国的职业体育，基本采取联赛体制开展比赛，一般是每个俱乐部与其他俱乐部进行主客场比赛，每场根据胜负获得不同的得分，最后根据积分评定名次。联赛赛制包括采取升降级和不升降级两种。升降级赛制是根据不同竞技水平把联赛分为不同级别，每一级的前几名升入上一级联赛，而该级别的后几名降入下一级联赛。这种做法使联赛队伍的竞技水平更加均衡，提高了比赛的激烈程度，也就相当于提高了职业体育的产品质量。欧洲的职业足球联赛一般采取这种升降级赛事。另一种是北美职业联盟所采用的不升降级赛制。联盟中的俱乐部首先进行第一轮的主客场联赛，积分靠前的一部分俱乐部进行第二轮（被称为季后赛）淘汰赛，最终的胜利者是冠军，但即使在联赛中排名垫底也并不被淘汰出联盟①。

2. 比赛规则。体育竞赛通过对胜利的争夺吸引了大量的观众。但比赛胜负的评判需要特定而统一的规则，规则必须公开、公平、公正。与一般体育竞技规则不同的是，职业体育以激烈的比赛来取悦观众，除了具有一般体育竞技规则的特点外，还往往从吸引观众的角度来制订和修改规则。一些规则甚至很大程度上改变了某个职业体育项目的发展趋势。

以 NBA 的“24 秒”进攻规则（即任何一支球队都应当在 24 秒内完成进攻）为例，20 世纪 50 年代初，NBA 的规则对比赛进攻时间没有限制，球队在领先后普遍采取拖延战术以赢得比赛胜利，这使比赛索然无味，观众大量流失。极端的一个例子是 1950 年，

① 对于欧美采用的这两种不同赛制有其历史原因，在第四章我们将对此进行进一步的分析。

当时的福特韦恩子弹队（如今的华盛顿奇才队）迎战明尼波利斯湖人队（如今的洛杉矶湖人队），最终比分竟然是19比18。为把观众拉回球场，1954～1955赛季，NBA规定每次进攻的时限为24秒，希望以此来加快比赛的节奏①。24秒规则的实施使比赛节奏大大加快，得分也大为增加。图3－5显示，采用24秒规则前6年NBA平均得分为81.65分，后6年的平均得分为103.65分，增加了22分，“24秒”进攻规则被视为挽救NBA的规则。

此外，足球比赛设立种子队，避免强队之间过早相遇；联赛胜利得3分，平局得1分等都率先在职业比赛中采用。联盟通过改变比赛规则大大提高了比赛的观赏性，也在很大程度上提高了比赛的质量。

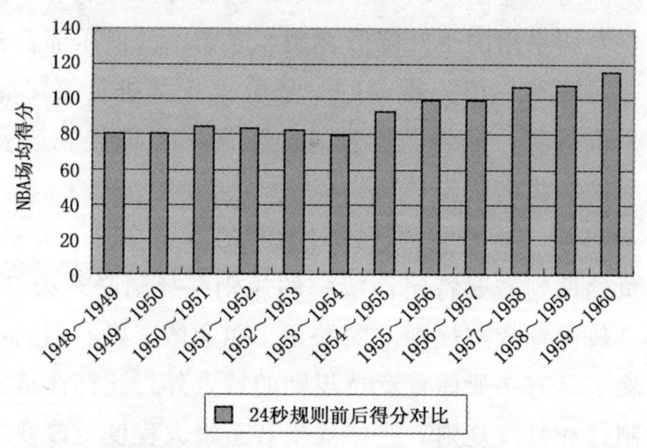

图3－5 24秒规则改变前后NBA的平均得分变化②

3.2.2.2 经济制度

1. 签约前的信息搜索和评估制度。更充分的信息可以有效降

① 当时锡拉兹丘国民队的老板丹尼·拜尔松，采纳了《体育画报》记者比尔·维克的意见，建议为每次进攻设置一个时间上限。维克经过统计，认为正常情况下，全场比赛一支球队会有60次左右的投篮。两支球队加起来大约有120次投篮，一场48分钟的比赛即2880秒，除以120次投篮，正好24秒。

② 根据NBA官方网站及媒体资料整理。

低交易双方的机会主义行为，职业体育市场中的信息搜寻和评估主要依靠体育中介组织来完成。为了确保体育中介组织提供信息的可靠性，有以下一些特殊的制度安排：

（1）市场的准入制度。为保护客户的利益，针对体育经纪人各国都制订了较高的准入门槛。由于体育组织和运动员需要面对各种经济纠纷，许多国家要求经纪人更加要求体育经纪人必须具备律师资格。有犯罪记录或名声不好的往往被拒之门外，如国际足联就明确规定其下属运动员的经纪人不得有犯罪记录。另外，国际足联还必须对经纪人申请者进行足球规则（即国际足联、洲际足联及申请者法定所在国足球协会的章程和规则）、民法（自然法的基本原则）和责任法（契约法）以及是否具有指导聘请他的球员或俱乐部的基本能力进行考核。

（2）担保制度。由于体育中介组织从事的各种经济业务涉及巨大的经济利益，因此，体育中介组织往往要求有一些保障制度来约束中介组织的不法行为，这些保障也成为中介组织的“抵押物”。

首先，中介组织往往要缴纳一笔物质抵押，如各级体育组织一般要求中介机构（或个人）缴纳相当数额的信用金。一旦发现中介双方任何一方违约，在诉求和查证后可以利用信用金先行赔付。如国际足联就要求其下属的足球经纪人必须事先存入 20 万瑞士法郎保证金到国际足联账户作为事先的担保。

除了物质担保外，如果体育中介市场是完全开放的，体育中介组织可以较好地运用“自我执行”来缓解机会主义行为，也就是说中介组织的信誉成为其另一种抵押。如英格兰现有足球经纪人 180 人，其顶级的英超联赛的运动员约 600 人，其中还有 200 人被国外的经纪人所控制，平均每个经纪人只能“分摊”2 个左右的运动员。一些优秀的经纪人往往凭借其良好的声誉获得了大部分客户，如英格兰最大的中介公司 PROACTIVE 一家就签约 200 名球员

（颜强，2004）。因此，体育经纪人必须在价格、服务等方面进行激烈的竞争。这就意味着中介组织的声誉可以成为约束经纪人行为的有力武器，一旦经纪人的某些行为有损其商业声誉，可能面临着巨大的损失。如非洲球星卡努的经纪人隐瞒了卡努身患先天性心脏病的病史，将卡努介绍给意大利国际米兰队，虽然国际米兰队并没有对其提出索赔，但这个经纪人的声誉大受影响，在业界已经很难立足了①。

此外，为了避免经纪人过多地涉足各种体育组织而影响其正常的商业行为，一般还要求体育经纪人不能在体育组织内任职。如国际足联要求申请球员经纪人许可证的个人在任何情况下不应在国际足联、洲际联合会、国家足球协会、足球俱乐部或此类相关机构中任职②。

2. 劳资谈判制度。

（1）工会和联盟的双边垄断。从整个社会的发展情况分析，人力资本的重要性逐渐增强，但这并不意味着人力资本可以脱离物质资本，因为任何企业都无法只依靠人力资本来维持。职业体育离不开运动明星，但也离不开物质条件支持，原因如下：

第一，运动员的人力资本投资离不开特定的环境。运动员需要不断地进行训练来提高技术或保持状态。但其专业知识是在特定企业环境下工作产生的，包括球员之间的合作以及熟悉教练的指挥等。一旦运动员离开了这个环境，他的专门知识将大为贬值。

第二，运动员的人力资本投资离不开特定的设备。虽然现代的工业化生产往往采用标准化的设备，但没有任何两家企业的设备是完全一样的。对俱乐部也同样如此，每个俱乐部的场馆和健身设备

---

① 魏纪中："球员减薪和纳什均衡"，《南方都市报》2005 年 5 月 20 日。

② 事实上体育经纪人往往利用其业务关系和各种体育组织有千丝万缕的联系，即使不直接任职，也可能有其他的经济利益在内，这也使体育中介组织的活动变得越来越难以监管。

等各不相同，熟悉这些设备往往需要长期的实践，才会积累许多精细的专门知识。而这些知识往往难以通过语言表达，不易传递给其他人。许多球队主客场比赛成绩的差异就有很大部分与此有关。

因此，职业体育的劳资双方类似于一种双边垄断，为保护其各自的专用性投资，球员组成了工会，而俱乐部成立了联盟，劳资谈判就在工会和联盟之间进行。

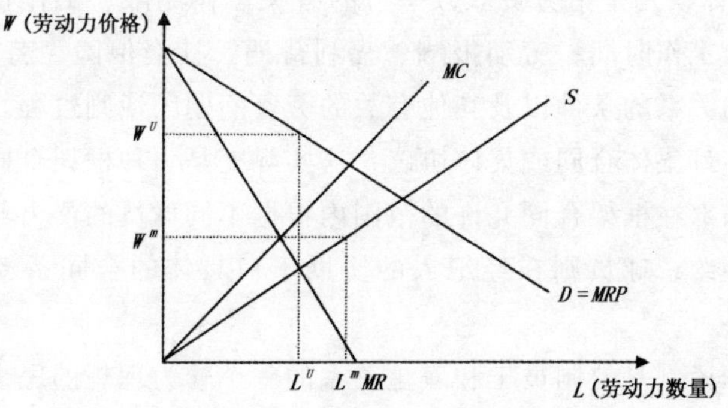

图 3－6　工会和联盟的双边垄断

如图 3－6 所示，球员工会希望把工资设在球员的边际收入（*MR*）＝劳动力供给（*S*）上，此时工资为 W^U，但联盟希望雇佣的劳动力数量在最后一个球员的边际成本（*MC*）等于其提供的边际收入产品上（*MRP*＝*D*），此时的工资为 W^m①。双方的垄断特性决定了最终的工资将落在 W^U 和 W^m 之间。谈判的结果取决于各方

---

① Scully 在其论文中构建了一个模型来比较运动员的工资与其贡献，其基本假设是胜率由运动员的能力决定，而胜率又决定了俱乐部的收入。Scully 的结论是运动员的边际收入产品（*MRP*）＝边际产品（*MP*）×边际收入（*MR*）（Scully，1974）。Krautmann 的进一步研究认为现在俱乐部对于运动员的竞争性投标使运动员的薪酬等于（接近）运动员对俱乐部的贡献（*MRP*）。Anthony C Krautmann，What's Wrong with Scully－Estimates of a Player's Marginal Revenue Product. Economic Inquiry，1999，vol. 37，issue 2，pages 369－81.

的威胁点，谈判力和对谈判破裂的担心程度①。显然，双方议价能力的高低取决于哪一方离开导致另一方损失的高低。专用性投资更大的一方将寻求获得更多的保障机制，这也意味着其渴望得到更大的剩余索取权和控制权。

（2）集体谈判制度。职业体育劳资双方的垄断使劳资双方的谈判采取集体谈判（Collective Bargaining Agreement，CBA）来进行②。集体谈判是指劳资双方举行的有关工作期限、工作任务、工作条件、工作时间、劳动报酬、福利待遇、社会保险、劳动保护、终止劳动关系的条件以及其他有关的劳资问题的谈判过程。谈判的结果是签订集体合同或集体协议，这实际上是一种框架合同。而后每个俱乐部在框架合同允许的范围内根据不同球员的能力与每个球员单独签约，球员则在经纪人的协助下对具体的合同条款进行协商。

集体谈判是控制员工和雇主关系的一个较为理想的民主方式和自律系统③。首先，集体谈判大大降低了谈判成本。职业联盟和工会分别作为俱乐部的代表和运动员的代表进行集体谈判，双方都可以聘请一些专门机构为谈判提供各种服务，并利用集体力量左右社会舆论，争取谈判的成功。对雇主而言，集体谈判使职业联盟得以继续享受一定程度的反垄断法豁免，否则，联盟的许多实际操作包

---

① 纳什于1950年对双边垄断进行了研究，并得出了一个抽象的模型，纳什把谈判一方离开原有契约安排的机会价值（达成协议的机会成本）称为威胁点，威胁点越高，其议价能力越大。Jan Svejnar对模型进行了改进，使其解释力大大增强。Jan Svejnar, 1982, "On the Theory of a Participatory Firm," Journal of Economic Theory, 27, pp. 313 - 330; Nash, John, 1950, "The Bargaining Problem," Econometrica, Vol. 18, pp. 155 - 162.

② 集体谈判权是指劳动者集体为保障自己的利益，通过工会或其代表与雇主就劳动和就业条件进行协商谈判，并签订集体合同的权利。常凯：《劳权论——当代中国劳动关系的法律调整研究》，中国劳动社会保障出版社2004年版，第243页。

③ ［加］西蒙·多伦、兰多·舒尔乐：《人力资源管理》，中国劳动和社会保障出版社2000年版，第386页。

括工资帽，选秀等都涉嫌垄断。同时集体合同只是一个框架，并不意味工资额一定就达到这么高（只要小于这个限额就可以），避免了各个俱乐部单独谈判哄抬球星工资的问题。从工会的角度看，集体谈判是工会代表球员利益、维护球员权益的有效手段，球员由此可以获得最低的保障，也在很大程度上缩小了不同运动员的不同需求差异。在工会没有集体谈判权的时代，当球员的利益受损时，球员往往以消极比赛甚至打假球等非法手段来对抗，但这无疑是两败俱伤。集体谈判使球员通过更多地获得联盟和俱乐部的信息来避免劳资双方的非理性对抗。

进行集体谈判对工会和雇主的资质提出了更高的要求，如球员工会要参加集体谈判必须具备以下的条件：第一，依法成立即得到法律的确认；第二，组织上具有独立性，能真正代表和维护球员利益；第三，能够参与谈判和签订与实施协议，并有能力承担相应的法律责任。同样，雇主组织（在职业体育界一般是协会或联盟）也必须具备法律地位。

为节约谈判成本，集体谈判达成的协议一般都有若干年的有效期。当然，随着市场环境的变化，劳资协议可能变得对某一方很不利，因此劳资双方同时还规定了协议提前终止的条件，如 NBA 规定，当发生某种欺骗勾结行为、NBA 球员的平均工资低于其他 3 个大联盟时和某些集体谈判条款被法庭裁决无效时，劳资双方可以提前终止集体谈判的协议。

3. 签约后的制度。

(1) 激励制度。俱乐部通过结成联盟来维护其专用性投资，这种联盟类似于一个大俱乐部。俱乐部的成员可以享受俱乐部提供的各种服务，但也带来了外部性问题，即某个球队可能不愿意进行更大的投入，而希望通过其他球队的努力获得更大的利益。因此联盟必须制订适当的激励机制以克服外部性问题。

联盟激励机制的主要内容就是通过拉大比赛胜负的收益来激励

球队之间的竞争。Lazer 的“联赛排名”理论认为，在以晋升为目标的锦标赛中，应采用基于相对业绩评价的激励制度，而比赛的赢家应获得全部（或绝大多数）奖金。这种机制可以剔除更多的不确定因素，对各成员努力水平的判断更为准确，达到既降低风险成本，又强化激励效果的作用①。因此，体育比赛的胜利者获得的奖励比失败者要多得多。每一个体育组织都对胜利的球队施以重奖，NBA 30 支球队战绩最好的前 16 名进入季后赛，而每场季后赛票价比常规赛高得多②。参加季后赛的球队可以获得巨大的经济收益和更多的媒体曝光率。欧洲职业足球联赛采用升降级赛制，不同级别联赛的差距很大，如德国职业足球联赛媒体转播收入分配比例是：80% 分配给德甲 18 支球队，20% 分配给德乙 18 支球队。同级联赛的情况与此类似，英超联赛规定 25% 的电视收入按照联赛排名进行分配，排名每升一位收益多 100 万英镑，而冠军还有额外奖励。欧洲各国联赛的前几名才可以参加欧洲冠军联赛，小组赛每赢一场能得到 32.1 万欧元，平局奖金减半，2006 年冠军的奖金高达 1800 万欧元。

除了这些人为的制度安排外，不同的战绩也使球队获得了市场的不同评价。一般而言，战绩优秀的球队无疑更吸引球迷，也意味着更大的市场，球队的比赛成绩越好，也越容易引起社会的广泛关注，这将大大提高俱乐部开拓市场的能力，丰富经营的内容，球队的广告赞助、特许商品等都将从中受益。图 3－7 显示了英超球队成绩和上座率的密切关系。20 世纪 90 年代，NBA 的公牛队 6 夺 NBA 总冠军，中国球迷多以身着公牛队服为荣耀，近年公牛队成绩下降，在中国芝加哥公牛俱乐部的球衣也几乎绝迹。

---

① E. P. Lazear and S Rosen ，1981，Rank－Order Tournaments as Optimum Labor Contracts，The Journal of Political Economy，Vol. 89，No. 5.

② NBA 现有 30 支球队，常规赛积分前 16 支的可以进入季后赛，进行多场次的淘汰赛，最后决出冠军。季后赛的门票比常规赛要高得多。

胜负的巨大差距促使俱乐部必须努力提高训练比赛水平和经营管理水平。但竞技比赛的本质决定了竞技本身类似一种"零和博弈"，每次比赛有胜利者就有失败者，而最终的冠军只有一个。这就意味着球队即使不惜巨资也未必如愿，否则体育比赛就只是简单的金钱游戏了。为取悦球迷，俱乐部一般不会减少球队的投入，但采用各种机会主义行为对俱乐部来说可能是一种有效而又难以被发现的办法。有的俱乐部为了击败竞争对手不择手段，贿赂裁判，收买球员，恶意中伤对手，有的运动员则不惜服用违禁药品以期提高竞技水平。这使联盟必须建立一套完善的监督制度以规范俱乐部的竞争行为。

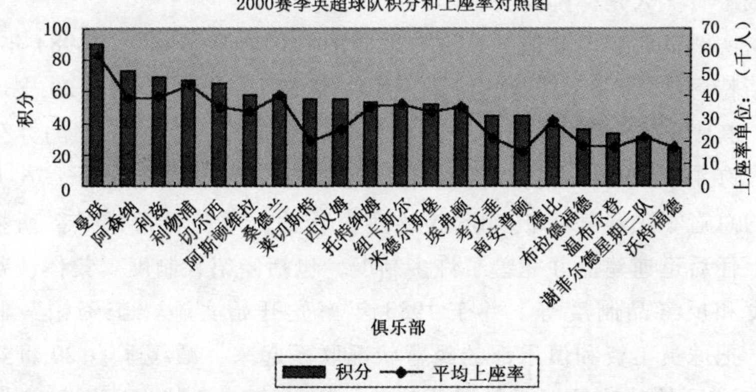

图 3－7　2000 赛季英超球队积分和上座率对照图

说明：最后 3 支球队温布尔登、谢菲尔德和沃特福德降级，而它们的平均上座率也是最差的。最末一名沃特福德的上座率只有冠军曼联的 29.31%，而其转播收入也只有 520 万英镑，只有曼联的 40%。

资料来源：www. football. sportsites. co. uk.

（2）监督制度。阿尔钦和登姆塞茨认为企业产生的根本原因是企业需要雇佣一个专门的监督者对合作生产中的"偷懒"行为进行监督，而且为了使监督者施行更有效的监督，应给予监督者高于规定数额的残余（如果有的话），并授予他给予其合作成员支付报酬的权利[①]。在比赛需要各方共同完成并以此作为利润分配根据的情况下，俱乐部的“偷懒”和机会主义行为可能危及联盟整体的发展。为此，各个联盟都建立了较为完善的监督机制，按其不同层次，可分为联盟内部的总裁监管机制、比赛的裁判监督机制和联盟外部的媒体监督机制 3 种。

A. 联盟总裁的监督和管理。联盟内部通过总裁进行监督。由于职业体育涉及各种利益团体错综复杂的利益关系，总裁需要与联盟的各个利益集团沟通和协调，有时甚至对簿公堂，其基本职能如图 3－8 所示。联盟总裁必须是高水平的管理者，不但要有长期的体育管理经验，一般还应具备丰富的法律知识，现在北美四大联盟总裁中有 3 人是律师出身。

实践证明职业联盟的发展与联盟的管理者息息相关。1984 年，当斯特恩接任 NBA 总裁的时候，NBA 状况不佳，总共只有 23 支球队，其中 17 支球队亏损。管理机构也很不健全，纽约总部的办公室只有 40 名职员，既没有开发部，也没有产品部；湖人队与 76 人队的总冠军决赛甚至被 CBS 拒绝实况转播，球员吸毒成风。斯特恩上任后迅速建立并完善了许多制度，包括经纪人制度、集体谈判制度和反毒品制度等。并于 1983 年率先开始实施“工资帽”制度，把球员工资和俱乐部的经营状况联系起来，减缓了自 20 世纪 70 年代开始的球员工资暴涨的趋势。1991 年，斯特恩成功地说服俱乐部同意派职业球员参加奥运会，为 NBA 的全球化扩张奠定了基础。他还成立了一系列营销机构（如 NBA 房地产公司和娱乐公司等）进行 NBA 的品牌拓展。现在 NBA 管理机构的管理人员集中了经济、法律、商业、体育等各方面人才，600 多名雇员中，80% 以上是法律、经济和电视方面的专业人员，而体育专业人员仅占

---

① ［美］R. 科斯、A. 阿尔钦等：《财产权利与制度变迁——产权学派与新制度学派译文集》，上海三联书店 1991 年版，第 59～95 页。

15%左右①。

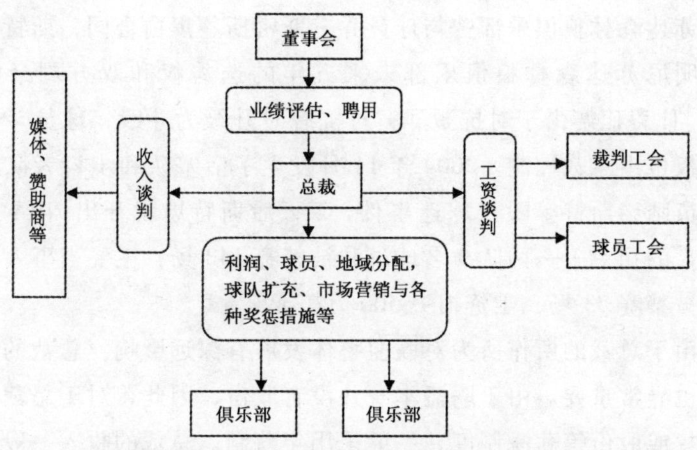

图 3－8　北美职业体育联盟总裁的职能

联盟总裁作为联盟的最高行政领导，具有很强的独立性和广泛的权力。总裁的权利包括：批准球员合同，解决球员与所在俱乐部的矛盾，解决俱乐部之间的矛盾，解决球员和俱乐部与联盟矛盾，处理有关球员俱乐部、董事会成员、所有者的纪律事务，制定规则等②。

总裁依据联盟董事会授权对联盟内部俱乐部和球员进行监督。一些俱乐部（特别是强队）为实现其利益最大化，与联盟的矛盾日益频繁。以 NBA 为例，20 世纪 90 年代芝加哥公牛队 6 次夺冠，公牛队认为其转播收入被联盟压低了，公牛队老板杰里·伦斯道夫把公牛的比赛单独卖给了 WGN（一个有线电视台），斯特恩将其告上了法庭，最终使公牛队让步。NBA 快船队从圣迭哥迁入洛杉矶，斯特恩迫使快船队缴纳了 320 万美元的迁移补偿费。一些俱乐

① 石磊："美国人如何办职业足球联赛"，《国外体育动态》1997 年第 7 期。

② Lisa Pike Masteralexis, Carol A. Barr, Mary A. Hums, Principles and Practice of Sport Management, Maryland: Aspen Publishers Inc, Gaithersburg, 1998.

部和球员以地下交易来规避联盟的限制，联盟对此更是严惩不贷。明尼苏达森林狼俱乐部曾与球员乔·斯密斯签黑白合同，斯特恩取消了明尼苏达森林狼俱乐部未来五年的选秀权和双方剩余的合同[①]。体育比赛由于对抗激烈，对抗有时升级为斗殴，球员斗殴的处罚权也由总裁控制。2004 年 11 月发生了活塞队和步行者队互殴及球员阿泰斯特等殴打球迷事件，2 天后斯特恩就开出 NBA 历史上最大的罚单——两队 9 名球员共被禁赛 143 场，主要当事人阿泰斯特被禁赛 73 场，工资损失 500 万美元[②]。

由于总裁的所作所为对联盟整体发展有深远影响，总裁的激励问题也异常重要。由于联盟本身并没有股份，因此，对于总裁不采用期权或股份等薪酬制度，一般采用年薪制。总裁的收入一般不亚于著名运动员。1962 年，当 NFL 总裁罗泽尔与 CBS 达成 930 万美元的转播合同后（这是罗泽尔花费 1 年游说国会使职业体育获得转播反垄断豁免的结果），NFL 与罗泽尔续签了合同，并奖励给他 1 万美元红利，使他的年薪达到 6 万美元，是当时 NFL 球员平均工资的 4 倍[③]。1996 年，NBA 董事会以 2750 万美金的年薪与斯特恩续约 5 年，使斯特恩的工薪收入与一名 NBA 的顶级球星相当。

高度的集权和高额收入使对总裁的监督也非常必要，主要包括经理人市场制度和社会监督制度。发达的经理人市场使包括联盟总裁在内的高级管理人员随时可能被替代，如 20 世纪 80 年代，MLB 由于与球员工会的谈判失利导致工资暴涨，运动员平均工资从 1976 年的 5.15 万美元上涨到 1985 年的 37 万美元，MLB 雇佣了尤

---

① 因为联盟对球队的工资进行了限制，有的俱乐部通过和球员签署两份合同来规避，称为黑白合同。白的低薪合同蒙蔽联盟，黑的真实合同约定真实的薪水。

② NBA 规定球员受伤等工资照付，但禁赛则没有工资。张小博：“NBA 史上著名禁赛事件”，《篮球》2005 年第 8 期，第 45 ~ 47 页。

③ “Innovator Rozelle Dies at 70,” Cincinnati Enquirer (December 7, 1996), c1, c5.

伯罗斯（1984年美国洛杉矶奥运会使奥运会第一次盈利的商业天才）担任联盟总裁，替代了原来联盟的“功臣”总裁库恩。此外，职业体育已经成为具有巨大社会影响的商业活动，包括联盟总裁在内的管理者也成为公众人物，受到社会各界无所不在的监督。包括俱乐部老板、董事会、球员和赞助商等各种组织都可以对总裁“指手画脚”，无处不在的监督大大限制了总裁的机会主义行为和“偷懒”行为。总之，高度集权、高额收入和完善的监督机制使联盟总裁不得不竭尽全力、客观公正地处理联盟的各种争端，为联盟的发展竭尽全力，斯特恩就被视为“工作狂”。①

B. 裁判监督机制。裁判作为比赛规则的直接执行者往往可以左右比赛的胜负，为减少裁判的机会主义行为，保证裁判的公正性，国外职业体育有一些特殊的制度安排。

第一，实行高薪养廉制度，以加大裁判的违约成本。欧美许多国家采用职业裁判，这使裁判必须进行更多的专用性人力资本投资，一旦无法从事裁判工作，裁判的生计都将大受影响。同时，为了吸引优秀人才加盟并增加作弊的成本，裁判的收入一般都比较高，如刚加入NBA的裁判员底薪8.2万美元，资深裁判员的底薪更高达28.2万美元。意大利裁判执法一场意甲足球联赛的收入是4800美元，相当于意大利一个普通职员一个月的工资②。

第二，规定裁判必须在实质和形式上保持独立客观。如NBA规定：“不得在裁判员所居住的城市、地区或其公民所属地执法。”因此，裁判员出差就成为家常便饭。但这可能增加了裁判与球队接触的机会，为此NBA又替所有的裁判员都预购了公务舱的客票（NBA球队一般不乘坐公务舱）。NBA还绝对禁止裁判员和球队投

---

① 张强：“金钱球员二——斯特恩的真面目”，《篮球》2005年第9期，第34页。

② 张亚辉等：“中外足球裁判员管理现状、体制及对策的比较研究”，《广州体育学院学报》2003年第2期，第122页。

宿同一酒店。为保证执法的公正性，避免随意换人，联盟对裁判人选也有特殊规定。如意大利足球比赛的裁判人选是在比赛前 48 小时通过抽签方式决定的，每场球的裁判一经决定，不能更换；如果比赛过程中，裁判由于身体等原因不能继续执法，那么只能将比赛改期举行，而不能他人代替。

第三，监督处罚制度。根据裁判违规范围和影响的不同，调查处理分三个层面，包括联盟内部调查、司法检察和法院上诉三级。轻微的处理一般由联盟内部执行，包括内部批评、警告和停止执法、吊销裁判资格等。如意甲对违规事件的处罚有明确规定，违规轻者提出警告，遭多次警告就将面临暂停裁判工作 6 个月的处罚，最严重的将被吊销裁判资格①。如果影响重大、触犯法律的由司法系统解决，裁判可能被判处监禁、罚款等。当然裁判也可以通过裁判工会或上诉来维护其合法权益。

第四，沟通制度。有时对裁判的异议并非由于裁判的机会主义行为，而是参赛者和裁判对规则的理解不同造成的。为此，裁判必须与俱乐部、球员进行经常的沟通，联盟也制订了一些沟通制度。如 NBA 在篮球事务部（Basketball Operations）中特别设立了一个裁判部，并任命资深裁判担任主任（现任主任为有 32 年裁判资历的鲁什）。裁判部的工作重点有三个：一是随时解答各地执法裁判员的执法疑点；二是定期开展全体裁判员的后期培训工作，向全体裁判员讲解、分析一些有价值的案例；三是负责裁判员和教练员的沟通工作，每年裁判和教练、球员都定期集会，对规则进行讨论，通过一些剪接的录像，裁判、教练和球员可以加深对规则的共同理解，尽可能减少赛场上的争议。

第五，对裁判的保护制度。由于比赛的节奏加快，比赛胜负涉

---

① 张亚辉等：“中外足球裁判员管理现状、体制及对策的比较研究”，《广州体育学院学报》2003 年第 2 期，第 121 ~ 126 页。

及的利益越来越大，再加上裁判的失误难免，赛场对裁判的争论和批评总是不可避免。如放任这种批评，对裁判的执法很不利，因为裁判需要依靠其权威和声誉来执法，广泛的批评将大大影响裁判的声誉。为此，联盟制订了一些保护裁判的特殊制度，具体可以分为赛场内的联盟保护机制和场外的工会保护机制。各国联盟一般都禁止联盟内部成员对裁判的公开批评，违者将受到重罚。2005 年，NBA 火箭队的教练范甘迪赛后公开声称裁判对姚明的判罚不公，被 NBA 罚款 10 万美元。与此同时，裁判也成立了裁判员工会以维护其自身权益，NBA 的裁判就曾经在 1983 年罢工，最终迫使 NBA 将裁判底薪从 6 万美元提高到 6. 9 万美元。

C. 媒体监督机制。随着职业体育成为影响社会生活的巨大产业，职业体育吸引了媒体的广泛关注，媒体在成为职业体育重要消费者的同时，也成为职业体育的有力监督者。

虽然联盟和俱乐部都建立了一整套复杂的制度来减少机会主义行为，但受到人力物力的限制以及违规行为可能带来的巨大经济利益的诱惑，各种舞弊行为难以彻底根绝。而媒体为了吸引观众，依靠记者的不懈努力（当然这些记者也往往一举成名），成为揭露舞弊行为的有力武器。表 3 – 3 是媒体和一些著名的体育舞弊事件，可以发现其中报纸发挥了更大的作用。1965 年的假球案就是由英国《星期日人报》记者冒着危险调查下得以披露事实真相的。

欧美国家无孔不入的舆论监督，在很大程度上可能比判处几个人监禁的作用还要大，违规者和潜在违规者都不得不时时有所顾忌。媒体产生的监督作用远远超过单纯对违规者的制裁，但也引发了体育组织与媒体的频繁争端。总体而言，法律和社会公众对舆论监督持支持、同情态度。如 1993 年英国《太阳报》揭发利物浦队门将格罗贝拉等涉嫌假球，经过 4 年调查两次审判，耗费上千万英镑，最后因缺乏足够的证据宣布 4 名球员无罪。随后格罗贝拉以侵害名誉为由起诉《太阳报》一审获胜。但《太阳报》上诉后，法院还是判决该报不需要对格罗贝拉进行赔偿。

表 3-3　　媒体和一些著名的职业体育舞弊事件

时间	事　　件	披露者	结　　果
1915	利物浦和曼联涉嫌假球	报纸	涉案 8 名球员被判终生禁赛
1919	MLB 白袜队在冠军赛中受贿	报纸	涉案 8 名球员被判终生禁赛
1924	球员布朗宁向对方球员行贿	报纸	60 天苦役
1932	蒙特鲁斯队队长哈米尔顿向对方球员行贿	报纸	60 天监禁
1965	英格兰系列假球案	报纸	10 人被判处 4 个月到 4 年不等的监禁
1973	汉普敦队球员绍夫揭发有人要求他打假球	报纸、球员	证据不足
1984	开拓者队与欧拉朱旺私下接触，谈判签约事宜	报纸	处罚开拓者队 25 万美元
1993	利物浦队门将格罗贝拉等 4 名球员涉嫌假球	报纸	证据不足，无罪释放
2005	英超阿森纳俱乐部球员科尔与切尔西俱乐部私下谈判转会事宜	报纸	切尔西被罚款 30 万英镑，扣联赛积分 3 分。科尔和当时切尔西主教练穆里尼奥分别被罚款 20 万和 10 万英镑
2006	意大利尤文图斯等操纵裁判	报纸	尤文图斯降级，其他 3 支球队被扣分
2008	NBA 裁判多纳西涉嫌赌球	媒体	多纳西被判入狱 15 个月

资料来源：根据媒体资料整理。

（3）仲裁制度。“劳资争议是一个历史范畴。就其本质而言，劳资争议是劳资关系内在利益差别与矛盾冲突的外在表现。”① 职

① ［加］西蒙·多伦、兰多·舒尔乐：《人力资源管理》，中国劳动和社会保障出版社 2000 年版，第 402 页。

业体育市场的交易主体众多，契约的谈判非常复杂，劳资纠纷非常普遍。特别是随着运动员价值的快速提升，劳资双方双边垄断的出现，劳资争端越来越频繁，涉及的经济利益也越来越大。如何设计一个合理的谈判救济制度非常重要。

职业体育的主要救济制度包括调解和仲裁，见图 3－9。调解一般在组织内部进行，调解员也由体育组织内部选派。当劳资争议发生后，由联盟和工会选派调解员出面，通过说服和劝导，促使争议双方在互相谅解的基础上，达成一致协议来解决争议。调解是和平处理劳资冲突运用得最普遍和最基本的一种方法。首先，它体现的是以和为贵的精神，大家都不失面子；其次，在于它的自愿性和简易性，调解一般在联盟的总裁斡旋下进行。1989～1996 年全美的 281 起体育案件，22.77% 依靠调解解决[①]。

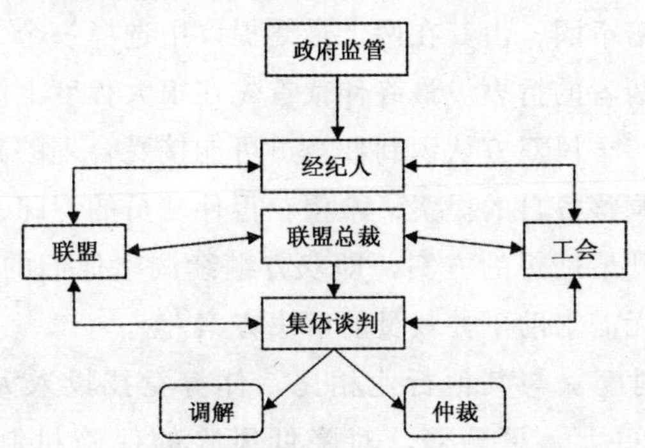

图 3－9　美国职业体育劳资关系模式图

资料来源：Staudohar，P. D. （1996）. Playing for dollars：labor relations and the sports business. Ithanca，New York，ILR Press.

如果双方的立场差距过大，调解无法达成，争议双方为避免争议久拖不决，需要求助于一个第三者进行居中裁决，这就是仲裁。

---

① ［美］斯特德曼·格雷厄姆等著，钟秉枢等译校：《体育营销指南》，中信出版社 2003 年版，第 120 页。

为了公平起见，在同一争议案件中，调解人和仲裁人不能是同一个人。仲裁员可以采取他认为合适的方式来查清事实（包括收取证词、提问和举证等），并根据自己的分析和判断作出最后的裁决，使争议尽快解决。

与一般的仲裁不同，职业体育的仲裁往往采取一种“最终仲裁”的仲裁方式，即仲裁员选择争议双方其中某一方的方案作为定案。因为仲裁员的名誉对其业务的开展有很大影响，仲裁员即使根据事实作出裁决，也可能被认为过于偏袒某一方，为此一般的仲裁员往往倾向于折衷争议双方的方案，以取悦双方。但双方如果都预料到仲裁员偏好中间地带，就会失去自己作出让步的动力，往往不断提高自身价码以获得更大利益，仲裁可能没完没了，失去其应有作用①。为此联盟的仲裁员要求争议各方将各自的最终提议提交给独立的仲裁陪审团，由其在两个最终提议中选择一个，仲裁陪审团不可以选择两者的折衷。最终仲裁首先在很大程度上消除了仲裁的拖延。同时，争议双方认识到仲裁员可能接受合理的方案，因此也都有动力去调整各自的提案，希望获得仲裁员的青睐，这也使最终仲裁可能达到最理想的方案，即双方继续调整他们的谈判立场，甚至达成一个无需求助于仲裁员的解决方案②。

(4)保险制度。与其他行业相比，体育竞技投入大，对抗激烈，其风险也更大、更频繁。对降低风险的保障机制需求非常迫切，这些都对体育保险公司的险种设计、保费设置和伤病评估等提出了很高的要求。体育险种也根据风险的不同范围进行设置，并处于不断扩大和完善之中。现行职业体育的险种包括

① 仲裁员的做法与选举中候选人向中间路线靠拢是类似的。Ronald Ehrenberg and Robert Smith, Modern Labor Economics (Reading, Mass.: Addison Wesley Longman, 2000), pp. 500-503.

② 另外，为了保证仲裁的效力，职业联盟往往要求经过最终仲裁后的争端，工会不得再为此而进行罢工，除非解散工会。

如下几种：

人身安全保险。主要是指与组委会有劳务合同关系的人员、参赛人员、媒体、中介、观众等人员在大赛筹备及举行期间从事与比赛有关的活动时面临的人身意外伤害保险。

财产损失保险。包括由于火灾、爆炸、故意破坏等原因造成的大赛建筑损坏；组委会财产的灭失；设备损坏（计算机系统及辅助设备、比赛器械、电视电话、办公室、医学设备等等）保险等。基础设施方面包含运动设施、体育场馆、新闻中心、电台和电视中心、运动员村以及为男女运动员、官员、媒体和观众准备的额外的食宿地。

责任保险。从赛事组委会的成立到解散，甚至到组委会的解散之后的一段时期内，存在着很多与赛事有关的责任风险。该险包括产品责任保险、公众责任保险、职业责任保险、雇主责任保险和环境责任保险等。

大赛收入损失保险。该险针对由于意外事故造成部分或全部取消赛事而导致的退费损失风险，这种风险是赛事组织者最大的风险。引发赛事取消风险的最主要原因包括无法提供电视转播信号、天气恶劣和社会骚乱等。

3.2.2.3 法律制度

职业体育被视为以体育比赛为商品的商业活动，因此，欧美国家的劳工法律、反垄断法、体育法律和合同法等均有涉及职业体育的内容。有关法律按其适用范围可以分为以下几种：

1. 国际法律。随着职业体育全球化和经济全球化趋势，越来越多的职业体育比赛属于国际比赛，如欧洲足球冠军联赛就是各国联赛的佼佼者之间的比赛，每场比赛几乎都是跨国比赛的①。对此

① 由于各国可以有若干支球队参赛，如英格兰等五大联赛可以派出 3 支球队。有时比赛双方正好来自同一个国家，但在赛制安排上将首先避免这种情况的出现。

必须通过国际法律进行规范。

以欧盟为例，欧洲职业足球开展较好的国家多数是欧盟国家，欧盟作为一种区域性国际组织，有自己的法律——欧盟宪法，而且欧盟法律优于成员国的宪法和一般法律。在欧盟法未明确规定的情况下，各成员国的国内法仍有效适用，二者相互补充，共同规范、调整着各国国内和成员国之间的种种关系。

由于职业体育俱乐部的经济活动所涉及的领域越来越宽泛，因此，欧盟法律对职业足球经济活动的影响变得举足轻重。例如，欧盟对俱乐部经济活动垄断规制或免责的法律规定主要源于共同体条约第 81 条，其中第 1 款就禁止各种限制行为，范围包括：企业之间有关的协议，决定或者企业之间共同达成某种默契的行为——这些行为造成成员国之间贸易的损害，以及以对共同体内部统一市场的自由竞争设置障碍、限制或扭曲为目的，或者对自由竞争造成上述影响；其中第 3 款是责任的免除，如果第 1 款的行为是出于改善产品的制造或者改善产品的分配或者出于支持科技发展以及经济进步的目的，那么欧盟委员会可以免除这些协议的责任。[①] 这些规定涉及职业足球关于竞赛规则的规定、运动员转会、电视转播、国际足联球员经纪人规定、限薪规定、运动器材和票务等各个方面。

而欧盟法院对博斯曼事件的裁决更是标志着欧盟法律对欧洲成员国职业足球和俱乐部的全面介入，由此也进一步加快了欧盟成员国职业体育和俱乐部的法制化进程。

2. 国内法。

（1）职业体育的基本法律地位。欧美各国对职业体育的商业性质的认识较为统一，并以法律确定了职业体育的商业地位。如欧

---

① ［德］马迪亚斯·赫蒂根著，张恩民译：《欧洲法》，法律出版社 2003 年版，第 287～288 页。

洲很多国家均在宪法或劳动法中明确规定，职业足球也是一个行业，其行业员工（即职业足球运动员）在就业、流动（即转会）、社会福利、保险等方面与其他行业的劳动者一样享有同样权益。许多国家还在民法中对职业球员的年龄进行了明确规定（如法国规定任何一名球员在21岁以前不得成为职业球员，也不允许与所在俱乐部签订职业合同）；而球员在签订第一份职业合同时，另一方必须是培养这名球员的原俱乐部，合同时间至少为4年①。

（2）专门法。许多国家为了保证职业体育的发展，还特别制定了专门的体育法律，例如意大利的《足球法》，该法特别规定了足球产业的合法地位及权益。西班牙政府则坚持当体育法与其他法律发生冲突时，其他法律应该让位于体育法的原则，确保了体育法中有关职业体育的法律地位。法国的《马左体育法》是法国的第一部体育法，对职业体育活动的规定确立了职业体育在法国的合法地位。

（3）保障职业体育发展的法律。为保障职业体育的顺利发展，各国还制订了一些法律。如在欧洲传统上认为职业足球俱乐部应为非盈利性俱乐部，而意大利为了职业足球的持续健康发展，于1996年议会投票修改法律，允许足球俱乐部成为赢利公司。德国的公司纳税法规定，企业利润低于7500马克的免纳所得税，该条款也适用于职业体育俱乐部。

此外，职业体育属于高风险性行业，对此各国以法律的形式规定了职业体育的强制性保险制度，如1984年7月法国政府颁布的《体育运动法》第37条规定："体育运动组织为开展活动签订保险合同，为其所应负责任投保……该等保险合同应承保体育运动组织、活动组织者、被建议人和运动员的民事责任……"第38条规定："体育运动组织应告知其成员投保人身保险的益处，以便在其

① 蔡俊伍：《世界体育俱乐部制》，中国大百科全书出版社1995年版，108页。

受到意外伤害时提供保障……”[①] 意大利体育法明确规定：“职业俱乐部保险将运动员收入的4% ~5%作为保险费用”[②]。1971年，意大利要求职业运动员注册时必须进行全面体检。1982年起，进一步要求运动员每年都必须进行心电图检查和超声波检测。

（4）职业体育违法犯罪的处罚。欧美很多国家的一般刑法和民法可以直接适用于职业体育，如在德国，对情节严重的假球、裁判受贿操纵比赛结果等，国家司法机关将用民法以及刑法中的相关规定进行判罚。《德国刑法典》第331条第2款规定：法官或仲裁人对现在或将来的职务行为为自己或他人索要、让他人允诺或接受他人利益的，处5年以下监禁，这里的仲裁人就包括裁判。同时，根据民法有关规定，裁判吹“黑哨”的行为违反了与足协签定的合同，并损害了第三者（另外一个球队）的利益，足协和被损害的俱乐部有权对该裁判提出民事诉讼，要求其进行相应的赔偿[③]。在英国，打假球将被适用刑法，以阴谋欺诈罪起诉（案例参见表3-3）。

3. 法庭判例。除了上述的成文法以外，英美国家等海洋法系国家更多地采用判例法，这些判例也具有法律效力，而且随着经济全球化，判例法的精神也被越来越多的成文法所采用，如随着英国等普通法系国家加入欧盟，判例法的精神也必然逐渐成为欧盟法的法律渊源。

从历史上看，许多判例甚至在很大程度上左右了职业体育的发展方向，如北美职业联盟和俱乐部的赛事转播权就是依1938年皮

---

① 阎华、李海：“国内外体育保险之比较研究”，《西安体育学院学报》2001年第4期，第17页。

② 林显鹏：“西方发达国家体育保险业及其服务领域”，《国外体育动态》2000年第1期。

③ 贾文彤、郝永朝：”欧洲职业足球中的法律制度对我国职业足球法制建设的启示”，《天津体育学院学报》2004年第3期，第74页。

兹堡体育公司与 KQV 的判例而得到法律保护，而 1996 年欧洲足球运动员获得自由转会资格也是通过博斯曼上诉欧盟成功而取得①。

3.2.3 职业体育的组织和制度——层次态的治理机制

3.2.3.1 职业体育组织形态的层次变化

1. 职业体育组织形态的演变。职业体育的组织形态分为替代组织、市场辅助组织和法律组织三种，根据不同程度的专用性投资，其总体变化趋势是由简单到复杂，由初级到高级，呈现一种层次态的变化趋势。

组织是对市场机制的替代，专用性投资最大的交易往往采用科层组织，以达到更好的监督效果，保护契约的长期价值。职业体育是以比赛为商品的商业，其核心内容围绕着比赛而展开，因此，最先出现的是俱乐部和职业体育联盟。俱乐部作为进行比赛的微观主体首先出现，随着更多参赛者的加入，比赛需要更精细的协调和管理，职业联盟也随之出现。俱乐部成立联盟使联盟成员彼此成为各自的专用性资源，联盟起到了对联盟成员专用性投资的保护作用。

随着职业体育市场的扩大，越来越多的市场主体进入职业体育市场，这些利益相关者所进行的专用性投资也随之逐渐增大，为维护其专用性投资必然产生了组织需求，各种市场辅助组织也应运而生。中介组织负责信息的搜寻，大大降低了信息成本；运动员人力资本的大幅增加产生了对工会组织的诉求；体育风险的增加使各种体育保险组织得以出现；各种商业纠纷或体育专业纠纷的增加则催生了体育仲裁组织。这些市场辅助组织使职业体育市场的投资者得到更为全面的服务，极大丰富了市场签约的内容和项目，使职业体育市场的广度和深度都得到进一步的扩展。

层级组织采用权威机制来解决纠纷，而市场组织采用平等协商

---

① 这些案例在第 4 章的历史分析中我们会进行详细分析。

来签订合同，受损一方往往采用停止交易的方式来惩罚违约方，但不论是权威方式还是拒绝交易方式都面临违约方的成本利益权衡，一旦违约方的违约收益大大超过其成本，违约方的违约就是必然的。因此，市场交易必须有一个强制性的第三方来保障契约的完全实施，即需要通过强制性地加大违约方的成本以减少其机会主义行为，这个具有强制力的第三方实施者就是国家法律组织，属于最后出现的组织机构。

2. 同级组织之间的相互作用。本书将组织分为市场替代组织、市场辅助组织和法律组织三个层次，同层次组织之间通过各种制度来展开竞争和合作。俱乐部之间必须在赛场上相互竞争，胜利者将获得绝大部分收益，但在赛场外又必须进行相互合作，因为强弱过于悬殊将大大影响其自身收益。不同的职业体育联盟之间也是既有竞争也有合作，竞争是指联盟之间都具有一定程度的替代性，这使联盟必然在某种程度上争夺消费者。合作是指不同级别的联盟之间往往有一定的合作关系，如低级别联盟往往为高级别联盟提供优秀的年轻运动员。

中介组织、仲裁组织、工会和体育保险组织是职业体育最主要的市场辅助组织，这些辅助组织之间的联系也越来越密切。如工会往往和体育仲裁联系在一起，运动员价值的逐步提高使工会成为保护运动员专用性投资的主要组织机构，而劳资纠纷的频繁发生又促使体育仲裁组织得到进一步发展。同时，体育仲裁组织的完善也使工会的维权更加合理合法。辅助组织之间的密切联系还可能产生新的组织，如体育保险经纪人就是体育中介和体育保险结合而成的新组织。

3. 不同级别组织之间的相互作用。除了同级组织的相互作用外，不同层级组织之间也是相互作用的，具体包括上级组织对下级组织的管理、制约以及下级组织对上级组织的影响。

法律组织对各个组织均有管理和监督职能，许多法律组织本身就是在市场交易主体的倡导下成立的。联盟对俱乐部进行管理和监督，但联盟具有何种权限，如何实施等都必须由俱乐部授权。各种职业体育的市场辅助组织和联盟、俱乐部也是相互影响、相互作用的。市场辅助组织的主要作用是协助完成市场交易，但其前提是俱乐部、联盟组织的逐步成熟，已经成为市场交易的主体，否则其不会产生对这些辅助组织的需求。同时，辅助组织的完善也使职业体育市场更加完善，各种新的交易机会得以实现。如中介组织使赛事得到了更多的推广机会，运动员得到了更多的广告赞助；仲裁组织使体育纠纷以更低的成本得以解决；工会更全面地保护了运动员的合法权益；体育保险使职业体育市场的投资风险大大降低。这些辅助组织使俱乐部和联盟的专用性投资得到更全面的保护。

3.2.3.2 职业体育制度的层次变化

1. 低层次制度向高层次制度的变迁。本书把制度分为组织内部的操作规则、组织之间的市场制度和社会范围的法律制度三种。职业体育制度作为一种系统，处于一种动态的平衡，其总的变化趋势也是从低级到高级、从简单到复杂，具体而言是从操作规则再到市场制度，最后是法律制度。

操作规则是组织内部制度，其适用范围在于组织内部，而且多不涉及产权的转让，因此相对简单，是最先出现的制度。而市场制度用于界定市场交易主体的产权边界，是随后出现的制度。同时，市场的交易首先依靠自动履行制度，但违约收益大于违约成本时违约可能是更好的选择。这使交易各方必须寻求具有强制力的第三方实施机制，也就是法律制度。法律使得人们可以通过国家来保护其合法的契约权利。但法律制度除了考虑效率外，还要考虑公平问题，因此，其内容和制订的程序远比市场制度和操作规则复杂，出现的时间也最晚。以职业比赛为例，首先需要基本的赛制和比赛规则才能进行比赛，因此，操作规则是最先出现的制度。此后，各个经济组织如何界定其权利义务就需要组织之间的市场制度来完成，因此，各种经济制度随之产生。职业体育具有的巨大社会影响使其成为社会生活的重要内容，因此，其内部的一些经济和社会问题需要更高层次的制度来加以规范，如运动员的种族歧视、男女运动员性别歧视、联盟垄断地位的界定、社区与俱乐部的关系以及其他的各种社会经济问题等，这些问题最终需要具有强制力的法律来界定。

2. 高层次制度对低层次制度的影响。制度的变迁从操作规则、市场制度再到法律制度，但高层级的制度对低层级的制度有制约和诱导作用。

操作规则作为最低层次的制度，适用于组织内部。组织的章程是每个组织成员在决定加入组织时都志愿接受的，因此，其执行无须外部强制，组织对违反其章程的成员的惩罚止于剥夺其组织成员的权限，因此，操作规则难以对其他组织的制度产生影响。如联盟的成员在加入联盟时必须承诺遵守联盟的内部规定，一旦违规必须接受联盟的处罚。但最严重的处罚一般限于将该俱乐部开除出联盟。这种规定对非联盟成员自然没有作用。随着职业体育市场主体的增加，各种新的经济制度也随之产生，这些经济制度也往往影响原来的操作规则，如强制性的体育保险制度的出现就对比赛产生巨大的影响，当运动员受伤时，比赛要求被暂停，一些可能造成运动员受伤的危险动作被逐渐评定为犯规。

法律作为最高层次的制度，其效力遍及各级职业体育制度，各种组织之间的市场制度和组织内的操作规则都不能与之相抵触，否则可能被强制性更改。欧洲职业足球运动员的转会制度就因与欧盟法律相悖而被彻底更改（第 4 章将要介绍）。法律的强制性也使各级制度的实施获得了保障，如用法律的形式规定了职业体育的商业地位和运动员的劳动者地位；规定了体育中介的法律资格和经营范围以及违规处罚；规定了运动员工会的合法地位和相关制度；将体育保险作为强制性的商业保险；承认体育仲裁的法律效力等，如美国国会通过了联邦仲裁法以鼓励在劳动合同和其他涉及商事的合同中使用解决争议的仲裁方法，雇员被要求放弃他们向法院寻求其他司法救济①。

3.2.3.3　职业体育组织和制度的相互作用

1. 职业体育组织对制度的影响。职业体育市场的利益相关者为防范各种机会主义行为，保护其专用性投资而成立了各种组织，这些组织均有其特定制度，同时组织又是各种制度的制订者和实施者，因此，职业体育组织主导着制度的变迁。现存的制度框架(以及他们的实施特征）决定了体育市场专用性资产投资者现有财富最大化的机会，但这些机会也可以通过经济或政治交换而实现。职业体育相关利益者发现改变更基本的决定权利分配的制度结构也往往是有利可图的。因此，设法改变制度并使制度有利于组织自身往往就是组织的主要目的之一。

不同层次的组织为了维护其专用性投资，最大化其组织利益，都愿意参与到制度的制订和实施过程中，许多组织的产生往往就是为了影响某些制度，例如联盟最初产生的一个主要目的就是为了统一比赛规则，运动员工会的产生是为了完善保护运动员合法权益的各项制度，一些体育管理组织（如我国的体育管理部门）的产生则是为制订各项法律法规来强化对体育的管理。

职业体育组织是各种制度的制订者、实施者，与各级制度之间具有层次对应的关系，一般而言，组织制订并实施的制度对同级组织和下级组织都适用。如操作规则主要由层级组织来制订和实施，比赛规则由俱乐部和联盟来制订实施；市场制度由各种市场组织来制订和实施，涉及产权转让的各种交易谈判、监督和仲裁制度的制订和实施由各职业体育市场辅助组织制订实施，但这些市场制度对

① Russell D. Feingold. Policy Essay: Mandatory Arbitration: What Process is Due? [J]. Harv. J. on Legis., 2002 (2): 281.

比赛规则也有影响；而法律制度主要依靠法律组织制订和实施，其适用范围包括各级组织。

2. 职业体育制度对组织的影响。职业体育组织导致了职业体育制度的变迁，但职业体育制度对职业体育组织也有很大的影响，主要体现在两个方面：

（1）职业体育制度是职业体育组织产生的诱因。何种形式的职业体育组织会出现、如何出现往往取决于不同的制度环境，当某种制度环境适合某种组织的发展时，某些特定的组织将会出现，反之，这些利益相关者往往成立新的组织以维护其专用性资产。如规则的逐渐统一使体育俱乐部进行相互比赛变得易于评估，从而使业余俱乐部转为职业俱乐部；职业俱乐部初期对运动员的剥削使运动员试图尽快成立工会以维护其自身合法权益；职业体育市场的扩大使各种风险加大，这又催生了体育保险组织的出现……

（2）职业体育制度约束了职业体育组织的机会主义行为。虽然组织是制度的制订者和实施者，但这些制度一旦被制订出来，其约束的对象正是各级组织本身。职业体育层级组织内部主要采用权威来管理、协调组织内部关系，各种操作规则对组织内部成员的责、权、利进行了明确的界定，如联盟的各种监督制度就是约束联盟内部的各级监督者的，包括总裁和裁判等。市场的各种制度则主要约束市场组织的各种机会主义行为，一旦有违规行为发生，主要采取自我实施机制或相关法律来约束，如体育保险组织与联盟的经济纠纷将首先导致双方的交易终止，甚至诉诸仲裁和法律。而法律制度是最高等级的制度，其最大的特点在于得到国家授权的强制性实施机制，是各种制度有效实施的最终保证。因此，法律制度对各种市场组织都有约束力。

3. 职业体育组织和制度的层次态演变。职业体育组织和制度相互影响、相互作用，随着专用性投资的变化，组织和制度互动的结果导致了各种组织和制度在空间和时间上的变迁。以体育俱乐部为例，最初的俱乐部是业余性质，但为了公平地评估胜负，各地的俱乐部逐渐统一比赛规则。规则的统一使俱乐部可以方便而公平地进行比赛，吸引了更多的观众，比赛的商业价值逐渐增大，业余俱乐部开始转变为职业俱乐部。职业俱乐部的出现产生了统一比赛规则和进一步改善规则的迫切要求，因此，联盟组织应运而生。联盟的出现使职业体育市场进一步扩大，各种新的利益相关者开始进入职业体育市场，这又使界定这些市场组织权利义务的经济制度得以出现，这些制度的逐步完善使各种经济组织进一步出现，包括仲裁组织、工会、体育保险和体育中介等，而这些组织又有其自身的特定制度，这使职业体育市场的经济关系日益复杂，并最终使各种法律组织通过法律制度来保障各种制度的最终实施。

3.2.3.4 小结

综上所述，可以发现专用性投资价值的变化是决定各种组织形态和制度安排的关键，各种组织和制度的互动正是对专用性投资变化的反应。组织和制度的互动也使其在空间和时间两个维度上递进演变，职业体育的组织形态具有空间层次性，各种组织从简单到复杂逐步发展，上一级的组织对下一级组织有很大的影响，组织出现的顺序依次是俱乐部、联盟、各种市场组织（包括中介、体育保险、工会等），最后是各种法律组织。职业体育制度的演变也具有空间层次性，其出现的顺序分别是体育组织内部的比赛规则、组织之间的市场制度以及具有国家强制力保障的法律制度。同样，上一级制度也对下一级制度有制约作用。各种组织和制度之间相互影响、相互制约，如图3－10所示。在下一章里我们将以职业体育发展的历史为背景，从空间维度和时间维度对职业体育的层次态治理机制进行实证分析。

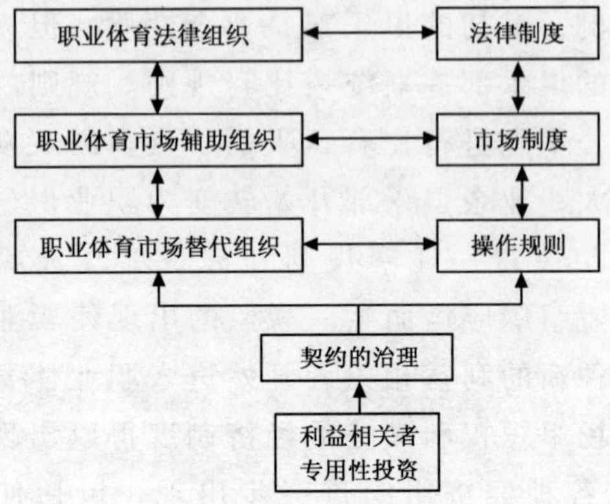

图 3－10　职业体育组织和制度的层次结构

4.

职业体育组织形态和制度变迁的历史考察

关于历史，需要强调两点：第一点是历史是难以割裂的，只能以一个整体作为研究对象，而决定历史发展的因素包括社会的各个方面。“生活中没有界限，有的只是历史。我们称为经济史和社会史的东西，只有在我们充分看到了诸如思想意识、社会心理、教育、科技、医药、战争等划分开来的学科专史的成果以后才能理解。”[①] 第二点是历史对现实的作用，甚至可以说历史在某种程度上决定了现实。正如诺斯所强调的那样，“历史至关重要……因为现在和未来是通过一个社会的连续性与过去连接起来的。今天和明天的选择是由过去决定的，过去只有在被视为一个制度演进的历程时才可以理解”（诺斯，1994）。

就本书要研究的主题——职业体育而言，它的产生和演变与社

---

① ［意］卡洛·M. 奇波拉：《欧洲经济史》，商务印书馆 1988 年版。

会、经济、科技、文化甚至战争等均有不同程度的关联，因此，只有把它放到历史的框架里进行考察，才能深刻地领悟组织和制度在时空维度上层次态的发展规律及其对现实的意义。限于篇幅，本书的分析以职业体育最发达的北美职业体育和欧洲职业足球为主。

4.1 19世纪中期~20世纪初期：职业体育的萌芽阶段

4.1.1 环境的变化和社会的变迁

4.1.1.1 工业革命提高了生活水平

1780~1850年，一场史无前例的工业革命改变了英国。现代技术和生产组织的出现使生产能力空前膨胀，大量物质财富被制造出来，人口激增并纷纷移向城市，传统的社会结构被打破[①]。恩格斯曾说："分工，水力、特别是蒸汽力的利用，机器的应用，这就是从18世纪中叶起工业用来摇撼旧世界基础的三个伟大的杠杆。"[②] 工业革命使生产力和生活水平得到极大提高。英国在当时成为世界工厂，1850年的工业产值占世界的39%[③]。继英国之后，法国、美国、德国以及欧洲其他一些国家在19世纪上半叶先后发生工业革命。技术的出现使各种新形式的体育活动成为可能。相关技术条件的进步也为人们从事各种体育活动提供了物质保障：交通运输业的进步，使人们能方便快捷地外出活动；电力的使用，电灯照明的推广，使许多运动项目和比赛可以在人们相对较为休闲的晚

---

① ［意］卡洛·M. 奇波拉：《欧洲经济史》，商务印书馆1988年版。

② 《马克思恩格斯全集》第2卷，人民出版社1957年版，第300页。

③ 宋则行、樊元主编：《世界经济史》，经济科学出版社1989年版，第133页。

间进行；电讯技术的进步使一场比赛的消息可以通过电波迅速传递到各地；电影、照相机及橡胶等的制造和利用以及新的印刷技术促进了新闻报刊业的发展，人们可以便捷地获得各种体育新闻；自行车、汽车的出现，为体育运动增添了更大的刺激性，提高了运动速度和观赏性；秒表、滚球轴承、减振器、橡皮高尔夫球以及人工造冰技术为新型运动项目的产生奠定了物质基础。

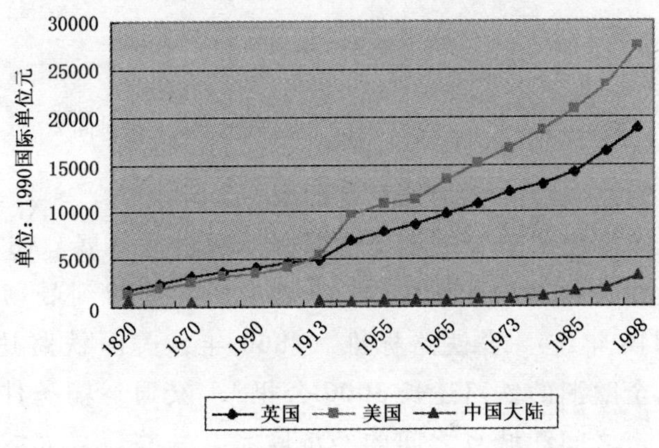

图 4－1　中国、英国和美国人均 GDP 历史数据①

技术的进步使人们的工资收入和生活水平以一种前所未有的速度上涨，并持续至今。图 4－1 显示，从 1820～1900 年期间，英国和美国的人均 GDP 分别从 1707、1257 上涨到 4593 和 4096 美元，涨幅分别高达 269% 和 316%。与此同时，工作时间持续下降，见图4－2。英国工人 1850～1870 年的周工作时间为 75 小时，1890 年为 66 小时，1880 年白领基本实现了每年 1～2 周的带薪假期，蓝

① 国际单位元是为将单个国家的 GDP 估计值相加得到地区或世界总数，将它们进行转换而成的同一种货币，此处采用 1990 年购买力平价转换系数（PPPs）对本国货币进行转换后估计得到。购买力平价主要利用 OECD，Eurostat（欧盟统计局）和联合国的 ICP（国际比较项目）数据计算。资料来源：［英］安格斯·麦迪森著，伍晓鹰等译：《世界经济千年史》，北京大学出版社 2003 年版，第 179 页。

领工人可以每周享受 1 ~ 2 天的无薪假期①。

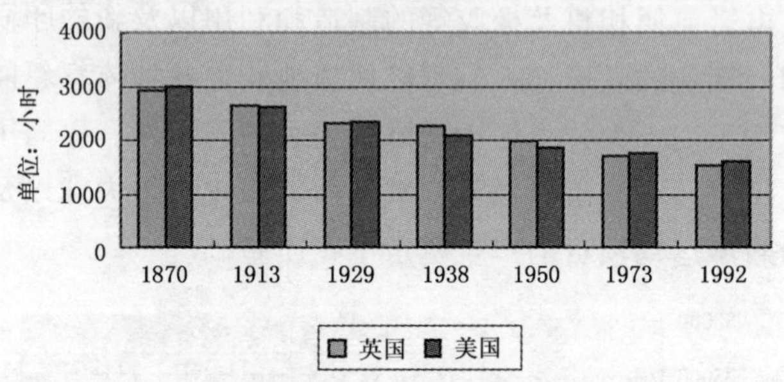

图 4 – 2　1870 ~ 1992 年英美就业者每年工作时间②

4.1.1.2　城市成为社会活动的中心

交通运输技术随着工业技术革命得到快速发展。1825 年蒸汽机车发明后，英国于 1826 年建成了从利物浦到曼彻斯特的铁路，1846 年统一了铁路标准。1860 年，美国铁路达 52600 公里，比全欧洲的铁路还长 3000 公里③。交通运输条件的改善加强了城市之间和城乡之间的经济联系，一些新兴大城市本身就是交通枢纽，如英国的曼彻斯特、伯明翰、利物浦和美国的匹兹堡等。

工业革命以前，欧美的农村是社会生活的重心。工业革命使交通条件大大改善，人口从农村向城市聚集。英国农村人口比例从 1520 年的 80% 下降到 1801 年的 50%，而农业劳动生产率提高了 60% ~100% ④，城市生活方式成为社会主流。19 世纪欧洲和美国不同程度地完成了城市化的进程。英国在 1850 年的城市化率是

① ［英］马赛厄斯著，王春法译：《剑桥欧洲经济史（第七卷）（下册）》，经济科学出版社 2004 年版，第 606 页。

② 资料来源：麦迪森著，李德伟等译：《世界经济二百年回顾》，改革出版社 1996 年版，第 169 页。

③ 宋则行、樊元：《世界经济史》，经济科学出版社 1989 年版，第 133 页。

④ 王章辉、孙娴：《工业社会的勃兴》，人民出版社 1995 年版，第 247 页。

54%，到1900年这个比例达到79%，基本实现了城市化①。美国城市化比例从1800年的5%增加到1900年的30%，见图4-3。

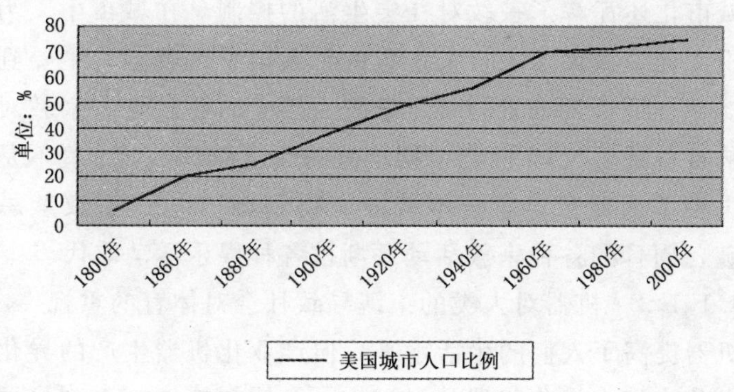

图4-3　1800~1990年美国城市化比例

城市化使生产力产生聚集效应，进而改变了产业的结构和就业比例，各种服务业得以出现。“在城市人口有25000人以上时，才出现擦鞋、女子理发、洗帽子商店，在人口超过50000人时，才会出现婴儿服务。”② 自19世纪70年代起，英国的服务业产值占国民生产总值的54%③，成为国民经济中的重要行业。以城市为主体的制造业、矿业、交通运输业、商业以及公共事业方面就业人员高达80%以上④。恩格斯在评论伦敦时曾指出：“这样的城市是一个

---

① 整个欧洲直到1970年才达到这种水平。详见［英］克鲁扎特：《维多利亚时代的经济》，伦敦1982年版，第90页，第98页；［英］肯尼斯·O. 摩根：《牛津图解英国史》，牛津1894年版第474页。转引自国胜连、宋华：“维多利亚时代英国城市化及其生活影响”，《辽宁师范大学学报（社科版）》1994年第5期，第77~80页。

② ［英］K. J. 巴顿：《城市经济学——理论和政策》，商务印书馆1984年版，第91页。

③ 阿兰·奥戴等：《维多利亚时代后期的英国（1867~1900）》，1988年版，第14页。

④ ［英］菲里斯·迪恩：《英国经济增长的趋势与结构》，经济科学出版社1964年版，第142页。

非常特别的东西，250 万人聚集在一个地方，使这 250 万人的力量增加了 100 倍”[①]。

城市化还瓦解了宗教对社会生活的控制。在城市中，为了得到一份工作，占城市人口大多数的工人很少进教堂，主要到宗教色彩淡化、世俗气浓重的补习学校去接受职业教育。宗教对社会的影响日益减弱。19 世纪中期伦敦的大主教悲叹道：“不是主的教堂失去了大城市，它根本就没有得到城市”。[②] 宗教禁忌被逐渐打破，周日的各种宗教活动逐渐被各种娱乐活动取代。

4.1.1.3　机器对人类的束缚导致社会对体育的重视

机器提高了人们的生活水平，但产业化机器生产的异化劳动形式，使人们在操作机器的过程中，身体和精神都受到机器的严重束缚，人们需要运动来活动四肢，摆脱机器对其身心的束缚。身体的运动成为城市居民的一种重要需求[③]。除了工人对运动产生需求，一些资本家也开始关注工人的身体健康，部分源于对工人受到剥削的认识，另一些源于对病弱工人缺乏生产效率的认识。各种户外运动开始被人们所重视。越来越多的城市居民开始关注体育活动。社会对体育的普遍重视使政府开始改善体育设施，1870～1900 年是英国各级政府投资兴建体育场地设施的鼎盛期。此间，在伦敦和曼彻斯特城内和郊区新建了 200 多个游泳池，能容纳大量观众的体育场也在各地被修建起来[④]。英国 1894 年颁布的《地方政府条例》和 1906 年实施的《公共场地开放条例》要求地方政府为体育和娱乐活动提供一切室内外体育场地设施。美国的情况与此类似，1880～1900 年有 80 多个城市建立了

---

① 《马克思恩格斯全集》第 2 卷，人民出版社 1957 年版，第 303 页。

② ［英］哈罗德·帕金：《近代英国社会的起源》，伦敦 1985 年版，第 202 页。

③ ［日］川村英男：《体育原理》，华夏出版社 1982 年版，第 34 页。

④ 曹可强、刘新兰：“英国体育政策的变迁”，《西安体育学院学报》1998 年第 1 期，第 13～16 页。

公园系统，沙滩公园、游乐场运动也紧随着公园运动迅速发展起来[①]。

总之，工业革命带来的城市化和技术的进步为人们参加体育创造了物质条件，而机器大生产对人类的束缚和宗教束缚的解除使体育运动成为人类追求解放的精神需要，体育市场所必需的供给和需求条件已基本具备了。

4.1.2 欧美职业体育的产生与发展

欧美各国的体育运动源远流长，但职业体育的产生和发展均发轫于19世纪，包括俱乐部和联盟在内的职业体育所特有的组织的出现有其制度诱因。同时，围绕着这些组织初步建立了一系列特殊的制度。下面我们将会发现，导致这些组织、制度产生和发展的主要原因就在于交易主体专用性投资价值的变化。

4.1.2.1 职业足球俱乐部的产生及其治理机制

职业体育俱乐部作为职业体育市场的微观主体，是物质资本所有者和人力资本所有者之间契约的联结。职业体育俱乐部产生的根源在于职业体育市场的出现使体育比赛具有商业价值。这个阶段也是职业体育发展的萌芽阶段，物质资本的稀缺性远远高于人力资本，这使资本家获得了职业体育俱乐部大部分的剩余索取权和剩余控制权。

1. 业余体育向职业体育的转变。体育具有悠久的历史，职业体育最先在欧洲出现，并传入美洲。而英美两国的职业体育从产生之日起就呈现出不同的特点，有其历史、经济和文化的原因。

（1）英国的体育——贵族运动的平民化。人类的体育运动历

---

① 李国玲："体育休闲在近代美国的发展进程"，《成都体育学院学报》2005年第2期。

史悠久，但最初这些体育运动只是人们业余时间的一种消遣[①]。最早有记载的俱乐部是1750年英国纽马克特的一些贵族成立的赛马俱乐部，这也是早期的英国业余体育俱乐部的雏形[②]。迟至19世纪早期，在英国体育运动仍然是少数贵族和绅士的“娱乐”，富人们参与是为了向世人证明他们的富有，有足够的时间和金钱参与非生产性的体育活动[③]。当时一般民众受到时间、空间和经济条件的限制，无法广泛参与体育运动。“工人很少有空闲时间……城里的人们也没有空间可以开展活动……同时，当权者还认为工人在工厂外的大规模集会可能组织起来挑战权威，也是浪费时间”[④]。

19世纪英格兰的大学认识到足球在培养学生体魄和协作精神的作用，开始鼓励学生们参与。同时，大学生受到的教育也使他们更容易接受具备平等、团结和进取精神的现代体育竞技，足球运动开始风靡一时，并随着大学生的毕业逐渐向社会扩展，到19世纪40年代，在伯明翰、曼彻斯特和谢菲尔德等工业基地城市里，成百上千爱好足球的工人组成了足球俱乐部，并在周末进行比赛。现代足球从贵族的业余游戏，逐渐变成劳工阶层的闲暇娱乐。随着参与者的增加和影响力的扩大，职业体育市场逐渐形成了。

（2）美国——对英国体育的商业化改进。各国职业体育的发展和各国的历史、地理、文化、政治与经济背景息息相关。美国作

---

① 许多国家和地区都有与足球运动类似的球类运动的描述，1350年，英国爱德华三世甚至颁布了禁止从事足球运动的公告。因为当时足球被视为危险和无益的一项运动，妨碍了大众进行兵役训练。（［德］诺贝特·魏斯著：《金球》，文汇出版社2004年版，第2页）。中国最早有类似足球运动的记载可追溯至距今2000多年前的汉朝，当时游戏的名称叫“蹴鞠”。2005年国际足联认定中国是足球的最初发源地。

② 张林、李明：“职业体育俱乐部发展沿革”，《西安体育学院学报》2001年第3期，第6~9页。

③ Veblen, T. 1899. The Theory of the leisure class. New York: Macmillan.

④ ［美］杰·科克利著，管兵等译：《体育社会学》，清华大学出版社2003年版，第87页。

为一个移民和殖民国家，并最终通过战争获得独立，其职业体育也呈现出不同于英国的特点。

美国是一个移民国家，移民带来了各个民族独特的风俗习惯，这使美国的文化习俗形成了较高程度的平等性和包容性。1620 年，第一批英国移民到达美国后自发签署的《五月花号公约》充分体现了国家契约论的民主精神，人们在构建的一个自治架构中作为平等的人而存在，这是美国资产阶级民主制度的开端①。移民面对新的环境必须更多地相互依靠，这也使美国具有结社的文化传统，各种政治结社、商业结社以及一般结社不一而足，五花八门②。这使美国的社会组织呈现出更强的民间自主性。19 世纪是美国移民的高峰期，在 1820～1890 年间，约有 2000 万移民来到美国。欧洲的各种体育运动随着移民进入美国大陆并迅速流行开来，当时体育运动成为一种现代化的生活方式得到美国人的追捧，纽约《竖琴者周刊》的编辑在 1859 年曾热烈预言："毫无疑问在将来的 20 年，我们也会像英国人一样热衷于体育活动"（卢卡姆和史密斯，1995）。

1861 年爆发的南北战争也促进了美国体育的传播，因为战争需要受过正规训练的军官，联邦政府给全国的大学提供资助并推行了《教育法》，美国的大学获得了空前的发展。与英国一样，体育

---

① 该公约援引了古老的契约思想传统，被视为美国历史上的第一个政治契约性文件，它标志着人们对于'政府须经被统治者同意方可实行统治'这一原则的确认。详见 J·艾捷尔编，赵一凡、郭国良主译：《美国赖以立国的文本》，海南出版社 2002 年版，第 2 页。李世洞："'五月花公约'考实"，《学术界》2002 年第 11 期。

② 美国观察家托克维尔对此有深刻论述："美国人不论年龄多大，不论处于什么社会地位，不论志趣是什么，无不时时在组织结社。美国不仅有人人都可以组织的工商社团，而且还有其他成千上万的社团……只要美国的居民有人提出一个打算向世人推广的思想或意见，他就会立即去寻找同道；而一旦找到了同道，他们就要组织社团。社团成立之后，他们就不再是孤单的个人，而是一个远处的人也可以知道和行动将被人们仿效的力量。这个力量能够发表意见，人们也会倾听它的意见。"［法］托克维尔著，董果良译：《论美国的民主》，商务印书馆 2002 年版，第 639 页。

活动在大学里获得了广泛的支持。联邦政府还通过一项建立连接东、西太平洋的第一条横贯大陆的铁路的立法，1869 年，这条铁路接轨，交通的便捷意味着城市间的竞赛成为可能。同年，美国第一支职业棒球队——辛辛那提红袜队正是借助这条贯穿全国的铁路，成功地进行了从缅因州到加利弗尼亚的巡回表演赛。内战还为聚集在一起的人们提供了交流和组织体育活动的机会，战争的结束则使各种体育活动随着返回家园的老兵们而迅速流行开来。而北方资产阶级的胜利也废除了长期以来南方教会反对有组织的体育活动和消遣娱乐（包括强烈反对星期日体育活动）的规定。一些新兴宗教组织也打破传统，在他们的纲领中加入了开展体育活动的内容，如青年基督教联合会于 1869 年在纽约市建立了第一个运动馆(卢卡姆和史密斯，1995)。

与欧洲体育相比，美国体育的主要不同之处有两点，一个是对运动项目的改进。作为一个移民国家，美国人很少有封建宗法思想，更容易接受民主、自由的新思想。同时，由于美国独立战争的胜利，美国对原宗主国——英国带有一种蔑视和亲和的矛盾心理。美国对英国的生活很羡慕，但又不愿全盘接受。这种心理反映在对英国运动项目的改进上①。最初，美国人从事的每项体育活动都是从英国传入的，包括台球、足球、曲棍球、乒乓球和田径运动等。但后来在美国流行的运动项目与英国的有很大不同，英国的板球转变为棒球，英式橄榄球和足球变为美式橄榄球②，篮球和冰球则完全是美国的创新。把这种变化放到当时特定的时代背景中考虑可以发现这种创新有其历史和社会渊源，美国的资产阶级通过对英国运

① ［美］安德雷·马科维茨、史蒂文·海勒曼著，赵梅译："足球在美国：一个边缘化的故事"，《美国研究》2001 年第 1 期，第 101 ~ 124 页。

② 这些运动的一个简单区别是：美国的 Football 指美式足球，类似于一种可以向前抛接的橄榄球，但允许更多的冲撞，需要护具，欧洲的橄榄球没有护具，只能平行或向后传球；而欧洲只用脚踢的英式足球更精确的提法是 Soccer。

动项目的改造成功地抵制了他们的亲英情结，新的运动项目更精确地反映了美洲大陆的新生活。以棒球为例，棒球来自于英国的板球，与板球相比，棒球在比赛中并不需要特定设备或身体禀赋来参与或取胜，具有美国文化民主、平等和竞争的内涵①。总之，美国的资产阶级成功地建立了自己的国家运动项目——棒球，而排斥了与那个旧国家及其贵族伦理紧密相联的运动——板球②。

美国体育的另一个不同之处是体育更加商业化。美国是一个重商的国家，“还没有见过哪一个国家的人比美国人更爱钱如命……他们既是清教徒，又是商业民族”③。对商业的重视使美国体育和商业的结合显得理所当然，“美国整个社会开始发展时，就没有形成那种对商业的动机进行质疑的传统观念。商业一直都被看作是一种很好的行业，因此，当体育运动与它发生联系时，人们也不认为那是什么坏事”④。工商企业逐渐认识到体育的市场价值，1895 年，图兰大学体育协会想在著名的圣查理大街附近修建一个足球场，一家铁路公司认为这可以为其增加乘客量，于是便为这家大学投资修建了一个能容纳 2000 名观众的体育场。

2. 比赛规则的产生及其对体育组织的影响。就体育产品（比赛）而言，比赛规则类似于产品的标准，没有产品标准意味着该产品难以计量，其市场价值也无从评估。与一般产品不同，适当的规则（如公平、高效和易于辨别）使比赛更加激烈，观赏性更强，在很大程度上提升了产品的质量。随着运动项目的流行，对比赛价值的准确评估变得重要起来，俱乐部之间的比赛必须在统一的比赛

① George. B. Kirsch, The Creation of American Team Sports: Baseball and Cricket, 1838 - 1872 (Chicago 1989); Adelman, A Sporting Time, Section II.

② [美] 安德雷·马科维茨，[美] 史蒂文·海勒曼著，赵梅译：“足球在美国：一个边缘化的故事”，《美国研究》2001 年第 1 期，第 109 页。

③ [法] 托克维尔著，董果良译：《论美国的民主》，商务印书馆 2002 年版，第 57 页。

④ [英] 克雷格·麦盖尔：《足球潜规则》，哈尔滨出版社 2004 年版。

规则下进行。为提高比赛的观赏性，比赛规则还必须不断调整，规则的变化甚至左右了体育项目的发展，具有一种路径依赖的特点。规则的制订和修正也直接导致了裁判组织的出现，而裁判又影响了比赛规则的变迁。

（1）职业体育俱乐部产生的制度诱因——比赛规则的建立。职业体育俱乐部的出现被视为职业体育产生的重要标志之一，而职业体育俱乐部的出现正是规则建立的结果。从表4－1可以发现，各个体育项目规则确立的时间比职业俱乐部更早。业余比赛更多地涉及友谊或地区或集体的荣誉，因此比赛规则只要参赛双方同意即可。但职业体育以公平竞争来娱乐观众，需要统一的比赛规则来比较球队之间的胜负。只有统一而规范的比赛规则才使俱乐部之间的比赛具有可比性，因此比赛规则的建立为业余体育向职业体育的转变提供了制度保障。

表4－1　英美运动项目规则的建立和俱乐部的成立时间①

项目	规则建立时间（年）	俱乐部建立时间（年）
英式足球	1848	1855
美式足球（橄榄球）	1877	20世纪初
棒球	1845	1869
篮球	1891	1898
冰球	1860	1880

最初的比赛规则很不完善，俱乐部的出现使其逐步完善，表4－2显示了20世纪前足球规则的一些重大变化，可以发现比赛规则的逐步完善使比赛更富有观赏性。

① 此处的俱乐部指的是职业化的俱乐部而不是业余俱乐部。

表 4－2　　20 世纪前足球规则主要变化

时间	比赛规则变化
1863 年	英格兰足球协会制定第一部正规的足球规则。废止了绊人、推搡和抱球跑等行为。
1871 年	首次规定守门员在球门区内可以用手接球。
1874 年	首次规定了越位规则。
1875 年	球门高度固定为 2.44 米；裁判员开始由场外走向场内执法，并开始使用哨子。
1878 年	英国谢菲尔德城举行了世界上第一场灯光足球赛。
1890 年	正式规定了球门的尺寸，开始使用球门网。

同时，最初的足球比赛规则受到当时社会大环境的影响，也带有资产阶级大生产及追求民主、公平的烙印，如上下半场要换边攻防以示公平；比赛时间的规定（上、下半场各 45 分钟，中间休息 15 分钟），使得参赛者要掌握时间感、节奏与效率，类似于工厂的劳动过程。

（2）体育项目的兴替——比赛规则的路径依赖。比赛规则属于一种组织内部制度。在美国对英国体育项目的改进过程中，比赛规则的建立和实施具有一种路径依赖的特点，一些新的体育项目取代了原有的项目得到发展。美式橄榄球的产生和发展就是一个典型。早在 17 世纪，英式足球就在美国的大学里流行，但当时缺乏统一的规则，有的地区允许手脚并用（又被称为波士顿规则）①。1862～1865 年间，哈佛大学采用的就是波士顿规则。1869～1872 年间，普林斯顿、哥伦比亚和耶鲁等大学用英式足球的规则进行了一系列校际足球赛，但由于哈佛大学的强烈反对，这些比赛无法最

① 简单说，英式足球不能用手，而美式足球允许手脚并用。允许手脚并用的规则因最初在波士顿地区流行，被称为波士顿规则。

终固定下来。哈佛大学采用波士顿规则不断地与耶鲁大学、普林斯顿大学等名校进行比赛。哈佛大学的执着和名望最终使这些大学纷纷“屈服”。到 1877 年，在美国的著名大学中已经普遍接受了采用“波士顿规则”的美式足球，美式足球彻底占领了美国的大学，美国校际橄榄球比赛成为固定的赛事，为其 20 世纪的职业化奠定了基础[①]。

（3）比赛规则的实施——裁判的出现及其对规则的影响。比赛规则使各俱乐部可以在相同的标准下进行比赛，但还必须保证规则的恰当实施，因此，各种体育裁判也应运而生。1874 年以前没有专门的裁判，那时踢球的多为“绅士”，裁判似乎是多余的。随着比赛的专业化，需要专门的裁判对比赛的争议进行独立裁决。与运动员一样，早期的裁判也是业余的，往往是请其他俱乐部的一些著名球员或社会上的知名人士来担任。由于比赛时间不固定，赛事也不多，因此裁判都另有职业。为保证公正性，当时的裁判员由比赛双方的俱乐部共同商定，在比赛前一周公布裁判的姓名（至今巴西仍然实行这样的制度）。裁判由两队各聘请一名担任，但不同裁判之间也往往有争议。1888 年，在英国的职业足球联赛开始后，比赛胜负的经济利益越来越大，裁判的公正性变得越来越重要，英国甚至以公证员为裁判，对裁判的管理也越来越严格，最终裁判成为联盟下属的一个专门组织，每次执法比赛可以从协会领取一定的报酬，接受协会的管理。1891 年为了避免两队所聘请的裁判发生争议，职业足球出现了独立的裁判——包括 1 名主裁判和 2 名巡边员（此前有两名裁判）。

为吸引观众，比赛规则不断地被修改、完善，由于裁判往往熟知比赛规则，因此裁判组织逐渐成为制订、修改比赛规则的主要

---

① 在北美，英式足球一直被指责为缓慢、乏味，且因得分稀少而被认为缺乏刺激，此后，一般多在美国的外国人和新移民中流行。

组织。

3. 职业体育俱乐部的治理——从球员控制到股东控制。企业是不同资本所有者之间契约的联结，专用性投资更大的所有者必然要求更多的剩余控制权和索取权。由于当时社会环境对劳动者权利的普遍忽视和物质资本的相对稀缺，职业体育俱乐部由资本家所控制。

（1）业余俱乐部和业余球员。最初的俱乐部都是由业余球员自发组成的业余俱乐部。1855 年，世界上第一个现代意义的足球俱乐部——谢菲尔德足球俱乐部就是在谢菲尔德一些爱好足球的工人们的号召下成立的。球员包括铁路工人、矿工等，踢球只是其业余爱好。由于工作时间的限制（当时一周至少工作 6 天），这些球员很少能进行专门的训练，比赛时间也常常得不到保障。随着比赛商业价值的提升和比赛影响的扩大，这些业余球员的管理水平、技术水平和资金都难以应付竞争日益激烈的比赛，资本家开始成为俱乐部的主要控制者①。

（2）资本家对俱乐部的控制。资本家掌握俱乐部控制权的原因主要有以下几点：

资本家可以雇佣专职球员进行训练。比赛价值的提升产生了对专业球员的需求，但这些球员必须获得较高的收入以作为对其放弃原来工作的补偿。一些富有的资本家注意到比赛的商业价值和社会影响，开始投资到俱乐部中，并雇佣一些优秀球员进行全天训练，同时向观众收取门票作为补偿。

资本家的物质资本投资专用性更高。当时俱乐部主要收入来

---

① 如现在英超著名俱乐部阿森纳最初是由一个军工厂喜欢足球的工人成立的，当时工人们都很贫穷，球队的第一个足球是由 15 名球员“AA 制”——每人捐 6 便士买来的。

源是门票，基本达到 80% 以上①。为便于发售门票，收费观看，大多数场地必须实施封闭性管理，比赛场馆的投资成为俱乐部最大的一笔开支。而这些大型场馆的投资无法通过业余球员集资来完成。

资本家具有更高的管理水平。当时的资本家实际上类似于我们现在所说的古典企业的企业家，他们所具备的管理水平远远高于当时的那些业余球员。许多球场建设所需的大笔资金正是通过资本家的融资得以实现。如为筹集球场建设资金，许多足球俱乐部开始发行股票。Aston Villa 在 1896 年为了筹集 10000 英镑建设在 Villa 公园的体育馆，将自己改组为一个有限责任公司，将每股 5 英镑的 2000 股股票卖给了 700 个原始股东。当时英国足球俱乐部股份持有者中工人占 47.3%，工人所持有股份只占整个股份额的 24%②。但当时工人入股不是一种现代意义上的投资行为，许多工人只是为了在有比赛时能买到价格较低的优惠票。

运动员的专用性人力资本投资不足。许多运动员都是在成年后在大学里或企业中才开始接受系统的训练，总体而言水平不高，俱乐部可以比较容易地在厂矿工人中找到一些业余球员稍加训练后派上用场。同时，运动员的兼职非常普遍。许多运动员出于爱好加入俱乐部，当时运动员的工资不高，绝大多数运动员也不把踢球当作一项终身的工作。

（3）俱乐部的组织结构。这个阶段职业俱乐部的股东往往本身就是球迷，其投资足球有很大的感情因素，因此，俱乐部老板也经常直接干预球队的经营管理，许多老板的作用类似于某种程度的教练，而专职的教练尚未出现，一部分比赛和训练由球队队长或技

---

① Charles P. Korr, West Ham United football Club and the Beginning of Professional football in East London, 1895 - 1914, Journal of Contempary history, 1978, Yol. 13, 230.

② Wary Vamplew: The Economics of a sports Industry: Scottish Gate - Money Football. 1890—1914, Economic History Review, 1982, No. 4. 557.

术水平较高的球星负责。

随着职业体育市场的深化，一些退役球员以陪练的形式承担了一部分教练的职责，这些陪练因年龄或体力问题无法参加正式比赛，作为陪练至少可以部分继续其运动生涯。但俱乐部是否雇佣陪练、是否支付报酬等都不确定。而且这些陪练虽然有一定的专业技能，但被认为是一群“品性不端”的人。1882 年，美国哈佛大学甚至明令禁止聘用运动员作为教练，其理由是多数职业运动员对学生不能起到教师的指导作用①。

在俱乐部的物质资本占绝对优势的情况下，俱乐部老板全面掌握了俱乐部的控制权，球员属于从属地位，对运动员的管理非常苛刻，“俱乐部由董事会负责，董事们往往实行家长制作风，他们有权决定球员的工资，每晚 8 点钟后必须呆在俱乐部中，否则，初犯罚款，再犯则交给董事们处理，球员宿舍定时熄灯，在比赛或训练中的任何失误都不允许”②。球员的工资受到限制，与当时一般工人差不多。球员转会与否受到原有俱乐部的严格限制，球员一旦与某一俱乐部签约后，就必须履行合同，只能为该俱乐部效力，除非俱乐部同意解除合同。

4.1.2.2　职业体育联盟的产生及其治理

1. 俱乐部专用性投资的保护及其管理——联盟的产生。这个阶段各种俱乐部层出不穷，只要有一些资金和球员就可以进入职业体育市场，俱乐部之间强弱相差很大，此时的竞争类似一种无序竞争，一些业余俱乐部所向披靡，另一些则每战必败。但强弱悬殊使比赛缺少悬念，即使强队也难以依靠其自身力量提供高质量的产品（比赛）。1869 年在美国，阿伦·钱皮恩（Aaron Champion）组建

---

① 谭华：《体育史》，高等教育出版社 2005 年版，第 203 页。

② Wray Vamplew: pay up and play the game - professional sport in Britain 1875—1914. Cambridge 115 University Press. 1988, p. 241.

北美第一支职业球队——辛辛那提红袜队。俱乐部聘请了棒球球星 Harry Wright 管理球队，并从全国招募球员。当时 10 名球员的工资总额达到 9300 美元[①]。职业队的模式使运动员可以全日地进行训练，完善技术并提高水平。红袜队对其他业余队、大学队和半职业队的成绩骄人，取得了 69 场连胜。但缺乏势均力敌的对手使后来红袜队的比赛更像是一种表演，最终在 1870 年解散。

俱乐部逐渐认识到势均力敌的对手是使其生存下去保证，选择合适的比赛对手、保护对手就是保护自己，过分强大并不可取。从专用性投资的理论分析，正是由于缺乏恰当的市场保护机制，强队的专用性投资被弱队所侵蚀。

除了必须保护合适的比赛对手外，比赛时间的安排、赛制的协调等也都需要一个专门的机构进行协调和管理。在此背景下，各种职业体育联盟陆续出现。1863 年世界第一个足球协会——英格兰足球协会（Football Association）成立，协会是个非盈利的民间组织。协会制定和通过了世界第一部较为规范的足球竞赛规则，英格兰足协还组织了每年一次的足总杯比赛，只有在足协注册的球队才能参加[②]。比赛的规范管理使足球市场得到进一步发展，吸引了越来越多的观众，1875 年的足总杯决赛观众是 4900 人，1895 年高达 66800 人[③]。

美国的第一个联盟最初处于运动员的控制之下，但与资本家对俱乐部的控制一样，人力资本和物质资本的力量对比使资本家最终控制了联盟。1871 年，第一个职业棒球组织“国家职业棒球员协

---

① 而当时技术工人平均年收入为 525 ~ 700 美元。但红袜队在当时受到了广泛的批评，许多人认为这种模式完全惟利是图，运动员们只考虑他们的薪水。Guschov, S. D. （1998）. The Red Stockings of Cincinnati：Baseball's first all - professional team. Jefferson, NC：Mc Farland Press.

② 足总杯比赛延续至今，成为英格兰乃至世界上历史最悠久的足球赛事。

③ G. Green, The History of the Football Association, London, 1953, p592；Annual Reports of the Scottish Football Association.

会”（National Association of Professional Base Ball Player，简称NAPBBP）在一些著名球员的倡议下诞生并组织比赛，但资金的缺乏和管理不善使NAPBBP存在的5年间共有25个俱乐部进进出出，赌博泛滥成灾，球员经常变换球队，为了节省旅费，球队甚至经常没有在预定的比赛时间到场。5年后NAPBBP终于消亡。1889年，纽约巨人队的运动员Ward成立了以运动员为主导的棒球“运动员联盟”（Play League，PL），但PL同样经营无方，一个赛季后破产，PL不得不将球队股份出售给由俱乐部老板控制的“国家职业棒球联盟”（National League，NL）①。

虽然运动员控制的联盟陆续失败，但一些商人已经注意到职业棒球的市场价值。1876年，由俱乐部老板控制的NL成立，此后，老板取代了运动员的地位，掌握了职业联盟的主导权②。

2. 联盟的特殊制度安排——内部平衡。由资本家控制的联盟（以当时北美的NL为例）逐渐认识到联盟的生存取决于联盟全体成员而非个别球队，因此，联盟制订了许多特殊的规定以平衡各队实力。这些制度使NL在北美激烈竞争的职业体育市场中生存至今，也奠定了美国职业体育联盟的组织基础，这些制度也被以后的篮球、橄榄球、冰球等一系列职业联盟所广泛采用。

（1）对比赛对手的保护及其市场分配。当时联盟各球队在美国大陆城市里无序分布，有的城市集中了几支球队，有的城市又没有一只球队，球队之间实力相差悬殊，许多球队朝不保夕。为保护各球队的投资并占领市场，联盟决定分配给每个球队特定的市场份额，NL规定欲加入该联盟的球队，需来自人口超过75000人之城市，而每一个城市，只能有一只球队加入联盟，且必须提出财政担

---

① Lowenfish，L.（1980）. The imperfect diamond：A history of baseball's labor wars. New York：Da Capo Press.

② Harold Seymour，Baseball：The Early Years（New York：Oxford University Press，1960），p. 80.

保，缴纳一定的加盟费用及每年的年费，并规定各队不得越区发展，以保障加入的球队达到一定程度的区域独占。

（2）加强对运动员的管理。当时各俱乐部对运动员的管理松散，且标准不一。许多运动员可谓劣迹斑斑，赛场上的打架斗殴是家常便饭。为减少比赛中的粗暴行为，NL 制订了一些约束运动员场上、场外行为的规定，这些规定使 NL 的运动员逐渐获得了社会的认可。

（3）突出联盟的品牌。NL 认识到联盟作为一个集体应具有其品牌效应，在赛制的设计和管理更为严格和科学。NL 规定每年赛事为 60 场，并且禁止销售酒精饮料和赌博等，并统一了门票价格（1879 ~ 1889 年间为 50 美分）等。

（4）对球员工资的限制。比赛胜负总是由运动员的技能直接决定，各个俱乐部为了得到更好的运动员往往互挖墙脚，这也导致了职业体育俱乐部球员工资快速增长，给俱乐部的生存带来严重问题。以 NL 成立之初为例，运动员的工资超过了总成本的 2/3（新手一般 200 美元，球星达到 3000 美元），NL 先后有 29 家俱乐部进进出出，其中有 21 家倒闭。

为限制球员工资成本，欧美职业联盟都采取了限薪的措施。NL 采用了“保留条款”①，球队老板控制了球员的自由流动，俱乐部的工资成本得到了控制。1878 ~ 1880 年，球员工资下降了 20%，1885 年，俱乐部老板们合谋约定球员的最高年薪为 2000 美元。英国足协也对球员工资进行了限制，当时职业球员的收入略高于一般熟练工人，赛季期间工资一般为每周 4 ~ 4.1 英镑，其他时间约为

---

① 保留条款较为复杂，其主要含义是即使一个运动员在赛季结束时不同意续约，这个运动员也将被以原有工资保留到下一个赛季，但到了下一赛季又有另一个“下赛季”。这使球员一旦与某俱乐部签约，这支球队对其产生了独占权。该球员不能再与其他球队谈判转会事宜。这个原则使俱乐部老板掌握球员转会的主导权，球员几乎不能自由流动。但这种制度也在一定程度上保护了低水平的球员。

2.1 英镑，转会球星的工资通常为每周 10 英镑左右，与当时建筑工人相当[1]。

3. 联盟和俱乐部的关系——俱乐部控制。这个阶段虽然俱乐部组成了联盟，并制订了一些制度以约束各个俱乐部的行为，但许多俱乐部对联盟的认识并不一致，一些成绩更好的俱乐部更受观众的欢迎，这使这些强队不甘愿受到联盟的过分约束。同时，北美联盟球队相对较少而地域广阔，强队可以较为容易地自组联盟进行比赛，其对联盟的依赖程度也不高。这些都使联盟的权威受到影响。另外，当时联盟的常设管理机构比较简单，管理人员数量也有限，权力主要集中在各俱乐部（特别是强队）所派的代表手中。而各俱乐部代表人数众多，往往因赛场上的胜负在联盟事务上进行报复，这使联盟的管理效率低下。

英格兰职业足球地位的最终确立实际上是各个俱乐部反抗足协的结果。1863 年英格兰足协成立后，负责组织比赛，但足协对职业比赛并不热衷。1882 年英国足协规定："禁止从俱乐部获得工资收入的球员参加比赛，联盟赛或国际比赛，任何雇佣球员的俱乐部都将被逐出联盟"[2]。足协是由各俱乐部（其中大多数是业余俱乐部）组成的，足协的这种规定反映了当时业余俱乐部与职业俱乐部的力量对比。但随着足球俱乐部竞争的日益激烈以及胜负对观众的吸引力与日俱增，一些俱乐部为了取胜不惜暗中向社会招募运动员，并提供额外报酬。足协与赞成足球职业化的俱乐部之间的矛盾越来越大，1884 年底，英格兰 31 家俱乐部成立了一个名为"不列颠足球协会"的组织，以对抗不承认职业足球的英格兰足协。这些俱乐部都是当时比赛成绩最好的俱乐部

① Charles P. Korr, West Ham United football Club and the Beginning of Professional football in East London, 1895—1914, Journal of Contempary history, 1978, Yol. 13, 222.

② K. Radnege, The Uitimate Encyclopedia of Soccer [M]. Hodder and Sloughton Ltd, 1998. 12.

（对这些俱乐部而言，其出色的战绩也使其职业化的要求合乎其利益），为了不失去这些受到球迷欢迎的俱乐部，英格兰足协终于让步，1885 年 7 月，英格兰足协宣布承认职业球员的合法地位，英格兰境内的俱乐部纷纷由业余性质转化为职业性质。为了筹资争夺优秀运动员和建设场馆，许多俱乐部纷纷转为有限责任公司①。

足球协会的让步为职业足球的合法化扫清了道路，并重建了赛制。因为当时雇佣的运动员采用周薪制，为了让运动员可以进行更多的比赛（当时足总杯是一种单败淘汰的比赛，赛事较少），足球俱乐部开始酝酿一种终年进行的足球联赛以增加产量。1888 年，7 家俱乐部在伦敦成立了世界上第一个职业性质的“足球联盟（Football League）”，12 家俱乐部参加了 1888 ~1889 赛季的全国性足球联赛，俱乐部大多来自英格兰中部和北部的工业基地，当年吸引了 60.2 万人到场观战，平均每场有 4600 名观众。

4.1.2.3 职业体育市场辅助组织——工会的出现

职业体育使业余运动员转变为职业球员，其专用性投资也随之加大，但低廉的工资和过于严格的管理使球员们试图组织工会以维护其专用性投资，1893 年和 1898 年英格兰都成立了一个松散的球员联盟（National Union of Association Players，NUAP）②。美国最早的职业球员工会成立于 1885 年。但制度环境以及人力资本与物质资本稀缺性的对比从根本上决定了运动员工会难有作为。

当时的法律环境对运动员们很不利，1890 年，美国第一个反托拉斯法《谢尔曼反托拉斯法》正式生效。由于《谢尔曼法》

① K. Radnege, The Uitimate Encyclopedia of Soccer [M]. Hodder and Sloughton Ltd, 1998. 12.

② Quoted in M. Golesworthy (ed.) The Encyclopedia of Association Football, Newton Abbot, 1977, p. 165.

的首创性及反垄断法的不确定性，它的规定显得过于简单和模糊①。当时的主流看法是认为工会的目的在于限制劳动力供给，使雇主无法通过劳动者之间的相互竞争来控制劳动力价格。因此，工会成了反垄断法的天敌②。美国的一些法院根据《谢尔曼反托拉斯法》，声称工会属于垄断性组织③，在此背景下，球员工会很难获得社会的同情和支持。加上球员运动生涯的短暂性以及许多球员从事第二职业，许多球员对成立工会和工会工作也并不十分热衷。因此，球员工会难以发挥作用，上述这些工会很快都无疾而终。

4.1.2.4 媒体的出现

当时的主要媒体是报纸，报纸和体育在当时的合作堪称完美。报纸不但"克隆"了体育赛事，利用照相技术，它同时还延伸、放大、美化了比赛过程，体育市场的价值得到有效提升。各俱乐部开始有意识地利用新闻媒体，并为之提供方便。1894 年，凯尔特人俱乐部在赛场边建设了第一批专供新闻记者使用的记者席以便于记者对赛事的报道。报纸则通过刊登体育赛事以增加发行量。一些俱乐部还在报刊上刊登广告，以扩大知名度，例如，西汉姆联合足球俱乐部有限公司成立时就在《体育新闻报》登载广告。随着职业体育市场的扩大，开始出现一些专业体育报刊，如第一本足球年鉴出现在 1868 年，英国的《运动新闻》于 1875 年创刊，其主要内

---

① 该法规定，凡以垄断和类似形式订立契约、协议或以限制州际及对外贸易为目的的行为，对垄断或试图谋求垄断的联合组织以及与他人共谋垄断州际或对外贸易任何部分的人，都属违法行为，应处罚金或监禁。同时，它也赋予受害方提起三倍损害赔偿诉讼的权利。但在美国对于《谢尔曼法》解释存在着不同的标准，第一个是 perse 标准，实质是认为所有的垄断组织天生就是不好的，只要确认垄断力存在，该组织就应当解散；另一个标准是推定原则（Rule of Reason），即对于那些无法实施垄断权力的垄断组织，或者那些带来的收益大于其高价低产所产生的成本的垄断组织，社会将乐于忍受。

② ［美］理查德·A. 波斯纳著：《法律的经济分析》，中国大百科全书出版社 1997 年版。

③ Thomas Sullivan. Herbert Hovenkamp，Antitrust Law，Policy and Procedure：Cases，Materials，Problems，Lexisnexis Press（1999），p. 984，p. 95 – 96.

容是各种体育比赛，1883 年其发行量高达 2.5 万份，1893 年发行量增加了 10 倍。1887 年起，《运动新闻》也开始出版足球年鉴，并持续至今（戴维斯，2005 年）。总之，这个阶段俱乐部对报纸的报道持欢迎态度，而报纸也通过报道赛事扩大其销量，二者之间尚不存在收费问题，是一种单纯的合作关系。

4.1.3 小结

这个阶段是欧美各国从业余体育向职业体育转变的过程，职业体育的主要组织形式——俱乐部和职业联盟——开始出现，如图 4－4所示。其主要特点有：

1. 伴随着工业化和城市化的发展，人们的生活水平得到大幅提高，闲暇时间也随之增加，体育市场逐渐形成。观众主要的消费方式是到现场观看比赛，因此，体育场馆建设是最重要的投资。报纸通过报道比赛增加了销路并扩展了职业体育的影响。

2. 业余体育俱乐部开始转变为职业体育俱乐部，俱乐部的控制权也从最初的运动员控制转为资本家控制。俱乐部规模较小，内部组织结构比较简单，所有权和经营权不分。资本家对运动员的管理比较苛刻，运动员地位低下，工资和转会都受到严格限制。

3. 为保护各俱乐部的专用性投资，欧美职业体育的普遍采取职业联盟的形式进行自主管理。联盟建立的包括平衡各球队实力，统一规则和限制工资等一些特殊制度保证了职业俱乐部的生存和发展。这个阶段联盟的权威不高，控制权主要在俱乐部手中，联盟更类似于一个协调机构。

4. 为便于进行比赛，联盟统一了比赛规则，而比赛规则又大大促进了职业体育的发展。为了便于监督比赛规则，联盟内部又出现了裁判，这个阶段的裁判都是业余裁判，执法比赛时才从联盟领取少量报酬，联盟并制订了一些特殊制度来保证其公正性。

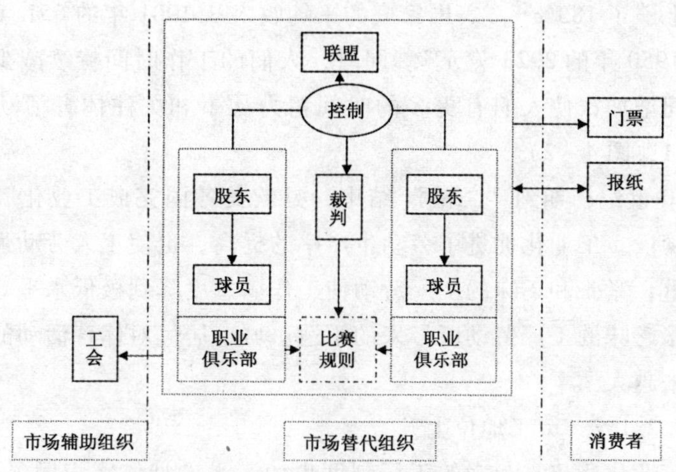

图 4-4　1860~1900 年职业体育的组织结构和制度层次

5. 俱乐部由资本家主导，运动员地位低下。为保护运动员的人力资本投资，运动员试图成立工会，但受到当时制度环境的约束和人力资本与物质资本专用性程度的对比，工会得不到社会法律的承认以及职业体育组织的认可，难以发挥应有作用。

4.2　20 世纪初期~20 世纪中期：职业体育的稳定发展

4.2.1　社会环境的变化和职业体育市场的变化

4.2.1.1　生活水平的提高和工作压力的增大

从 20 世纪初期到 20 世纪中期，除了两次世界大战外，总体而言，人们的生活水平有大幅度的提高，缝纫机、电冰箱、洗衣机、收音机和电影等纷纷出现。1900~1950 年间，英国的人均工资上涨了183%①。美国家庭的平均收入从1901年的651美元上涨到1950年的3923美元②。同时，人们的工作时间持续减少，闲暇时间增加，使人们有更多的时间精力从事和关注体育活动（见图4-1，图4-2）。

20世纪初期到“二战”结束，是欧美各国完成工业化和城市化的阶段。工业化促进了劳动生产率的提高，也使工人劳动强度明显加重，紧张和乏味的工厂劳动使工作满意度降到极低水平。为缓解紧张乏味的工厂劳动所带来的不适，城市居民对体育活动的兴趣也越来越大③。

4.2.1.2　劳工地位上升

工业化所建立起来的工厂制度也使工人的群体意识明显增强，工人们除了组建各种工会外，工人体育组织也得到产生和发展④。雇主开始关注工人身心健康和休闲娱乐，通过开展工人体育活动，希望以此分散工人的政治注意力，缓和劳资矛盾。英国著名的“西汉姆足球俱乐部”就是在一次大规模工人罢工后，由托马斯钢铁厂老板建立起来的，目的在于“促进工人和管理者之间的合作”⑤。欧美各国政府认识到，发展有组织的工人体育具有积极的社会经济效果，通过扩大体育消费可以促进经济发展。同时，发展

① ［英］B. R. 米奇尔、P. 迪恩：《英国历史统计摘要》，剑桥大学出版社1962年版，第343～345页。

② Series G 495 – 581. Consumption Expenditures, in Curren Prices, City Wage and Clerical – worker Families of 2 or More persons, by Income Class: 1874 – 75 to 1950 – Con.

③ Eugen Weber. Peasants into Frenchmen [M]. Standford, 1976. p. 446.

④ 1914～1929年，德国工人体育组织的成员从3.5万人增加到120万人。1923年，英国建立了工人体育运动联合会，其会员发展到6000人。法国工人体育组织的会员由1.7万人增加到10万人。Robert F. Wheeler. Organized Sport and Organized Labor; the Worker's Sports Movement [J]. Journal of Contemporary. P. 194 – 203.

⑤ Charles P. Korr, West Ham United football Club and the Beginning of Professional football in East London, 1895 – 1914, Journal of Contempary history, 1978, Vol. 13, p. 222 – 230.

有组织的工人体育还可以收到一定的政治效果，在法西斯时代的德国和意大利，政府将组织工人参加各种体育活动，作为实现对工人的控制，分散工人对政治和经济事务的注意力的重要手段[①]。

社会和政府对职业体育的重视使欧美各国陆续出台了一系列有利于劳工的法律。1897 年，英国出台了劳工赔偿法案（Workmen's Compensation Acts）[②]；1906 年颁布了贸易争端法案（Trade disputes Act）；1912 年出台了国家保障法（National Insurance Act）。劳资集体协议制度在各国出现，1904 年，新西兰颁布了《集体谈判法》；1919 年法国颁布了《集体劳动协议法》等[③]。20 世纪 30 年代大危机后，随着美国"罗斯福新政"的实行，大工业工会化基本实现，美国政府立法保护组织起来的工人通过集体议价进行工资谈判[④]。美国于 1935 年颁布了世界上第一部社会保障法[⑤]。1938 年，美国法院又通过了《公平劳动标准法》，规定了最低的工资标准为 25 美分/小时[⑥]。此后一系列修改法案均改善了劳工的地位，包括 1936 年的《鲁宾逊—帕特曼法》、1938 年的《惠勒—李法》、1950 年的《塞勒—凯弗维尔法》等。大量立法的出台，是工人运动和工会斗争的直接结果，它反映了劳工力量的增长和社会进步的要求。欧美各国的法定工作时间从 1900 年的周工作 60 小时逐步减少到 1945 年的 45 ~ 48 小时[⑦]。

---

① Robert F. Wheeler. Organized Sport and Organized Labor; the Worker's Sports Movement [J]. Journal of Contemporary. P. 191 – 203.

② J. B. Hobbs, The compensation of cricket from a professional's point of view, Badminton Magazine, xxxvi, 1913, p. 693.

③ 戚廷瑞："寻求发展世界工运百年回顾"，《工人日报》2001 年 1 月 1 日。

④ 王锦瑭等：《美国大企业与美国社会》，武汉大学出版社 1995 年版，第 149 页。

⑤ 段昆：《当代美国保险》，复旦大学出版社 2001 年版，第 210 页。

⑥ 王锦瑭等：《美国大企业与美国社会》，武汉大学出版社 1995 年版。

⑦ 据［德］鲁道夫·吕贝尔特著，戴鸣钟等译：《工业化史》，上海译文出版社 1983 年版，第 326 ~ 400 页；《剑桥欧洲经济史》第八卷，第 496 ~ 507 页；《剑桥欧洲经济史》第七卷（上），第 209 页，第 590 ~ 608 页等整理。

4.2.1.3 职业体育消费市场的变化

1. 观众的变化。这个阶段职业体育在欧洲各国蔓延并在全球普及，表4－3显示，大多数欧洲国家在“二战”前都已经开展了职业足球比赛。

职业体育地位的上升使体育成为拉动经济的一个新工具。20世纪至“二战”前，美国的体育以缓和阶级矛盾和减轻就业压力的身份出现。在此期间，大约有12700个游乐场，8500个体育馆，750个游泳馆，1000个室内溜冰场和64个滑雪场得到了修建和改造。体育休闲场所的兴建在一定程度上缓解了大萧条带来的失业问题①。

表4－3　部分国家足球职业化时间表　单位：年

国　家	建立国内组织	开始国内业余联赛	开始职业化
英国	1863	1888	1885
苏格兰	1873	1890	1893
丹麦	1889	1913	1978
阿根廷	1893	1967	1931
瑞士	1895	1934	1933
比利时	1895	1896	1972
智利	1895	1933	1933
意大利	1898	1930	1929
荷兰	1899	1957	1954
乌拉圭	1900	1900	1932
捷克斯洛伐克	1901	1925	1925
匈牙利	1901	1901	1926
澳大利亚	1904	1911	1924

① 李国玲：“体育休闲在近代美国的发展进程”，《成都体育学院学报》2005年第2期。

续表

国　　家	建立国内组织	开始国内业余联赛	开始职业化
巴拉圭	1906	1906	1935
西班牙	1913	1929	1929
巴西	1914	1971	1933
法国	1918	1932	1932
土耳其	1923	1959	1951

资料来源：D. Llevinson & K. Christenser，Encyclopedia of World Sport from Ancient Times to the present；ABC-CL 10，inc.，1996，P949.

这个阶段欧美的职业体育继续稳定发展，一些体育项目流传至今。如美国的体育运动已经成为美国的主要文化内容，赚钱的愿望促使观众众多的体育项目在专业水平和校际层次上改进并不断市场化。在美国流行的橄榄球、棒球和篮球等，每一项都是美国的本土运动，都是一种对强调攻击，支配和情感控制予以庆贺的形式，都可以产生利润、爱国主义和对国家的忠诚①。为鼓舞民心士气，职业棒球更成为“二战”期间美国唯一继续比赛的职业体育项目，棒球的国球地位也由此奠定。表 4－4 显示，职业棒球的观众从 1901 年的 360 万人增加到 1951 年的 1600 万人，增长了 4 倍以上。英国的职业比赛观众也屡创纪录，凯尔特人和格拉斯哥流浪者队的比赛经常吸引 9 万人到场。1901 年的足总杯决赛观众达 114815 人，1923 年足总杯决赛观众更高达 12.3 万人（戴维斯，2005）。观众数量的增加意味着俱乐部利润增加，各俱乐部进行场馆投资的积极性也越来越高。

① ［美］杰·科克利著，管兵等译：《体育社会学》，清华大学出版社 2003 年版，第 99 页。

表 4－4　美国四大职业联盟各年份观众人数及增长率　单位：千人

年代	棒球大联盟	增长率（%）	橄榄球大联盟	增长率（%）	篮球大联盟	增长率（%）	冰球大联盟	增长率（%）
1901	3603							
1911	6570	82						
1921	9606	46						
1931	8466	－12						
1941	9688	14	1108					
1951	16126	66	1913	72	1126			
1961	18894	17	3986	109	1455	29	2317	
1971	29192	55	10076	153	5730	266	7257	213
1981	36543	25	13606	35	9449	77	10726	48
1991	56813	55	13841	2	16876	79	13365	25

资料来源：J. Quirk & R. D. Fort; Pay Dirt: The Business of Professional Team Sport; Princeton University Prezz, 1992, P. 479－504.

2. 媒体的变化。

（1）报纸。报纸仍然是最主要的媒体，为吸引读者各种报纸开始进行激烈竞争，各种新形式的报纸层出不穷。如英国的《足球回音指导报》为了便于读者阅读，采用小版面纸张使读者可以随身携带。报纸也从原来只在周末（当时赛事一般在周末举办）出版发展到增加赛后即发的周六晚间版，使球迷可以在赛后回家的路上就可以阅读到各种赛事新闻。这些措施使报纸的销量进一步提高，当时最著名的《运动新闻》1919 年的销量为 17 万份（戴维斯，2005）。许多综合性报纸也依赖体育取得广告收入并扩大销量①，许多报纸都出现了体育专页，这些专页预告比赛并预测比

① Greendorfer, S. L. 1993. Sport and mass media: General overview. ARENA Review 7, 2: 1－6.

分。而体育新闻的报道一直远远高于一般新闻，这种趋势持续至今。1925 年，《芝加哥论坛》中关于体育的比例为 12%，体育与其他新闻的比率高达 2∶7（如表 4－5 所示）。

表 4－5　《芝加哥论坛》中关于体育的比例

（1900～1975 年）

年　份	体育在整个版面的比例（%）	体育和其他新闻的比率
1900	9	1∶7
1925	12	2∶7
1950	15	1∶3
1975	17	1∶2

资料来源：Lever，J.，and S. Wheeler. 1984. The Chicago Tribune sports page，1900－1975. Sociology of Sport Journal 1，4：p299－313.

报纸还额外成为职业体育比赛的监督者。由于英格兰足协限制球员的工资，一些球队为吸引球员往往在暗地里支付签字费给球员。1904 年，《足球回音指导报》将曼城俱乐部梅勒迪斯和其他几位曼城球星得到额外收入的内幕捅了出来。英足总裁定梅勒迪斯停赛 9 个月，并勒令曼城将一队球员全部出售，以示惩戒①。

（2）广播。广播技术的成熟使其成为职业体育的新市场，消费者从现场观众扩大到非现场听众。1921 年，匹兹堡第一座广播电台对外广播，1924 年，全美有 500 个电台领有执照。1927 年，

① 当时曼城（曼彻斯特城队）俱乐部是英格兰足球强队，拥有着英国足球历史上第一位真正意义的球星——威尔士人比利·梅勒迪斯（Billy Meredith）。拍卖球员使距离曼城最近的牛顿西斯联队（就是今天的曼彻斯特联队的前身）一举买走了包括梅勒迪斯在内的 6 名曼城主力。更因为梅勒迪斯在曼彻斯特极高的人气，牛顿西斯联队随后开始进军曼彻斯特，和曼城抢夺市场，曼城则一蹶不振，此后 100 年再也无法超过曼联，而曼联和曼城也成为“世敌”。这个案例使我们对英国俱乐部的竞争略窥一斑。

英国 BBC 成立，美国 CBS 成立①。越来越多的听众通过广播收听体育节目，1927 年，足球报道首次通过无线电台播放，1939 年，BBC 的调查显示，有 51% 和 50% 的听众收听拳击比赛和足球赛②。

广播扩大了职业体育的影响，也提升了体育赛事的价值，一个新的赛事转播市场就此诞生。对这一部分新增价值市场交易各方展开了激烈的争夺，许多广播公司私自转播比赛以吸引听众和广告商。20 世纪 30 年代的美国任何人只要采取所谓的合法行为（即不进入场地或不偷偷地拍摄），都能在比赛时进行转播③。1938 年，KQV 广播公司的工作人员占据了球场外的一个有利位置，将匹兹堡海盗棒球队的比赛赛况对外转播，匹兹堡运动公司（匹兹堡海盗棒球队的母公司）将其告上法庭。法院认定，匹兹堡运动公司对比赛消息具有唯一的所有权，有权对其进行控制，以此与其他公司签定合同并且获得由此产生的经济利益④。法院的判决把体育转播权明确界定给俱乐部。

这个判决使北美俱乐部老板们最终以法律手段获得了比赛的媒

① ［德］鲁道夫·吕贝尔特著，戴鸣钟等译：《工业化史》，上海译文出版社 1983 年版，第 105～107 页；水法：《第三产业实用大辞典》，中国国际广播公司出版社 1994 年版。

② Chris Gratton and Peter Taylor. Economics of Sport and Recreation ［M］. First published 2000 by Spon Press 11 New Fetter Lane, London EC4P 4EE. p. 212.

③ 俱乐部的老板们先是向联邦通讯委员会（FCC）投诉。尽管 FCC 也认为，这种未经允许的转播行为违背了公平的原则，但是 1934 年制定的“通讯法案”中并没有专门对此作出规定。FCC 难以对这些转播者进行处罚。石磊：“谁拥有体育比赛的电视转播权”，《国外体育动态》1998 年第 28 期。

④ KQV 辩称自己既不是购票入场的观众，也没有进入比赛场内，而拍摄他们认为应该拍摄的东西是其应该享有的法律权利。法院认为，匹兹堡运动公司付出了巨大的经济代价修建了体育场，支付运动员的工资，它有权获得回报。而匹兹堡运动公司“创造”了比赛，控制了比赛场地并且在比赛进行中限制比赛消息的传播。除了明确俱乐部拥有转播权外，法院还认定，KQV 干预了匹兹堡运动公司的商业业务：它错误地干预了匹兹堡运动公司与转播者和广告商的商业合同；剥夺了该公司出售其转播权应得的利润。尽管 KQV 争辩其没有从转播中获得经济利益，但是法院认定它的转播行为赢得了公众的好感，由此，KQV 间接地夺取了那些本应该属于匹兹堡运动公司的资金，并且还欺骗了公众。

体转播权，只是当时俱乐部和联盟也许都没有意识到这个转播权将在几十年后使职业体育成为全球性的大产业。

(3) 电视技术的出现。电视的发明及其在体育上的运用，使职业体育即将进入一个崭新的阶段。1938 年，BBC 录像播放了英格兰和苏格兰的一场足球赛，第一次现场转播是几星期后的足总杯决赛①。1939 年 10 月 22 日，美国广播公司（NBC）首度以电视来转播美式足球赛。但当时拥有电视机的人太少，纽约只有 500 台电视，场上打球的人，甚至大都还不知道自己上了电视。经济和技术的限制使电视转播的市场价值难以实现，随后“二战”的爆发使体育的电视化进程暂停了下来。

3. 广告赞助的出现。随着职业体育的市场影响力与日俱增，一些非体育类企业也试图通过比赛来扩大影响。一些企业通过广告和赞助的形式进入职业体育市场。当时的赛车比赛就有一些广告赞助，1894 年，从巴黎到里昂的汽车比赛就得到了巴黎一家报纸 *Le Petit Jorunal* 的赞助②。1900 年，英国的职业足球联赛都印有比赛手册，多数印有广告，因此售价低廉，只有 1 便士，此后，随着广告的增加，比赛手册也越来越厚，如 1921 年的足总杯比赛手册篇幅有 28 页（戴维斯，2005）。在意大利，茶叶公司的创始人利普顿通过赞助在都灵举办了一届利普顿世界足球赛（麦盖尔，2004）。不过，由于当时广告赞助商的规模本身就不大，而当时职业体育又具有地域化特点，广告赞助的市场规模很小。

4.2.2 俱乐部治理机制的演变

4.2.2.1 人力资本的增长及其权益的保护

---

① Chris Gratton and Peter Taylor. Economics of Sport and Recreation [M]. First published 2000 by Spon Press 11 New Fetter Lane, London EC4P 4EE. p. 213.

② 实际上职业赛车市场主要依靠广告赞助而发展起来的。[美] 拉塞尔 · 霍顿著，陈加丰等译：《成功运作 F1》，机械工业出版社 2002 年版，第 2 页。

这一阶段劳工的政治和法律地位的改善也影响到职业体育界，在工会的帮助下，运动员的个人价值被不断得到认可，球员转会金额和转会费上涨的速度都在不断加快。如表 4－6 所示，足球运动员的最高转会价格从 1905 年的 1000 英镑增长到 1952 年的 52000 英镑，增长了 52 倍。

一些球星的个人价值开始显露出来，这些球星甚至在很大程度上影响了某项体育项目的发展。1919 年，MLB 的波士顿红袜队将棒球史上最著名的天才巴比·鲁斯以 10 万美元出售给纽约扬基队，纽约扬基队此后获得巨大的成功，成为美国体育的代表，而棒球也依靠纽约这个美国最大的城市和巴比·鲁斯获得了迅速的发展①。

表 4－6 1905～2009 年世界足球运动员转会费记录变化情况

单位：英镑（m 表示百万英镑）

年 份	运动员	转会费
1905	Alf Common	1000
1929	David Jack	10890
1932	Bermabe Ferreyra	23000
1952	Hans Jeppson	52000
1954	Juan Alberto Schiaffino	72000
1957	Enrique Omar Sivori	93000

① 波士顿红袜队在 20 世纪初曾经 5 夺总冠军，但红袜队老板哈里法拉齐因排练音乐剧需要资金把天才球员巴比·鲁斯等主力悉数出售。鲁斯含恨投奔扬基，并留下“红袜永远无法得到世界冠军”的“诅咒”。鲁斯来到纽约扬基队后，当年就吸引了 120 万名观众，比上年翻一番。在成为扬基队球员和教练的 45 年比赛生涯中共夺得 20 次冠军。而此后无论红袜如何休养生息、励精图治，总是无缘冠军。20 世纪 80 年代后当年鲁斯的出售合同以 18.95 万美元拍卖（［美］麦克尔·克雷格著，海丛、丁文正译：《大手笔——美国历史上 50 起顶级并购交易》，华夏出版社 2005 年版，第 41～44 页）。直到 2004 年，红袜才在半决赛中击败扬基并最终夺得总冠军，在 7 场 4 胜制的比赛中，扬基首先连胜 3 场，但红袜不可思议地连扳 4 盘。职业体育由于充满了人们在日常生活中缺乏的背叛、仇恨、欢乐、戏剧性和激情而深受人们青睐。

续表

年　份	运动员	转会费
1961	Luis Suarez	142000
1963	Angeio Sormani	250000
1968	Pietro Anastasi	500000
1973	Johan Cruyff	922000
1975	Girseppe Savoldi	1.20m
1978	Paolo Rossi	1.75m
1982	Diego Maradona	3.00m
1984	Diego Maradona	5.00m
1987	Ruud Gullit	6.00m
1990	Roberto Baggio	8.00m
1992	Gianluigi Lentini	13.00m
1996	Alan Shearer	15.00m
1997	Ronaldo	20.00m
1999	Verli	36.00m
2000	Figo	40.00m
2001	Zidane	46.00m
2009	C. Ronaldo	80.00m

资料来源：1905～1978 年资料摘自 K. Radnedge, the Ultimate Encyclopedia of Soccer; Hodder and Sloughton Ltd., 1998, p. 193. 其余资料根据媒体报道收集整理。

但球员法律地位的提升和个人价值得以体现并未能使职业体育的人力资本和物质资本的重要性程度发生根本性变化，其主要原因有：

1. 职业体育对资金的需求超过对球员的需求。当时球队收入除了少数的广播收入和球员转会外，主要还是依靠门票。为此，俱乐部往往在场馆建设上花费更多的资金，体育场馆甚至还是 NBA 产生的重要原因。“二战”后的篮球联盟 BAA 就是由 11 家冰球馆和体育馆的老板们共同发起成立的，联盟的第一任总裁同时也就是美国冰球联盟的总裁。由于在有限的冰球赛季之外球馆一年大多数时间空闲，老板们成立 BAA 的最初目的是为了填补体育馆的空置以便更快收回投资①。

表 4－7　1887～1923 年美国棒球场建设资金及其来源

球　场	建成时间	建设成本（百万美元）	公共资金投入（百万美元）
Baker Bowl	1887	1.87	0.00
Shibe Park	1909	5.84	0.00
Forbes Field	1909	37.07	0.00
Comiskey Park Ⅰ	1910	12.53	0.00
Polo Grounds	1911	4.47	0.00
Tiger Stadium	1912	8.65	0.00
Fenway Park	1912	6.31	0.00
Crosley Field	1912	6.92	0.00
Ebbets Field	1913	12.56	0.00
Wrigley Field	1914	4.12	0.00
Yankee Stadium	1923	30.36	0.00
平均建设成本		11.88	0.00

资料来源：Raymond Keating，"Sports Pork，" Policy Analysis，No. 339，（Washington D. C.：Cato Institute，1999）. Paul Munsey and Corey Suppes，"Ballparks" at http：//www. ballparks. com.，Mark Rosentraub Major League losers（New York：Basic Books，1997）.

当时俱乐部很难获得城市财政的支持，北美几乎所有的运动场馆都是由他们自己的职业队投资建设的。只有洛杉矶体育馆

① 场馆的状况也反映了比赛状况，为节约成本，当时的篮板都直接架在打冰球时使用的冰上，地板上都是水。张子玲："NBA 的今天来之不易"，《篮球俱乐部》1999 年第 11 期，第 16～17 页。

(1923)、芝加哥战士运动场（1929）和克里夫兰市政体育场(1931）是为承办奥运会而修建的[①]。表4－7显示，这一阶段的场馆平均建设成本为1188万美元，且全部由私人资金投资，而且没有一个场馆获得冠名，球场的名字基本为当地的名人或著名景观。这也进一步说明当时俱乐部的场馆建设和维修耗资巨大。巨大的场馆投资也意味着更大的专用性投资，这使这一阶段俱乐部老板掌握俱乐部主导权成为必然。

另一方面，虽然这一阶段的职业体育获得一定的发展，但总体而言，职业体育的整体市场规模不大，不被认为是一个成熟的商业。如德国1903年的足协冠军赛票价只有1马克，英格兰1945年足球联赛门票也才0.1英镑[②]。1906～1914年，英国经营最好的凯尔特俱乐部年均获纯利润1241英镑，亏损的哈米尔顿俱乐部每年亏损也不过19英镑[③]。表4－3显示，到“二战”结束，北美除了棒球发展比较成熟外，其余的3个职业体育项目的市场非常小。从全球范围看，国际奥委会一直坚持奥运会的业余特性，不允许职业球员参加，反对体育的商业化。运动员本身并不是一个吸引人的行业，20世纪40年代，NBA球员的平均年薪只有2000美元（当时美国人均收入1000美元），绝大多数球员在赛季外还必须兼职[④]。1952年，足球球员转会价格的世界记录不过5.2万美元（见表4－6），与场馆投资相去甚远。

2. 特定法律限制了球员的价值实现。受到职业体育一些特定法律的约束，球员的地位很难彻底改变。1922年的棒球联盟反垄

---

① John L. Crompton & Dennis R. Howard. Financing Major League Facilities: Statue, Evolution and Conflicting Forces. Journal of Sport Management, 2003, 17, 156－184.

② ［德］诺贝特·魏斯：《金球》，文汇出版社2004年版，第13页。

③ Wary Vamplew, The Economics of a sports Industry: Scottish Gate－Money Footba1l, 1890－1914, Economic History Review, 1982, No.4: 553.

④ 张子玲："NBA的今天来之不易"，《篮球俱乐部》1999年第11期，第17页。

断豁免地位的获得和对保留条款的保护使职业运动员成为职业体育联盟事实上的财产，联盟有权决定运动员的分配和流动，而球员不能自己选择球队。这些法律虽然促进了整个职业体育的发展，但也在很大程度上限制了运动员通过转会实现其自身商业价值。1946年，美国18名运动员在未经联盟同意就“跳槽”到墨西哥的棒球协会打球，在他们重返美国打球时，美国棒球协会取消了他们的比赛资格。

3. 战争的影响。通过对历史的分析可以发现，这些对运动员有利的法律大多在20世纪初期和20世纪30年代得以通过，而其中间隔的正是两次世界大战。显然，这两次世界大战不但使职业体育的发展受到影响，也使运动员利用法律、工会维护其利益的行动停滞了下来。

4.2.2.2 俱乐部的经营管理

这个阶段俱乐部的最大变化是经营权和所有权的分离。随着职业体育的发展，比赛结果所涉及的经济和声誉的后果越来越大，职业体育分工程度也日渐加深。此前由俱乐部老板挑选队员，依靠队长的在赛场临机应变布置战术越来越难以取得比赛胜利，球队开始雇佣专职的教练。这些教练主要是一些退役的明星球员，但与19世纪名声狼藉的“陪练”相比，这个年代的球员素质更高，许多人本身就是大学毕业。职业联盟的管理也日渐规范，这使球员和教练的行为更加文明。对俱乐部行政事务的管理从俱乐部老板转移到教练身上。与球员相比，这些专职教练经验更加丰富，也有更多的时间和精力来安排球队的训练比赛。

专职教练带来了一系列的变化，首先是提高了俱乐部的战绩。英格兰职业足球联赛第一个被公认为专职教练的是阿森纳的查普曼，1920年，查普曼到哈德斯菲尔德俱乐部任教，1922年，该队就获得了足总杯和联赛杯冠军。1925年，查普曼到阿森纳（此时阿森纳已经成立44年，但战绩平平），此后8年率队夺得了5次冠军，从此阿森纳一直被视为英格兰的强队之一；其次，专职教练凭借其专门知识大大改进了职业体育的操作规则，如经查普曼提议阿森纳建立了俱乐部的青年队，阿森纳也成为最早在队员球衣上标注号码的俱乐部（这使观众和裁判更容易识别运动员），此后这些制度被其他俱乐部纷纷效仿（戴维斯，2005）。

4.2.3 联盟的治理

4.2.3.1 联盟外部的竞争和合作

各个职业体育市场的发展使不同层次的联盟得到发展，根据其目标市场的不同，联盟之间是一种竞争和合作关系。

1. 联盟之间的竞争。欧美职业联盟的不同赛制（见下文）使欧美的职业体育联盟呈现出不同的竞争与合作关系，欧洲不同级别的足球联赛都由一个联盟管理，不同等级联赛队伍根据成绩进行升降，因此不同等级俱乐部之间主要是一种合作关系。在北美由于市场更大，同级别和不同级别联盟都可能出现，这些同级别联盟更多的是一种竞争关系，而不同级别联盟则以合作为主。在此，我们按北美的惯例，把水平最高，以全国市场为目标的联盟成称为大联盟，而把以地区市场为目标的联盟称为小联盟。

2. 大小联盟的合作——以全美大学体育协会为例。理论上，大小联盟彼此都是竞争对手，但联盟的规模、财力大小与地域性等因素使大小联盟的市场差别很大。北美的大联盟一般指水平最高的联盟，面对全国市场，小联盟则以争取地方性市场和次级球员为目标，量入为出，也有盈利的机会。目标市场的不同使大小联盟之间更多的是一种合作关系，许多小联盟成为大联盟的球员培训基地，而大联盟也把一些无法经常参赛的年轻球员“下放”到小联盟，使其得到更多的比赛机会。

这个阶段出现的小联盟以全美大学体育协会最为著名。20世纪初，美国的大学成为北美职业联赛的球员培养基地。以橄榄球为例，橄榄球主要在高校开展，但由于缺乏一个统一的管理机构，比赛规则始终无法完全统一，这大大阻碍了橄榄球的流行，过于剧烈的比赛也导致连续不断的伤亡，1905 年，一场比赛更造成 18 名学生死亡，159 名学生受伤。在政府的干预下，60 多所大学联合成立了“美国大学校际协会”（Intercollegiate Association of the United States），在一年内统一了规则，并于 1910 年改名为“全美大学体育协会”（National Collegiate Athletic Association，NCAA）。NCAA 从此成为管理大学体育的专门机构，类似一个小联盟，毕业的学生运动员则成为职业运动的人才库。从此，美国大学生体育自成体系进行管理，成为业余学校体育的典范，并表现出很高的竞技水平。为防止学生运动员过度训练而破坏正常学习，NCAA 规定，运动员每周训练不得超过 20 小时。在 20 世纪 80 年代美国职业运动员被允许参加奥运会等世界比赛前，美国国家队一直由美国的大学生运动员组成。

3. 大联盟的竞争和合并。北美大小联盟并非固定不变的，新的联盟开始成立时往往是小联盟，但许多发展顺利的小联盟往往希望能成为全国性的大联盟，这就使其成为大联盟的竞争对手。从北美职业体育的诞生起，北美同级联盟之间的竞争就一直没有停止过。

表 4－8　20 世纪初美国主要棒球联盟及球队数

联盟存在时间	名　称	说	明
1876 ~	国家联盟(NL)	与 AL 在 1903 年合并	NL 为 National League
1900 ~	美国联盟(AL)	与 NL 在 1903 年合并	AL 为 American League
1899	西部联盟(WL)	1900 年重新组建为 AL	WL 为 Western League
1882 ~ 1891	美国协会(AA)		AA 为 American Association
1884	美国棒球联合会(UA)		Union Association
1891	美国棒球球员联盟(PL)		PL 为 Player League

资料来源：J. Quirk & R. D. Fort; Pay Dirt: The Business of professional Team Sports; Princeton University prezz, 1992, p. 303 - 307.

表4-8显示，从美国第一个联盟NL1876年成立至1903年，共有6个不同联盟出现，其中以NL和AL的实力最强。成立于1900年的AL和NL进行了激烈的“高薪挖角”和城市竞争。在历经近3年势均力敌的明争暗斗后，双方均发现无法将对方赶出市场，因此在1903年1月9日订定协议，同意彼此为独立和平等的大联盟，并成立了一个在两个联盟之上的“国家棒球委员会”(National Commission on Baseball) 来裁决两个联盟间的争议，两个联盟产生各自的冠军再进行总冠军赛，此后联盟被称为棒球大联盟(Major League Baseball，MLB)①。

NL和AL的合并使MLB成为覆盖全国的大联盟，但这使新的联盟进入市场变得更加困难，MLB也受到垄断的指责，最终MLB的垄断地位得到了法律的支持。1914年成立的联邦联盟（Federal League，FL）试图同MLB竞争。FL起诉MLB“是一个联合体、共谋集团、垄断者”，违反了《谢尔曼法》。在长达1年的诉讼后，最高法院支持了NL，认为《谢尔曼法》不适用于棒球大联盟②。美国是一个依据判例法的国家，这个判决使此后指控职业棒球的垄断越来越困难③。判决事实上使整个职业棒球获得了反垄断豁免。

---

① 以上美国职业棒球历史部分来自 Leifer, Eric M. 1995. Making the Majors. The Transformation of Team Sports in America. Cambridge Ma.: Harvard University Press. p. 88; http://www.superstadium.net; www.mlb.com;［美］伯尼·帕克豪斯著，秦椿林等译：《体育管理学》，清华大学出版社2003年版，第365页。

② 在等待法庭判决的一年时间里，MLB与除一个业主（巴尔的摩队）之外其他所有的FL业主达成了收购协议，从而使FL分崩离析。巴尔的摩队只是对MLB开出的购买价格不满而向华盛顿特区联邦地区法院提起了反垄断诉讼，他声称“大联盟通过各种方式购买联邦联盟的俱乐部，迫使俱乐部离开联盟”。法官温德尔·霍尔默斯（Wendell Holmes）最终认为棒球比赛是一种“公开展览活动，而不是商业活动……大联盟不开展跨州的商业，尽管运动员和球迷在比赛期间要做偶然的跨州旅行。”Federal Baseball Club v. National League, 259 U.S. 200 (1922).

③ Seymour. The Golden Age. (1971), pp212-213; Andrew Zimbalist. Baseball and Billions. New York: Basic books, 1992, p. 9.

反垄断豁免也使北美的职业体育获得了特殊的地位，此后再也没有出现能威胁 MLB 的职业棒球大联盟，北美的职业体育终于逐渐稳定下来。

除了职业棒球的稳定发展外，美国其他职业体育也纷纷成立了大联盟，职业橄榄球于 1920 年成立国家橄榄球大联盟（National Football League，NFL）、篮球 1898 年成立国家联盟（National Football League，NL），冰球 1917 年成立了国家冰球大联盟（National Hockey League，NHL）。这些联盟成立之初都面临着激烈的市场竞争，如 1922 年 NFL 的加盟费只有 25 美元，到 1936 年，还没有同一批球队连续两年在 NFL 中比赛过[①]。到 1949 年，共有 4 个橄榄球联盟出现过，只有 NFL 最终在竞争中生存下来。职业篮球的各竞争联盟规模小，数量多。在 1898 ~ 1936 年之间的 39 年中，共成立了 35 个职业篮球联盟，几乎平均每年就成立一个新的职业篮球联盟，平均每个联盟拥有的球队数只有 6.4 支。联盟的平均寿命只有 3 年，其中存续时间只有 1 年的就有 21 个之多。但到了“二战”结束，北美基本形成了少数几个大联盟和一些小联盟的市场格局。

4.2.3.2　联盟的内部治理

1. 欧美职业体育不同赛制的选择。联盟本身是一个类似于“大俱乐部”的组织，面临着成员的进入和退出问题，这些新成员的进出必然影响原有联盟成员的权益。为此，不同的联盟对此有不同的赛制安排，其主要原则是为了使联盟成员实力均衡，因为实力悬殊的俱乐部一起比赛不但吸引不了观众，还可能造成弱队对强队的“搭便车”行为。根据不同的市场特点，北美联赛采用“封闭式”赛制，而欧洲采用“开放式”赛制。

欧洲的足球联赛采用的是一种“开放式”进入制度，即不同

---

① Duane W. Rockerbie：the Economics of Professional Sports. Journal of Sports Economics 2005 6：p. 107 – 113.

级别球队依据成绩升降淘汰，理论上一个新球队只要成绩优秀，就可以一级一级地升到顶级联赛；而北美联盟采用的是一种“封闭式”进入制度，不存在升降级的问题，新成员的加盟要得到联盟批准，否则竞技水平再高也不能参赛。欧美的不同赛制是由于欧美不同的地理环境和市场所决定的。在20世纪初，英国的本土面积约24万平方公里，只有美国大陆的1/30，但当时英国的生活水平和城市化程度比美国更高（见图4－1、图4－2、图4－3），因此，英国足球俱乐部的密度比北美高得多，如1881年，英格兰就有128个足球组织，这意味着英国的足球俱乐部可以比较容易地覆盖整个市场，即使一两个球队的退出也没有太大影响。而把众多的俱乐部按不同的水平分级可以保证同一级别的球队实力更为平均，从而提高该级别球队的产品（比赛）质量。1920年，在英格兰甲级和乙级联赛之外又成立了丙级联赛，在甲、乙、丙级联赛之间依据比赛成绩进行升降级比赛。1958年，又增加了丁级联赛，从此，英格兰的4级联赛机制宣告完成。欧洲各国面积和英国相差不大，因此也都采用这种“开放式”的联赛制度。这种升降级的赛制随着足球在世界上的推广被大多数开展职业足球的国家采用。

而美国的国土面积要大得多，俱乐部的密度远不如英国，职业体育发展初期，俱乐部和联盟都面临着巨大的生存压力，联盟必须对新成员的资质进行评估，这种评估更多地考虑球队的财政状况和发展潜力，而不能只考虑球队的技术水平。这使北美的联盟难以采用升降级的方式。可以设想，如果在纽约的大都市球队降级对整个联盟都是一个巨大的损失。因此，北美联盟更注意整体的利益，为保证联盟成员的实力平均必然设计更多的竞争平衡制度，选择联盟成员并分配不同城市也就顺理成章了。同时为解决地域过大带来的交通问题，北美联盟又分为若干小区，地域相近的小区球队进行更多的比赛。

2. 联盟的监督管理机制的演变。20 世纪初，赌博业在许多欧美国家合法化。体育的偶然性使其成为赌博的便利工具，比赛作弊的利益随着比赛价值的增长而增加，其危害性也日益严重。为此，联赛的监督职能进一步完善。同时，联盟的权威也得以加强，联赛的主导权从俱乐部逐渐转向联盟转移。

（1）联盟总裁监督机制的建立。20 世纪初，联盟由各个俱乐部的代表控制，这些代表人数众多，且没有固定报酬，管理效率低下。当时比赛作弊的现象时有发生，但联盟对此无能为力。1919 年，MLB 冠军决赛的球员作弊事件大大损害了 MLB 的声誉，几乎使其破产。但通过这一事件也改变了美国职业体育联盟的管理体制，各联盟将原来松散的联盟管理模式转向权力集中的总裁管理模式。

1919 年，实力最强的球队芝加哥白袜队的队员收取 10000 美元的贿赂后故意输给了红人队①。美国职业棒球联盟为查明真相，雇佣前联邦法官兰迪斯担任总裁进行调查。兰迪斯在上任前要求联盟赋予其调查和处罚涉嫌舞弊的联盟内部成员的权限（包括球员、俱乐部和俱乐部老板等）②。虽然因证据不足无法启动司法程序，但握有大权的兰迪斯依然对涉案的 8 位明星球员作出了终身禁赛的处罚。此后 MLB 再也没有出现类似事件，而北美联盟雇佣强有力的总裁以监督其内部成员的制度则被广泛采用③。联盟的权威得到

① 这一事件被形象地称为“黑袜事件”。球员根据收到的赌金决定其场上的表现。最后，由于一名叫查尔斯·兰斯（Charles Lains）的赌客不满白袜队队员的表现，将其搜集的材料交给了职业联盟委员之一兰迪斯（Kenesaw Mountain Landis）并通知了记者。

② Seymour，Harold. 1971. Baseball：The Golden Age. New York：Oxford University Press. p. 322.

③ 兰迪斯直到 1944 年都一直担任棒球联盟的总裁，他被认为使俱乐部老板们前所未有地团结起来。但兰迪斯只是“一个执行者而非规则的制定者。”Leifer，Eric M. 1995. Making the Majors. The Transformation of Team Sports in America. Cambridge Ma.：Harvard University Press. p. 91.

了保证。无独有偶，这个阶段英格兰足协也通过对俱乐部违规的严厉处罚而重建了权威（见下文）。

（2）裁判制度的完善。各个联盟都认识到比赛公平对联赛的重要性，并逐步完善了裁判制度。裁判组织已经成为大多数联盟的重要组织。虽然裁判多数是兼职，但各级裁判都可以根据执法不同级别的比赛和数量领取一定的报酬。同时，裁判必须公开其财产收入。1910 年，英国就作出规定，裁判员必须在做裁判前出具有法律效益的财产证明，登记自己的财产数，每年税务和司法人员对裁判员财产的例行检查不少于两次。

3. 联盟竞争平衡机制的逐步完善。为了与同项目以及不同项目的联盟竞争市场，各联盟结合各自的特点制订了不同的规则，以平衡球队实力，并刺激竞争。一些有效的制度安排迅速在各个联盟流行。职业棒球是最早的联赛，因此也面临着市场的拓展问题。联盟认识到大城市对俱乐部的重要性，为鼓励球队占领不同的大城市，MLB 规定主客队门票分配比例为 9：1。而 NFL（1920 年成立）发展初期经营非常困难，当时其地位远远不能与棒球相比，其社会影响力甚至不如大学橄榄球，强队也经常在赛季中期因弱队破产而难以为继。为此，1936 年 NFL 率先设计出一种平衡各队实力的“选秀制度”，其原则是每年由弱队先挑选新队员。同时为了与大学橄榄球竞争，NFL 规定只有大学毕业才能进入 NFL 打球，这也使 NFL 成为优秀大学橄榄球运动员的出路，并顺理成章地得到了原来这些优秀大学生球员的球迷。当时棒球已经基本占领了美国的大城市，为了避免与棒球的直接竞争，NFL 采取优先占领次级城市的策略，为此规定主客队门票分配比例为 6：4。NFL 能在与其他 4 个橄榄球联盟的竞争中幸存下来，与这些特殊的制度安排有很大关系。

美洲篮球联盟（Basketball Association of America，BAA①）1946年建立的一系列制度为后来NBA的顺利发展奠定了基础。与当时其他篮球联盟相比，BAA有三个显著特点。第一，所有11支球队的老板都有自己的体育馆，这样球队就有了属于自己的经营领地。而当时其他的许多篮球联盟都是租赁场地，经常因租赁费问题而迁移，这对球队的经营和球迷的巩固都很不利。自有场馆也意味着更大的专用性投资，从而促使俱乐部老板必须想方设法提高经营水平；第二，当时采用主客场制度的大学篮球联赛已经非常成功，BAA的队员要求其球员必须都是大学毕业，这使BAA的球员素质相对较高，也使其与大学篮球衔接；第三，BAA把球队分成东、西部两个联盟，然后再按地理位置分成若干赛区。在常规赛季中，每个赛区内部的球队要打两个主客场，和另一赛区的球队要打一个主客场。这种做法最大程度地减轻了交通问题对球队的干扰（因为当时球队交通基本依靠铁路，过远的路程经常使球员疲惫不堪，难以保证比赛质量）。

4.2.4 职业体育辅助组织的演变

4.2.4.1 运动员工会的合法化

在运动员的抗争和社会环境的影响下，运动员工会取得了合法地位。1908年，英格兰足协终于承认了1907年重新组织的职业球员协会（Association Football Players' Union，AFPU）的合法地位。AFPU在两年之后成为"英国贸易联合总会"（General Federation of Trade Unions，GFTU，类似于我国的全国总工会）中的一员，获得了法律上的合法性，工会的成立使此后运动员的工资缓慢增长。英格兰足协20世纪初规定球员的工资上限5英镑（与当时英国所有

---

① BAA与另一个篮球联盟NBL于1949年合并成立国家篮球协会（NATIONAL BASKETBALL ASSOCIATION，NBA），并存续至今。

劳工制定的薪金上限是一致的），在 1922 年达到每周 8 英镑之后，一直到“二战”结束都没有继续上涨。职业球员对限薪的意见越来越大，为此一些大俱乐部不得不私下给一些球星现金补贴[①]。曼城俱乐部的私下补贴被报纸揭露以后，英足协对曼城的严厉处罚是当时的一个著名事件。这一事件的最大后果有两个，一是树立了足协对俱乐部的管理权威，此后很长时期内英格兰再也没有出现公然挑战足协权威，违反足协规定的行为；二是强化了工会的力量，被迫离开曼城的球星梅勒迪斯退役后成为 AFPU 的领袖，终生为职业球员争取合法权益而奔走。

在美国，棒球运动员的反抗也一直没有停止，1900 年成立了联盟保护运动员协会，1912 年，底特律老虎队罢工 1 天并成立了棒球运动员兄弟会，但这些行动由于缺乏法律的支持，并没有得到认可，也难以彻底改善运动员的状况。但法律环境的改变使运动员工会获得了合法地位。针对《谢尔曼法》的不确定性，美国 1914 年又通过了新的反垄断法《克莱顿法》（因提案人是众议员克莱顿而得名）和《联邦贸易委员会法》[②]。该法特别宣布工会不属垄断组织，禁止使用司法禁令压制罢工。颁布于 1935 年的国家劳工关系法（NLRA）被认为适用于体育组织中的工会组织。这项法律保障州与州之间各个商业产业的雇员“有权自我组织，参加或协助劳工组织通过所选代表进行集体议价，并参与商定的活动以进行集体议价或其他共同帮助或保护”，第 8 条要求双方“以真诚的态度在周薪、工作时间和其他工作状况和条件”下进行集体议价。劳

① 当时老板和主教练私下用褐色邮政信封把额外收入送给主力球员，保证他们不用为生计过于操心，保持球队竞争力。这种通过绕开薪金上限的做法，在那个时代的职业足球俱乐部中十分常见，大家心照不宣只是足协不知道而已。“褐色信封”如今泛指所有足球交易中的违法收入。

② 这两部法律进一步扩展了禁止垄断和竞争限制的范围，包括：可能导致垄断和限制竞争的价格歧视；有附加条件在内的买卖双方交易的排他协议，可能限制竞争和导致垄断取得其他公司资产的收购和兼并等。

工关系法规定了工会资格的授予以及相应的权利和限制，同时还明确美国劳工委员会为全美范围内的联邦管理机构。这些法律赋予工会集体组织和协商的权力，并要求资方“真诚地”同代表大多数员工的工会协商，而此前，运动员协会只是自发的协会，运动员不需要参加，联盟也不需要承认或处理。

虽然运动员工会取得了法律认可，但此时的法律规定尚有许多不确定因素，如要求劳资双方“真诚地”谈判，但何谓“真诚”以及如何谈判并不确定，同时许多运动员文化程度不高，对其自身合法权益认识不足，加上战争频繁，许多运动员被迫投入到战争之中，运动员工会难以通过罢工和集体谈判来维护运动员的权益。

4.2.4.2　体育经纪人的出现

如上文所述，球星和教练的作用开始被大家所认识，通过报纸和广播，这些球星和教练的声誉被进一步放大，这使其具有价值不菲的“名人效应”。这些名人的市场价值在体育经纪人的帮助下得以实现。

最早的体育经纪人是美国剧院老板查尔斯·派尔，1925 年他成为 NFL 明星后卫哈罗德·格兰其的经纪人，他与芝加哥熊队协商的收入合同规定格兰其获得熊队主场比赛门票收入的一半，而派尔得到格兰其收入的一半。派尔还组织了格兰其的形象代言协议和季后的巡回表演。体育记者克里斯蒂·瓦尔什代理了两位体育巨星——纽约扬基队的巴比·鲁斯和圣母学院的橄榄球主教练纽特·洛克尼。由于保留条款的限制，鲁斯不能与球队进行实际的工资谈判，瓦尔什为其安排了形象代言协议和季后的巡回表演，为洛克尼安排了报纸栏目代笔、球员培训等业务。在瓦尔什的帮助下，洛克尼每年的收入达到 7.5 万美元，这是其他教练在 50 年后才能达到的水平①。但由于当时球员无法自由转会，体育经纪人的作用也仅限于此，未有更大的发展。对于经纪人的管理基本与其他商业中介的管理一样，并未有特殊的法律制度。

4.2.5 小结

这一阶段是欧美职业体育逐渐获得社会认可并得到稳定发展的阶段，职业体育组织结构和制度层次见图 4－5，其主要特点有：

1. 20 世纪初期到中期，欧美各国基本完成了城市化和工业化进程，生活水平的提高和闲暇时间的增加使人们对于职业体育更加关注，到 20 世纪 50 年代时，基本形成了覆盖全国的职业体育市场。除了基本的消费者观众和报纸以外，广播和电视开始与职业体育结合在一起。通过诉讼，职业体育组织获得了比赛的转播权。

2. 联盟的治理机制日趋复杂。由于地域和市场的不同，欧洲采用的是开放式的联盟管理机制，而北美采用的是封闭式的联盟管理机制。随着比赛价值的增加和舞弊事件的出现，联盟通过设立总裁机制加强了监督职能，联盟总裁的出现也使联盟的权力从俱乐部转向联盟。不同联盟之间具有合作和竞争的关系，联盟内部各种监督、竞争和平衡机制日益完善。

3. 出于缓和劳资矛盾的考虑和对人权的重视，欧美各国出台了一系列有利于工人的法律。球员工会也得到法律承认，球员的条件有所改善。但巨额的体育场馆投资使俱乐部的经营必然更多地依靠物质资本，市场和法律环境的不健全使运动员仍处于相对弱势地位，运动员的工资和转会仍然受到较为严格的限制。

4. 职业体育俱乐部的内部管理日趋完善，俱乐部的所有权和经营权开始分离，出现了专职教练，并承担一部分管理职能。但俱

---

① Sperber, M. (1993). Shake down the thunder: The creation of Notre Dame football. New York: Henry Holt.

乐部老板对球队的干预仍非常普遍，俱乐部的总体管理水平比较低。

5. 工会的合法地位得到法律保障，但受到整体社会环境的限制和人力资本相对稀缺性的影响，工会难以完全保障运动员的权益。随着运动员和教练声誉的扩大，出现了体育经纪人以帮助其实现自身价值，但运动员的限薪和转会限制使体育经纪人的作用有限。

6. 随着职业体育影响力与日俱增，政府部门开始注意到职业体育的管理，并制定了各种法律对其进行规范，一部分是涉及所有社会成员的普通法，包括劳工权益、社会保障和集体谈判等；另一部分是专门针对职业体育的判例法，包括转播权和反垄断豁免等。

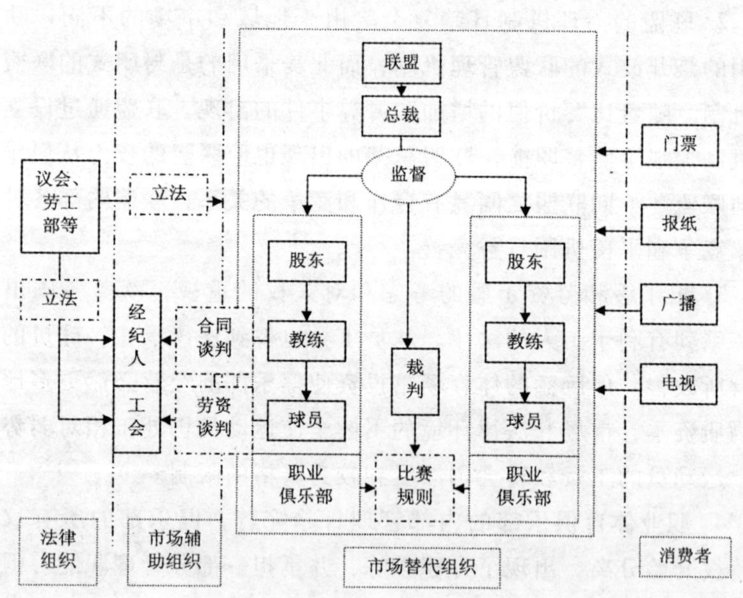

图 4－5 1900～1950 年职业体育的组织结构和制度层次

4.3 20世纪中期至今：职业体育的全球扩张

4.3.1 社会的发展和技术进步

“二战”后，世界民族解放运动风起云涌，大批殖民地、附属国获得民族独立和国家主权，并通过参加各种国际体育活动而融入世界。伴随着这个过程的是经济全球化和新一轮的技术革命①。欧美经济获得了恢复和发展，美国1950年的人均购买力比1940年高29%，1953年，99%的美国家庭有电器设备，96%的家庭有收音机，89%的家庭有冰箱，电视机虽然还是新产品，但家庭普及率迅速达到47%②。从20世纪60年代起，美国经济增长出现了一个西方经济学家所称的“黄金时代”。美国的国民生产总值从1961年的5 233亿美元上升到1971年的10 634亿美元，1971年美国拥有汽车1.11亿辆，83%的家庭至少拥有一辆汽车。欧美各国的人均收入大幅增长，英国、西欧12国和美国的人均GDP分别从1955年的7826美元、6292美元和10897美元上升到1998年的18714美元、18742美元和27331美元③。“新的大都会市区的发展，喷气式客机旅行及新建的富丽堂皇的新体育场”成为“二战”后美国社会的缩影④。

---

① ［美］理查德·W. 布利特：《20世纪史》，江苏人民出版社2001年版，第307页。

② ［美］福克纳：《美国经济史》，商务印书馆1964年版，第652页。

③ ［英］安格斯·麦迪森著，伍晓鹰等译：《世界经济千年史》，北京大学出版社2003年版，第179页。

④ D. B. 范达冷等：《美国的体育》，人民体育出版社1995年版，第216页。

技术的进步和生活节奏的加快使人们面临各种富贵病的威胁，这使人们越来越愿意在体育休闲上投资，见图4－6。而职业体育也因此获得了空前的发展，观众迅速增长（见表4－4），北美俱乐部的价值越来越高，如表4－9所示。

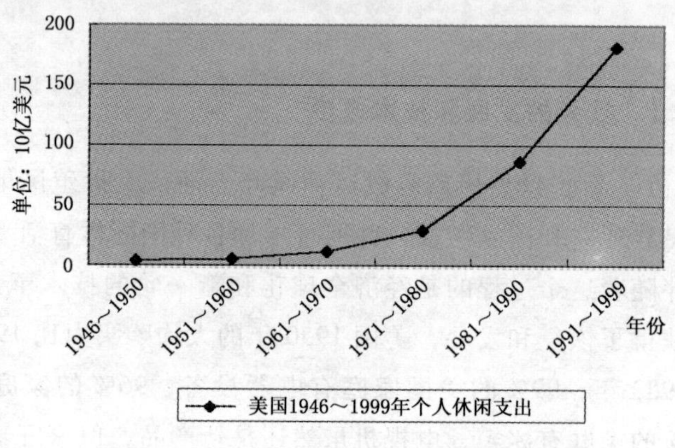

图4－6　1946～1999年美国体育休闲支出

数据来源：Series G 416 － 469. Personal Consumption Expenditures by Major Type of Product：1946 to 1999.

社会环境和劳工法律的改善为运动员地位的提升提供了法律保障。劳资关系发生了重大的转折性变化，劳资协调体制从外部的法律规范到内部的制度机制都日趋完善，争取广泛的民主参与权成为劳资关系中非常重要的内容①。各国都出台了一系列改善社会成员基本权利的法律，如美国1963年颁布的《平等报酬法》旨在禁止雇主因性别不同而对具有相同技术和职位的员工实行报酬上的区别对待。1964年颁布的《公民权益保护法》旨在维护公民多方面的基本权益，包括住房、教育、提供基本的公共设施等；1967年颁布的《反对雇用年龄歧视法》旨在禁止雇主因年龄的原因而歧视

① 杨体仁、祁光华：《劳动与人力资源管理总揽》，中国人民大学出版社1999年版。

雇员。各国的社会保障体系日益健全，职业运动员作为以体育谋生的劳动者与其他社会劳动者一样享受各种社会保障①。

体育以无可比拟的开放性获得了全球认同，而规模的持续膨胀使其必然最终寻求经济力量的支持②。职业体育成为世界性的商业行为，各种新的体育组织持续出现，各种新的制度也不断出现并日趋完善。

表 4－9　　北美职业联盟球队的价值　　单位：百万美元

年　份	MLB	NBA	NFL	NHL
1905	0.14			
1910	0.18			
1915	0.17			
1920	0.43			
1925	0.5			
1930	0.79		0.01	
1935	0.33		0.03	
1940	0.57			
1945	0.82		0.17	
1950	2.31		0.21	
1955	3.98	0.1		
1960	4.82	0.19		
1965	3.4	0.68	9.38	
1970	13.5	3.28	10.23	2
1975	12	4.7	13.03	6
1980	11.85	7.27	18.2	
1985	23.89	13.38	60	
1990	100	48.7	81.88	6
1995	124.3	125	182.6	50
2000	215	125	195	105

资料来源：Quirk and Fort（2001），Data from Associated Press.

① 段昆：《当代美国保险》，复旦大学出版社 2001 年版，第 210 页。

② 卢元镇："世纪之交体育运动发展的回顾与展望"，《体育科学》2000 年第 3 期，第 2 页。

4.3.2 职业体育消费市场的变化

4.3.2.1 观众的变化

“二战”后，随着欧美各国收入的提高和休闲时间的增加以及人们对体育休闲的重视，人们越来越愿意观看各种体育比赛。花费巨资建造的现代化体育场馆大大提高了观众观看比赛的舒适性；各种新的转播形式的出现使观众足不出户就可以即时观看比赛；在联盟和俱乐部的“包装”下，球星被视为无所不能的英雄，成为社会的偶像。所有这一切都使职业体育的社会影响越来越大，观众也越来越多，而且随着生活水平的提高，这些球迷的购买力远超“二战”以前。

伴随着20世纪80年代初奥林匹克运动会对职业球员的全面解禁，职业体育成为全球性的产业。欧美各国的职业联盟都开始不遗余力地进行对外扩张，如NBA成为国际化程度最高的职业体育联盟。NBA初创的1946~1947年赛季，只有5名国际球员。到1984~1985年赛季，也只有10人。当奥运会允许职业运动员参加后，NBA立即派乔丹等球星参加了1992年的巴塞罗那奥运会并以巨大优势夺冠。2005年已经有35个国家的81位球员在NBA打球，占20%①。NBA现在用6种语言建立其官方网站向世界推广NBA。另一些只在美国流行的项目也开始向全球推广。1991年，NFL和世界传媒巨头鲁伯特·默多克合伙组建了以欧洲为大本营的世界美式足球协会；MLB也开始在亚洲和南美洲推广。足球因为比赛规则全球统一，其对外推广更容易一些，曼联、皇马等欧洲足球强队定期于每年的夏季到亚洲巡回比赛并进行热身，一些球队还投资到其他俱乐部以扩大影响，如皇马购买了我国北京国安足球俱乐部5%的股份，英超的谢菲尔德联队则全资收购了我国的成都五牛俱

---

① 阳炎：“选秀，一场NBA招聘会”，《体坛周报》2005年6月29日。

乐部。

4.3.2.2 媒体的变化

体育媒体市场随着技术的进步而逐渐完善和发展。随着“二战”的结束，电视技术获得了迅速的发展，体育的电视化进程开始了。“二战”结束时美国只有9家电视台，电视机数量不到7000台。但到1946年，NBC和吉列公司开始第一次的体育电视转播（拳击比赛）时，有15万人在5000台电视机前观看比赛，平均每台30人[①]。电视的商业价值得到企业的重视，许多大公司开始购买电视广告时间。1949年，美国国内的电视台达到了98家。到20世纪50年代，电视台已经普遍认识到体育比赛对观众的吸引力。1958年，NFL的决赛首次进行了全国范围的电视转播。

由于电视结合了图像和声音，加上解说员现场的生动讲解，电视逐渐成为体育媒体转播的主要途径。各种新型媒体转播技术的出现也使比赛转播市场呈现一种层次态发展的趋势。如图4-7所示，媒体转播形式从20世纪50年代初的广播报纸为主到20世纪60年代无线电视的普及，再到20世纪70年代有线电视的出现，20世纪80年代则是卫星电视为主，到20世纪90年代已经在互联网上转播赛事。媒体之间的激烈竞争使各媒体都非常注意创新，各种新技术的运用也大大提高了比赛质量。如NBA在裁判的哨子上加了电子感应器，它直接和计时器无线感应，当任何一名裁判员鸣哨时，球场计时器将在哨响的同时停表，较之过去的人工操控准确得多，避免了许多争议；北美联盟在裁判员、教练员身上放置麦克风，更使观众感觉身临其境；可视图表使电视观众更好地了解运动员的历史和现状，屏幕边上的电子记分牌使观众对比分、比赛时间一目了然；冰球的时速高达60公里，为便于观众欣赏，NHL在转

① ［美］肯·卡瑟、多蒂·博·奥尔克斯著，高远洋译：《体育与娱乐营销》，电子工业出版社2002年版，第22页。

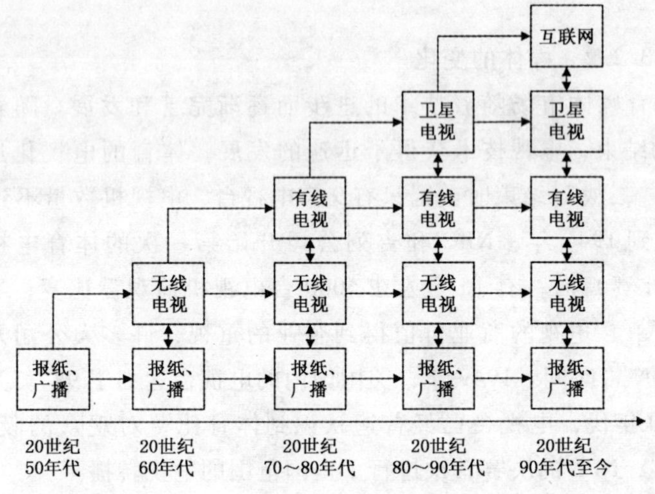

图 4－7 “二战”后职业体育主要媒体转播形式的变化

播中使用了高亮度冰球，提高了观看效果；虚拟标志使观众对比赛的进程一目了然[①]……所有这一切都使职业体育的市场价值不断提高。

技术的进步也导致各种媒体对转播权的竞争加剧。20 世纪 70 年代特别是有线电视网的产生，使得公共电视网、有线电视台和职业体育联盟之间经常因转播权而争吵，观众甚至因此看不到一些重大赛事。俱乐部、联盟、电视台和观众等多方利益博弈的结果催生了对于媒体转播的立法。1976 年，美国国会通过了“版权法”，明确了职业体育联盟的节目可以享有联邦政府的版权保护，但是为了

① 在 NFL 的转播中首次运用黄线在电视上表示位置，由于美式橄榄球由双方轮流攻守，每次对进攻的距离有要求，虚拟标志在屏幕上以一条黄线标志出下一次进攻必须到达的位置，让人对进攻的进度一目了然。这条“黄线”是一种虚拟技术，看似简单，但背后却隐含着十分复杂的视觉模拟和计算机技术，硬件系统包括四台 SGI 图形工作站和一台 PC 机，还需要四个工作人员进行必要的更新和调整。在 2000 年，这种虚拟技术获得了美国电视界的最高荣誉—艾米奖（The Emmy Award）。该技术现在广泛运用于各种体育赛事和各种新闻报道中。

保证普通观众欣赏体育比赛的权利，该项法律还规定有线电视公司可以以象征性的付费重播职业体育比赛。

巨额的媒体转播费也使媒体对职业体育的影响力日益增大，媒体开始影响体育组织、制度甚至运动员的行为。各种职业体育组织甚至为了适应电视转播的需要而更改规则（如 NBA、NFL 等都增加了暂停次数，使电视台可以插播广告）、更改赛程（赛事组织者可能为了配合广告客户的需要而调整赛期，导致在不恰当的时间比赛）。球员们为给电视观众留下更深刻的印象，甚至贻误战机。

媒体的赛事转播需要支付转播费，但 20 世纪 50～60 年代时，俱乐部和联盟担心电视转播会使现场观众减少，特别是联盟的中小俱乐部担心其比赛将受到更大冲击而反对电视转播。20 世纪 50 年代中期，当时英国独立电视台公司（ITV）为了与英国 BBC 争夺观众，在 1955 年向英格兰足总和足球联赛提出以每场比赛 1000 英镑的价格购买他们选中的比赛。当时英格兰甲级联赛一场比赛的门票收入平均不过 3000 英镑。但英格兰足协由 92 个俱乐部组成，重大事件由所有俱乐部投票决定。占多数的中小俱乐部知道 ITV 不会选中他们的比赛，电视转播的最大受益者将是那些强队，而弱队的球迷很可能减少，因此投票否决了电视转播。直到 20 世纪 60 年代电视普及后，联盟才认识到电视对扩大其市场的重要作用。1961 年，德国 ARD 电视台首创了体育新闻节目，每周播出一次。不久就被逐渐挪到黄金时段，次数也逐步增加①。1964 年，英足总同意以 5000 英镑的价格向 BBC 出售比赛集锦。现在电视台一天播出几次体育新闻已成为惯例，并出现了一些专门播放赛事的体育电视台，如 ESPN 等。到 20 世纪 70～80 年代，有线电视的出现使电视台在广告收入之外，还可以向观看比赛的观众收费，这也使联盟的转播收入得以提高。进入 20 世纪 90 年代，卫星电视和互联网技术使体

---

① ［德］诺贝特·魏斯：《金球》，文汇出版社 2004 年版，第 33 页。

育市场全球化，媒体转播收入的高涨也是顺理成章。

表 4－10 是北美职业橄榄球联盟 NFL1960～2005 年全国电视转播费用表，可以发现，转播收入一路飙升，从 1960 年的每年 30 万美元上涨到 1998 年的每年 22 亿美元，增长超过 7000 倍，参与转播的电视台也逐渐增加，从最初的一台增长到现在的 4～5 台共同付费转播。

表 4－10　　北美 NFL1960～2005 年电视转播收入　　单位：百万美元

年份	CBS	NBC	ABC	FOX	CABLE	ESPN	TBS	总值
1960～1961	0.6							0.6
1962～1963	9.3	1.23						10.53
1964～1965	32.88	0.075						32.95
1966～1969	98.45							98.45
1970～1973	87	67	34.06					188.06
1974～1977	95	72.4	50.5					217.9
1978～1981	216	192	238.8					646.8
1982～1985	480	427	458					1365
1986	罢工，数据不明							
1987～1990	500	409	430		153			1492
1990～1993	1060	752	900			445	445	3602
1994～1997		868	920	1580		524	496	4388
1998～2005	4000		4400	4400		4800		17600

资料来源：根据 www.sportsbusinessnews.com 数据整理。1986 年受到罢工影响，无法取得有效数据。NBC/CBS/ABC/FOX 为北美的四大电视网，CABLE 为有线电视台，ESPN 为体育台，TBS 为付费电视网。

在电视传媒的竞争下，报纸和广播市场逐渐萎缩。1971 年，美国 66 个城市中至少有两份日报，但到 1995 年，只有 36 个城市拥有两份以上的日报①。但报纸和广播并未彻底消失，报纸开始侧

① http://www.usembassy-china.org.cn/infousa/portraitAm/GB/ch4.htm.

重于对体育人物、事件的深度报道，以提供一些“内幕新闻”为主，这使报纸成为职业体育一种额外的监督机制，许多重大舞弊事件被报纸和广播所揭露（见表3-3）。但这也使报纸与体育组织的争议增加，经常对簿公堂。而广播则在一些无法用眼睛获取信息的场所巩固了市场，如交通工具等。而职业体育在各种新形式的媒体的参与下获得了充沛的资金，并逐渐成为全球性的大产业，比赛转播价值的增长也导致各市场主体的争夺，并深刻地影响了职业体育的组织和制度。如英超就是实力较强的俱乐部在BSB的支持下从足协中独立出现的，而BSB则通过投标长期独占英超的转播，其他无法转播英超联赛的媒体认为BSB涉嫌垄断，呼吁政府进行调查。2005年，欧盟要求英超将所有赛事分拆直播，一家电视台不能拥有50%以上直播权。欧盟、英超和BSB正对此进行协商。

4.3.2.3 广告赞助的兴起

职业体育借助各种形式的媒体迅速成为世界性的商业，其广告效应也被各种企业挖掘并得到最大程度的放大。体育赞助和广告开始成为职业体育的新市场。

本文所讨论的集体项目的职业体育（如职业足球和职业篮球等）在“二战”前很少获得广告赞助，广告赞助在赛车等领域比较普遍。其原因有两点：一是球迷的收入偏低。体育广告赞助商希望向特定的潜在客户传递信息，但“二战”前这些集体项目的职业体育更多地被视为“工人阶级”的游戏，观众的收入不高（这点从英格兰的门票价格就可以看出来，见表4-15），球迷的商业价值自然也不被重视；二是球赛的影响力有限。“二战”前比赛主要吸引球迷到场观看以获得门票收入，但受到媒体技术的限制，比赛的影响主要是地区性的，球迷也大多具有地域性特点。与集体项目的职业比赛相比，赛车一般是从一个城市到另一个城市，距离更长，同时其观众大多是一些可以买得起汽车的“中产阶级”，因此赛车更受大企业青睐。

但20世纪50年代后，媒体技术的进步使集体项目职业体育市场大大扩大了，更加富裕的球迷也受到了广告赞助商的重视，职业体育的广告赞助越来越普遍。大规模的体育赞助始于20世纪60年代[①]。1970年，墨西哥世界杯赞助收入150万美元。进入20世纪80年代，可口可乐、耐克、吉列、佳能和富士等大公司已经成为体育赞助的常客。1975年，英格兰的科特林俱乐部成为第一个穿着赞助人名字球衣进行比赛的球队，虽然当时受到足协的制止，但其他俱乐部很快认识到广告赞助市场的巨大潜力并纷纷效仿。1979年，英格兰著名的利物浦俱乐部也签下一笔球衣赞助合同，不久，几乎所有的俱乐部都接受了赞助。这引起了电视台的不满，因为电视台认为赞助商应该支付一笔广告费。但在俱乐部的坚持下，电视台也只好让步。1982年，英格兰联赛也获得了冠名——此后3年联赛被称为“佳能足球联赛”，从此以后，联赛一直被冠以各种名称。《今日美国》杂志统计，1998年，北美企业花费的赞助费用达68亿美元，其中体育赞助就占46亿美元。2002年，欧洲单单足球赞助市场价值就达到3亿欧元[②]。沃达丰（Vodafone）是全球规模最大的移动通信企业，与曼联签订了为期4年，金额为3600万英镑的赞助合同[③]。耐克公司以4亿美元与世界冠军巴西队签订了10年的赞助合同。大企业对职业体育的巨额资金投入也使广告商要求更大的发言权，以保障其权利，但这也给职业体育带来了新的问题。1996年，美国亚特兰大奥运会就被一些人批评为不是体育盛会而更像是企业聚会。

4.3.2.4　城市和职业体育

职业体育借助媒体而影响力日增，吸引了各种跨国公司进入职

---

① 壳牌、埃索和BP等三家跨国石油公司于1965年共投资1000万前西德马克赞助汽车大赛，开创了企业大规模赞助与自身产品有直接关系的运动项目的先例。

② 英国《足球产业》，2001年第12期，中国体育资讯网。

③ 《新民晚报》2005年3月8日。

业体育市场，大型媒体和跨国大公司的到来意味着巨大的商业机会和更高的知名度，几乎所有大城市都希望拥有顶级体育俱乐部，美国前十大城市就拥有 38 支职业大联盟球队，占全部大联盟的 31%。最大的两个城市纽约和洛杉矶分别拥有 8 支和 5 支球队。

1. 新兴城市和职业体育的相互影响。“二战”前在北美，受到交通等各种条件的约束，职业联盟并不是覆盖全国的大联盟，城市一般也不给球队特殊的优惠待遇，这点从场馆资金上就可以看出来。战后喷气飞机的出现和旅游时代的来临使职业体育市场扩大到全国。美国西部和南部地区的迅速发展使城市数量越来越多，规模也越来越大，城市之间的竞争使球队和城市的地位发生了变化，竞争从最初的联盟对大城市的争夺变为城市对联盟球队的争夺，特别是那些发展很快的新兴城市对职业俱乐部的需求尤其迫切。表 4－11显示，“二战”后，NBA 的扩展与美国南方和西方城市的迅速发展时期非常吻合。

表 4－11　美国部分前 25 各大城市 20 世纪 70～80 年代平均增长率和 NBA 球队的迁入时间

大城市地区	20 世纪 70 年代城市增长率	20 世纪 80 年代城市增长率	球队	迁入时间
菲尼克斯	4.51	3.47	菲尼克斯太阳队	1968 年
休斯顿	3.64	1.82	休斯顿火箭队	1967 年
迈阿密	3.43	1.9	迈阿密热队	1988 年
达拉斯	2.23	2.86	达拉斯小牛队	1980 年
丹佛	2.71	1.34	丹佛金块	1976 年
亚特兰大	2.42	2.86	亚特兰大鹰队	1968 年
洛杉矶	1.42	2.37	洛杉矶湖人队	1960 年
			洛杉矶快船队	1970 年

这些城市的增长率处于当时前 25 大城市的前十名。

资料来源：U. S. Bureau of the Census, Statistical Abstract of the US：1991, Washington, D. C., 1991.

2. 城市对运动场馆的投资。各个城市为了吸引球队，开始竞相向职业队提供补贴，城市公共资金成为场馆建设的主要来源。从1970年到20世纪80年代中期，美国及加拿大的地方政府拿出了发展成本的93%来建立职业体育设施。在建成的22个运动场馆中，建筑成本总额达到13.389亿美元，其中，体育场公共投资比例为89%，私人投资比例11%，而体育馆全部为公共资金①。到20世纪90年代，对职业体育场馆建设的投资方兴未艾，至2003年，四大职业联盟运动场馆的总投资额达到240亿美元。其中，运动场的投资额为147.4亿美元，体育馆的投资额为90.6亿美元，在总的投资额中，有131.4亿美元（55%）是在1995~2003年间投资的②。

4.3.3 职业体育俱乐部治理机制的日益复杂

4.3.3.1 球员和俱乐部地位的变化

1. 俱乐部物质资本地位的下降。虽然职业体育越来越成为一个高投入的行业，但职业体育的资金却获得了保证，职业体育的物质资本不再像以往那么稀缺了。

（1）俱乐部的上市。1896年，英格兰足协曾经规定俱乐部最高红利不超过5%，这个比例在1983年为15%，这条规定实际上也限制了俱乐部成为上市公司。当时多数俱乐部对此并无异议，因为直至20世纪90年代媒体转播权大幅上涨以前，英格兰足球俱乐部的经营很困难，在1991年之前，英格兰俱乐部5年中就会有4年遭遇税前亏损，同时，在1974~1990年的17年间，俱乐部每年

---

① 唐小英："北美职业体育设施投资进程与发展"，《体育文化导刊》2004年第11期，第62页。

② Brown, D. L. & Paul, D. M. (1999). Local organized inter - eats and the 1996 Cincinnati Sports Stadia tax referendum: Journal of Sport and social Issues, 23 (2), 218 - 237.

的损失为 13 万英镑①。

但职业足球市场的竞争终于使足球俱乐部通过制度创新来获得更多的资金来源。1982 年，房地产商人斯科勒私下收购托特纳姆队的股份成为俱乐部主席，但他发现他的前任留给他的债务高达 100 多万英镑。为偿还债务，斯科勒成立了不受足协约束的托特纳姆热刺公共有限责任公司，并把热刺足球俱乐部变为公司下属的一个分支，这样事实上绕开了足总的规定。托特纳姆热刺公共有限责任公司于 1983 年上市，以每股 1 英镑的价格发行 380 万张股票，这在当时是一笔巨资，托特纳姆热刺也很快成为当时的强队。其他俱乐部也群起效仿，越来越多的俱乐部通过上市获得了大额的资金，当然俱乐部股东更是有利可图。纽卡斯尔、阿斯顿维拉和曼联通过上市，其投资分别从 300 万英镑、50 万英镑和 60 万英镑变成 1.03 亿英镑、3700 万英镑和 6400 万英镑。20 世纪 90 年代英国的 92 家俱乐部最多时有 25 家成为上市公司（麦盖尔，2004；颜强，2004）。

职业体育俱乐部的上市的同时也使股东的投资虚拟化，股东可以很容易地转让股份套取现金，这也使物质资本的专用性有所下降。

（2）媒体转播的收入为其提供充沛资金。媒体转播收入的大幅上涨使俱乐部得到了充沛的资金支持，如英超 2004 年每年的转播收入超过 6700 万英镑，而 1983 年时每年不过 260 万英镑，相差 25 倍，一些强队则通过投资电视台获得更多的转播收入。

（3）俱乐部股东越来越富有。“二战”后职业体育不但变得有利可图，其社会影响力也日益增长，远远超过一般的商业，成为一个名利双收的行业。一些富翁也乐意进入职业体育，一方面可以得到利润回报；另一方面可以满足其成为社会公众人物的需求。北美

① 付敬：“足球产业：利润和成绩”，《国外体育动态》2001 年第 6 期。

的职业俱乐部大都被一些富有的老板或媒体控股，这也使俱乐部对资金的需求得到满足①。

（4）体育场馆建设的变化。体育场馆建设仍然是俱乐部的主要投资，由于设施完备的体育场馆可以获得更多的门票收入、更多的广告赞助和媒体关注，各个俱乐部都加大了对其投资。

表 4－12　美国职业体育联盟使用公共场馆的百分比变化（1950～1991）　单位：%

联盟名称	1950	1960	1970	1980	1991
美国棒球（AL）	12	37	75	86	86
全美棒球（NL）	0	50	67	83	755
全美篮球（NBA）	46	62	71	76	65
全美冰球（NHL）	0	0	42	52	65
全美橄榄球（NFL）	36	60	81	96	93
平均	18.8	41.8	67.2	78.6	76.8

资料来源：J. Quirk & R. D. Fort; Pay Dirt: The Business of Professional Team Sports, Princeton University Prezz, 1992, p. 133.

"二战"后体育场馆的建设成本越来越高，20 世纪 50～60 年代、20 世纪 70～80 年代和 20 世纪 90 年代，北美大联盟体育场馆的平均建设资金分别达到 1.13 亿美元、2.54 亿美元和 2.80 亿美元②。场馆投资的增加和城市对职业球队的竞争使体育场馆的投资逐渐由私人资本转为公共资本（见表 4－12），这使俱乐部的资金压力得以大大缓解。

---

① 一些媒体为获得转播收益成为俱乐部的股东，这些媒体本身就是大公司，俱乐部也因此获得了资金保障。

② 美元采用 1999 年美元的不变价格计算，不包括为吸引那些为吸收球队于事前和事后的设施。Raymond Keating, "Sports Pork", Policy Analysis, No. 339（Washington D. C.: Cato Institute, 1999）. Paul Munsey and Corey Suppes, " Ballparks " at http: //www.ballparks.com., Mark Rosentraub Major League losers（New York: Basic Books, 1997）.

2. 球员人力资本专用性的提高。在"二战"前运动员工会得到法律承认，但其作用并不显著。究其原因，主要是因为"二战"前受到生活水平和技术条件的限制，职业体育并不是一个很大的产业，球员们往往另有职业，如1954年德国的世界冠军成员踢球正式收入为月薪400马克。这些球员同时还都有一份正常的职业，包括炼钢工人、储蓄员、投递员等①。这使运动员对其专用性人力资本投资的保护不迫切，保护球员权益的相关法律可操作性也不强。这一切在"二战"后得到了很大的改变，运动员自身价值得以不断被认识。与物质资本相比，人力资本专用性程度大大提高了。相比而言，欧洲运动员状况的改变更多地得到法律的支持，而北美球员更多地依靠劳资谈判。

(1) 欧洲——政治和法律的影响。"二战"后，欧洲球员的地位获得了缓慢的改善。"二战"后英国职业球员的最高工资仍延续着1922年以来每周8英镑的水平②。战后职业球员协会主席吉米·希尔领导球员进行了长期斗争。1951年，最高工资上调到每周14英镑，7年后涨到每周20英镑。在工会罢工的威胁下，1961年，英国球员的最高工资限额被取消。此后，欧洲足球运动员的工资持续缓慢增长。在20世纪60年代中期，英格兰甲级联赛球员年薪在3500~5000英镑，1985年平均年薪为2万英镑，比1961年增加了25倍③。但在球员工资缓慢上涨的同时，球员的转会自由仍非常有限——如果球员所属俱乐部能提供与买方相等的待遇，卖方仍有权索取转会费，如无法达成协议，将由仲裁委员会决定转会费金额。球员及其经纪人不得主动提出转会，必须由买方通过官方渠

① [德] 诺贝特·魏斯:《金球》，文汇出版社2004年版，第22页。

② [英] 亨特·戴维斯:《足球史》，希望出版社、东方出版中心2005年版。

③ 但这一期间英国物价和国民平均收入增加了6~7倍，这在很大程度上抵消了球员工资上涨的幅度。托尼·梅森:"英国职业足球运动员收入状况的历史变迁"，《体育文史》1999年第3期，第56-57页。

道进行。许多国家对外籍球员有配额限制，一般规定每支球队最多只能有3名外籍球员。直至20世纪90年代，欧洲各国球员只有在买卖两家俱乐部都认可的情况下才能实现转会①。

欧洲球员的转会制度的变化与欧洲政治环境的变化有很大关系。战争使欧洲各国认识到有必要组成统一的盟国。为此，欧洲一直试图成为一个政治和经济的共同体，欧洲《罗马条约》、《独立欧洲法案》和《马斯特里赫特条约》等一系列法案的出台都是为成立一个统一的欧盟所做的努力。体育也成为欧盟施加影响，树立自身形象的有力工具。欧盟开始有意识地对各国运动员灌输其欧盟身份，欧盟赞助的各种体育比赛也开始出现②。

球员转会制度最终在法律和球员的努力下发生了根本性的变化，其导火索则是一名不知名球员的转会事件。让·马克·博斯曼是比利时列日足球队的队员，在1990年合同到期时，他打算转会到法国的敦刻尔克队踢球，然而敦刻尔克队不愿支付列日队开出的转会费。博斯曼不得不到比利时的一支丁级俱乐部踢球，收入和名气大为降低。同年，博斯曼根据欧盟《罗马条约》第48条，以他享有在欧盟成员国内迁徙自由为由将列日俱乐部、比利时足协和欧洲足联告上欧洲法院。1995年，欧洲法院作出了终审裁决：裁定现行的转会费制度与外援上场名额限制是非法的，博斯曼以及欧盟的所有球员在合约期满之后，可在欧盟成员国内自由转会，并责令欧足联赔偿博斯曼本人100万美元，这一判决被称为“博斯曼法案”。法案要求在体育领域的任何管理规范和制度，在内容上必须体现其对人权的尊重和保护、对公平和公正目标的追求；同时，在

---

① 当时欧洲转会制度非常复杂，简言之，其主要内容是转会要在买家向卖家支付转会费后才能完成。该惯例无视球员与上家俱乐部的合同到期与否，所以，即便一名球员与上家的合同已经履行完，只要下家还没支付转会费，他就不能到下家工作，除非上家同意豁免转会费。

② 谭华：《体育史》，高等教育出版社2005年版，第359页。

形式上也必须符合现行法律法规的规定。

博斯曼法案是对球员基本权利的保障，它的实施使欧洲足球制度发生了根本性的变化：第一，球员的国际化趋势日益明显，1999年英超的曼联获得欧洲冠军时，出场的13名球员（其中2名替补）只有5人本土球员。近年一些强队的主力队员几乎全都是外援，球员的国际化也使职业体育日益全球化；第二，小俱乐部经营更加困难。俱乐部为了防止转会费的流失，开始与球员签署长期的劳动合同，无力承担长期合同（特别是与年轻球员的长期合同）的小球队处境艰难，10年来，在欧洲足球比赛的收益上升10倍的同时，德国丙级以下的俱乐部消失了50%（原先一些小俱乐部可以采用培养年轻球员再转卖的经营策略）[①]；第三，球员地位上升，工资暴涨。转会的实质由从前的双方俱乐部谈判为主变为球员与新东家之间的谈判，球员成为最大的受益者，俱乐部为了留住大牌球星纷纷开出天价工资，英超球员工资占总收入的比例从1994年的46%上升到1999年的58%[②]；经纪人也因此受益。2005年，英国和意大利足球运动员的平均年收入分别为40万英镑和80万美元[③]。欧洲球员工资的暴涨甚至威胁到许多富有俱乐部的生存，以至于欧洲最富有的18个足球俱乐部2005年在布鲁塞尔开会试图对俱乐部球员工资加以限制，目标是球员工资的总额不得超过俱乐部营业额的70%[④]。

（2）北美——劳资谈判的结果。与其欧洲同行相比，“二战”后，北美的球员更多地依靠球员工会和经纪人的力量获得了与联盟

---

① 《足球·劲体育》2005年12月16日。

② Deloitte and Touche（1999，2000）.

③ 刘建刚、连桂红：“中国职业足球运动员高收入的现状及限薪利弊的经济学分析”，《中国体育科技》2005年第1期。

④ 刘塞军：《欧洲足球俱乐部工资2005年起将受限制》，新华社消息，2004年11月6日，转摘自东方网。

平等谈判的地位，他们的境况也比欧洲球员更早获得改善。以棒球为例，在保留条款的约束下，运动员的工资一度不升反降，运动员工资在 1946 年占联盟收入的 25%，但 1956 年甚至下降到 13%。运动员们随后成立了棒球大联盟运动员协会（MLBPA），试图扭转颓势，NBA、NHL 和 NFL 的运动员协会分别成立于 1954 年、1957 年和 1956 年[①]。

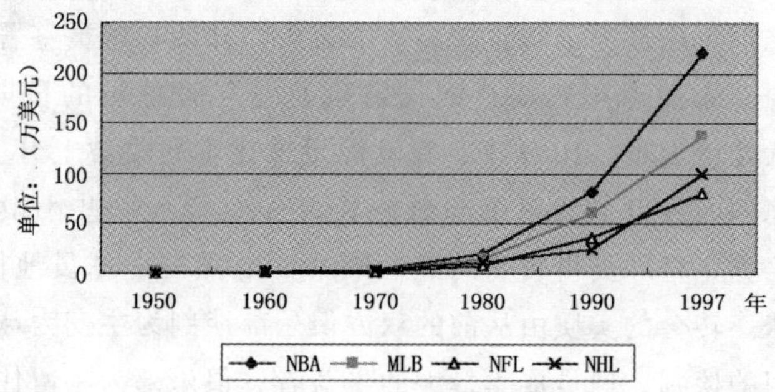

图 4 - 8　1950 ~ 1997 年北美四大联盟运动员工资变化趋势

资料来源：［美］杰·科克利著，管兵等译：《体育社会学》，清华大学出版社 2003 年版，第 448 页。

在 MLBPA 领导人米勒的率领下，MLBPA 于 1972 年为退休金罢工 13 天，迫使俱乐部老板们同意采用仲裁的形式解决与 MLBPA 的争端。而此前类似的争端要么提交法院，要么由联盟内部解决，都对运动员很不利。1975 年，正是通过仲裁使 MLB 的球员获得了有限的自由转会[②]。此后其他 3 个职业联盟的球员也纷纷获得了类

① 虽然当时工会受到法律保护，但工会的成立仍非易事，都不同程度地受到俱乐部老板的反对。晓寒："一山难容二虎"，《篮球》2000 年第 8 期，第 10 页。

② 1974 年，著名球星 Andy Messersmith 与洛杉矶道奇队未签协议而参加了 1 年比赛，仲裁人 Peter Seitz 判定 Andy Messersmith 可以由洛杉矶道奇队自动续约 1 年，但由于他们当年未签约，意味着 1 年的续约已过期，Andy Messersmith 不再受保留条款约束。现在球员在参加联盟 3 年后可以进行工资仲裁，6 年后可以自由转会就是由当时工会和球队老板协商达成的。Helyar，J. （1994）. Lords of the realm：The real history of baseball. New York：Ballantine.

似的自由。自由转会使球员工资迅速上涨，见图4－8。在20世纪70年代、80年代和90年代，北美球员的平均工资分别达到2.9万美元、13万美元和50万美元，1997年更是达到134万美元，是美国人均收入的60倍[①]。

（3）球员商业价值的变化。球员地位的提高与其自身商业价值的增长也有很大关系。球员价值的提高表现在两个方面：一是比赛胜负的经济价值提高。由于职业体育市场的扩大，比赛胜负导致的经济利益越来越大，而体育比赛的胜利最终要依靠运动员来完成，2002年，世界杯欧洲预选赛英格兰球星贝克汉姆在比赛最后1分钟通过任意球击败希腊，帮助英格兰进军韩日世界杯决赛，英国经济学专家估算，贝克汉姆这一脚球至少为英格兰带来10亿英镑的收益[②]；二是运动员自身商业价值的提高。在媒体的帮助下，一些球星可以为俱乐部带来各种额外的收入，包括球衣、球迷、广告赞助和转播收入。英超一般球衣售价29英镑，但印上特定球员的号码就另加15英镑[③]；1986年，阿根廷球星马拉多纳从西班牙转会到意大利那不勒斯，那不勒斯俱乐部的平均观众从2万人上升到7万人[④]；2002年，乔丹第二次复出，加入华盛顿奇才队，华盛顿奇才的比赛门票立刻销售一空，当年NBC在黄金时间转播华盛顿奇才队11场比赛，而在此之前，NBC从来没有将奇才队的比赛列入节目安排之中[⑤]。

通过与大企业的合作，运动员与企业实现了双赢。耐克公司

---

① ［美］杰·科克利著，管兵等译：《体育社会学》，清华大学出版社2003年版，第448页。

② 小文："英格兰晋级德国世界杯带来20亿英镑收益"，《体育产业信息》2005年第10期。

③ 《体育博览》2003年第4期，第18页。

④ 韩勇：《中国足球俱乐部内幕》，中国城市出版社1998年版，第19页。

⑤ Wilner, B. (2001b). "Back in the high life again", Sport Business International, November, p. 15.

1984 年出资 250 万美元和乔丹签约，到 2004 年耐克的销售额达到 123 亿美元，成为世界最大的体育用品公司。乔丹对赞助商的重要性还可以从其退役得到进一步验证，1993 年乔丹第一次退役时，耐克的股票从 90 美元陡降为 40 美元①。乔丹的另外一家赞助商芝加哥食品公司的股票下降了 15%，甚至转播 NBA 的 NBC 和 TNT 的股价都下跌了②。

运动员商业价值的提高导致对其的争夺，也使关于球员产权的纠纷增加。一些俱乐部要求拥有球星的肖像权，如西班牙皇家马德里队 2000 年以 4000 万英镑购入球星菲戈，转会合同中就要求菲戈肖像权的 50% 归俱乐部所有，转会后果然可口可乐公司以 600 万欧元与菲戈签约，让其担任"形象大使"，皇马也坐收 300 万欧元。媒体也开始争夺球星的肖像权，2003 年，意甲罗马俱乐部与天空电视台签订了未来两年的电视转播合同，合同总金额高达 1 亿欧元。作为回报，天空电视台将会得到罗马队比赛的独家转播权和部分球星的肖像权③。球员也开始注意对其肖像权的保护，NBA 球星乔丹就曾经因其姓名权纠纷将一家公司告上法庭，原英超切尔西俱乐部主教练穆里尼奥则把他的名字注册成商标。

运动员的价值上涨也使俱乐部更加关注运动员的伤病和医疗问题。在 20 世纪 80 年代以前的英格兰俱乐部里，几乎没有专业人员负责运动员的伤病恢复，体育竞技传统上被视为强者的运动，那些受伤的运动员被视为弱者。球队的医疗训练师往往是安排俱乐部忠诚者的岗位，经常是预备队的队员、教练的朋友甚至球场护理工。但进入 20 世纪 80 年代后，运动员价值和比赛激烈程度的提高使运动员的伤病恢复变得重要起来，一些著名俱乐部开始聘请专业医生

---

① ［德］诺贝特·魏斯著：《金球》，文汇出版社 2004 年版，第 140 页。

② 张智翔：《冠军中的冠军——体育用品大王耐克公司解读》，方正出版社 2005 年版，第 34 页。

③ 《新京报》2004 年 10 月 16 日。

对运动员进行治疗，最初对此进行投资的就是曼联俱乐部，1989～1993 年曼联投资了 25 万英镑改善其运动恢复设施，还聘请了 5 个英国一流水平的运动疗伤训练师。曼联在 20 世纪 90 年代的成功与这些措施有某种必然联系，许多俱乐部也开始效仿。至今，英格兰足协已经开始推行强制性训练师培训制度（颜强，2004）。

3. 运动员与俱乐部的劳资谈判。运动员人力资本价值的提高使俱乐部和运动员的谈判变得更加复杂，运动员的工资制度变得更加复杂，劳资对抗也日益频繁。20 世纪 80～90 年代，欧美整体工会运动相对平静，但 1987～1996 年北美职业体育发生的罢工和停工数量是其他工会的 50 倍①。运动员工资成本的快速上涨使联盟和俱乐部都不堪重负，多次劳资协商的结果是产生了一个复杂的工资制度，主要包括工资帽（以俱乐部经营收入的一定比例作为运动员的工资总额）、奢侈税②和托管费③等。同时，为了鼓励运动员的专用性投资，联盟规定运动员球龄越长，其工资额度也越高。

媒体转播价值的快速增长和新技术的出现使球员也开始要求分享更多的媒体转播权益。"二战"前通过法律保障，俱乐部获得了转播权。但媒体市场价值的不断增长使球员开始要求分享媒体转播收入，在英国，球员们为获得更多的转播权收入在 1992 年、1996 年和 2001 年 3 次以罢工相威胁④。2001 年，英超不得不与球员工会进行谈判，谈判的结果是球员工会 3 年可以得到 5250 万英镑转

---

① James Quirk and Rodney Fort, Hardball (Princeton, N. J.: Princeton University Press, 1999), p. 68.

② 球队工资如果超过事先约定的数额，超出部分将被处以高额"罚金"，这些罚金将被分给那些工资在约定范围之内的球队。这种规定主要是针对球队老板，防止强弱悬殊。

③ 为防止球员工资过高，联盟先将球员薪金 10% 扣下，存入各队老板们托管的账户中，若球员收入总额超过约定数额，这笔钱将被联盟没收。如果没超过，托管费将如数退还给球员。托管费主要针对球员。

④ 球员工会最初要求能从 3 年转播合约中得到 5% 的分成。

播费用。计算机技术的普及使网络成为职业体育一个新的收入来源，一些体育联盟和俱乐部把比赛的一些精彩片断放在网站上，球迷可以付费下载，对此已经有球员声称对其的权利①。

4.3.3.2　俱乐部的组织结构

随着职业俱乐部的商业价值和运动员价值的日益提高，俱乐部的商业化趋势越来越明显，其内部层级结构也日益完善。

1. 所有权和经营权的分离。“二战”后职业体育俱乐部已经成为资金密集型企业，原来单一或少数几个股东已经难以满足俱乐部的资金需要，越来越多的俱乐部开始通过组建股份公司甚至上市来筹集资金。俱乐部的所有权和经营权彻底分离，股东开始委托董事会对俱乐部进行管理，董事会成为俱乐部实际上的最高决策机构。董事会聘请专职经理和教练来管理俱乐部，大多数股东只能通过俱乐部的财务报告和每周的比赛成绩来了解俱乐部的情况，并决定其是否继续持有俱乐部股份。但由于职业俱乐部主要依靠比赛成绩来获取商业利益，而股东和潜在的股东可以很快地知道比赛成绩，这一切都使俱乐部管理者的风险远大于其他行业。

2. 教练成为俱乐部管理的核心。所有权和经营权的分离对俱乐部的管理提出了更高的要求，俱乐部内部组织机构也日益健全。比赛胜负的经济利益越来越大，运动员转会价值的大幅增加（表4-6显示足球运动员的转会纪录从1952年的5.2万英镑增加到2009年的8000万英镑，增长了1538倍）使运动员转会的风险和收益都进一步加大。引进或转让运动员都属于教练的职责范围，教练（有的俱乐部是经理）成为俱乐部管理的核心，教练下属的各种经营管理部门纷纷出现（见图2-2）。教练的职能也进一步分

① 这些球员认为他们对进球的产权和音乐人对其创作的音乐一样，这是一个引发争议的新问题。陈乔、黄文卉译自英国《体育商业》2000年第12期。转自《国外体育产业》2002年第1期。

化，出现了专门负责某些项目的助理教练，如足球中往往有守门员教练、体能教练，甚至根据某些明星队员给其配备单独的教练，如我国的篮球明星姚明在 NBA 火箭队就由已退役的 NBA 球星尤因给予单独指导。

3. 俱乐部营销机构的健全。随着各种媒体、广告赞助和城市社区更多地介入职业体育，职业俱乐部的经营行为开始超过俱乐部传统的经营范围（“二战”前的经营主要依靠比赛门票收入），俱乐部开始成立面对市场的各种机构，包括市场营销部门、媒体公关部和球迷联络部等（见图 2－2），俱乐部逐渐健全了其面向市场的各种组织机构。

4.3.3.3　俱乐部边界的变化

签约方专用性投资价值的增加使机会主义行为的收益也越来越大，这往往使市场交易变为组织内部交易。随着比赛转播权和人力资本价值的上涨，职业体育俱乐部也出现纵向一体化趋势，包括俱乐部和媒体的相互参股以及俱乐部对年轻运动员的投资两种。

1. 俱乐部的前向一体化——与媒体的合资。随着媒体转播收入的增长，转播权收入成为俱乐部的主要收入来源，其重要性甚至有超过传统门票收入的趋势，这点从英格兰和北美职业联赛大转播收入可以看出（见表 4－10、表 4－13）。转播费用的高涨，媒体之间的激烈竞争和职业体育市场影响力的日益扩大使作为卖方的俱乐部掌握了主动权。专用性投资价值的增加往往使交易双方延长合约的期限，以避免对方对专用性投资价格变化的反应。北美媒体转播合同从 20 世纪 60 年代的两年延长到最近的八年，英超每份转播合同平均年限从 20 世纪 80 年代的 2.125 年增加到 20 世纪 90 年代的 3.75 年（见表 4－13）。但签订长期合同也意味着媒体必须承担合同存续期间的风险，特别是运动员地位的上升使劳资谈判变得越来越困难，罢工的风险也越来越大。1998 年，NBA 的罢工就使购买了转播权的几家大电视台遭受了重大损失。竞争转播权的成功与否甚至还可能决定媒体的生存，FOX 公司的发展就是一个很好的例证。澳洲人默多克斥资 59 亿美元买断 FOX，为了在美国媒体市场占有一席之地，1995 年，FOX 公司在竞争中击败 NFL 原转播公司 CBS，此后一举成为与 NBC、CBC 和 ABC 并肩成为美国 4 大广播公司之一。而 CBS 由于失去这一体育赛事，收视率大幅下降。后来 CBS 认识到这一点，不得不支付 40 亿美元（是以前价格的两倍）转播一些美国橄榄球比赛试图恢复其地位①。XM 卫星广播公司（XMSR）从 2007～2008 赛季开始，将取代 Sirius 卫星广播公司（SIRI）负责 NHL 比赛的卫星转播工作，协议签署后，XM 的股票上涨 10 美分，达到 36.10 美元，而 Sirius 的股票立即下跌 9 美分，变为 7.30 美元②。

表 4－13　　1983～2004 年英超电视转播收入　　单位：百万英镑

时间	1983 年	1985 年	1986 年	1988 年	1992 年	1997 年	2001 年	2004 年
期限（年）	2	0.5	2	4	5	4	3	3
转播单位	BBC/ITV	BBC	BBC/ITV	ITV	BSkyB	BSkyB	BSkyB	BSkyB
转播总收入	5.2	1.3	6.2	44	191.5	670	633.6	642.39
转播费	2.6	2.6	3.1	11	38.3	167.5	211.2	214.13
转播场次	10	6	14	18	60	60	67	67
平均每场转播费	0.26	0.43	0.22	0.61	0.64	2.79	3.152	3.1959

资料来源：MMC（1999），转引自 Chris Gratton，Peter Taylor：《Economics of Sport and Recreation》，p. 203，First published 2000 by Spon Press. 11 New Fetter Lane，London EC4P 4EE.

因此，要对媒体转播拥有更大的控制权和话语权，更好的办法是控股俱乐部，一些国际性媒体开始购买俱乐部的股份（联盟本

① Chis Gratton. The Peculiar Economics of English Professional Football. The Future of Football，First published in 2000 in Great Britain by FRANK CASS PUBLISHERS，p. 16.

② "XM 卫星广播与 NHL 达成 10 年转播协议"，《新浪财经》http：//finance. sina. com. cn，2005 年 9 月 13 日。

身往往没有股份可供出售），美国有52%的大公司拥有130个左右的俱乐部，时代华纳（AOL）、超级电视台WGN、通用公司（NBC的股东）等都拥有多个棒球、冰球和篮球俱乐部①。欧洲情况与此类似，2000年8月，英国BSB甚至出价10亿美元想收购当时战绩最好的曼联，但英国“垄断与兼并委员会”（MMC）以妨碍电视转播权的公平竞争为由阻止，并作出一家独立媒体公司最多只能购买俱乐部10%股份的规定②。BSB随即转向俱乐部的分散投资，持有包括曼联在内的5家英超俱乐部9.9%的股份。在球迷的压力和其他媒体的抗议下，MMC又规定一家独立媒体公司最多只能拥有6家俱乐部的股份。媒体对职业俱乐部的投资趋势似乎不可遏制，BSB现在共持有6家英超球队和2家意大利足球俱乐部的部分股份，Granada电视公司掌握3家英超球队的一些股份，英国的有线电视台NTL持有2家英超球队的股份③。

对于联盟而言，保持其成员的实力均衡非常重要，从专用性资产的角度分析，球队实力增强也就意味着其专用性资产价值相对上升。但联盟中的球队总有强弱之分，一旦某些球队实力过于突出，必然要求更多的媒体转播收入。如英超的曼联（1992年英超成立后共8次夺冠）、NBA的公牛（20世纪90年代曾经6次夺冠）等都曾经想要单独出售其电视转播，对于这些俱乐部而言当然可以提高其收入，但对于整个联盟就很不利，强队的这些想法最终都受到联盟的制止。

---

① Ronald Grover, Amy Barrett, and Richard Melcher, “Playing for Keeps,” BUSINESS Week (September 22, 1997), 32 – 33.

② MMC认为：“此次兼并对公众没有任何好处。因此，我们认定这次兼并违背公众利益。我们认为兼并的负面影响非常恶劣，因此，禁止此次兼并不但是合适的，也是适度的”。“如果受此次交易影响，发生多个转播商和超级联赛俱乐部之间的兼并，可行的结果将比没发生过此类兼并的情况下的结果缺少竞争性。”详见［英］克雷格·麦盖尔：《足球潜规则》，哈尔滨出版社2004年版。

③ 石磊：“美国有线电视机构收购英超球队的股份”，《国外体育动态》2000年第3期。

于是一些有实力的俱乐部开始筹建自己的电视台(它们可以选择与全国性电视台转播无冲突的比赛在地方性电视网中播出),如曼联在独立转播其比赛遭到英超否决后,就与 BSB 等合资开办了"曼联电视台"(MUTV),意大利的尤文图斯等强队也签订了类似的合同。

2. 俱乐部的后向一体化——对年轻运动员的投资。运动员也可以视为进行比赛的生产要素,"二战"后运动员专用性人力资本价值的提升,一些高水平运动员往往能给俱乐部带来巨大的经济利益,与此同时,球星的转会价也越来越高。为了降低购买运动员的成本,俱乐部不得不在全球范围内寻找"价廉物美"的年轻运动员,一些发展中国家就成为欧美职业俱乐部的投资领域。南美和非洲地区都是热点,这些地区热衷体育且球员有运动的天赋,欧美发达国家的一些富有俱乐部通过控股、参股当地俱乐部,可以低价地与这些俱乐部有天赋的年轻运动员签约,并伺机带到欧美职业联赛上。2001 年,我国的大连实德俱乐部也从喀麦隆引进了 20 多名年轻球员进行培养。

4.3.3.4 俱乐部的场馆经营

在得到城市公共财政对场馆的投资后,俱乐部开始利用各种手段挖掘场馆的潜力,美国职业体育俱乐部平均年收入为 6600 万美元,其中 18% 来自赛场经营收入,包括包厢、广告、餐饮、停车费等①。具体包括球场冠名、非比赛日的经营②、建设豪华包厢、

① 张林:《我国职业体育俱乐部运行机制》,人民体育出版社 2001 年版,第 24 页。

② 增加非比赛日收入的做法一般有两种:一是集会,主要看当地市场情况和设施的类型。如英格兰的雷塞斯特城市队在 1998 ~ 1999 赛季共收得 400 万美元,其中的 11% 得自非比赛日举行的运动会或大型联欢活动;二是可以作为可供参观的景点。由于俱乐部长期固定地在某一场地比赛,积累到一定程度就能获得人们的认同,逐渐变为俱乐部的象征,从而成为人们旅游和观光的选择。比如巴塞罗那纪念馆,在西班牙已经成为第三大观光景点,1999 年一年因此获利 110 万美元。参见"意大利足球俱乐部提高对主场经营的重视程度",《体育商业》2000 年第 10 期。

球票特许购买权等。其中球馆的冠名是近年的一种创新，广告专家估计，以1亿美元冠名一个大型体育场馆20年，意味着冠名企业的名字可以通过印刷文字和空中电波、互联网等媒体跟潜在的顾客接触超过10亿次，效果比一般的传统广告好得多①。北美现在有超过50个职业体育场馆是由啤酒、航空公司、石油公司等大企业冠名的，一般大型体育场馆的冠名权市值都在1亿美元以上。

4.3.4 职业体育联盟治理机制的完善

4.3.4.1 职业体育联盟的外部治理

1. 新联盟的产生以及联盟之间的竞争。随着各种新的体育比赛消费者的出现，各种体育联盟在全世界范围内出现，由于欧洲各国联赛制度日趋完善，球迷不但对国内的联赛越来越感兴趣，还希望看到各国之间俱乐部的比赛。在此背景下，跨国的国际足球联合会开始出现，比国内竞技水平更高的国际比赛频繁出现。欧洲足球联合会（UEFA）、亚洲足球联合会（AFC）、非洲足球联合会（CAF）分别于1954年、1952年、1959年成立。欧足联从1955年起开始举办一系列跨国的俱乐部职业比赛，主要有包括冠军杯（各国联赛的冠军参加）、联盟杯（各国联赛的亚军参加）以及优胜者杯（各国杯赛的冠军参加）。这些国际赛事水平更高，吸引了更多的观众。现在欧洲冠军杯的参赛球队名额根据各国联赛的实力分配（像英格兰等足球强国有4支球队可以参赛），2005年欧洲冠军杯冠军的奖金超过了3000万欧元。世界杯（由国际足联组织）更是全球性的商业，2002年世界杯电视转播权资金规模高达13亿瑞士法郎，2006年德国世界杯的收入更达到25亿欧元。

除了原有的职业体育项目向全球扩张外，各种新形式的职业体育也开始出现，女子职业体育就是其中的典型。经济的发展和社会

① 《体育博览》2004年第4期，第35页。

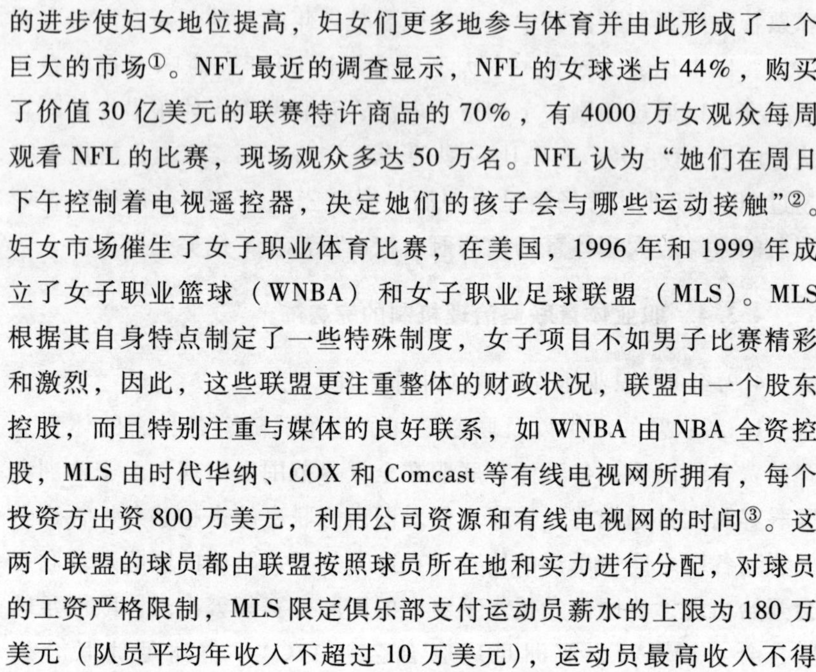

的进步使妇女地位提高，妇女们更多地参与体育并由此形成了一个巨大的市场①。NFL 最近的调查显示，NFL 的女球迷占 44%，购买了价值 30 亿美元的联赛特许商品的 70%，有 4000 万女观众每周观看 NFL 的比赛，现场观众多达 50 万名。NFL 认为“她们在周日下午控制着电视遥控器，决定她们的孩子会与哪些运动接触”②。妇女市场催生了女子职业体育比赛，在美国，1996 年和 1999 年成立了女子职业篮球（WNBA）和女子职业足球联盟（MLS）。MLS 根据其自身特点制定了一些特殊制度，女子项目不如男子比赛精彩和激烈，因此，这些联盟更注重整体的财政状况，联盟由一个股东控股，而且特别注重与媒体的良好联系，如 WNBA 由 NBA 全资控股，MLS 由时代华纳、COX 和 Comcast 等有线电视网所拥有，每个投资方出资 800 万美元，利用公司资源和有线电视网的时间③。这两个联盟的球员都由联盟按照球员所在地和实力进行分配，对球员的工资严格限制，MLS 限定俱乐部支付运动员薪水的上限为 180 万美元（队员平均年收入不超过 10 万美元），运动员最高收入不得超过 27 万美元，平均工资 4 万美元，平均票价 11 美元④。

足球市场的扩大也使各个俱乐部、各国联赛、各洲足协等都试

① 实际在 20 世纪初英格兰就有女足俱乐部，但足协认为有伤风化而禁止女子从事足球运动（戴维斯，2005）。

② ［美］丹尼尔·科维尔等著，钟秉枢等译：《体育产业组织管理》，清华大学出版社 2005 年版，第 144 页。

③ Lee, J. (2001, April9 - 15). WUSA's goals within reach. Street & Smith's Sports Business Journal, pp. 1, 42 - 43.

④ MLS 后来倒闭，但 WNBA 的经营状况良好。MLS 的破产是因市场很小而难以获得足够的媒体转播收入，虽然 MLS 和 ESPN 等签有转播协议，但收视率低于 0.3%，转播收入也是分享而不是提前收到。成立以来，平均观众下降了 21%，联盟合计损失 2.5 亿美元。Brewington, p. (2001, March 21) Higher season - ticket sales give MLS a kick. USA Today, p. 1C; Gruen, D. T. (Ed.) (2001). Inside the ownership of pro sports 2001. Chicago: Team Marketing Report. 白玲：“欧洲足球走向联合经营之路”，《国外体育动态》1998 年第 10 期。

图开辟新的市场或从原有的市场中瓜分更大的份额。各种联盟之间的矛盾也日益频繁。20 世纪 90 年代，欧洲 14 家富有的俱乐部成立了“G14”组织，试图建立一个脱离欧足联的欧洲职业联赛联盟，欧足联不得不给予这些强队更多的媒体转播收入①。而荷兰、比利时等小国由于国内市场太小，也正准备联合周边小国组织“大西洋联盟”，以便与欧洲传统的五大联赛（包括英国、意大利、法国、德国和西班牙）进行抗衡，争夺市场。各俱乐部和国际足联的矛盾也越来越大，由于世界杯是以国家为单位参赛，但球员多来自各俱乐部，球员的工资以及伤病都由俱乐部负责，因此，一些俱乐部（那些富有的大俱乐部由于其球员水平更高而更经常入选国家队，但这也意味着俱乐部的比赛难以得到保障）要求分享世界杯的一部分利润，双方甚至因此对簿公堂②。而国家队也对俱乐部颇有微词，因为俱乐部的比赛越来越多，疲惫不堪的球员在完成联赛后状态很差，往往难以胜任国家队的比赛。现在规定是入选国家队的俱乐部球员可以在国家队比赛前若干时间到国家队报到，这个时间与国家队比赛的级别有关，一般洲内比赛（如亚洲杯、欧洲杯等）是 72 小时，最高级别的世界杯则是 2 周，但俱乐部和国家队对此似乎都不太满意，许多俱乐部认为一些友谊赛根本不需要著名球星，这增加了运动员受伤的可能，而国家队仍然对那些坐飞机匆匆来去球员的比赛状态不满。

2. 联盟之间的合作。虽然联盟之间的竞争加剧，但这些联盟之间的合作也普遍存在。对上文所谈论的国内联盟和国际联盟之间的竞争，由于比赛的运动员几乎是同一批，因此，不同级别的联盟

① “欧洲职业联赛联盟呼之欲出”，《中国体育报》2004 年 12 月 2 日。

② 2006 年 2 月以 G14 为代表的俱乐部要求国际足联赔偿过去 10 年各俱乐部国脚被国家队免费使用的经济损失 8.6 亿欧元。方正宇：“G14 组织‘谋反’计划抵制冠军联赛与欧足联”，《东方体育日报》2006 年 3 月 19 日。2008 年 1 月在获得国际足联和欧足联 2.52 亿美元后，G14 宣布正式解散，取而代之的是“欧洲俱乐部联盟”。

往往在比赛时间和球员调派上相互协调。俱乐部对国家队在俱乐部需要参加一些关系重大（如关系到夺冠、降级）比赛时抽调球星参加国家队比赛尤其不满。因此，国内联盟、洲际联盟和国际足联往往在赛季开始时就公布各自的赛程，以便于协调，现在国际足联把一年的若干时间规定为国家队比赛日，这样各国的国家队就可以集中进行比赛，而各国的联赛日程也可以事先统一调整。

北美联盟之间竞争的结果多数是以合并收场。“二战”后，除了棒球联盟外，其他 3 项职业体育都出现了一些强有力的竞争联盟，数量比“二战”前少但实力更强，这些联盟展开激烈的市场竞争[①]。实力相当的竞争最终都以合并收场，而竞争失败的联盟则被赶出市场。“二战”后的 35 年里，消失的体育联盟包括 4 个橄榄球联盟，1 个冰球联盟，1 个足球联盟，1 个排球联盟、2 个男子和 3 个女子篮球联盟[②]。对北美联盟之间的合并，虽然也引发了对其垄断性的争议，但美国 1966 年通过的《国会法案》给予这种合并以合法地位[③]。其主要原因包括三点：一是联盟之间的合并往往不减少球队数量，也就是说市场相对并不受影响；二是一些联盟如果不合并可能无法生存，情况也确实如此，合并往往发生在联盟激烈的竞争之后；三是职业体育市场相对很广泛，不同项目、不同球队都可以看作一个市场。在获得法律的支持之后，联盟之间的竞争和合并开始频繁发生。20 世纪 60 年代，美国的南方地区因石油而快速发展（如德克萨斯等），1960 年，NFL 的竞争对手——美国橄榄球联盟（American Football League，AFL）成立就以南方地区为基地展开与 NFL 的竞争。这次激烈竞争的结果与棒球联盟类似，

---

① 在北美实际上各种地方性的小联盟多如牛毛，此处只指全国性的大联盟。

② ［美］杰·科克利著，管兵等译：《体育社会学》，清华大学出版社 2003 年版，第 428 页。

③ L15，USC. Sec. 291. 美国法典. 转引自［美］李明、苏珊·霍华斯、丹·马宏尼：《体育经济学》，辽宁科学技术出版社 2005 年版，第 180 页。

AFL 与 NFL 最终于 1970 年合并。德州的达拉斯牛仔队等新兴球队的加入也使 NFL 覆盖全美市场，为橄榄球运动在 20 世纪 70 年代之后成为全美最受欢迎的运动项目奠定了基础。1967 年，NBA 的竞争对手——美国篮球协会（American Basketball Association，ABA）成立，竞争的结果也以 ABA 的 4 支球队于 1976 年并入 NBA 而告终。1972 年诞生的职业冰球联盟——世界冰球联合会（World Hockey Association，WHA）与 NHL 展开竞争，到 1979 年，先后有 10 家 WHA 的俱乐部倒闭，其余 4 家俱乐部在支付加盟费后加入 NHL①。幸存下来的大联盟通过吸收一些优秀的竞争对手，巩固了市场，联盟成员的专用性投资得以保存。至 19 世纪 80 年代，北美各联盟基本形成了全国性的大联盟。

从最终的结果看，这些加盟的球队（也可以称之为市场竞争的胜利者）基本达到了进入职业体育市场的目的，而吸收这些新球队的联盟除了得到一笔加盟费之外，还得到了一些经过市场考验的有实力的新球队，联盟的覆盖面也越来越大，这使俱乐部专用性投资价值有所上升。

3. 联盟集体转播权的出售。北美联盟没有升降级，因此更注重联盟的整体性，俱乐部之间的强弱差距不能太大，为了最大程度地实现职业体育比赛的转播价值，北美联盟创造性地制定了转播权的“集体出售”制度，甚至通过游说获得了法律的支持，这个制度有力地保护了联盟的转播市场。

与欧洲一样，早期北美一些俱乐部老板担心电视转播会减少门票收入，但他们很快就意识到了媒体报道的价值——增加球迷和公众的支持并带来促销机会。俱乐部可以从媒体获得转播收入并扩大影响，电视台通过比赛吸引大量的观众。但由于反垄断法的限制，

---

① J. Quirk&R. D. Fort; Pay Dirt: The Business of Professional Team Sports; Princeton University Prezz, 1992, p. 330.

20 世纪 50 年代北美职业体育俱乐部只能分别谈判转播收入，由于转播市场相互重叠和俱乐部的相互压价，转播价格很低，一些小城市球队转播费很少。如当时 NFL 转播收入比较高的巴尔的摩小马队每年的电视转播收入只有 60 万美元，而地处小城市的绿湾包装人队才 8 万美元①。

阿尔文·皮特·罗泽尔 1959 年就任 NFL 总裁后，认识到地理、人口因素对电视转播的巨大影响，大市场球队和小市场球队在电视转播方面的收入必然有巨大差距，这会破坏联盟的竞争平衡。同时分别出售转播权也难以实现联盟的转播价值，因此，他提议将 NFL 的电视转播权集中起来，销售给出价最高的媒体。但是这个想法在实践中遇到了麻烦，1960 年与 CBS 签署转播协议后，NFL 被起诉“共谋”而违反了反垄断法。为了摆脱反垄断法的限制，罗泽尔积极游说国会，希望将反托拉斯全国联盟范围转播权的谈判有限豁免扩大到橄榄球、篮球和冰球。1961 年，国会通过了《体育反托拉斯转播法案》，该法对美国四大职业体育联盟集中销售电视转播权给予反垄断豁免②。该豁免立即对转播权市场产生了巨大的影响。此后 NFL 的转播收入迅速增长（见表 4－10）。1969 年，NFL 的纽约巨人队的转播权收益就扩大了 5 倍，而绿湾包装人队的收入竟增长了 13 倍③。

4.3.4.2　联盟内部的治理

1. 联盟组织机构的健全。这个阶段联盟组织机构得到进一步的完善，最大的特点是联盟董事会的出现和联盟总裁地位的下降。与“二战”前不同，各个联盟都出现了董事会形式的常设机构。

---

① David Harris, The league: The Rise and Decline of the NFL (New York: Bantem Books, 1986). John Hilyar, Lords of the Realm (New York: Villard Books, 1994).

② The Sports Broadcasting Act of 1961 (15 U. S. C. sec. 1291－5).

③ [美] 迈克尔·利兹、彼得·冯·阿尔门著，杨玉明等译：《体育经济学》，清华大学出版社 2003 年版，第 127 页。

联盟的最高权力机构仍然是由联盟成员——俱乐部组成，但随着联盟范围（如一些国际性体育联盟往往是跨国的）的扩大和联盟事务的复杂化，所有事项都由联盟成员投票决定变得效率低下。而联盟原来的总裁机制难免有大权独揽之嫌，职业体育商业价值的不断增长也使俱乐部开始担心权力过于集中在总裁手中可能带来的弊病；同时频繁的劳资斗争和媒体谈判使单纯的总裁机制风险太大，一旦联盟总裁有所失误将给联盟带来巨大的损失。在此背景下，联盟设立董事会为常设的决策机构，总裁变为联盟雇佣的一名管理人员，不具有“立法权”，只有“行政权”。联盟的董事会成为联盟的最高权力机构，总裁的聘用和考核均由董事会负责。董事会一方面负责监督总裁；另一方面负责一些重大事项的决策。2000 年，英超职业联盟的总裁就因未经董事会完全同意私自出售转播权而被免职。

同时，联盟总裁的职能也从原来的监督为主转向监督管理并重。“二战”前总裁主要职责是负责监督联盟的违规行为，“二战”后职业体育的收入来源越来越广，除了门票收入外，媒体转播、广告赞助以及特许权产品的销售等成为俱乐部的重要收入来源，而这些收入主要由联盟负责，因此，联盟的经营管理职能变得越来越重要，总裁除了监督以外，也必须具备经营管理职能。为此，联盟总裁成为联盟的管理核心，管理机构也越来越庞大，成立了许多下属部门分别负责各种商业活动，并雇佣了许多训练有素的经营管理专业人员（见图 2－3）。

2. 联盟裁判监督制度的完善。这个阶段裁判的管理制度也逐渐完善。主要包括：

（1）裁判职业化。随着比赛涉及的经济利益越来越大，裁判的公正性越来越重要。欧美开始逐渐采用职业裁判制度。此前裁判多为业余身份，其收入水平也参差不齐。执法一场比赛的法定收入不高，但裁判却可能在很大程度上决定比赛的胜负（国际足联规定裁判的当场判决不能更改）。即使裁判因不法行为无法执法，他还另有稳定的收入和职业。这使其舞弊收入可能很高而成本低廉。裁判的职业化相当于提高了裁判的专用性投资，使裁判的舞弊的成本大大增加。因为成为一名能执法职业比赛的裁判并非易事，一旦裁判因舞弊被取消吹哨资格，则其前期的巨大专用性投资不免化为乌有。

职业裁判的收入和进入门槛都比较高，而且其收入与业绩挂钩，类似一种高薪养廉制度。要执法职业联赛的裁判要经过许多级别的晋升方可达到，意大利现有214万多名裁判，能够执法意大利甲、乙级联赛的只有39名裁判和69名助理裁判。想执法英格兰职业联赛的裁判必须从三级裁判开始，只有表现出色才有望执法英超联赛，最顺利也要经过6年时间，现在有资格执法英超联赛的裁判只有20名。与此同时，裁判的收入远高于一般行业，并随其执法的级别上涨，英格兰最低级别裁判每场只有15英镑，英超联赛裁判的单场收入一般在1000英镑以上。在西班牙如果执法20场足球甲级联赛和国王杯赛期间裁判没有发生明显错判，其年薪可达7.8万欧元①。

但在获得高薪的同时，对裁判的监督也非常严格。执法英超的20名裁判的每场比赛都要接受严格评估，足协有4名专门的裁判教练负责这20名裁判的评估工作。比赛中这些裁判教练会仔细观察其表现，赛前、中场休息和赛后都会对其进行指导。裁判每场赛后也要进行自我评估，并进行十分制的打分后提交足协（麦盖尔，2004）。

（2）对裁判的保护。现在比赛的激烈程度远超过去，裁判的失误在所难免。同时，欧美职业比赛往往有15台以上的摄像机从

---

① 王健：“委托——代理关系下职业联赛裁判员的激励约束机制研究”，《天津体育学院学报》2005年第3期，第73页。

各个角度对比赛进行观察，这似乎进一步放大了裁判的失误程度。但对裁判的无限制的广泛批评将重创裁判的声誉，因此，各国联盟一般都严禁其内部成员对裁判的公开批评，违者将受到重罚。此外，裁判也成立了裁判员工会以维护其自身权益，NBA 的裁判曾经为提高工资而在 1983 年进行了成功的罢工。

3. 比赛规则的变化。职业体育联盟首先是作为商业存在的，为此，它必须时刻关注市场的变化，创造出符合市场需要的产品。由于竞技比赛的特殊性，比赛规则相当于产品标准，通过适当地修改比赛规则可能大大提高产品质量。为此，各个联盟都不遗余力地改进比赛规则，其总的原则是提高比赛的激烈程度和对抗性以吸引观众。以篮球运动为例，篮球运动起源于美国，在 20 世纪初开始在欧洲流行，“二战”结束时两者的规则几乎相同。但 NBA 最终成为北美大联盟，而其比赛规则一直处于变化之中，见表 4-14。相比之下，国际篮球联合会的比赛规则相对要固定得多。

表 4-14　　NBA 主要比赛规则变化及其原因

时间（年）	规则改变	说　明
1946	将比赛时间从 40 分钟改为 48 分钟	增加“产品”数量
1947	禁止联合防守	鼓励一对一的对抗，增加观赏性
1952	三秒区宽度由 6 英尺扩大为 12 英尺	削弱湖人队巨人乔治·米肯在篮下的强大优势
1954	规定每名球员每节只能有两次犯规	防止各队故意犯规而干扰比赛
1955	进攻时间限制为 24 秒	提高比分，加快比赛节奏
1964	三秒区宽度由 12 英尺扩大为 16 英尺	限制球星张伯伦超强的篮下能力
1974	球员技术犯规被判出场，需交纳 50~100 美元的罚款	限制故意犯规行为

续表

时间（年）	规则改变	说 明
1978	三分球规则实施（距离篮筐22英尺）	增加了比赛的观赏性和偶然性
1980	球队每半场均有一次20秒暂停时间，全场则有两次40秒暂停时间	增加电视广告的插播时间
1988	执法裁判由两名增加到三名。恶意犯规将被判罚两罚一掷	限制恶意犯规行为，并加强对其的监督
1993	若一名球员在一个赛季恶意犯规超过5次，则从其第6次开始，对其每1次恶意犯规都另停赛一场	限制故意犯规行为

表4－14显示，NBA规则变化的主要原因不是为了竞技运动本身，而是以提高比赛观赏性、吸引观众为主要目的，包括禁止联防、扩大三秒区和限制进攻时间等无不如此。如一些篮球运动员拥有的身高优势使球队大大受益，但比赛观赏性可能下降，联盟就不断通过修改规则来加以限制，而这种修改对于这些高个球员本身是不公平的。

职业足球比赛对规则的修改也与此类似，欧洲足球联赛采用比赛胜利得3分（原来是2分），平局得1分的记分规则，背后铲球红牌罚出和放宽越位限制等都是为鼓励进攻、保护进攻，其根本目的也是为提升比赛的观赏性。

4. 俱乐部的强弱分化。这个阶段欧美各国基本都出现了覆盖全国的职业体育联盟，加入联盟往往就意味着丰厚的回报和稳定的市场，因此，许多资本开始进入职业体育市场。而联盟内部开始出现强弱分化的趋势。联盟成员互为对方的资源，一旦联盟成员强弱过于悬殊，就意味着其专用性投资价值发生了变化，强队往往需要更大的投资才能取得更好的成绩，这使那些投资较少的弱队往往产生“搭便车”行为，通过与强队的比赛而从某种程度上剥夺强队的专用性投资，因为许多门票收入、媒体转播都是需要分享的。为此，联盟内一些实力更强的俱乐部为维护其专用性投资，往往试图从原有的联盟中分离出去。

“二战”前的职业体育不具有全球性影响，俱乐部的球迷具有地域性特点，各个城市（社区）的球迷一般都支持其所属的俱乐部。各个俱乐部的实力相差不大，往往是各领风骚三五年，如现在英超的 20 支球队只有阿森纳从未降级。但媒体转播使联盟内一些强队的影响力逐渐超出了原来的地区，其球迷（市场）遍及全球。而这部分增加的球迷使强队获得了更多的资金支持，包括特许权和更多的转播收入等，这使强队的实力进一步增强。强队和弱队的专用性投资价值发生了巨大的变化，甚至导致联盟分裂。

截至 1958 年最低的丁级联赛成立为止，英格兰足协有 92 支俱乐部分 4 级进行升降级联赛。当时俱乐部主要以门票收入为主，各个级别的门票收入差别不大，各级联赛的差距也不大。但 20 世纪 60 年代电视的介入，使各级联赛差距迅速拉大，从表 4 - 15 可以发现，直到 1959 年，英格兰甲乙级门票差距只有 7%，而 1969 年就达到了 26.9%，到 1999 年则高达 65.85%。其原因就在于当时的一些甲级强队如曼联等实力高出一筹，电视转播使这些强队突破了地域的限制，球迷遍布整个英格兰，获得了大部分市场份额。20 世纪 60 年代，曼联的邻居柏利俱乐部的球迷数是曼联的 1/4，但 10 年后，曼联球迷的总数是柏利球迷的 4 万倍。更多的球迷就意味着更高的票价和更多的门票收入，就能购买更好的球员和教练，强队由此进入了一个良性循环，而弱队与强队的差距越来越大。

英足协内部各级俱乐部的实力越来越悬殊，但强队总是少数，占多数的中小俱乐部控制着足协的管理权。虽然媒体转播的大部分是甲级强队的比赛，但转播收入必须在 92 家俱乐部平均分配，这使曼联等强队极为不满。强队与弱队之间、强队与足协之间的矛盾越来越大。

表 4－15　　1939～1999 年英格兰联赛门票价格

赛季	甲级	乙级	丙级	丁级
1939 年	0.06	0.06	0.06	0.05
1949 年	0.1	0.1	0.09	0.08
1959 年	0.15	0.14	0.12	0.11
1969 年	0.33	0.26	0.24	0.22
1979 年	1.29	1.16	0.99	0.91
1989 年	4.73	3.71	3.13	2.69
1995 年	11.58	6.46	5.46	5.6
1999 年	16.27	9.81	8.64	6.45

说明：英格兰甲级足球 1992 年起改为英格兰超级联赛，原来的乙、丙、丁级依次变为甲、乙、丙级，此处仍按原来级别。资料来源：Football League；Football Trust；Bird，P.（1982）. The demand for league football，Applied Economics，14，637－649.

强队最终在媒体的支持下成功地从足协中分裂出去。20 世纪 90 年代初，英国卫星电视台 BSB 正设法进入英国市场①。在 BSB 的支持下，1992 年，英国的 22 支甲级足球俱乐部在曼联等 5 支强队的领导下脱离了足协，自行组织了英格兰超级足球联赛（英超）。英超与 BSB 的首份电视转播合约是 1992～1996 年，转播价格为 3.04 亿英镑，平均一个赛季 7600 万英镑，是上一笔（1988 年英足协与 ITV 签订）的 5 倍，但分享转播权的俱乐部只有原来的 1/4（见表 4－13）。英足协原来想处罚英超，但英超聚集了英格兰所有的强队，并得到了 BSB 的经济支持。足协后来不得不妥

① 英国天空广播有限公司（BRITISH SKY BROADCASTING LIMITED），其股东是默多克的新闻集团。新闻集团也是美国 FOX 电视网的股东，FOX 电视网通过转播北美职业体育赛事成为北美的四大电视网之一。20 世纪 90 年代初 BSB 正试图进入英国市场。

协。此后，足协对英超只具有名义上的指导作用，可以对英超联赛收取小额管理费，具体只负责国家队和球场风纪问题。英超的实际控制者为英超职业联盟。

4.3.5 职业体育市场辅助组织的变化

4.3.5.1 工会组织的变迁

这个阶段开展职业体育的国家在宪法或劳动法中都明确规定对职业运动员的就业、转会、社会福利和法定休假等正当权益给予法律保障，承认运动员同其他劳动者一样享有必要的政治、经济和社会待遇。工会在保护职业体育人力资本投资上发挥了巨大的作用，其主要特点包括：

1. 工会的专业化管理。虽然“二战”前工会就获得了法律承认的地位，但工会一直未能发挥其应有的作用，其中一个重要原因就是工会缺乏专业人士的管理。由于运动员往往运动寿命有限且文化程度不高，而劳资谈判需要耗费大量的时间精力，因此，“二战”前由运动员为谈判代表的运动员工会不是联盟的谈判对手。但“二战”后运动员工会开始聘请一些专业工会人士进行有组织的谈判和协调，使运动员工会的谈判能力大大增强。

20 世纪 50 年代，虽然北美四大联盟的运动员重新成立了工会，但缺乏管理使运动员的地位难以彻底改善，当时职业球员的工资只是美国人均工资的 6～8 倍[①]。直到球员工会雇佣了一些工会运动的专业人士后，情况才逐渐好转。如 MLBPA 于 1966 年雇佣的马文·米勒原来就是美国钢铁工人联盟（USW）的首席经济学家，同时又是著名的谈判高手。正是在米勒的领导下，通过集体协商机制和罢工威胁，在 20 世纪 70 年代初，北美球员工会最终废除了保

---

① ［美］杰·科克利著，管兵等译：《体育社会学》，清华大学出版社 2003 年版，第 448 页。

留条款。现在，运动员工会的管理非常严密，其管理层由各种法律专家、社会保障制度专家和谈判专家组成，对运动员工会代表负责。

2. 新形式工会的成立。除了运动员工会以外，随着职业体育市场的扩大，各种专用性人力资本的投资者都开始寻求工会的保护。除了球员工会外，各个联盟的教练和裁判等也都成立了相关的工会组织。

3. 工会的国际化趋势。随着职业体育的全球化发展，运动员开始在全球范围内流动，这使工会出现了国际化的趋势。国际性的球员工会开始出现，各联盟的工会也开始遥相呼应，相互支持。欧洲成立了欧洲职业足球运动员协会，1995 年，世界职业足球运动员工会在法国成立，阿根廷著名球星马拉多纳被选为首任主席，国际足联后来也不得不承认其合法地位。2001 年，国际足联出台新的转会制度前，该工会就参与了与国际足联、欧足联的谈判。2001 年，英超和运动员的电视转播权争议中，英国球员的罢工得到了意大利、法国和西班牙等国运动员工会的支持，最终迫使英超联盟让步。2002 年韩日世界杯上韩国球星安贞焕攻入有争议的一球淘汰意大利，而后安贞焕所效力的意大利佩鲁贾俱乐部声称要开除安贞焕，但英国、意大利等国的运动员工会纷纷出面支持安贞焕，最终迫使佩鲁贾俱乐部道歉。

工会力量的壮大也使劳资纠纷越来越频繁，见表 4－16 所示。可见，劳资谈判已经成为联盟和工会的主要任务之一。

表 4－16　“二战”后美国职业棒球的工会事件表

年份	罢工或停赛	事件或结果
1946		美国棒球行会成立
1954		大联盟棒球运动员协会成立
1972	罢工 13 天	运动员获得仲裁资格
1975		Messer Smith 成为自由球员

续表

年份	罢工或停赛	事件或结果
1976	老板封馆①	有限的自由代理
1981	罢工 50 天	
1985	罢工 2 天	
1987		仲裁员发现老板串谋，对老板处罚
1989		春训停工 32 天
1994	罢工 232 天	决赛取消

资料来源：［美］迈克尔·利兹、彼得·冯·阿尔门著，杨玉明、蒋建平、王琳译：《体育经济学》，清华大学出版社 2003 年版，第 288～290 页。

4.3.5.2 体育中介组织

随着职业体育比赛市场价值不断被发现，体育中介组织也得到迅速发展。一方面随着运动员保留条款的取消，赋予运动员和俱乐部谈判工资的主动性以及在俱乐部之间自由流动的权利，球员获得了原来被俱乐部所占有的一部分个人产权。运动员自身价值的增长也使体育中介组织获得了利润来源，而运动员也需要专业的经纪人帮助其最大限度地实现商业价值。同时，公司制体育中介组织的出现使体育赛事在经纪人的帮助下在全球范围内扩张。20 世纪 50 年代末，世界范围内第一个体育经纪公司是美国人马克·麦克马克创建的国际管理集团（IMG）。这些体育经纪公司具有更雄厚的资本，可以为联盟、俱乐部和运动员提供全方位的服务。1990 年意大利世界杯和 1992 年英超联赛启动之后，IMG 开始进军欧洲足坛，现在 IMG 的员工超过 2000 人，年收入达 10 亿美元②。

---

① 封馆类似于雇主的罢工，欧美许多国家为了保障雇主的权利，雇主也可以罢工。

② Zachary Schiller, Julia Flynn, and Jonathan B. Lerine, “Advantage, Mark Mo-Cormack?” Business Week (Sep. 27, 1993), 64.

现在，体育经纪的从业人员主要包括律师、会计师、退役球员、商人等，这些人往往需要有专业运动背景，甚至还出现了经纪人上市公司。体育组织各种新的产权价值在体育经纪人的帮助下获得了实现，联盟、俱乐部和广告赞助商等均在体育经纪人的协助下更便捷地完成了资源的优化配置。由于运动员转会价值的持续增长和教练在运动员转会中的主导地位，许多经纪人开始与俱乐部的领导开展某种形式的合作。现在，英超 20 支球队中有 7 家俱乐部的主席或主教练的儿子就是经纪人，而一些经纪公司也开始上市，如英格兰最大的足球经纪公司 PROACTIVE 就是上市公司，而其股东中至少有 12 名持股超过 1 万股以上的俱乐部领导人，对这种情况的争论正在继续。

随着运动员价值的增加，负责运动员转会的经纪人的地位也水涨船高。经纪人的利润来自于球员的转会提成，这使经纪人可能撺掇运动员尽快转会。运动员与俱乐部雇佣合同的完整履行变得更加困难，据统计，欧洲博斯曼法案后能完整履行雇佣合同年限的球员只有 2%①。由于球员到期可以自由转会，如果到期无法续约，原来花费巨资引进球员的球队可能收不到一分转会费，球队在与一些球星的谈判中开始处于下风，许多俱乐部不得不积极拉拢球星的经纪人②。

4.3.5.3 体育保险的产生

职业体育市场的快速扩张使赛事的风险越来越大，在工会和经纪人的支持下，运动员的自身价值也随之增大。比赛和运动员自身风险的提高使体育保险变得有利可图，在政府社会保障部门和劳工部门的支持下体育保险逐渐发展起来。1945 年，法国职业足球出现“赛事保险许可”制度，要求职业运动员在国内和欧洲参加比

---

① 田超：“经纪人唱定主角”，《体坛周报》2005 年 7 月 15 日。

② 林良锋：“全球化磨平民族性”，《体坛周报》2005 年 7 月 15 日。

赛，必须出示“保险许可证”才能取得出场资格。20 世纪 50 年代，美国就已经出现了专门的体育保险公司，如 Sadler&Company 保险公司从 1957 年开始致力于体育保险业务。20 世纪 70 年代以后，随着运动员自身价值的增长和体育赛事商业价值的增加，体育保险业进入快速发展阶段，美国的一些专业的体育保险公司，如体育保险公司（Bene-Marc Inc.）、业余体育国际保险有限公司（ASU International LLC）、潜水安全保险公司（DSI）等都是在这一时期成立的。一些国际性保险公司利用其专业技术力量和政府的强制性保险规定，迅速开设了与体育有关的各种意外保险、医疗保险、责任保险、财产保险等险种。时至今日，体育保险伴随着社会保障系统的建立健全，已经成为职业体育不可或缺的一部分。

4.3.5.4　体育仲裁机制的发展

工会和经纪人的发展使运动员的地位大大超过其前辈，劳资纠纷不可避免。同时，职业体育市场的扩大吸引了更多的投资者，各种交易主体的进入使各种经济纠纷日益频繁。此前对于体育纠纷的主要解决方式是调解和法律，但调解的执行无法得到保障。法律的效力虽然得到国家强制力的保护，但因其成本高昂、缺乏专业性且往往旷日持久而难以满足需要。一方面运动员往往因时间和资金紧缺而无法采用法律诉讼；另一方面赛事的组织者（包括联盟和俱乐部）也往往受制于比赛的时效性而无法利用法律保障其合法权益。纠纷的增加催生了新的纠纷解决机制，体育仲裁在法律和工会的支持下成为解决体育纠纷的主要机制。如英国工会于 1950 年、1975 年、1979 年和 1996 年制订、修正了 4 个仲裁法案，逐步扩大了仲裁的法律效力和范围①。1958 年，订立于纽约的《关于承认与

① 如英国 1996 年的仲裁法第 6 条第 1 款规定仲裁适用范围为“无论其是否为契约性与否的争议”。[英] 弗兰克·道森著，谢远东译：“谈谈英国仲裁法”，《法制日报》2000 年 10 月 11 日。

执行外国仲裁裁决的公约》使仲裁裁决的执行力得到国际公认①。此后，仲裁开始逐渐成为解决体育纠纷的首选，仲裁机制缩短了运动员与联盟、俱乐部之间争端的解决时间，也使解决争端的公正性大大提高。1975 年，正是通过仲裁使 MLB 的球员得以自由转会，此后其他 3 个北美职业联盟的球员也纷纷获得了类似的自由。现在，各个联盟都规定了明确的纠纷解决制度，各种纠纷可以根据其冲突的不同级别寻求适当的解决方案。

表 4 – 17　　1974 ~ 2003 年北美 MLB 工资仲裁情况

年份	劳资争议数量	仲裁数量	运动员获胜比例（%）
1974 ~ 1979	147	66	43.94
1980 ~ 1984	432	110	46.36
1985 ~ 1989	613	104	43.27
1990 ~ 1994	664	95	43.16
1995 ~ 1999	360	42	35.71
2000 ~ 2003	357	36	36.11

资料来源：1974 ~ 2003 Sporting News Baseball Guide, Thomas Titmmerman database.

虽然运动员地位的改变与仲裁有很大关系，但仲裁的公正性还是得到了劳资双方的一致认可。表 4 – 17 显示了 1974 ~ 2003 年为止 MLB 的劳资仲裁情况，可以发现，从 1974 年开始通过仲裁制度解决劳资争端后，劳资争端提交仲裁的数量经历了一个上升再下降的过程，这个趋势与运动员的仲裁获胜趋势非常接近。其原因在于仲裁使运动员脱离保留条款束缚，获得了自由转会的权利。因此，运动员更多地选择仲裁以作为劳资谈判的救济手段。随着劳资双方对各自权利、义务的合理界定和运动员工资的迅速上涨，运动员的

① 郭树理："国际体育仲裁院体育仲裁制度评述"，《体育与科学》2002 第 6 期，第 29 页。

权益受到了越来越完善的保护，这使劳资争端和提交仲裁的数量逐步减少，球员仲裁获胜的比例也随之减少。

4.3.6 小结

这一阶段是职业体育迅速从国内的小规模商业成长为国际性产业的阶段，其市场组织结构和制度层次见图 4－9。其组织和制度的主要特点如下：

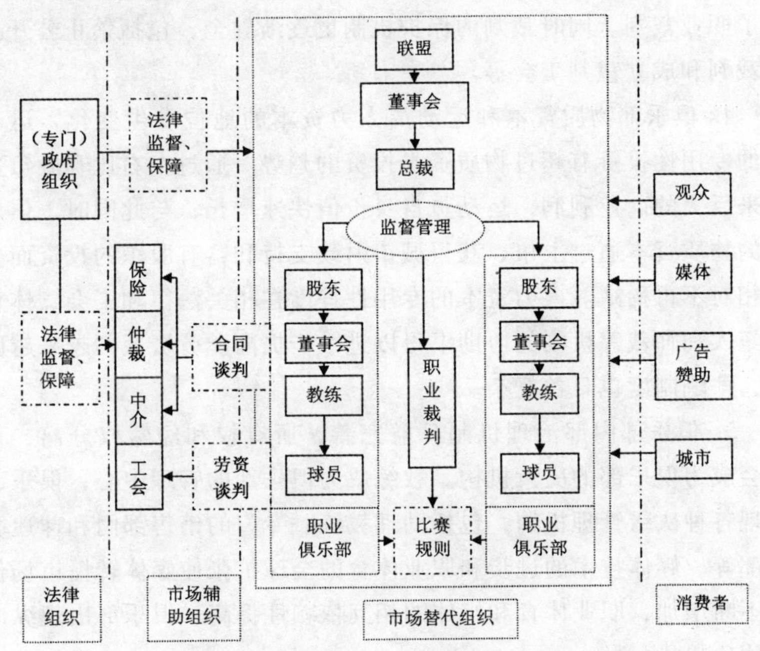

图 4－9　1950 年至今职业体育的组织和制度

1. 生活水平和技术水平长期、稳定的发展使职业体育市场快速发展。消费者数量和其收入的增加使职业体育成为影响力广泛的商业；新形式的媒体不断涌现，赛事转播使职业体育的市场扩展到全球，巨额的转播收入为职业体育的发展提供了大量的资金；广告赞助开始大幅增长，为吸引职业俱乐部，城市为其体育场馆建设提供大量财政补助。

2. 各种层次的联盟为争夺市场展开激烈竞争，幸存下来的联盟逐渐获得一定的市场垄断地位。联盟的董事会成为监督联盟总裁的常设权力机构，联盟总裁的职能包括监督和管理，其权限有所缩小，联盟的俱乐部开始更多地分享联盟的权力。比赛规则以提高观赏性和激烈程度为核心而不断修改完善。

3. 裁判监督机制进一步完善，为提高裁判的专用性投资，出现了职业裁判。同时裁判的保护机制也逐渐健全，包括禁止公开批评裁判和成立裁判工会等。

4. 俱乐部物质资本和运动员人力资本的地位发生变化，运动员的专用性投资有超过物质资本投资的趋势。通过左右比赛胜负并带来巨大的商业利润，运动员自身价值快速增长；与此同时，俱乐部的物质资本通过上市、获得城市财政支持和富有股东的投资而变得相对不再稀缺。人力资本的专用性程度在相关法律和工会、体育经纪人和仲裁等机制的协助下得以进一步提高。劳资谈判越来越困难，薪酬制度也日益复杂。

5. 俱乐部内部治理机制日益完善，所有权和经营权分离，董事会成为俱乐部的决策机构。教练成为俱乐部的管理中心，俱乐部出现各种次级管理机构，包括助理教练、专门的销售部门和球迷联络部等。媒体技术的进步和职业体育的全球扩张使媒体转播市场价值不断增加，职业体育和媒体的相互依赖性提高，俱乐部出现纵向一体化趋势。

6. 各种市场辅助组织产生并逐步完善。工会在法律的支持下使运动员得以自由转会，成为运动员合法权益的主要保护组织。体育中介在运动员得以自由转会后得到进一步发展，并使运动员和赛事组织者的市场价值得到最大化的实现。运动员和赛事价值的提高使经济纠纷和比赛风险进一步加大，导致体育仲裁和体育保险机制的产生并逐步完善。

7. 各国政府关于体育的法律制度进一步完善，出现了专门的法律机构和专门法律，法律的范围涉及职业体育的各个层次，包括媒体转播权的保护、广告赞助的法律、城市公共资金开支、劳资谈判、联盟的反垄断问题、强制性体育保险和仲裁的法律效力等各个方面。法律的健全为职业体育组织和制度的发展提供了最终的保障。

4.4 总　结

通过对职业体育的历史研究，可以发现，随着社会的发展和市场交易主体专用性投资价值的变化，职业体育的组织和制度呈现层次态发展的规律，新的组织和制度在时间和空间两个维度上层层递进。职业体育市场交易主体正是通过组织和制度的相互作用来达到保护其专用性投资、防范机会主义行为的目的。如图 4 - 10 所示。可以进一步总结如下：

1. 职业体育的发展离不开特定的社会环境，各种形式组织和制度的产生与演变都受到当时社会、法律、传统和技术条件的制约，不同地区、不同项目的职业体育也因此呈现出不同特点。在每一个特定制度环境的约束下产生了特定的组织，这些组织必然有其特定的制度安排。组织和制度在时间和空间上呈现出层次态的递进演变规律，这种演变使职业体育的组织和制度构成保护市场交易主体专用性投资的一个动态稳定的治理机制。

2. 职业联盟是职业体育特有的一种自治性管理机构。从联盟产生和发展的历史分析，联盟是为了维护联盟内部成员专用性投资而组成的一个“俱乐部”形式的治理机构。职业体育发展之初，联盟的出现统一了比赛规则，使俱乐部从业余转变为职业俱乐部。

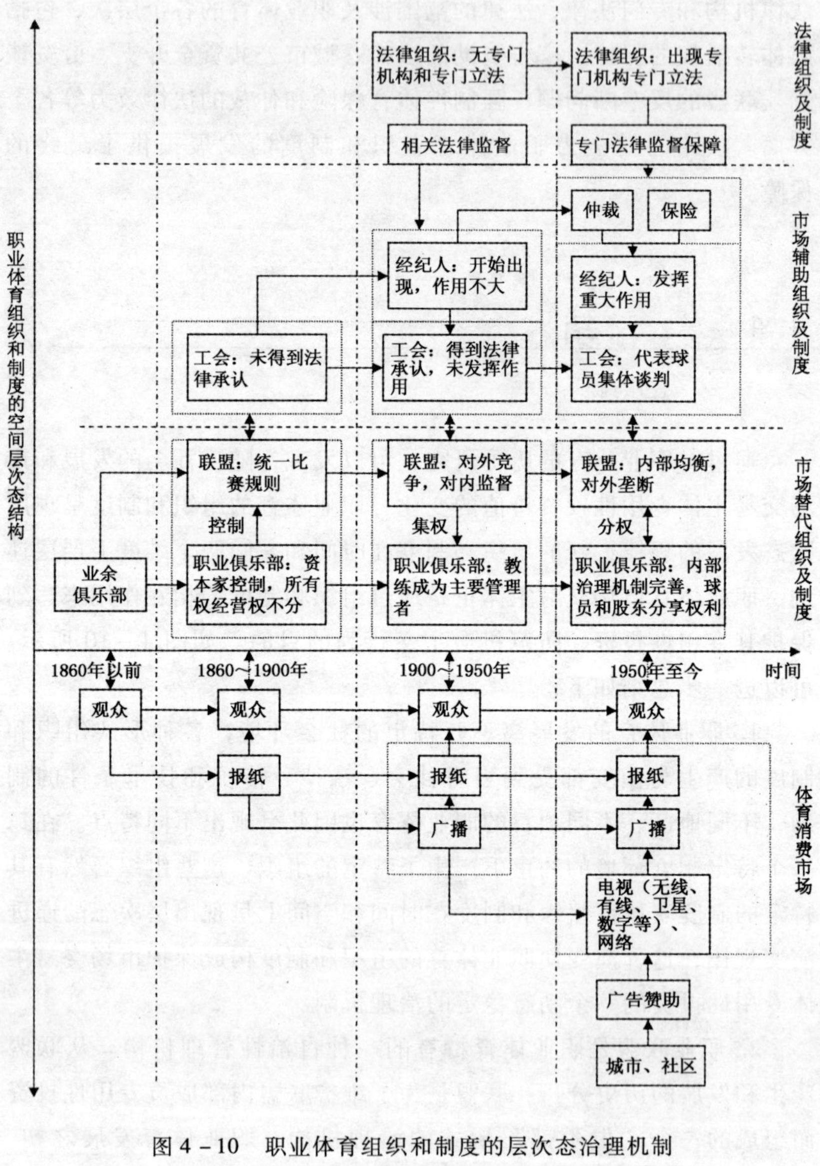

职业体育组织和制度的空间层次态结构

法律组织及制度

法律组织：无专门机构和专门立法

相关法律监督

法律组织：出现专门机构专门立法

专门法律监督保障

市场辅助组织及制度

仲裁

保险

经纪人：开始出现，作用不大

经纪人：发挥重大作用

工会：未得到法律承认

工会：得到法律承认，未发挥作用

工会：代表球员集体谈判

市场替代组织及制度

联盟：统一比赛规则

控制

业余俱乐部

职业俱乐部：资本家控制，所有权经营权不分

联盟：对外竞争，对内监督

集权

职业俱乐部：教练成为主要管理者

联盟：内部均衡，对外垄断

分权

职业俱乐部：内部治理机制完善，球员和股东分享权利

1860年以前　1860～1900年　1900～1950年　1950年至今　时间

体育消费市场

观众

报纸

广播

电视（无线、有线、卫星、数字等）、网络

广告赞助

城市、社区

图 4－10　职业体育组织和制度的层次态治理机制

而后通过内部的各种监督、平衡制度使联盟得以在市场竞争中生存下来。“二战”后，联盟的治理机制以对内管理、监督为主，并通过合并形成了某种程度的市场垄断。与之对应，联盟和俱乐部之间的关系也经历了俱乐部控制、联盟集权控制以及俱乐部和联盟分权权力三个阶段，其根本原因在于俱乐部专用性投资价值的变化。

3. 职业体育俱乐部的历史也是人力资本和物质资本的专用性投资不断变化和不断协调博弈的过程。在此过程中，职业俱乐部逐渐从业余俱乐部转变为经营权和所有权分离的具有现代企业性质的职业体育俱乐部，其内部治理机制也随着俱乐部投资者专用性投资的变化而日趋完善。历史表明，职业体育俱乐部主要经历了运动员控制、资本家控制、运动员与资本家分享权力三个阶段。其主要原因在于人力资本和物质资本专用性投资稀缺性的变化。总体而言，运动员人力资本专用性的提升使运动员的薪酬越来越高，劳资谈判日益复杂，劳资纠纷也越来越多。媒体转播权价值和运动员人力资本的快速增长使俱乐部边界扩大，开始出现前向一体化（如投资传媒业）和后向一体化（如投资国外俱乐部）的趋势。

4. 随着职业体育市场的逐步发展，职业体育的各种市场辅助组织也以层次态态势相继出现。最先出现的是运动员工会，但最初的工会由于缺乏法律的支持和运动员人力资本专用性投资的相对缺乏而难以发挥作用。在得到法律的支持和运动员人力资本价值提高后，工会才成为保护运动员合法权益的有力机制。20 世纪初体育中介组织开始出现，但由于工会难以发挥其应有作用（这使运动员权益难以得到保证）致使体育中介市场发育不良而难有作为。在工会使运动员得以自由转会并有可能实现其自身商业价值后，体育中介才成为职业体育市场的桥梁，为运动员和各种体育组织搜寻并创造市场交易机会。在工会和体育中介的干预下，职业体育市场得到迅速发展，同时各种商业纠纷和市场风险也随之增加，体育仲裁和体育保险机制也应运而生。

5. 从欧美各国职业体育的发展历史看，政府组织开始时并没有设立专门的管理机构，管理职业体育的法律也遵循一般商业法律，包括反垄断法、劳工法等。随着职业体育市场的扩大和各种商业纠纷的增加，一些专门的管理机构也开始出现，包括体育部门和带有半官方性质的体育协会等。这些专门的管理机构制定专门的法律对职业体育市场主体的各种行为加以规范，包括媒体转播权的归属、仲裁的法律效力、劳资集体谈判和强制性体育保险等。

6. 职业体育的消费市场也呈现层次态发展的趋势，最初的消费者是观众，观众的增长吸引了报纸，报纸的报道扩大了职业体育的影响。广播的出现大大增加了非现场的观众。电视的出现最终使职业体育成为全球性的商业活动，并进一步吸引了国际性大企业的关注，广告赞助也开始投向职业体育。职业体育成为具有巨大社会影响力的产业，最终引起城市对俱乐部的竞争，城市对体育场馆的投资大大缓解了俱乐部的场馆建设资金问题，豪华场馆使俱乐部的营利能力进一步提升。

5. 职业体育的治理机制

职业体育是参与者众多的商业活动，各种消费者、投资者都对此进行了专用性投资，并通过各种特殊的组织和制度以防范机会主义行为，保障其专用性投资。其中最主要且特殊的组织形态是职业体育俱乐部和职业体育联盟。围绕着这两种组织，各个利益相关者制定了一些特殊的制度以保护其专用性投资。通过对这些特殊制度的进一步分析，将有助于我们更深入地理解职业体育的组织形态及其特殊的制度安排，从中得到的一些规律性结论将为我国职业体育的发展提供有力借鉴。

5.1 职业体育联盟的治理机制

在 3.2.2 小节里，笔者对职业体育的一些制度进行了初步分析，包括签约前的搜索、签约时的谈判和签约后的监督制度等。但这些制度对于其他行业也普遍存在。而职业联盟作为职业体育所特有的一个主要组织，在其内部和外部都有一些特定的制度，包括联盟内部的平衡制度和联盟外部的竞争制度，以下将对此作进一步的分析和阐述。

5.1.1 联盟内部的平衡机制

联盟成立的根本原因在于保护各俱乐部的专用性投资，联盟的其他成员也成为某个特定成员的资源。相对而言，联盟中实力较弱的成员获得了更好的保护（因为其竞争对手更强，也即其可依赖的资源更可靠），而强队则相反。但联盟成员的强弱过于悬殊将使联盟难以维持，因为强队往往投资更大，弱队在某种程度上搭了强队的“便车”。因此，实力出众的俱乐部往往要求与强队组成联盟进行比赛，英超就是少数强队从众多弱队中脱离而成立的（见第4章）。虽然联盟成员利用比赛进行竞争，但这种竞争与一般行业的市场竞争不同，由于球队实力和管理水平各不相同，强队通过大投入必然将在赛场上战胜弱队，但这也将使比赛失去悬念，从而损害联盟的整体利益。

图5-1和图5-2是北美MLB的胜率与工资、利润的关系，显然更高的工资带来更高的胜率，更高的胜率带来更多的利润。欧洲足球与此类似，2003年，俄罗斯大亨阿布拉莫维奇用1.4亿英镑收购了英超球队切尔西，又花费1.1亿英镑招兵买马（整个英格兰联赛2003年全年的转会金额一共才1.74亿英镑），切尔西当年就获得联赛第二，2004年和2005年又获得了英超冠军[①]。强队遥遥领先的局面一旦出现，强弱差距可能会越拉越大，因为球员们越来越愿意到强队效力，那意味着更多的胜利和媒体曝光率，有助于球员个人声望的提高和获得更多的广告赞助。因此，

① 《足球》2005年1月31日。

联盟必须注意维护整体成员的实力均衡。与北美联盟相比，由于缺乏严格的平衡机制，欧洲的足球联赛似乎已经产生了强弱差距过大的问题，1970～1999年，英格兰甲级联赛30个冠军中，利物浦、曼联和阿森纳3队共获得20个冠军，同期尤文图斯、AC米兰和国际米兰3队获得22个意大利联赛冠军。而平衡机制更完善的北美职业体育联盟的竞争似乎更激烈，以美国MLB为例，从1980～2002年间的21个冠军被17个队获得（1994年因为罢工没有冠军）①。

虽然联盟内部俱乐部实力平衡非常重要，但联盟当然不能要求俱乐部故意输球。为此，北美的职业联盟在联盟层次上制定了许多平衡球队实力的制度，具体包括球员的平衡、利润的平衡和地域的平衡等。

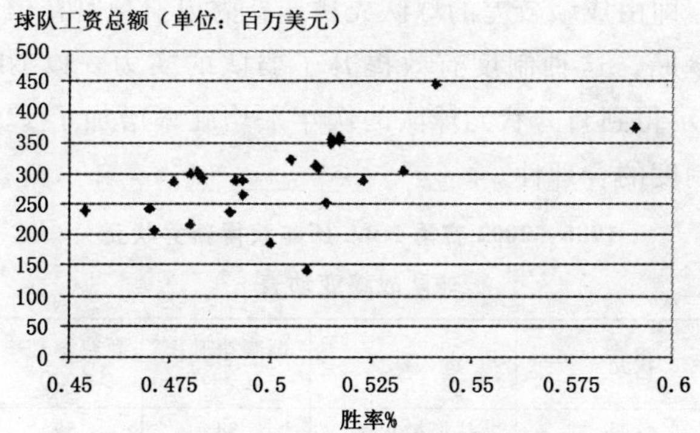

图5－1 1990～1997年MLB球队胜率和球员工资相关关系②

① www. majorleaguebaseball. com.

② 资料来源：Duane W. Rockerbie: the Economics of Professional Sports. Journal of Sports Economics 2005 6：107－113.

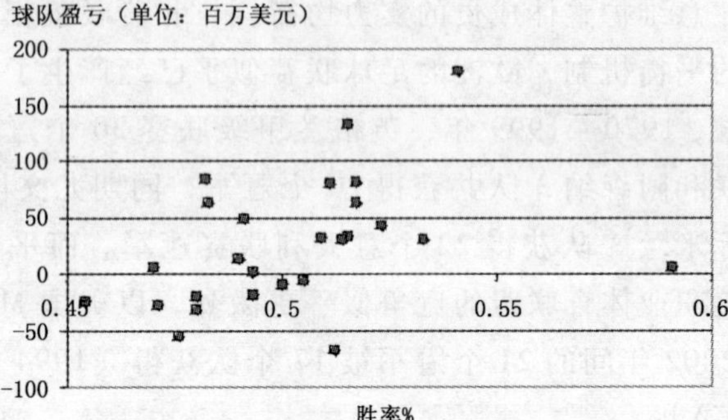

图 5-2　1990～1997 年 MLB 球队胜率和球队利润的相关关系①

5.1.1.1　球员的平衡

1. 新球员选拔——选秀制度。从职业体育发展的历史看，球员对比赛的影响越来越大。为平衡球队实力，北美联盟采用了球员选秀制度，即由成绩较差的球队先挑选新秀以避免富裕俱乐部对优秀球员的垄断，这种制度有效提升了弱队的实力。以 NBA 为例，表 5-1 显示得到新秀状元球队的次年平均胜率增加了 12%，足以说明选秀制度的合理性。

表 5-1　　1985～2002 赛季 NBA 历年获得新秀状元球队战绩变动表

赛季（年份）	状元	进入球队	旧赛季胜率（%）	新赛季胜率（%）	变化率（%）
2002	姚明	休斯敦火箭	34	52	18
2001	奎姆—布朗	华盛顿奇才	23	45	22
2000	肯扬—马丁	新泽西网	38	32	-6
1999	埃尔顿—布兰德	芝加哥公牛	16	21	5
1998	奥洛沃坎迪	洛杉矶快船	21	11	-10

① 资料来源：Duane W. Rockerbie：the Economics of Professional Sports. Journal of Sports Economics 2005 6：107-113.

续表

赛季（年份）	状元	进入球队	旧赛季胜率（%）	新赛季胜率（%）	变化率（%）
1997	蒂姆—邓肯	圣安东尼奥马刺	24	68	44
1996	阿伦—艾弗森	费城76人	22	27	5
1995	乔—史密斯	密尔沃基雄鹿	32	44	12
1994	格伦—罗宾逊	奥兰多魔术队	24	41	17
1993	克里斯—韦伯	金州勇士	41	61	20
1992	沙奎尔—奥尼尔	奥兰多魔术队	26	50	24
1991	拉里—约翰逊	新奥尔良黄蜂	32	38	6
1990	德里克—科尔曼	新泽西网	21	32	11
1989	艾里逊	萨克拉门托国王	33	28	-5
1988	丹尼—曼宁	洛杉矶快船	21	26	5
1987	大卫—罗宾逊	圣安东尼奥马刺	26	68	42
1986	多格迪	克里夫兰骑士	35	38	3
1985	尤因	纽约尼克斯	29	28	-1
平均					12

说明：韦伯1993年被魔术在第一顺位选中后，被交易到勇士队。

资料来源：根据NBA官方网站数据整理。

2. 联盟老球员的分配——薪酬平衡制度。选秀制度主要针对加入联盟的新球员，但对于联盟资深运动员就不能再用分配制度了，对此联盟通过规定各队工资上限的办法来平衡各队实力①。主要包括：

① 笔者认为新球员一般以进入联盟为荣，这使其不会太挑剔球队。同时球队也尚未借助比赛对其进行合理评估。但老队员的信息较为公开，其工薪也比新秀高得多，这使联盟难以采用分配新秀的方法来分配老球员。

（1）工资帽制度。一般而言高水平的球员必然要求更高的薪酬，如果对俱乐部的薪酬不作限制，一些俱乐部可能投入巨资，把联盟所有顶级球员都网罗到队中。而体育竞技的偶然性决定了高投入不一定带来好成绩，约束俱乐部对球员的投资实际也是对俱乐部的一种保护机制。

20 世纪 70 年代，球员保留条款的废除使球员工资大幅上涨，而球队经营却陷入困境。如 1983 年，NBA 的球员工资占球队收入的 3/4，超过 2/3 的球队亏损，平均损失达 70 万美元，为此，NBA 发明了工资帽制度，基本原则是把联盟和俱乐部收入的一定比例作为球员的工资总额，这个工资额就是各俱乐部的工资上限。

工资帽限制了球队工资无节制的上涨，有的球队难免尽量减少投入，但这也将损害联盟的整体利益（这些吝啬的球队搭了那些高投入球队的“便车”），为保证俱乐部的适当投入并保护运动员的人力资本投资，NBA 还规定了球队的底薪，底薪一般为球队工资帽的 75%。如果球队薪金总额没有达到这个值，就会在该赛季末被处以罚款，罚款的钱将返还给球员。

（2）奢侈税。虽然联盟规定了工资帽，但各个俱乐部的情况不一，有的俱乐部可能量入为出，谨慎经营，而有的俱乐部可能更注重球队成绩，愿意以高投入来获得广告效应。过分限制球队的投入也不可取，为此，联盟又出台了奢侈税（Luxury Tax）制度，即球队可以超出限额发放工资，但必须就这部分超出的工资“纳税”，作为给予其他工资未超标球队的补助，NBA 奢侈税的税率高达 100%。

5.1.1.2　利润的平衡

北美职业联盟的发展历史表明，俱乐部财政的稳定对于联盟整体的发展至关重要。而比赛精彩与否决定了其提供产品的质量高低，当然俱乐部财政力量越强，其实力也越强，但比赛需要俱乐部之间的密切合作。为了平衡各队实力，“剥夺”强队的一部分利润以帮助弱队发展是很有必要的。

俱乐部收入主要来自门票销售、广告赞助和电视转播费，主要成本包括运动员工资、场馆租赁或建设费用等①。北美职业体育联盟中，对于全国性的收入（如全国性的电视网转播收入）按一定比例分配（需要考虑战绩和转播次数），如 NBA 的转播收入中有 30% 需平均分配，NFL 有 55% 需要平均分配。当地的收入（如门票和场馆收入等）属于当地球队。有的联盟规定门票也按一定比例分享，如 MLB 的门票收入在主客场球队之间的分配比例是 80/20，而橄榄球的比例大约是 60/40②。欧洲联赛对于媒体转播和联赛收入也进行一定程度的分配以扶持弱队，球队升级就可以获得丰厚的奖金，这实际就成为新球队的发展基金。欧洲职业足球采用升降级赛制，降级的球队损失很大，因为次级联赛的票价、媒体转播和广告赞助等都不能和上一级联赛相提并论，但次级联赛实际成为上一级联赛的后备队伍，升降赛制也可能提高了比赛激烈程度。为此，联盟一般都给予降级队伍一定的补助，现在每年降级球队可从英超获得 310 万英镑降级补偿③。这些利润分享制度可以使财政困难的俱乐部得到一定补助，提高其竞争能力，维护联盟的竞争平衡。对于强队而言，至少也在收入中获得了更大的份额，况且强队的声望和地位都不是弱队可以望其项背的，这也有助于减少俱乐部的“搭便车”行为。

---

① Scully G. Economics of sports. International Encyclopedia of the Social & Behavioral Sciences. 2001, 14938 - 14944.

② 随着情况的变化，这种比例也在不断调整，NFL 于 2001 年改变了门票收入分享计划，从原来主客队 60/40 分配改为整个联赛所有门票收入的 40% 由各队平均分配，这一计划得到大部分球队股东的同意。亚里桑那主教队等东区球队一直对原来方案不满，因为这些队原先可以从到达拉斯、纽约和华盛顿等富裕地区进行比赛而获得大笔收入。

③ Boon G, Jones D. Deloitte & Touche Annual review of football finance [R]. 2002. 25, 56.

5.1.1.3　地域的平衡

观众人数主要决定于市场（城市）规模和俱乐部的战绩①。俱乐部的收益除了其战绩外，所处城市也非常重要。一般而言，身处大城市意味着更多的媒体曝光机会，更多的观众群和更多的商业机会，球员也更愿意加盟大城市球队。表 5-2 显示，美国前十大城市中都有大联盟球队，纽约、洛杉矶等特大城市由于市场巨大，都有两个以上球队。

表 5-2　　美国前十大城市所拥有的大联盟球队

城市排名	人口	NBA	NHL	MLB	NFL
纽约	8104079	尼克斯、网	岛民、游骑兵	大都会队、洋基队	巨人、喷射机
洛杉矶	3845541	快船、湖人	国王、巨人、鸭子	道奇队、天使队	洛杉矶突击者
芝加哥	2862244	芝加哥公牛	芝加哥黑鹰	小熊队、白袜队	芝加哥熊
休斯敦	2012626	休斯敦火箭		休斯敦太空人队	休斯敦德州人
费城	1470151	费城 76 人	费城飞人	费城人队	费城老鹰
菲尼克斯	1418041	菲尼克斯太阳	菲尼克斯野狼		
圣地亚哥	1263756			圣地亚哥教士队	圣地亚哥闪电人
圣安东尼奥	1236249	马刺			
达拉斯	1210393	达拉斯小牛	达拉斯星	德克萨斯巡游者队	达拉斯牛仔
底特律	904522	底特律活塞	底特律红翼	底特律老虎队	底特律狮
球队数量		11	10	11	9
联盟球队总数		30	30	30	32

为保护球队，联盟一般都规定了俱乐部对某个区域的垄断经营（类似于特许权销售），以作为对其专用性投资的保护。但迁徙来

① Noll R. Attendance and price setting. In: Noll R (ed.) Government and the Sports Business. Brookings, Washington, DC. 1974.

的新球队某种程度上减少了原有俱乐部的市场需求，这也可视为减少了附近区域原有球队的专用性资产价值。如图 5－3 所示，新球队使需求曲线从 D_0 变为 D_1，使得利润最大化的价格由 P_0 降为 P_1，这就意味着俱乐部必须销售更多的门票才能达到原来的利润水平。这使俱乐部之间的竞争加剧，可能导致两败俱伤的恶性竞争。因为对于联盟的特定区域而言，每一个球队的需求弹性增加，联盟的垄断力则下降。

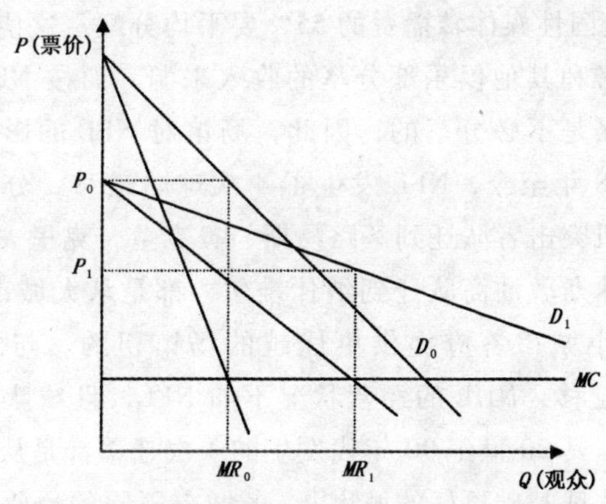

图 5－3　新球队的进入对城市需求的影响

因此，联盟规定新加盟的球队需要缴纳加盟费作为给原有球队的补偿。同时，新球队加入后，联盟也将分配给其一个特定的市场作为对其专用性投资的保护。缴纳多少加盟费、新球队安排在哪里都必须由联盟安排。联盟一般规定某个俱乐部独享一定区域，在某个城市的半径以内，任何其他成员未经同意不得进入，如 NFL 每个球队被授予一块以其主场体育馆为圆心的半径 75 英里区域的独占权。当然，正如科斯所认为的那样，只要可以进行充分谈判，产权归谁所有的结果是一样的。通过给予原有球队一定的补偿（人员或物质），新球队也可以进入某个特定区域。如 1984 年，NBA 的洛杉矶剪刀队未经联盟同意，从圣地亚哥迁到洛杉矶，为此它付给洛杉矶湖人队600万美元作为补偿。1996年，NFL的克里弗兰布朗队和休斯敦油商队的迁移费用都是2900万美元。2002年，夏洛特山猫迁移到新奥尔良的迁移费是3000万美元。当然，这些迁入的球队甘愿缴纳不菲的迁移费也经过认真考虑，考虑的重点包括城市所提供的优惠条件以及联盟的规定，有的球队从小城市迁往大城市，有的则相反。如NFL在北美四大联盟是最“平均”的，其工资帽是硬帽（Hard Cap，任何时候都不能突破），主客场门票按6/4分配，全国性媒体转播费的55%要平均分配。这使各球队努力挖掘那些不必和其他俱乐部分享的收入来源。而按NFL规定场馆的包厢、冠名是不必分享的，因此，场馆对NFL的影响比其他联盟更大，1988年至今，NFL发生了4次球队迁移，分别是洛杉矶公羊、洛杉矶突击者队迁到圣路易斯、奥克兰，克里夫兰布朗迁到巴尔的摩，休斯敦油商队迁到纳什维尔，都是从大城市到小城市，而原因都是小城市答应提供更优越的场馆租约。与之相反的是NHL球队的迁移，NHL的经营状况不如NFL，且球队的分享程度也不如NFL，其20世纪90年代发生的4次迁移都是从中小城市迁往大城市或冰球基础更好的城市①。各城市不同的税收政策也影响了职业球队和球员对城市的选择。当球星Kevin Brown离开佛罗里达马林鱼队，与洛杉矶道奇队签署了7年1.05亿美元的协议后，他从一个不征收入所得税的州到了一个征收入所得税的州，此项税收总额达970万美元②。洛杉矶道奇队不得不设法给予其补助，这些额外支出也由城市分摊一部分。

随着职业体育市场的扩大，迁移费也日益高涨，球队和联盟之间对此的谈判也变得更加复杂，为不交或少交迁移费，一些俱乐部

---

① Vrooman, John, A General Theory of a Professional Sports League., Southern Economic Journal, 61 (4), April 1995, 971 - 990.14.

② Lombardo, J. (2001, May 21 - 27). Taxmen target visiting teams. Street & Smith's Sports Business Journal, pp. 1 - 56.

开始寻求政府和法律的支持以对抗联盟。20 世纪 90 年代，MLB 的旧金山巨人队申请迁移到坦帕（在佛罗里达州），遭到联盟的拒绝。但旧金山巨人队说服了佛罗里达州议员马克（Connie Mack），马克强烈反对 MLB 的决定，并试图对棒球的反垄断豁免提起诉讼，对抗最终以 MLB 增加迈阿密队和坦帕队（都在佛罗里达州）而告终。同样，20 世纪 80 年代早期，NFL 的奥克兰袭击者队迁移到洛杉矶的申请遭到联盟拒绝，袭击者队控告 NFL 违反反垄断法，并在 1982 年成功迁移①。

5.1.2 联盟对外的竞争与合作

联盟在保护其内部成员专用性投资的同时，作为某项赛事唯一的提供者和球员唯一的购买者而获得了一定的市场垄断力，这种市场垄断力使联盟在与联盟外部的谈判（主要包括媒体转播权和城市）中获得了优势地位。联盟主要采取的策略包括“非有即无”(All or Nothing) 和“赢家诅咒”(The Winner's curse)②。

5.1.2.1 联盟对外主要策略

1. 非有即无策略。非有即无是从产品生产的角度出发所采取的策略。图 5－4 显示，如果产品（比赛）购买者可以选择购买 Q_1 的产量，则有 ACE 的消费者剩余，但联盟依靠其占优势的谈判地位，要求购买者要么不买，要么必须购买所有的产品（Q_2），这样

---

① 袭击者队赢得了诉讼，有趣的是它在 1995 年又返回了奥克兰，因为洛杉矶没有实现其修建新体育场的诺言。David Harris, The league: The Rise and Decline of the NFL (New York: Bantem Books, 1986). John Hilyar, Lords of the Realm (New York: Villard Books, 1994).

② “赢家诅咒”出自石油租赁，19 世纪 70 年代墨西哥湾的石油投资收益甚至不如当地信贷联合体的收益，其主要原因在于过份激烈的竞标竞争。此后这个理论被应用于各种相关场合，典型的如对优秀球员的争夺和给作家的预付金等。Richard Thaler, “The Winner's curse,” Journal of Economics Perspectives, V. 2, No. 1 (Winter 1988), pp. 191－202.

购买者不得不以 P_1 的价格购买 Q_2 的产品，这给其带来了 EFG 的消费者损失。联盟使购买者购买超过其想买的数量，直到 EFG 等于 ACE 为止。

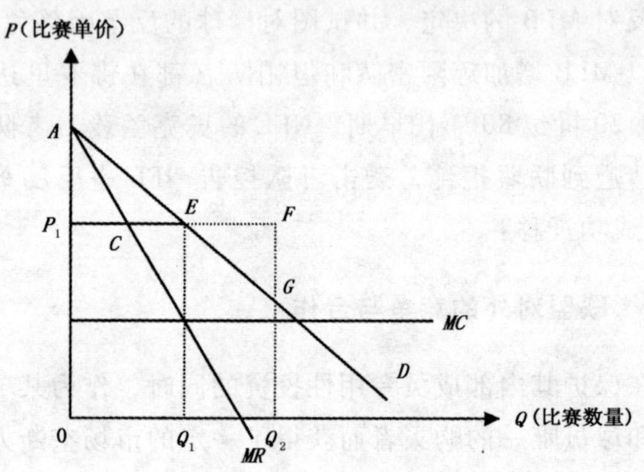

图 5－4　联盟通过"非有即无"策略攫取消费者剩余

2. 赢家诅咒策略。赢家诅咒是从产品消费的角度出发所采取的策略，对赛事组织者而言，赛事就是一种拍卖品，拍卖者试图通过购买人之间的竞争以减少他必须付出的信息租金。因为这些竞标者对于其他竞争者的估价具有不完全信息。赢家诅咒一般存在于多个购买者对少数商品的竞标上。其关键是只有最乐观的出价者才可能获胜。由于职业联盟的价值事先很难准确评估，也许购买成功确实可以带来超过一般的利润，也许只是为了获胜（当然不排除在其他领域的补偿），这导致了胜利的竞标者出价可能远远高于标的的价值①。

这两个策略的合理运用使联盟在媒体转播权出售和吸引城市的谈判中占据了主导地位。以媒体转播为例，一般而言，强队更

---

① Capen, EC, RV Clapp, and WM Campbell (1971). Competitive Bidding in High－risk Situations, Journal of Petroleum Technology 23：641－653.

吸引观众，因此，媒体往往喜欢转播强队的比赛，这时媒体可以获得一定的消费者剩余（假设媒体预期购买的数量如图5-4中的 Q_1，此时媒体可以获得面积为 ACE 的剩余)。但只出售强队比赛的转播权对联盟很不利，一个原因是将造成联盟强弱俱乐部对于转播权分配的争执，强队可能更不愿与弱队分享转播收入；另一个原因是联盟中强队总是少数，只出售强队比赛的转播权使转播的场次大为减少，这将减少整个联盟的收入和影响。为此联盟一般要求媒体购买大大超过其预期的比赛数量，即要求媒体购买的数量从图5-4中的 Q_1 增加到 Q_2，这使媒体产生面积为 EFG 的损失。对联盟而言最佳的结果是使 EFG 等于 ACE，这就意味着联盟全部攫取了媒体的消费者剩余（如转播数量进一步增加表示媒体开始亏损)。

当然媒体甘愿购买大于其预期的转播数量与联盟制定的竞标策略也有很大关系。根据拍卖理论，只要买方数量足够多并且愿意为之出价，最后，最大的获利方一定是卖方。与媒体和城市相比，联盟处于绝对的少数，因此，联盟也成为受市场追逐的卖方。许多竞争者竞拍的结果大大提高了拍卖的价格，并往往使买方不得不按照卖方的要求购买产品数量。

5.1.2.2　新球队的进入

联盟的成立使新成员的进入变得困难，欧洲的足球联盟采用升降赛制，是一种开放的联盟，想成为顶级球队必须从低级联赛开始，比赛成绩优秀才能升级，直至进入顶级联赛，但这本身就需要大量的投入，运气也必不可少。而北美的联盟是一种封闭的联盟，未经许可，新球队不得进入。新球队的进入一般要缴纳一笔加盟费。此外，联盟为防止球队的财务风险影响到联盟的品牌，一般对新成员还有特别的规定，包括提供资金、人员、场馆、门票和地域等各方面的财政保证。

理论上允许新球队进入联盟对现有会员既有收益也有损失。

收益是联盟可以让新加入者交纳一笔入会费，同时联盟的规模扩大也可能增加产量（比赛）和影响力。损失是球队必须与又一个成员分享收入。新球队也缩小了其附近球队的地理市场，对联盟与城市进行谈判时的议价能力也有负面影响。

从专用性投资的角度分析，加盟费的理论意义是联盟原有成员已经投入了专用性资产，与新成员相比，老成员承担了更多的风险。因此，新的成员必须缴纳一笔费用作为给老成员的补偿，同时也作为防范其机会主义行为的抵押。联盟会分配给新成员一个独占的市场区域和一批球员。这些制度的制订和执行异常复杂，考验着联盟和俱乐部的管理水平。如有新球队获准加入NBA，在每年选秀之前会为新球队举行一个扩军选秀。原来的俱乐部各个队可以最多保护8名自己的球员不参加扩军选秀，但是每个队必须至少拿出1名球员供新球队挑选。2004年，夏洛特山猫队加入NBA，在扩军选秀中夏洛特可以挑选至少14名，至多29名队员（此时NBA共有29支球队），山猫队同时还获得了2004年NBA选秀的4号签。有时球队将其不再需要的一名高价球员提供给新球队，但有时球队也（冒险）把一名有实力的球员留在保护名单之外（这名球员可能年龄过大或工资过高），这样球队就可以多保护一名自己认为可能失去的球员。

5.2 职业体育俱乐部的治理机制

上文已述，职业体育的各个交易主体都进行了专用性投资，为此，其必然要求对其专用性资产进行适当的保护。这使俱乐部的治理是一种典型的利益相关者共同治理机制（其组织结构见图4-8），各利益相关者的权益都通过组织或制度得到不同程度的保护。

5.2.1 俱乐部的内部治理

俱乐部的物质资本和人力资本投入都很大，俱乐部的股权结构、经营者的激励机制和球员的薪酬制度、培养机制均与一般商业有很大不同。

5.2.1.1 俱乐部的股权结构及其控制权的争夺

随着职业体育市场的扩大，越来越多的资金进入职业体育市场，职业体育已经成为一种高投入的产业。以 NBA 为例，现在 30 家俱乐部平均资产接近 3.4 亿美元①。其中火箭队老板资本最少，也有 0.8 亿美元，最富的是波特兰开拓者的股东（也是微软的第二股东），资本高达 200 亿美元。欧洲的资金不如北美充裕，这使许多俱乐部开始通过上市（或改组为股份公司）筹资。截至 2003 年，英格兰 92 家职业俱乐部中有 23 家成为上市公司，其中高水平的联赛对资金的需求更大，英超 20 支球队共有 15 支上市，占 65%②。俱乐部纷纷上市使其面临越来越激烈的股权之争，恶意收购开始出现，如曼联和切尔西都在被美国和俄罗斯富翁强行收购后撤市，重新变为私人公司。其中美国的格雷泽（是一支 NFL 球队的老板）花了两年时间，利用信贷融资收购的方式收购了曼联，收购后原本盈利的曼联俱乐部背负 5.4 亿英镑的债务（实际相当于曼联负债购买自己），这在英国引发巨大的争议。

---

① 裘六段："NBA 老板'烧钱绿皮书'"，《篮球》2004 年第 9 期，第 30 页。

② Sean Hamil, Jonathan Michie, Christine Oughton. et al. The state of the game – The corporate govermance of football clubs 2001 [R]. Supporters Direct, 2001/02: 4, 9, 11, 22.

表 5－3　121 家职业竞技体育俱乐部与 511 家非体育企业的股东对比

样本企业	企业数量	拥有企业股份 10%以上份额的股东数量	每家企业中拥有 10%以上股份的股东数量
体育俱乐部			
主要垒球协会	26	54	2.1
北美足协	24	54	2.3
全美篮协	22	52	2.4
全美足协	28	28	1.4
全美曲棍球协会	21	40	1.9
所有俱乐部	121	238	1.97
德姆塞兹—莱恩样本	511	218	0.43

资料来源：［美］哈罗德·德姆塞茨：《所有权、控制与企业》，经济科学出版社 1999 年版，第 267 页。

越来越多的俱乐部成为股份公司，但与一般股份公司相比，俱乐部的股权集中度更高。如表 5－3 所示，北美职业竞技体育俱乐部所有权的控制程度要远远大于 511 家样本企业。在 121 家职业竞技体育俱乐部中，共有 238 个所有者，平均每个俱乐部有 1.97 个大股东（持股 10% 以上）所有者。相比之下，511 家样本企业平均每家只有 0.43 个大股东。

造成俱乐部股权集中度较高的主要原因有两个，一个原因是俱乐部除了具有投资价值外，还是一种获得潜在快感的企业[①]。职业俱乐部的新闻每天都由各种媒体连篇累牍地报道，俱乐部老板自然成为一名公众人物，这使其可以获得其他行业老板所难以

① ［美］哈罗德·德姆塞茨：《所有权、控制与企业》，经济科学出版社 1999 年版，第 267 页。

获得的一种社会满足感。例如，杰里·琼斯购买达拉斯牛仔队之前，一直是一个不太为人所知的阿肯色州的油商。购买球队后，他马上成为一个名人，几乎每天都上全国性报纸。明白了这一点，我们也理解为什么那些“暴发户”往往不惜一掷千金成为球队的老板了。追求俱乐部控制权的目标使许多俱乐部股东不愿意卷入激烈的股权之争以免失去对俱乐部的控制。另一个原因是出于经营效率考虑。虽然教练成为俱乐部的主要领导者，但运动员商业价值越来越大，涉及一些著名球星的转会仍然需要俱乐部老板定夺。而运动员运动寿命短暂，这决定了其转会谈判的时效性很高，同时，俱乐部每年的赛期固定而紧密，所有这些都要求关于俱乐部的重大决策必须在短期内作出，俱乐部由少数股东拥有也提高了决策的时效性。

5.2.1.2　股东和管理者

一般企业受技术革新和分工演进的驱动，企业规模不断增大，其组织结构和管理形式也日益复杂。但俱乐部富裕而数量较少的股东使俱乐部内部的治理结构相对简单，股东可以比较容易而公平地对管理者的绩效进行评价，但这也使俱乐部管理者的风险加大。

1. 俱乐部教练的管理。由于职业体育国际化的趋势，越来越多的国外教练和运动员进入俱乐部，俱乐部的管理难度加大。如1999~2000赛季，英超切尔西俱乐部的管理人员中，经理是意大利人维亚利，技术教练是英国人，球员分别来自英国、法国、荷兰、乌拉圭、巴西等10个国家。这些球员和教练的年龄、文化背景、语言、家庭环境等各不相同，管理难度可想而知①。

教练管理难度增大的同时又面临着频繁而高效的监督。由于俱乐部定期进行联赛，有时一周要打两场比赛，股东可以频繁地对管

---

①　大卫·鲍乔弗、克里斯·步莱迪著，陈斌等译：《向足球学习——英超足球经营启示录》，人民邮电出版社2003年版，第7页。

理者的业绩进行考核①。同时，这种考核也是高效的，因为网络和卫星电视把比赛的一切都传送给全世界，赛后的分析和评论更是铺天盖地。虽然研究表明更换教练未必提高成绩，但球队竞争的压力使俱乐部股东更多地把压力转嫁给教练，教练往往成为成绩不佳的替罪羊，教练的生涯非常短暂②。英超联赛俱乐部经理的任期平均为 39 个月；而《金融时报》对世界前 100 名 CEO 的任期统计，平均为 45 个月③。1997～1998 赛季，英格兰一共只有 92 支职业足球队，但离职的教练多达 179 位。巨大的离职风险使教练的工作压力很大，英国《独立报》的调查显示，职业教练每周平均工作时间约为 80 小时，而英超主教练每周工作时间更高达 87.5 小时，其中有 44% 心血管存在病患④。

2. 教练的收入。主教练本身就是个高度稀缺的行业，一个球

① 前英格兰队教练凯文·基冈认为："如果你是弗格森（曼联主教练，当时已经在曼联执教 19 年），那么就会有 7 万人为了每周六下午的两个小时而走进你的生意，每星期他们会出两次报表（联赛成绩表）——而商业界一年才出两次报表。"大卫·鲍乔弗、克里斯·步莱迪著，陈斌等译：《向足球学习——英超足球经营启示录》，人民邮电出版社出版 2003 年版，第 18 页。

② 荷兰经济学家罗德·库宁研究了俱乐部更换经理人对成绩的影响，他发现 1993～1998 英格兰足球联赛的 18 支球队有 28 位经理人被解雇，解雇后球队成绩短暂上升，但长期看没有明显变化。罗德认为球队成绩不佳是更换教练的主要原因，因此，更换教练后球队通常都有一个清晰而短暂的目标，如面临降级或已经连续几场失败了，运动员的自我激励可能在短期内使成绩上升，稳定的球员渴望保住自己的主力位置，失宠于前任的运动员渴望一个表现和证明自己的机会（参见大卫·鲍乔弗、克里斯·步莱迪著，陈斌等译：《向足球学习——英超足球经营启示录》，人民邮电出版社 2003 年版，第 94 页）。McTeer 等研究了北美 4 大联赛更换主教练和经理对球队成绩的影响，球队成绩在赛季后期得到了改善，但这种改善并未持续到下个赛季，只有 NHL 除外。参见（McTeer, W., White, P. G., and Persad, S. (1965). Manager/coach mid - season replacement and team performance in professional team sport. Journal of Sports Behavior, 18 (1), 58 - 68.）

③ ［英］大卫·鲍乔弗、克里斯·步莱迪著，陈斌等译：《向足球学习——英超足球经营启示录》，人民邮电出版社 2003 年版，第 9 页。

④ news.sportscn.com/c/915/915397.htm；2005 年 3 月 25 日。

队的球员有几十人，而主教练只有一个。高度稀缺和高风险必然带来高收益，一些成绩卓越的教练，其收入甚至超过一般的球星，表 5－4 是 2004 年世界顶级足球教练的收入排名。

表 5－4　　2004 年世界足球教练收入排行榜　　（单位：欧元/年）

排　名	教　练	收　入
1.	穆里尼奥（切尔西）	750 万
2.	弗格森（曼联）	600 万
3.	埃里克森（英格兰队）	580 万
4.	温格（阿森纳）	440 万
5.	希斯菲尔德（赋闲）	330 万
6.	卡佩罗（尤文图斯）	320 万
7.	克林斯曼（德国队）	310 万
8.	拉涅利（赋闲）	290 万
9.	贝尼特斯（利物浦）	260 万
10.	扎切罗尼（赋闲）	230 万

资料来源：《体坛周报》2005 年 5 月 4 日。

2001 赛季，22 个 NCAA 的橄榄球主教练年薪是 100 万美元外加奖金①。

教练的工作能力和态度对俱乐部非常重要，但教练的努力程度难以直接衡量，其绩效只能通过球队成绩进行评价。为减少教练的机会主义行为，俱乐部教练一般采用年薪制，年薪之外一般还有奖金，奖金与球队成绩挂钩，表 5－5 是北美职业体育教练的一个典型合同，可以发现其收入与战绩有密切联系。

① Weiberg, S. (2001, August 3). Top dollar, top coaches. USA Today, pp. 1A－2A.

表 5-5　　克莱姆森大学橄榄球主教练

Tommy Bowden 的工资协议

项　目	金　额
底薪	16.5 万美元
年金	3 万美元
广播收入	55.4 万美元
签字费	3.5 万美元
奖金	赛季 8 次胜利，2.5 万美元
	9 次胜利，5 万美元
	10 次胜利，7.5 万美元
	11 次胜利，10 万美元
	ACC 冠军，2.5 万美元
	全国冠军，10 万美元

资料来源：Weiberg，S.（2001，August 3）. Top dollar，top coaches. USA Today，pp. 1A-2A.

此外，为维护教练的合法权益，教练往往也聘请经纪人，据统计，有一半教练在谈判中雇佣专职经纪人①。俱乐部往往因战绩不佳解聘教练，因此，教练的工薪合同对违约有明确而详细的规定，一般提前解约的都必须支付全额工资，这使教练的收入得到保障，这也是表 5-4 中 3 个教练赋闲在家仍然获得高薪的原因②。

3. 教练的培养机制。俱乐部的教练主要是从两个渠道产生：专门从事体育研究的名牌体育院校的学生或职业运动员退役之后经过专门培训之后到俱乐部任职，这些“新手”一般必须从俱乐部基层干起。漫长的培训也使这些管理者的人力资本投资很高。许多

① Weiberg，S.（2001，August 3）. Top dollar，top coaches. USA Today，pp. 1A-2A.

② 这些教练都是名气很大的教练，当球队成绩不佳也被俱乐部解约，但他们的工薪合同仍受到保障。

教练员具备丰富的工作经验、工作能力和敬业精神，如现在意大利足球联盟的主席、AC 米兰俱乐部总经理加里亚尼虽然没有职业球员背景，但在俱乐部基层工作了 20 年；尤文图斯的总经理莫吉在 1961 年起就为俱乐部工作；媒体报道曼联 62 岁的教练弗格森每天的工作时间是从早上 7 点半到晚上 9 点。

教练员的素质对于球队的成绩和整个产业的发展都有重要影响，国外对教练员的管理主要由协会（联盟）负责，一般采取分级管理、聘用、培训制度，经过考试、答辩取得相应证书后晋级，不同级别的教练获准执教不同级别的比赛。俱乐部按级别聘用，评聘分开，无证书不得受聘，取得任职资格可低聘不可高聘。比如德国足协规定：在德国科隆体育学院学习一年，经过多个学科和英语的学习和考试及格，取得足球教师资格者，可以执教甲级队、乙级队和国家队。在德国足协举办的学习班学习 4～5 周只能执教丙级以下及青少年队。对于教练员资格证的颁发非常严谨，1990 年，世界杯冠军德国队实际的“主教练”贝肯鲍尔未获得教练资格证书，在比赛期间只能以领队的身份指导球队。意大利教练的培训考核、晋级由足协教练委员会负责。只有一级教练员才有资格在职业足球俱乐部任职。一级教练员须培训 9 个月，课程总计 798 个课时，整个培训分为五个阶段，涉及足球技术、身体素质训练、医学知识、法律知识和工会组织和录像观摩等①。二级教练要求低一些，只能任助理教练或在非职业队中任主教练。NBA 要求必须是全国规定的 60 所大学毕业的本科生或大学毕业的研究生才有担当各级篮球教练员的资格，并且只有在通过了全国教练委员会考核合格，获得了教练员资格证书以后才能上岗②。

---

① 韩勇：《中国足球俱乐部内幕》，中国城市出版社 1998 年版。

② 蒋强、杨颂：“NBA 与 CBA 职业篮球俱乐部的比较研究”，《哈尔滨体育学院学报》2000 年第 3 期，第 87 页。

5.2.1.3 教练与球员

俱乐部只能提供物质保障，最终的比赛必须依靠教练和球员的合作来完成。研究表明，教练与运动员的关系对赢得比赛胜利非常重要①。教练与球员的关系可视为一种委托代理关系，教练的战术布置需要委托球员来完成。

教练一般根据战术需要安排球员的位置和比赛时间，但球员上场与否、主力还是替补都事关运动员巨大的经济利益，教练员与球员发生矛盾的情况屡见不鲜。欧美俱乐部处理这类情况的做法通常取决于球队的经营原则，讲求整体和主教练权威的俱乐部多会支持主教练的决定，这类俱乐部占绝大多数，而少数走球星路线的球队也可能出现袒护球员的情况。

一些管理规范、实力强大的俱乐部拥有完善的青少年球员培养和球探体系，自身造血功能完善，球队的团队精神和主教练权威是其不可动摇的基础。多数俱乐部认为他们的利益首先是委托主教练来监督实现的，而且也注意维护教练的权威。曼联著名球星贝克汉姆在与弗格森矛盾加剧后也不得不离开了赖以成名的曼联。纽卡斯尔联队的球星罗伯特甚至因批评已经卸任的前主教练索尼斯而被俱乐部罚款9万英镑②。

不过，一些大球星也能决定主教练的去留，这时球星们往往以消极比赛的形式促使教练“下岗”。2003年，西班牙皇马的球星集体反对当时的教练卡马乔，由于这些大牌们身价不菲，又得到广大

---

① Wright研究了运动员和教练员所采用战术的关系，他将教练员的战略战术分为以速度为基础、以力量为基础和以计谋为基础三类，认为采用速度为基础战略的教练员更注重新成员的运动能力和速度，同时，采用教练员擅长战略的球队运动成绩也比较好。Wright, P. N., Smart, D. L., and McMahan, G. C. (1995). Matches between human resources and strategy among NCAA basketball teams. Academy of Management Journal, 38 (4), 1052 - 1074.

② 法国球星罗伯特在前教练索尼斯执教时长期担任替补，两人矛盾很深。新华网2005年6月29日。

球迷的支持，因此，俱乐部只能牺牲卡马乔[①]。

虽然球员和教练的矛盾普遍存在，但集体比赛的协作性决定了教练员和运动员的合作是主流，比赛胜利代表双方的共同利益。因此，教练和球员们在训练和比赛中一般都表现出很高的职业道德，即使有不同意见也多采用协商方式解决。

5.1.2.4　俱乐部和球员

1. 运动员的薪酬制度。

（1）收入差距悬殊的运动员薪酬。运动员的平均工资很高，如 NBA 球员平均年薪将近 500 万美元。但一般球员的工资和少数球星的工资相差很大，以 NBA 为例，其中 5 名主力球员的工资是替补球员（一般 10 名左右）的 3.3 倍，球员并非人人都是大富翁，新秀的底薪也只有 36 万美元。20 世纪 90 年代，北美职业球员工资的基尼系数分别为：NHL 0.471，MLB 0.529，NBA 0.427，NFL 0.479[②]。少数为球迷所喜爱球星的工资收入远远超过其队友，如 1997 年 NBA 巨星乔丹复出后的年薪高达 3000 万美元，比其所在的芝加哥公牛队其他球员的工资总和还高。

少数球星的工薪是一般球员的几十上百倍，当然不等于这些球星一个人的作用与这么多人相当。实际上即使是少数球星其技艺也只比一般球员高出一点，但体育竞技的特点决定了为此必须给予巨额的回报。因为体育竞技必须使观众看到运动员尽最大努力进行比赛，而合理的运动员薪酬制度必须能激励运动员做到这一点。体育竞技追求胜利，如果运动员的薪酬差别不大，运动员不会为了获胜而竭尽全力。职业比赛的参赛各方通过激烈竞争分出胜负，以取悦观众，胜负的差距越小说明比赛双方实力越接近，比赛越激烈。为

① 李然："欧洲俱乐部处理球星教练矛盾"，《北京青年报》2005 年 5 月 23 日。

② Duane W. Rockerbie: the Economics of Professional Sports. Journal of Sports Economics 2005 6: p. 168 – 169.

了这些微小的水平差距必须给予巨大的回报以奖励胜利者并刺激失败者继续努力。同时，运动员的技能属于运动员，体育竞技的偶然性又决定了球员的偷懒难以监督。为此，通过拉大薪酬差别将产生有效的激励。

图 5－5 显示了球队内球员的努力程度和其获得收益的关系。假设运动员努力的边际成本大于零（因为这可能意味着更多的训练以及比赛中的额外努力）。这使图 5－5 中的边际成本曲线 MC 向上倾斜，而且随着努力程度的增加越来越陡峭（以递增速度增长）。递增的斜率表示努力程度 E 变化的代价更高（意味着水平越高其提高的难度越大）。因此对于高水平运动员能力的小幅提高（如图 2－5 中的 E_2-E_1），必须给予其大得多的收益（M_2-M_1），才能产生适当的激励效果。

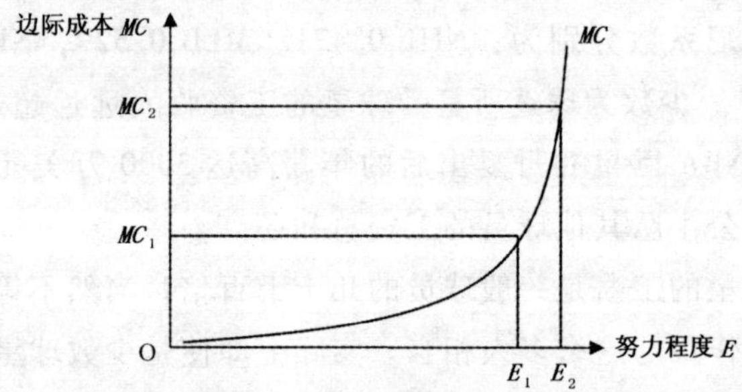

图 5－5　运动员递增的努力边际成本

还有一点必须说明的是本书分析的职业体育（如足球、篮球等）都是集体协作项目，但这不等于球队内部采用一个趋于平均的工资收入。因为任何一个集体成员的水平总有高低之分，给予那些水平更高一些（即使有时这个幅度很小）的运动员高得多的工薪，可以激励其他运动员努力提高水平以减小其工资差距。同时这些领取高薪的运动员也往往被塑造为力挽狂澜的“英雄”，这些“英雄”为了不负众望，必须不断保持其相对其他队员的领先优势，以期在困境之中率领球队取得胜利，否则他将被视为一般水平的球员，而这将使其声望和收入大减。

（2）球龄和薪酬。由于现在运动员的人力资本投资很高，这就意味着运动员的劳资契约期限越长，对运动员越有利，这也反过来鼓励运动员加大对其人力资本的投资。对联盟或俱乐部而言，老运动员运动寿命更长，这使其可能更为观众所熟悉和喜爱。因此各个联盟的薪酬制度一般都更有利于老运动员。

以 NBA 为例，为均衡各队实力和保护球员，NBA 规定了运动员的底薪和顶薪，但对于不同球龄运动员的顶薪和底薪是不同的，球龄越长，顶薪和底薪也越高，如图 5－6 所示。在此制度保障下，老球员的收入要高于年轻队员，如图 5－7 所示，35 岁以上年龄段的运动员平均工资最高，达到 547.13 万美元，而 20 岁年龄段的运动员平均工资只有 151.95 万美元，相差 3.6 倍。当然其中老运动员的经验可能起了作用，但其高薪与 NBA 的这种规定是分不开的。

同时，NBA 还有一些特例，对老队员也很有利，如“拉里·伯德”条款，符合这个条款资格的人被称为“资格老兵自由球员”。这个特例允许工资帽以上的球队同本队的自由球员重签合约，数额可以达到顶薪。但这名球员必须至少打满 3 个赛季，且在这 3 个赛季中没有被解雇过。NBA 还有一种“永不转会”条款鼓励运动员签订长期合约，NBA 的俱乐部如要求运动员转会运动员是无法拒绝的（当然他可以通过出工不出力来消极对抗，但这是以运动员短暂的运动生涯为赌注，代价很大），但满足以下两个条件的球员可以不再被要求转会：一是该球员在 NBA 已经有最少 8 年球龄；二是已经为签约球队效力至少 4 年。

当然职业体育是一种商业，俱乐部不会仅仅因为球员球龄长就与队员签约，关键还是取决于运动员的实力。球龄越长的运动员收入越高无疑使球员更愿意努力提高技术水平、延长自己的运动寿命，（高水平的）老运动员使联盟和俱乐部的品牌价值都得到提升，而这对球员和联盟都是有利的。

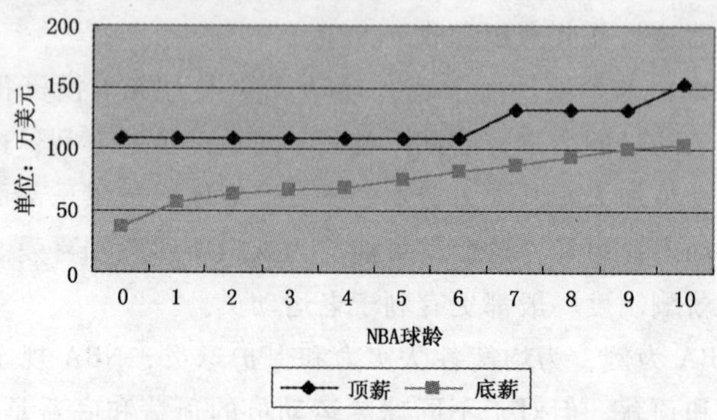

图 5-6 NBA 运动员球龄和顶薪、底薪

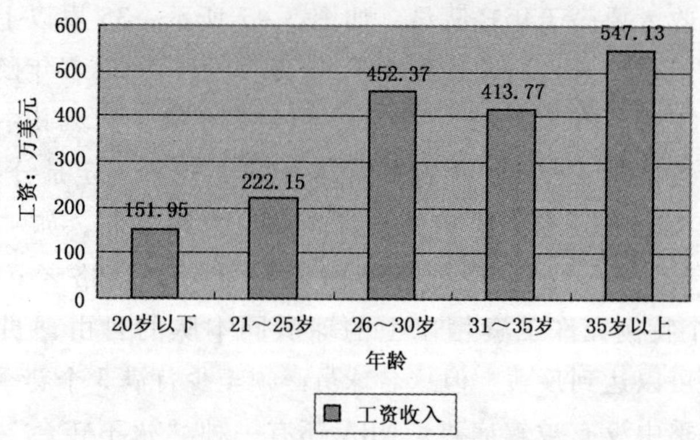

图 5-7 2001~2002 年赛季 NBA 各年龄段运动员平均工资①

（3）运动员的薪酬结构。集体竞赛项目需要大量的复杂配合，这使球员的工作业绩难以量化。因此，球员的工资一般采取年薪制和奖金相结合的办法。运动员的收入主要包括工资、奖金和广告赞助，一些球星的广告赞助所占的比例越来越大，见表 5-6。对其

① 金赛英："NBA 运动员与俱乐部工资收支状况之研究"，《体育科学》2004 年第 2 期，第 11 页。

进一步分析，可以发现运动员的薪酬有以下三个特点：

第一，货币多，股票（期权）少。与其他一些高人力资本的行业不同，球员的薪酬以货币为主，俱乐部很少给予运动员股票期权。股票期权作为提高管理人员和技术人员绩效的有效手段在一般企业中被广泛采用①。但即使是一些著名球星或教练也很少获得俱乐部的股权。原因有两个：一是俱乐部投资类似一种“炫耀性”投资，成为公众人物是这些大富翁的愿望，富有的俱乐部股东一般不愿与他人分享股权（见上文所述）；二是球员和教练流动性很大，如2002年姚明作为新秀状元到NBA的火箭队，3年后姚明已经是火箭队“工龄”最长的球员，其最初的队友都换了球队。这就意味着给予球员股票将使俱乐部的股票经常处于流动之中，这将使俱乐部股权结构很不稳定。同时，持有俱乐部的股份也给球员的跳槽带来不便，因为他可能成为竞争对手的股东，这将影响其在赛场上的表现。

表5-6　　2005年足球运动员收入排名榜　　单位：万欧元

排名	运动员	总收入	工资	奖金	广告赞助费	国家
1	贝克汉姆	2500	640	20	1840	英格兰
2	罗纳尔多	1960	640	20	1300	西班牙
3	齐达内	1300	640	20	640	西班牙
4	维耶里	1200	650	20	530	意大利
5	皮耶罗	950	420	10	520	意大利
6	兰帕德	940	760	80	100	英格兰
7	劳尔	930	640	20	270	西班牙

① 《财富》对美国282家中型企业经理薪酬调查发现，经理薪酬明显向股票期权倾斜，从1985~1997年，股票期权的比例从8%上升到42%。杨瑞龙：《国有企业治理结构创新的经济学分析》，中国人民大学出版社2001年版。

续表

排名	运动员	总收入	工资	奖金	广告赞助费	国家
8	亨利	920	450	30	440	英格兰
9	特里	860	680	80	100	英格兰
10	菲戈	860	640	20	200	西班牙
	平均	1242	616	32	594	

资料来源：《法国足球》2003 年 5 月 7 日。

第二，固定收入多，浮动收入少。表 5－6 中，奖金和工资占总收入比例分别为 5% 和 50%，奖金远远少于相对规定的工资。比赛胜利取决于球员们的场上表现，为什么奖金比例不如预期的高呢？除了球员工会的努力外，一个重要原因是如果球员的收入主要依靠奖金，那么某些关键的比赛场次对球员的价值可能非常高，这将大大提高比赛舞弊的可能性。年薪制将风险和收益分摊到每一场比赛中，很大程度上减少了球员们的舞弊行为。

第三，广告赞助比例较高。表 5－6 中，广告赞助的比例几乎接近于工资。广告赞助一方面反映了球员的商业价值；另一方面也提升了球员的表现。表现不佳的球员只能获得较少的出场时间，而较少的出场时间使球员无法被观众、媒体熟悉，这又大大减少了球员获得广告赞助的机会。此外，往往只有那些被视为社会楷模的运动员才能获得广告赞助，为了规避风险，赞助合同一般都有终止条款，一般规定如运动员严重违反某些规定时合同自动终止。如 2004 年 NBA 湖人队的球星布莱恩特涉嫌强奸，结果耐克公司马上停止了与他的赞助合同，布莱恩特收入锐减上千万美元。一年后对方撤诉，耐克公司又与布莱恩特续签了赞助合同。

2. 球员的培养与选拔。要成为一名职业运动员除了出众的身体素质和运动天赋外，还需要漫长的培养周期，因此在短期内很难用价格杠杆来调节球员数量。各个联盟都非常重视运动员的培养，对职业运动员的培养包括以下三种方式：

（1）学校培养。欧美国家以学校作为培养运动员的主要基地，但并不强调学生运动员的运动成绩，其最大的优点是选材面宽，运动员的出路广。

职业球员成材率很低，绝大多数参训运动员最终无法成为职业运动员，但为了使更多的人参加到这个运动中去（这些人即使无法成为职业运动员，但至少可以成为高水平的球迷），各个联盟一般对学生运动员的学习时限有严格的限制，避免参加训练的运动员脱离社会。这实际上也使球员培训的风险降低，因为受到训练的青年球员同样可以获得足够的学习机会以融入社会。同时，各国都将学校体育视为一种公共事业，由政府向学校提供资金，协助培养球员。如法国足球人才的培训目标是“培养不拘形式的运动员，不是培训踢球的机器”。在足球培训中尊重儿童的身心成长，从体育和文化两个方面进行培养。美国从小学、初中、高中到大学都有相应的校队，青少年运动员是校队队员同时也是学校学生，通过学校训练和完善的地区和全国性比赛来提高水平。球员从学校毕业后经过各种形式的新秀选拔进入各种大小联盟，这也使职业球员的综合素质较高。

为培育市场和选拔运动员，各个联盟都向学校提供赞助，如英格兰足总直接向小学提供器材、教练和其他帮助。英格兰足总还向全国 7 ~ 10 岁的孩子推出了小足球项目，给他们提供小球门和小球进行训练。学校也可以直接向足总申请资金，在各个学校之间开展小足球联赛。几乎所有的职业俱乐部都聘请专兼职球探，密切注意学校和社区联赛中的球员苗子。

（2）职业体育俱乐部培养。欧洲各国的学校体育不如美国发达，球员难以直接从学校选拔，因此，欧洲足球联赛还依靠俱乐部的球员培养体系，英格兰足总规定俱乐部必须设立足球学校。足球学校专门吸收有足球天赋的孩子加以培养，最小的孩子 9 岁就可以入校。俱乐部为他们提供训练、医疗和文化教育等一切必要的条件。同时，为保护青少年运动员，足协规定这些青少年运动员迟至16岁后才能成为职业球员。

（3）职业体育运动员的全球化培养。近年来随着职业体育的全球化，一些发达的职业联盟开始把欠发达地区的优秀球员作为其培训基地，当然这也大大扩大了联盟的市场。如北美大联盟声称自己是国际联盟，对参加选秀球员的国籍不作限制。欧洲自从博斯曼法案后，越来越多的南美、非洲的年轻球员进入了欧洲联赛。这些发达的职业体育联盟实际上把全世界都当成了其免费的运动员培养基地。

5.2.2 俱乐部的外部治理

职业体育的各种消费者也对俱乐部进行了不同程度的专用性投资，这使俱乐部的外部治理比一般企业要广泛和复杂得多，其主要内容包括对城市、球迷和广告赞助商专用性投资的保护机制[①]。

5.2.2.1 城市和俱乐部的相互依赖

在第4章对职业体育的历史分析中，笔者认为随着媒体转播和广告赞助的大量参与，城市开始成为职业体育新的一个消费者。北美各个联盟将球队有意识地分布到有发展前途的大城市来扩大市场。而另一些将球队安排在中等城市的竞争联盟（如ABA、WHA和ABL等）最终都失败了。欧洲的俱乐部与城市几乎是荣辱与共，关系更加密切。如利物浦和埃弗顿两家俱乐部都处于利物浦，两队的支出中，每1英镑就有31便士保留在利物浦地方经济圈中，赛场附近5%的生意与足球比赛有关[②]。许多历史悠久的足球俱乐部

---

① 媒体与俱乐部的治理机制在第4章里已做较为详细分析，此处不再赘述。

② 侯海波："职业足球推动英国默西赛德郡经济发展"，《足球理论与实践》2005年第2期。

已经成为城市历史文化的一部分，职业体育和城市的关系可见一斑。

1. 职业体育对城市经济的影响。虽然城市开始为吸引俱乐部而展开竞争，但体育比赛到底对城市经济有多少正面影响仍然有争议，一些大型赛事对城市的促进作用似乎得到普遍的认可，2000年荷兰欧洲杯足球赛的4个赛事承办地盈利1.1亿美元，历届奥运会也给举办地带来巨大的经济利益。但Baade和Dye通过对9个城市体育设施推动就业情况进行研究，认为只有1个体育设施对就业有明显的拉动影响[①]。Coates等人认为体育设施对城市经济的拉动不大，休闲娱乐业产值上升的同时，零售业和娱乐业的产值却下降了[②]。Berument和Yucel的研究认为职业体育对城市经济有较为正面的影响，他们认为工业增长率和比赛胜率之间呈现正相关关系[③]。

显然已有研究对职业体育与城市经济的关系尚存争论，但城市为何热衷于吸引俱乐部呢？这就不能单纯从拉动城市经济来分析，用公共选择理论似乎更能说明问题。

2. 职业体育和城市管理者。公共选择理论认为政府也代表着某些团体的利益，并非毫无私心为选民服务。政治家倾向于谋取其政治声望，由于大量分散的选民利益和呼声过于分散，政治家们更易于对有组织的集团利益作出反应。职业体育团体往往可以利用“体育”为招牌以谋求其集体利益。克里夫兰的职业体育集团就为1990年克里弗兰场馆建设的公民投票筹集了100万美元，艾伦共

---

① Robert Baade and Richard Dye, “The Impact of Stadiums and Professional Sports on Metropolitan Area Development,” Growth and Change, v. 21, no. 2 (Spring 1990), pp. 1 - 14.

② Coates, Dennis and Brad R. Humphreys. 1999. “The Growth Effects of Sports Franchises, Stadia and Arenas.” Journal of Policy Analysis and Management. 14 (4): 601 - 624.

③ Berument, Hakan, and Eray M. Yucel. 2003. “Long Live Fenerbahce: Production Boosting Effects of Soccer in Turkey,” Unpublished mimeo.

付出920万美元使耗资3亿美元的西雅图鹰队的新体育馆的公民投票勉强通过①。当然，球队也可能失败，明尼阿波里斯、夏洛特和旧金山都有先例。如旧金山巨人队最后只能利用私人资金进行大西洋贝尔公园的建设，这个场馆成为1962年以来第一个完全使用个人资金建设的运动队设施②。

许多城市的管理者更乐意吸引职业俱乐部，他们声称城市拥有球队可以改善城市形象，提高居民的自尊，并可能吸引原来不可能在城市落脚的商业机会，但这还没有得到严格的证明。一些城市则试图把体育作为振兴城市的工具，如美国的克里夫兰、英国的谢菲尔德等。克里夫兰在1950年有居民上百万，但到了1990年，居民只有50万人。1989年上任的市长怀特承诺实施一个耗资10亿美元建设三大体育设施的盖特韦计划（Gateway Project），希望以此吸引职业俱乐部。虽然起初该计划确实促进了就业，但市区的增长却一直低于周边地区的增长，后来甚至开始负增长，普通家庭的人均年收入减少了12美元③。这使盖特韦计划是否成功受到广泛的质疑，但怀特最终以压倒优势连任了第3、第4任市长④。

3. 城市与职业俱乐部的契约谈判和治理机制。“二战”以后，有限的球队和城市经济的发展使俱乐部对城市拥有更强的垄断力，

---

① 美国的体育场馆的公共基金投入已大大超过私人投入，但公共基金用于建设体育场馆一般要获得当地议会的同意，并经常需要公民投票。艾伦是微软公司的第二大股东，也是NBA亚特兰大鹰队的老板。详见 Cagan and deMause, Field of Schemes (1998), pp. 16, 44, and 166 - 168.

② Kaplan, D. (2000a, December 18 - 24). Private funds, public cheers. Street & Smith's SportsBusiness Journal, p. 29.

③ Bruce Hamilton and Peter Kahn, "Baltimore's Camden Yards Ballparks," in Sports, Jobs, and Taxes, ed. by Roger Noll and Andrew Zimbalist (Washington, D. C.: Brookings Institution Press, 1997), pp. 245 - 281.

④ W. Dennis Keating, "Cleveland: The Comeback city: The Politics of Redevelopment and Sports Stadiums Amidst Urban Decline," London: Sage Publications, 1996, pp. 189 - 205.

球队从需要城市市场的需求方变成了为城市提供比赛的供给方，球队和城市的谈判变得日益复杂。

有限的球队数量使城市要“挽留”一支球队的成本高昂，许多球队都曾经威胁如果城市不对其进行补贴就要离开城市。城市之间的竞争使城市给予球队的补贴越来越高，在北美体育场馆的建设资金由原来的私人资金为主变为公共资金为主（见第 4 章）。当然城市与俱乐部之间会有一个场馆租赁契约，但这种租约对球队非常优惠。租约经常与上座率相联系，如克里弗兰印第安人队在目前的上座率下，每张票付 1.25 美元租金，如果吸引的球迷不足 250 万美元，租金就下降为 1 美元，如果球迷少于 185 万人，就不用付租金。表 5-7 是 1989 年部分 NBA 球馆使用合同，可以发现，大部分球队都得到非常优惠的场馆租赁合同。

表 5-7　1989 年 NBA 部分球队球馆使用合同的主要内容

俱乐部名称	场馆合约主要内容
黄蜂队	第一个 5 年、场租为 1 美元/场，10 年以后收取门票收入的 4%~8%
骑士队 *	10% 的门票提成
小牛队	8% 的门票提成
金块队	每年不少于 108.3 万美元的租金
勇士队	租金根据观众上座率的情况而定，最少 4.1 万/年。观众人数超过 287622 人时，提成为门票收入的 6.5%
火箭队	15% 的门票提成
快船队	3000 美元/场次
湖人队 *	12% 的门票提成
热火队	前 5 年 57.5 万美元/年奖金，以后 60 万美元/年
雄鹿队	86/87 赛季，4400 美元；87/88 赛季，免费
魔术队	最少 7000 美元/年
76 人队	12.5% 的门票提成

续表

俱乐部名称	场馆合约主要内容
太阳队	10%的门票提成
开拓者队	1.02万美元/场次
马刺队	20.5万美元/年奖金
超音速队	8.5%的门票提成
爵士队	按7%的门票收入提成，租金高于142857美元/年时，门票提成比例为3.5%
森林狼队	免费

资料来源：IAAM Professional Sports Lease Survey, Sep 1985, Sports Inc., Jan 30, 1989年制作，*表示该队的球馆属于球队所有。

城市对体育场馆投入巨资进行建设意味着城市进行了大额的专用性投资，这使其更容易遭到球队的事后敲诈。如1990年5月，克里夫兰投票同意为MLB的印第安人队和NBA的骑士队各建一个新球馆，但到9月球队才答应租赁条件，这使克里夫兰在与球队的谈判中处于不利地位，球队随后要求附加各种内部设施，两个场馆最终的成本分别超出预算4800万美元和7300万美元，几乎比原来的预算翻了一番①。

4. 俱乐部参与社区活动和信息披露。俱乐部依托城市而发展，城市通过对俱乐部的广泛支持在某种程度上获得了俱乐部。因此，俱乐部也必须充分考虑城市的利益，Holt认为俱乐部在社区内扮演一个积极的角色可以在建立信誉和财务回报上带来好处（Holt, 2003）。现在俱乐部主要通过参与社区活动以及信息披露来表达对城市的“回报”。首先，欧洲足球俱乐部的社区参与活动具体包括“社区足球”和“足球援助”，其主要内容分别是在社区内开展业

① ［美］迈克尔·利兹、彼得·冯·阿尔门著，杨玉明、蒋建平、王琳译：《体育经济学》，清华大学出版社2003年版，第159页。

余比赛和通过慈善拍卖为志愿者和慈善机构募集资金。2003 年，20 个英超俱乐部中的 19 个开展了不同程度的社区活动，而当年英超的慈善捐款也达到 41 万英镑；其次，作为倡导相互包容和提高公司治理的另一种结构转变是提倡信息公布，这是因为信息公布的方式可以使足球俱乐部找到最佳的治理机制和最佳的责任和义务的履行方式，激励俱乐部改善其行为。虽然并非所有俱乐部都是上市公司，目前俱乐部的这种披露要求尚未成为一种强制性要求而仅仅只是采用诱导性方式，但越来越多的俱乐部开始对外公布其年度报告，报告内容除了常见的财务信息外，还包括与球迷的联系、俱乐部的饮食、残疾球迷的意见、网站设计和新球员培养等内容。许多俱乐部开始在公司年度报表中对自己的社区或社会地位作明确的说明，如曼联俱乐部声称其“全力以赴为那些能够真正对本地和世界公众产生效果的计划而工作”，桑德兰俱乐部更声称其发展前景是在地方社区内扮演积极的有价值的角色，力争成为“所有人”的俱乐部①。

5.2.2.2 球迷

职业体育历经百年，球迷对某个俱乐部的偏好可能历经几代，欧洲许多球迷从年少时就追随其父辈往球场为球队助威，其对球队的感情也是一种专用性投资，难以轻易转移，球迷的支持更有助于提高主场球队的胜率。这些都使球迷的影响远远大于一般产品的消费者。当然在球队失败时，球迷也给球队带来巨大的压力。球迷的不满可能迫使俱乐部换教练、换球员、换经理，甚至俱乐部的股东有时也无法承受球迷的压力而出售股份。球迷的行动也可能失控，1998 年，NBA 芝加哥公牛队夺冠时球迷的庆祝变成了骚乱，警察

---

① ［英］斯蒂芬·摩洛著，金艳丽译：《足球经济的奥秘》，中国金融出版社 2006 年版，第 140 页。

不得不全部出动试图控制球迷的欢庆活动[①]。各种足球流氓的闹事也往往发生在重大比赛前后。

赛事生产和消费的不可分割使俱乐部必须非常关注市场变化。在职业体育早期，主要的收入是门票，因此，球迷处于俱乐部的经营中心，这个传统沿袭至今（实际上球迷也是其他各种消费者的基础）。球迷的忠诚是俱乐部成功与否的关键。不过决定球迷忠诚度的因素不止是成绩，还包括：比赛的娱乐性，真实性，球迷和俱乐部、运动员的价值观以及俱乐部的历史和传统[②]。意大利佛罗伦萨队（有 80 年历史）2003 年从意甲联赛中降级，后又由于财务困难被取消参加乙级联赛的资格，只能参加最低级别的丁级联赛。不过忠诚的球迷反倒购买了 15000 张赛季套票以示支持，高出上个赛季该队还在甲级行列时的 11329 张。所有这一切都说明球迷的权利和义务远非一般消费者可比。

1. 球迷的权利。国外职业体育管理者已经充分认识到球迷对俱乐部的独特权利，俱乐部的球迷带有地域性的特点，令球迷不满几乎就得罪了俱乐部所有的顾客。因此，球迷的“权利”要复杂而广泛得多，球迷也以各种形式参与到俱乐部的经营中，英国有 20 万人从事足球俱乐部管理工作，其中超过 99.5% 都是志愿者，英格兰足协每年颁发的“志愿者奖”就超过 1.5 万人[③]。球迷的主要权利包括：

（1）消费权。球迷购买了比赛的消费权，也具有自己的消费权益。包括：经营者应保证球赛的含金量，保证比赛的精彩性、真实性和客观性。对于假球、黑哨、球员出工不出力，球迷有抗议和

① ［美］肯·卡瑟、多蒂·博·奥尔克斯著，高远洋译：《体育与娱乐营销》，电子工业出版社 2002 年版，第 101 页。

② Brad Edmunson, “What Makes a Sports Fan?” Forecast (September 1997).

③ ［英］里斯·豪威（Les Howie）：《俱乐部运营》，北京体育大学出版社 2005 年版，第 94 页。

“打假”的权利。而且，在足球市场中的消费，不仅仅是观看比赛，观看比赛的环境和条件也是消费的重要项目，都属于球迷可以挑剔的范围。

(2) 知情权。球迷应该有了解俱乐部发展情况的权利。如球队的训练、比赛，足球主管部门关于足球事业发展的规划，对球队和裁判的管理，成功经验和失败教训的总结。在欧美体育界，联盟一般对俱乐部接受媒体采访有明确规定，拒绝采访者要受到严厉的处罚。当然，俱乐部也知道这是取悦球迷和进行俱乐部宣传的好机会，各俱乐部一般都建立了新闻发言人制度，新闻发布会上经常妙语连珠。近年来，随着网络技术的发展，网站成为俱乐部培养、扩大消费群体的又一工具。

(3) 建议权。建议权就是球迷对俱乐部发展提出意见和建议的权利。虽然职业体育的资金基本都是私人资本，但体育比赛的特殊性使球迷对俱乐部的影响很大。球星转会往往易引发球迷的干预。1979 年，当巴西球迷听说意大利的俱乐部要买走巴西球星济科时，立刻表示抗议。巴西足协和济科所在俱乐部收到球迷无数个电话、电报和恐吓信，最终使济科的转会流产。2001 年，巴塞罗那球星菲戈转会其竞争对手皇家马德里，2002 年，菲戈代表皇马回到巴塞罗那比赛时，一位愤怒的巴塞罗那球迷冲入赛场向菲戈投掷猪头以发泄仇恨。

俱乐部的股权变动是另一种易引发球迷骚动的事件。1995 年，在克里弗兰布朗队将迁往巴尔的摩时，该球队的持有者阿特·莫德尔（Art Modell）收到球迷的恐吓信[①]。曼联是 20 世纪 90 年代英格兰最成功的俱乐部，1999 年，当天空电视台试图收购曼联时，球

---

① ［美］肯·卡瑟、多蒂·博·奥尔克斯著，高远洋译：《体育与娱乐营销》，电子工业出版社 2002 年版，第 99 页。

迷上街游行抗议，并最终导致英国政府出面制止这笔交易[①]。当曼联最终于2005年被美国富翁格雷泽收购后，球迷的抗议行为使格雷泽必须接受警察的24小时保护。一些曼联的球迷组织起来宣布抵制沃达丰和耐克的产品（曼联的赞助商），转而投向沃达丰和耐克的竞争对手 O_2 和阿迪达斯。这是几个月后沃达丰提前中止与曼联赞助合同的导火索。

（4）参与球队的管理。球迷参与的俱乐部经营管理往往得到政府的支持，1997年，英国政府成立了“足球工作小组”，重点考虑种族歧视、残疾人参与和球迷参与俱乐部问题。此后4年英格兰已经有70个俱乐部建立了政府发起、公共基金出资的组织——“球迷导航”组织，其主要作用是加强球迷的参与，使球迷的声音从能够被听到变成能够被听从。俱乐部的经营失败甚至使球迷直接介入俱乐部的经营管理中。1991年，当英格兰北安普敦俱乐部球迷得知俱乐部陷入债务危机时，球迷为挽救球队而发起募捐，并成立一个托管机构负债募集和保管资金。1992年，北安普敦队管理层最终邀请球迷托管机构选出两名代表加入俱乐部董事会。球迷托管机构向俱乐部转交了他们募集的3万英镑，并换得了8%的股份。1999年，英国甲级球队水晶宫因经营不善陷入破产边缘，几天内球迷的捐款超过100万英镑，建立了“援助信托基金”[②]。2002年建立的沃特福德球迷信托的目的则是“确保沃特福德足球俱乐部在维克雷治路体育场作为一个职业俱乐部能永远存在”[③]。

---

① 在球迷进行广泛而持久的抗议前，英国政府对此其实并不重视。正是球迷的广泛抗议使英格兰上下开始认真思考媒体和职业体育的纵向一体化问题，并最终导致英国政府阻止了天空电视台对曼联的收购。

② 王选琪：“职业体育竞赛观众的培养措施”，《体育学刊》2003年第9期，第17页。

③ ［英］斯蒂芬·摩洛著，金艳丽译：《足球经济的奥秘》，中国金融出版社2006年版，第47页。

2. 俱乐部对球迷的义务。许多球迷对球队的支持达到了“钟爱”的程度，球迷对所支持球队胜负投入的感情会成为他们生活中最有意义的事情。大多数俱乐部意识到球迷对俱乐部的特殊权利，俱乐部对球迷的义务，包括以下四个方面：

（1）球迷的培育。由于球迷对俱乐部的专用性投资难以轻易转移，因此，俱乐部往往在培育球迷上不遗余力。英国足球俱乐部加强与球迷联系的途径包括建立俱乐部球员定期访问社区的计划；发展俱乐部的足球训练营；面向学校组织足球巡回表演和实施培养未来小球迷的“蓝色伙伴”计划等（颜强，2004）。

（2）鼓励球迷购买股票。为了加大球迷对俱乐部的投资并获得更多的资金支持，许多俱乐部开始面向球迷发行股票。球迷股东的出现自然拉近了俱乐部与球迷、市场的距离，俱乐部也获得了稳定和可靠的资金来源。

（3）球迷联络组织。为便于与球迷联系并倾听球迷的意见，俱乐部往往都成立一个球迷联络组织来管理球迷，许多俱乐部还成立了球迷俱乐部。在欧美职业联赛中，球迷组织负责组织所有主场比赛时的球迷活动，参加客场比赛时俱乐部还经常为自己的球迷统一安排交通工具往返赛场。休息时间，俱乐部设置丰富多彩的节目让观众参加，如经常选择主客场球队的少年队举行互射点球比赛。有的还选观众进入场地表演并视其表现发给奖金。俱乐部一般都定期向球迷开放训练日，球星必须定期与球迷见面，并为球迷免费签名。

（4）对球迷的保护。俱乐部有责任保护球迷免受赛场内的意外伤害。许多俱乐部为球迷投保第三者意外险，只要球迷在赛场周围受到伤害都可以得到一定的赔偿。此外，对运动员与球迷的冲突往往严厉处罚运动员而“偏袒”球迷。体育竞技的激烈对抗使场上运动员和场下球迷的行为都可能失控。一般而言，俱乐部对这些与球迷发生冲突的运动员往往施加重罚，包括罚款、禁赛等[①]。

5.2.2.3　俱乐部的广告赞助

职业体育的赞助、广告和媒体转播是通过提供资金来交换与赛事相联系的权利的一种商业行为，其中广告赞助已经成为职业体育重要的收入来源。

广告赞助给体育组织带来资金，但职业体育也在很大程度上影响到赞助商的市场价值。2006 年，阿迪达斯与 NBA 签订了 11 年的球衣赞助合同后，其股价立刻上涨了 2.9%[②]。赞助合同签订后，双方面临着复杂的契约监督执行过程。广告赞助的效果与职业体育的“产品”质量有很大关系，一旦比赛不受球迷欢迎，广告和赞助的效果就大打折扣。而这些广告赞助费用一般都事先支付，类似于一笔专用性投资，因此对赞助商的保护就非常重要。

1. 对赞助商的保护。由于赞助费高昂，比赛组织者对于赞助商权益的保护可谓尽心尽力，具体措施包括：

(1) 排他性的保护。广告赞助希望通过赛事来传播自己的品牌，因此，一般都要求相当程度的排他性保护，即同类产品的唯一性。各种体育组织对此也不遗余力。如国际奥委会在 2000 年悉尼奥运会期间，由于与美国 NBC 的赞助合同未到期而拒绝网络进入奥运赛场。当发现一名加拿大运动员为《多伦多星报》网站撰写奥运日记时，竟然以国际奥委会的名义要求他“停止侵权”，否则将拒绝其参赛。当年奥委会与 NBC 的赞助合同显然不可能有“禁止运动员为网站写文章”的条款。这个事件充分显示了契约的不完全以及合同履行者的态度和行动对契约正常履行的重要性。北美联盟对其球员何时何地必须如何维护赞助商的权益也规定得非常详

---

① 如 2004 年 NBA 球星阿泰斯特就因与球迷斗殴被禁赛 1 年，损失高达 500 万美元。该场冲突实际是一些球迷先向阿泰斯特挑衅引起的。

② 《体坛周报》2006 年 4 月 12 日。

细，锐步（2005 年被阿迪达斯以 35 亿欧元收购）是 NFL 的服装赞助商，2001 年，NFL 的纽约巨人队和耐克签约的后卫 Jason Sehorn因未佩带有锐步或阿迪达斯标志的帽子被处罚 1 万美元[①]。意大利足球联赛吸引了众多商家，球场边的广告一度达到 50 家，但这也使广告的效果大大下降，为此，联盟规定必须由 4 个主赞助商占据大部分曝光时间[②]。

赞助商除了赞助球队外，还对某个球星进行赞助，巨大的商业利益使这些球星也非常“忠实”于他们的赞助商。NBA 的球星皮蓬冒着受伤的危险参加 1992 年奥运会，他说：“我对许多公司做了承诺，我必须遵守这些承诺”[③]。1992 年，美国 NBA 球星第一次代表美国参加巴塞罗那奥运会并轻松夺冠，当时锐步是美国队的赞助商，而一些 NBA 球星是耐克的代言人，最终这些球星把美国国旗披在身上盖住了锐步的商标上台领奖。

（2）产品质量保证。作为最基本的交换，在取得赞助费之后，球队（包括队员）应该提供相应的回报，即提供高质量的体育“产品”——具有很高观赏价值的体育表演。各方对比赛的质量一般都有特别规定，包括观众上座率、负面新闻、甚至球迷抗议等都可能使赞助费发生变化。赞助金额往往是浮动的，如 2004 年中国足球超级联赛由西门子公司赞助，赞助费为 400 ~ 800 万美元。结果当年因联赛球队罢赛，西门子就按合同的低限付款，只付了 400 万美元。2005 年联赛之初，“赛格车圣”成为中国深圳健力宝队参加亚冠联赛的赞助商，但当年健力宝俱乐部深陷假球丑闻，赞助商

① Weisman, L. (2001, September 20). Logo confusion on the sideline. USA Today, P 8C.

② 李留东、罗普磷：“国内外足球产业管理问题研究现状的分析”，《西安体育学院学报》2003 年第 2 期，第 14 页。

③ ［美］杰·科克利著，管兵等译：《体育社会学》，清华大学出版社 2003 年版，第 454 页。

特别加了一条限制条款:“如果健力宝客场输了两球以上，赞助金额自动减半”。球员签署的赞助合同则往往有例外条款，即球员如有违法行为则赞助合同自动终止[①]。

(3) 合作领域的延伸。随着职业体育市场的延伸，俱乐部和赞助商的赞助协议也更加复杂，不再是赞助商付款给俱乐部那么简单，有时包括各种互助和合作行为。曼联俱乐部与沃达丰签订了一项总值3000万英镑、期限4年的设备赞助协议，赞助协议不仅仅局限于在球服上印商标（这是传统意义上的赞助形式），该协议同时还赋予沃达丰为曼联俱乐部全球1200多万球迷提供无线网络服务的独家代理权[②]。

2. 俱乐部权益的保护。广告赞助商为职业体育一掷千金，但其投入资金的目的与俱乐部不同，赞助商是为了宣传自己的品牌并推销该公司的产品。赞助商的巨额专用性投资也使其寻求更大的发言权，以维护其自身利益。赞助商的这种努力有时会给比赛本身造成伤害，如赞助商可能会要求俱乐部必须参加一些对俱乐部无关紧要的友谊赛，或者要求俱乐部重用某个特定的球员，比赛甚至还可能变成赞助商之间的比赛。球星可能因状态不佳或水平下降而成为替补，这时赞助商就失去了难得的商机。因此，有的赞助商甚至干涉教练的工作，要求某个球员必须出场。如耐克在付给另一家体育用品公司茵宝1000万美元赔偿后与巴西队签署了10年4亿美元的赞助协议，媒体报道耐克公司甚至决定了巴西队1998年世界杯决

---

① 《体坛周报》2005年9月7日。

② 即曼联球迷要通过手机观看曼联比赛必须使用由沃达丰提供的技术支持和服务。

赛球队的出场名单①。耐克要求阿森纳队的球星伊恩·赖特打破178个进球纪录的时候脱下球衣，亮出有耐克标志及“179”字样的背心以获得广告效应。巴西球星罗纳尔多在1997年想从西班牙转会意大利国际米兰队时受到耐克公司的劝阻，因为国际米兰的赞助商是茵宝，于是各方进行了激烈的讨价还价。在国际米兰同意下赛季由耐克取代茵宝成为其新的球衣赞助商后，罗纳尔多才最终得以转会国际米兰。

当赞助商在比赛中的利益越来越大并可能影响到比赛和球队本身时，赞助合同的有关条款往往需要重新谈判，双方博弈的结果主要取决于各自资源的稀缺性及谈判能力。

5.3 总　结

至此，我们对作为职业体育主要的两种组织——职业联盟和俱乐部的一些特殊治理机制进行了分析，可以总结为以下几点，笔者相信这些特点具有普遍意义，且为解决我国职业体育所出现的问题提供了思路。

1. 职业体育联盟内部各个俱乐部之间的实力平衡非常重要，如果实力相差过于悬殊，将使比赛缺乏悬念，无法吸引观众。同时

---

① 据称1998年法国世界杯决赛前夕巴西球星罗纳尔多突犯癫痫病，但在耐克公司的强烈要求下不得不参加决赛，状态不佳的罗纳尔多在场上毫无作为，巴西最后以0:3败给了法国队（由阿迪达斯赞助）。巴西队的队医和教练赛后被法院传唤调查，但结果不了了之，耐克公司也否认介入此事。罗纳尔多和耐克公司还签有巨额的个人赞助合同，而世界杯决赛的观众达到10亿人，罗纳尔多的出场意味着巨大的广告效应。这些密切而巨大的经济关系使这种说法具有相当根据。［德］诺贝特·魏斯著：《金球》，文汇出版社2004年版，第142页；韩冰：“足球与广告”，《球迷》1999年1月18日，第14版。

也会使更有实力的俱乐部的专用性投资被实力较弱俱乐部所侵蚀。联盟为此设计了一系列平衡制度，包括人员均衡、地域分配和利润平衡三种制度。

2. 俱乐部组成联盟保护其专用性投资的同时，也形成了一定的市场垄断力，但这种垄断并非联盟的初衷。正是通过联盟内部各种平衡制度的构建才使联盟具有对外谈判的优势，再加上适当的谈判策略，联盟获得了巨大的市场回报，并进一步保全了其专用性投资。

3. 俱乐部是参与职业体育的微观主体，由于各个利益相关者都进行了不同程度的专用性投资，俱乐部的治理机制是一种典型的利益相关者共同治理机制。其内部治理包括高集中度的股权结构，高风险高收益的管理者（教练），特殊的运动员薪酬制度和培养制度。这些制度使俱乐部的内部投资者的专用性投资得到有效保护。

4. 职业体育俱乐部的各级消费者也进行了各种专用性投资，对此俱乐部从组织和制度上进行保障，包括信息披露、为社区服务、鼓励志愿者、培育球迷以及各种对广告赞助商的保障制度。球迷、媒体、广告赞助商和城市社区均不同程度地参与俱乐部的经营管理，这也使俱乐部与市场（消费者）的关系得到不断巩固。

6.

中国职业体育的组织和制度改革

6.1 中国职业体育改革的历史和现状

6.1.1 中国的体育改革的历史——一个纵向的分析

体育是历史、社会和文化的产物，一个国家体育观念、体育结构和功能、体育运行机制和体育管理方式的形成无不具有鲜明的时代和地域特征。在我国，对体育的认识随着社会主义市场经济的发展和体育实践的发展而渐趋完善。为明确我国体育发展的趋势，首先有必要对我国体育运行机制和管理体制的演变进行一个简要回顾和分析。

6.1.1.1 建国初期的体育总会（1949～1952 年）

1949 年中华人民共和国建立之初，便在《中国人民政治协商会议共同纲领》中规定“提倡国民体育”，并成立了中华全国体育总会。这是一个政府与群众相结合的体育组织。其主要任务包括：开展群众性的体育运动，增强人民体质，提高运动技术水平；举办全国性的运动竞赛；开展与各国的体育交流，参加国际竞赛活动。毛泽东“发展体育运动，增强人民体质”的题词就是为第二届全国代表大会题写的。这种体制的特点是体育事业的运行通过体育总会发动和组织广大群众去实行，需要的活动经费较少。

6.1.1.2 增强人民体质的“大体委”（1952～1959年）

1952年，为适应我国开始转向有计划大规模经济建设任务的需要，在政务院设立中央人民政府体育运动委员会（简称“体委”），任命贺龙为主任，组成一个统一领导全国各项体育活动的政府行政机构。体育工作的主要方针是开展群众性的体育运动，把体育工作纳入党委领导下，由各级政府通过行政手段推行。体委成为开展体育运动，增强人民体质的“大体委”。这种大体委体制把改善全国人民的健康状况，增强人民体质当作国家任务，把全国人民的各种体育活动，统统由体育行政部门管理起来，形成“大一统”的体育体制。其优点是能迅速发动群众，保证党和政府各项体育任务的完成，其缺点是广大人民群众在相当程度上失去了活动主体地位。

6.1.1.3 举国体制的“小体委”（1959～1992年）

20世纪50年代末到60年代初，由于我国国民经济的严重困难，党和政府强调休养生息，停止那些非生产生活基本需要的社会群众活动。体委停止了城乡各种有组织的群众性体育活动（如广播操、运动比赛等），工作重点转向运动队伍的整顿和提高。20世纪60年代开始的文革和国际反华势力对中国的孤立政策，我国的运动队伍，特别是一些技术水平居于世界先列的运动队伍（如乒乓球等），就成为参与国际政治斗争，展现我国政治制度优越性的队伍，体育竞技具有了“为国争光”的功能。体委的组织编制，机构设置，人事安排和资金来源等，无不围绕争光竞技运转，从基层到最高决策层，形成了一整套比较完备的争光竞技运作机制。体委主要由体育圈里的竞技人士组成，从“大体委”变成了“小体委”，管理内容包括86个运动项目和46万人（其中业余训练34万人，运动员和教练员12万人）的训练和竞赛事务①。体育管理的指导思想主要是“全国一盘棋”和“国内练兵，一致对外”，根据这种指导思想形成了“一条龙”的训练体制、全运会赛制和国家队长期集训制的竞技体育组织和管理方式，这种在体育系统内高度整合资源的组织管理方式被称为“举国体制”②。“文革”结束后我国体育重返国际体育舞台，体育成为向全世界展现中国人民精神风貌和宣传中国改革开放的窗口。20世纪80年代我国女排的五连冠以及1984年美国洛杉矶奥运会上体育健儿展现出来的顽强拼搏精神大大增强了我国的民族自豪感和凝聚力，体现了举国体制体育的价值。

1978年开始的改革开放使我国由计划经济向市场经济转轨，20世纪80年代体育系统开始尝试以市场化经营作为体育系统内部资源整合的一种补充。体育系统提出了“以体为主，多种经营”的经营思路，开办了一些体育服务公司，并进行场馆出租、承包，有偿表演和技术培训活动，同时吸引社会资金以赞助和联办的形式资助体育竞赛活动和办高水平运动队。但这一阶段体育仍然被视为国家的一种当然投资。

6.1.1.4 体育职业化改革（1992年至今）

1. 传统举国体制的困境。1988年我国在汉城奥运会上获得5枚金牌，体育界受到广泛批评，甚至被称为“兵败汉城”。这

---

① 韩丹：“概述我国体育运行机制和管理体制的演化”，《哈尔滨体育学院学报》1999年第1期，第7页。

② 李元伟等：“关于进一步完善我国竞技体育举国体制的研究”，《中国体育科技》2003年第8期，第1-5页。

也使我国认识到要想在体育上获得成功需要更大的投入，我国开始逐年加大投入。国家体委的《奥运争光计划纲要》提出，建立一支人数多达17000人的以争夺奥运金牌为目标的专业运动员队伍，专职教练员人数达到4900人。该计划还提出了具体的奋斗目标：在2000年第27届奥运会上，取得金牌名次在第二集团的领先地位，缩小与第一集团的差距。伴随着国家投入的加大，此后我国的竞技体育成绩也稳步提高，1991~2001年获得冠军1008个，是前40年的2.06倍①。2001年，北京还获得了2008年奥运会的举办权，2004年雅典奥运会我国获得了金牌第二的好成绩。2008年北京奥运会上我国更是以51枚金牌傲视群雄。

举国体制虽然实现了国际比赛局部突破，局部领先的发展目标，但也带来了马太效应。一些投资小、见效快的优势项目潜力挖尽，几近饱和，如乒乓球、羽毛球等②。而一些投资大、见效慢的集体项目的水平相对日益下降，如足球、篮球等影响力巨大的体育项目从20世纪70年代到90年代初在国际比赛中一再失利，引起社会各界的强烈不满。

这些集体项目失利的一个重要原因在于我国的专业体育体制难以对抗那些国外职业体育市场化程度较高的集体项目。以奥运会成绩为例，可以发现我国取胜的项目，一般都是以专业体制对抗其他国家的个人体制。由于专业体制投入的资源较多，当然胜算较大，但成本投入有天壤之别。我国的每一枚金牌的政府直接投入超过1.2亿元，这还不包括地方政府的投资和运动员个人的

① 旭光："竞技体育的'三驾马车'"，《中国体育》2004年第4期。

② 但这些项目本身在国际上影响有限，我国长期以来对这些项目的垄断更使这些项目的发展受到很大限制。

投入①。乒乓球项目瑞典的瓦尔德内尔一个人与中国5代运动员对抗②。一些国外尚未普及的女子项目因我国采用专业体制对抗国外的个人体制而成为我国的夺金热点，这使我国的女子世界冠军远远超过男子，这种“阴盛阳衰”现象也使我国受到国际上一些媒体的批评。但在以专业体制对抗其他国家职业体制的项目上，市场经济在配置社会资源方面无可比拟的优势使中国的专业体制相形见绌，如欧美职业化程度较高的篮球、足球的竞技水平远远高于我国，因此，我国在足球、篮球等集体项目上的长期失败绝非偶然。

2. 社会主义市场经济地位的巩固和体育产业化方向的确定。1992年，党的十四大提出我国经济体制改革的总目标是建立社会主义市场经济体制，市场经济获得了主导地位，从此体育事业发展的政治环境和经济环境发生了巨大的变化。原国家体委开始把发展体育产业、培育体育市场作为深化改革的一项重要内容。1993年，原国家体委提出了《关于培育体育市场，加快体育产业化进程的意见》，开始从产业的观念，从市场的角度研究解决体育经营和体育事业的发展问题③。《体育产业发展纲要》（1995—2010）提出要“形成一批符合现代企业制度、产权明晰、开展经营、综合开发、效益显著、规模发展的股份制企业或企业集团”④。我国体育管理者认为体育产业化的目的就是通过开发体育的经济功能，拓宽体育

---

① 对此有不同看法，体育总局科研所研究员李力研认为中国每枚奥运金牌的国家投入在7亿元以上，是俄罗斯的28倍。程瑛、舒泰峰：“跛足中国体育何去何从”，《瞭望东方周刊》2004年8月9日。

② 王冠丽：“评说雅典　遥望北京”，《体育博览》2004年第10期，第21页。

③ 国家体育总局体育经济司：《发展体育产业、培育体育市场》1999年，第25页。

④ 国家体育运动委员会印发：《体育产业发展纲要》（1995—2010）；载于国家体育总局体育经济司：《发展体育产业，培育体育市场》2000年4月，第259～260页。

的资金渠道，以便进一步发展体育事业①。

3. 政府职能的转变。计划经济下的“无限权力”的政府享有各种特权和控制权，使政府规模、职能和行为方式都呈现出无限扩张的趋势。政府的这种扩张超越了其应有的弥补和克服市场失灵的范围，抑制了市场经济的内在活力和正常发展，造成资源配置的扭曲。随着我国市场经济地位的最终确立，市场成为社会资源配置的主导。市场经济原则上要求分散决策以节约交易成本，生产者和消费者通过自愿交易来达到资源最优配置。体育发展目标和服务的市场化，以及体育发展与经济发展一体化的要求使政府职能由过去的直接办体育转变为间接的管体育，由过去的事无巨细一手包办转换为以制订政策法规、实行监督协调为主要职责的宏观调控，一些中微观的管理职能则委托给企业或行业协会。1995 年颁布的《中华人民共和国体育法》第二十九条规定：全国性的单项体育协会对本项目的运动员实行注册管理；第三十一条规定：全国综合性运动会由国务院体育行政部门管理或者由国务院体育行政部门会同有关组织管理，全国单项体育竞赛由该项运动的全国性协会负责管理；第四十条规定，全国性的单项体育协会管理该项运动的普及与提高工作，代表中国参加相应的国际单项体育组织。通过法律授权，我

---

① 国家体育总局副局长张发强对体育产业化的定义似乎可以代表体育管理机构的看法：“体育产业化的实质是发展体育事业，要在适应社会主义市场经济的基本要求，符合现代体育运动基本规律的基础上，开发体育的经济功能，把体育与经济紧密结合起来，以增强体育自身的造血功能，建立体育事业的补偿机制，形成体育事业良性循环发展的过程。‘产业化’不同于‘市场化’，‘产业化’是按照社会主义市场经济的基本要求来组织运作发展体育事业；‘市场化’是完全按市场价值规律来组织、运作发展体育事业。‘产业化’离不开市场，但不是一切都通过市场、完全以市场为取向。”张发强：《对我国体育产业化的战略思考》，转引自国家体委政策法规司：《走向 21 世纪的思考——全国体委系统领导干部论文集》1996 年。

国的单项运动协会取得了对该项目的管理权①。

缩减体育管理机构成为我国政府职能改革的最终落脚点。从1993～1997年，我国陆续成立了20个项目管理中心和56个运动项目，足球、篮球等项目的协会和管理中心都是“一套班子，两块牌子”，这在一定程度上促进了单项体育协会的实体化。1998年，国家体育运动委员会改组为国务院直属的国家体育总局，与中华全国体育总会一个机构两块牌子②。国家体育总局内设机构减少到9个，人员编制由381人减少为180人③。主要职责包括对竞技体育、社会体育和学校体育的管理。现阶段我国体育的管理仍由国家体育行政管理部门负责，但工作范围、管理方式同以往有所不同，主要趋势是政府职能与事业单位脱离。理论上政府不再直接管理运动训练和企事业，主要通过政策、法规等方式进行宏观管理。

在以上三个因素的影响下，我国开始进行体育职业化改革。1993年，国家体委宣布把足球当作体育改革的试点，这对于体育而言是一个重大的制度创新。当然这种制度变迁经过成本与收益的考量。与其他项目相比，足球更受欢迎，其市场化前景更为乐观，而1992年国家体委给中国足球协会（以下简称足协）的事业费一年不过200万元，职业化很可能增加其收益；同时足球的竞技成绩

---

① 我国政府在20世纪90年代开始的一系列政府职能转变中普遍采取了赋予行业协会部分政府管理职能的做法，而这些协会的产生与发展也是在政府的主导下进行的。如1993年中国轻工业部和纺织部改为中国轻工总会和中国纺织总会，1998～2001年将煤炭、冶金部等改组国家局和综合性行业协会。

② 《中华人民共和国第九届全国人民代表大会第一次会议文件汇编》，人民出版社1998年版。

③ 韩丹：“概述我国体育运行机制和管理体制的演化”，《哈尔滨体育学院学报》1999年第1期，第5页。

较差，这使其改革的成本很低①。1993 年，中国足协修改并原则通过了《中国足球十年发展规划草案》、《中国足球协会章程草案》和《足球俱乐部章程草案》等文件，决定把1994 年甲 A 联赛作为联赛的改革试点，促进球队实行俱乐部制并向职业化过渡。到 1993 年 12 月 31 日，全国 11 个足球发展重点城市都分别成立了职业足球俱乐部，几乎涵盖了参加 1994 年甲 A、甲 B 联赛的 24 支球队。1994 年，由烟草公司万宝路冠名的全国男子足球甲级队 A 组联赛（甲 A 联赛）正式开始，世界著名的体育中介公司 IMG 以 1000 万元获得了职业足球的商务开发权。首轮比赛观众高达15 万人，整个赛季平均上座率超过 1.5 万人。中国足球职业联赛的初步成功带来了良好的示范作用，篮球、排球和乒乓球等项目分别在 1995 年、1996 年和 1998 年实行职业联赛，现在有各种足球、篮球等职业体育俱乐部超过 130 家②。这些职业联赛广泛借鉴了欧美职业联赛的各种制度，包括按成绩进行升降级、主客场比赛、足球胜一场得 3 分、篮球分 4 节比赛等。协会从联赛中选拔运动员组成各级国家队参加国际比赛。

足球的职业化开展时间最早，职业化程度也最高。2004 年，足协以英格兰足球超级联赛为范本，对足球俱乐部的软件（以历年成绩为主）和硬件（包括财务状况、球场和梯队建设等）作出更严格的准入限制，甲 A 联赛也更名为中国超级足球联赛。职业篮球联赛也正进行类似的改革。

6.1.1.5　小结

---

①　原体委主任伍绍祖说：“当时为什么选择足球作为改革的试验田，除了足球的市场前景外，还有一个原因是足球水平也是比较差的。搞得再坏，也就是原来的水平。乒乓球就不敢动啊，一动，万一动坏了，乒乓球水平下去了，无法向国人交待。”伍绍祖：《在甲 A 青训领队、教练员座谈会上的讲话》，1998 年中国足球协会文件汇编 1999 年，第 20 页。

②　张林、戴健、陈融：“我国职业俱乐部的形成与发展”，《成都体育学院学报》2001 年第 1 期，第 1 页。

从我国体育管理体制变迁的历史看，其主要特点如下：

1. 我国体育改革的进程与我国经济和社会的变革同步，不同时期的体育改革反映着不同时代和社会的要求。在我国计划体制下，体育是一项政府投资和管理的事业。当市场经济逐渐确立其主导地位以后，体育的职业化进入历史舞台。但与欧美上百年历史的职业体育相比，我国的职业体育尚处于起步阶段。

2. 在计划经济向市场经济的转轨、政府职能转变的和专业化运动体制无法对抗国外的职业运动体制的背景下，我国开始进行体育职业化改革。这种改革是政府主导下的渐进式改革，政府目前仍掌握着包括职业体育在内的各种体育事业的管理和控制权。争光竞技仍然是政府的第一选择，体育职业化在很大程度上成为弥补国家体育竞技财政投入的不足的一种手段。

3. 与国外协会自下而上成立不同，我国的单项协会是通过分解和剥离政府行业主管部门，自上而下形成的。这是计划经济下部门管理向市场经济下行业管理转变的需要，也是政府职能转变的需要。协会承担了一部分原先由政府承担的中、微观管理职能，这使我国的行业协会具有很强的政府背景和政府管理职能。

4. 受社会和经济等各种因素制约，我国职业体育市场的发育尚不成熟，职业体育俱乐部是由政府主导，通过将原来的专业体工队改制而成，对职业体育市场的认识也很不充分，俱乐部的治理机制和经营管理水平都比较低。

6.1.2 中国职业体育市场的现状分析

我国试图通过职业化来提高竞技水平，并开发职业体育市场获得经济回报，但迄今为止我国职业体育市场却日渐萎缩，没有带来预期的效果。限于篇幅，在此以中国职业化程度最高和历史最长的职业足球为例，对职业体育的生产和消费市场进行分析。

6.1.2.1 我国职业体育的消费市场

1. 观众减少。上文笔者已经总结职业体育的消费者包括观众、媒体、广告赞助和城市共4种类型，而且这4种类型的消费者是一种层次态发展的关系。观众是职业比赛的最基本的消费者，也是其他3类消费者的基础，比赛只有吸引了观众才可能吸引其他3类消费者。但我国足球职业化12年来，观众越来越少。图6-1显示上座率在1995年、1996年到达顶峰后（2.4万人），一路下滑，到2004年只有1万人，不足1996年的一半。

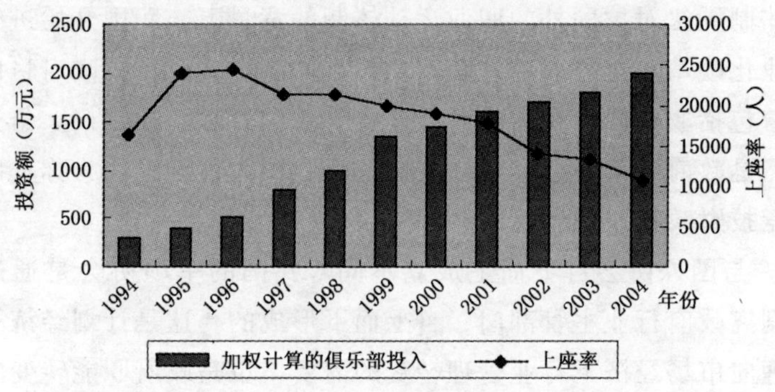

图6-1 我国职业足球俱乐部投资额和观众人数的变化

数据来源：根据足协官方网站数据整理。

观众远离球场的一个重要原因是中国职业足球一直受到各种“假球”和“黑哨”的困扰，许多比赛的结果在赛前就被广泛流传，但由于证据不足，最终被确定的并不多①。2001年，绿城、吉利、亚泰等几家民营足球俱乐部曾经掀起了一场大规模的“揭黑”行动，引起社会哗然，足协也开始承认许多裁判受贿②，但唯一被定罪的裁判只有龚建平一人（法院认定其受贿37万元，2003年以

① 假球一般指球员的舞弊行为，其中有球员个人行为，也可能受到俱乐部指使，“黑哨”一般泛指贿赂裁判。

② 陈博：“司法介入职业足球裁判‘黑哨’的两个焦点问题”，《体育学刊》2003年第6期，第33～36页。

受贿罪判处其10年徒刑)①。此后媒体和观众对球员、裁判越来越不信任，有媒体报道，足球裁判界的惯例是赛前主客两队各交2万元“公平竞赛费”，关系重大的比赛另外议价解决②。2009年10月，媒体报道公安部门已逮捕了包括部分足协官员，俱乐部领导和球员在内的多名涉嫌赌球人员，案件正在侦破过程中。在许多球迷心中，中超联赛已经成为“赌球联赛”③。联赛公信力的下降使球员的失误和裁判的一些正常失误也动辄被称为“假球”、“黑哨”，这使比赛陷入恶性循环，公信力和观赏性进一步下降，最终使球迷远离球场。

2. 媒体影响力下降。我国职业体育电视转播的影响力也受到很大限制。从最初的职业化开始，借助我国覆盖面最广的中央电视台，职业足球的影响力迅速扩大。但中央电视台认为其必须承担许多政策性任务，不是纯粹的商业电视台，无法按照一般商业电视台的标准与足协谈判。因此，央视的转播费并不高，1994~1999年，中央电视台每年支付的转播费只有56万元，而且还是以每场球赛2分钟的广告时间与足协交换。1999年后，双方的转播费谈判很不顺利，在6轮比赛没有任何转播后足协不得不与中央电视台以每场14万~18万元签约④。这次争吵为双方的分道扬镳埋下伏笔。2003年，足协以3年1.5亿元的价格把转播权卖给上海文广集团（上海的地方电视台），但上海文广和中央电视台在电视覆盖率上的巨大差距也使中超联赛的媒体影响力大大下降。

---

① 龚建平是因向绿城退回贿赂而曝光的，被媒体视为“良心发现”的裁判。一些人甚至声称其因自首而获刑，大部分受贿的裁判反而逍遥法外。龚建平2005年因病去世使该事件更带有悲剧色彩。

② 《体坛周报》2003年12月1日。

③ 周文渊：“非议和荣誉共存的群体”，《体坛周报》2003年12月1日；李文清：“中超怎样刮骨疗伤”，《新体育》2005年第5期，第42页。

④ 期间足协一度与中国教育电视台签约，但教育台的电视覆盖率太低，遭到联赛赞助商的强烈反对。

3. 广告赞助商退出。我国职业体育最初依靠广告赞助成功地从专业体工队模式转变为职业队模式。1994 年，中国职业联赛之初，足协以每年 1000 万元的价格将联赛商务开发权转让给 IMG，转让价格每年递增 10%，共计 5 年，IMG 很快拉来了万宝路为联赛冠名。1998 年，有关烟草广告的管制规定使万宝路退出，百事可乐随后成为中国足球甲 A 联赛的主赞助商，赞助费用高达 1000 万美元。但百事公司因与足协、IMG 在涉及饮料排他性条款上的争议以及联赛涉及假球和黑哨的负面新闻而在 2002 年提前中止其为期 5 年的合同①。2003 年 3 月，西门子移动仅用 500 万美元就取得了甲 A 的冠名权，不过 2005 年由于中超假球、罢赛和黑哨等各种负面新闻，西门子公司也提前停止冠名。2005 年，中超联赛甚至没有获得冠名收入，而原来取得中超汽车、啤酒和音频视频代理的瑞士银方集团也把代理权退回②。

4. 地方政府的过度干预。职业体育的发展离不开城市，欧美职业俱乐部往往通过与城市进行场馆契约谈判取得对城市的优势地位。我国职业俱乐部与城市的关系更为密切，许多城市在税收优惠、土地批租、上市额度以及某些特许经营行业的权利授予等方面吸引职业俱乐部，这甚至成为一些俱乐部老板前赴后继进军职业体育市场的主要动力③。但与欧美俱乐部不同的是我国职业俱乐部隶属体育部门管辖，许多地方政府由此取得了对俱乐部的实际控制权，俱乐部的投入、球员转会和聘请教练都受到制约。

---

① 1999 年，健力宝公司与辽宁足球俱乐部达成协议，出资 800 万元买断辽宁队当年的冠名权。百事可乐认为此举违反了排他性条款。因此，IMG 至今仍然拖欠着中国足协 700 万美元的甲 A 联赛赞助款，其理由就是足协的许多做法损害了赞助商利益，包括取消升降级、联赛部分轮次未进行全国直播等。《齐鲁晚报》2002 年 12 月 14 日。

② 辛延峰："为中超产业号脉"，《体育博览》2004 年第 8 期，第 36 页。

③ 汪大昭："中国足球的十年资本曲线"，《中国新闻周刊》2004 年 2 月 19 日。

6.1.2.2 我国职业体育的生产市场

职业体育是俱乐部以比赛为核心商品的产业，从本质上说，职业体育俱乐部是通过比赛来盈利的企业，俱乐部的经营状况也决定了市场状况。我国职业俱乐部的投入越来越大，但亏损却越来越多。图 6－1 显示，我国职业俱乐部的投入逐年增加，从 1994 年的 300 万元一直上升到 2004 年的 2000 万元，但投入的增加并未带来利润的增长，绝大多数俱乐部一直入不敷出。

表 6－1　　中国甲 A 足球俱乐部平均支出情况一览表

支出项目	平均数额（人民币元/年）
球员工资总额	350 万～400 万
奖金	500 万～700 万
外援、外教费用	900 万
球队训练比赛开支	300 万
后备梯队开支	300 万～400 万
俱乐部管理费	100 万～200 万
合计	2450 万～3100 万

表 6－2　　中国甲 A 足球俱乐部平均收入情况一览表

收入项目	平均数额（人民币元/年）
门票	500 万
场地广告	300 万～400 万
服装广告	300 万～400 万
当地电视转播	70 万～80 万
中央电视台及香港卫视转播分成	30 万～40 万
足协冠名分成	400 万
合计	1600 万～1800 万

表 6－1、表 6－2 资料来源：李吉慧、冯彦荣："中国职业足球俱乐部经营现状及对策研究"，《山西师大体育学院学报》2001 年第 2 期，第 5～8 页。

表6-1、表6-2显示，我国足球俱乐部一年的平均开支至少在2500万元以上，其中球员工资奖金约占80%；而收入不超过1800万元，缺口约700万人。2004年，中超球队只有大连实德盈利，每个俱乐部平均亏损超过1500万元①。

表6-3　　1994年~2005年中国职业甲级足球俱乐部历年球队变化记录

原俱乐部	俱乐部的变化				
大连万达	大连实德				
广州太阳神	广州吉利	广州香雪制药			
上海申花	上海托普	上海SVA文广			
辽宁远东	辽宁	辽宁航星	辽宁双星		
山东泰山	济南泰山	济南泰山将军	山东鲁能泰山		
四川全兴	四川全兴水井坊	四川商务通	四川大河		
广东宏远	合肥创亿				
北京国安	北京现代				
八一	八一双穗	八一振邦	南昌八一		
吉林三星	延边现代	延边敖东	浙江绿城		
沈阳东北六药	沈阳华阳	沈阳海狮	沈阳金德		
江苏迈特	江苏	江苏加佳	江苏舜天		
前卫寰岛	重庆隆鑫	重庆力帆	湖南湘军		
深圳飞亚达	深圳平安	深圳平安保险	平安科健	深圳平安	深圳健力宝
深圳金鹏	云南红塔	重庆力帆			
浦东联洋8848	上海浦东惠而浦	上海中远汇丽	上海中远	西安国际	

① 金汕："中超：一个失败的范本"，《体育博览》2004年第11期，第11页。但对于俱乐部的投入有不同的结论，一些研究认为俱乐部的投入比这高得多，因为许多俱乐部有一些隐形支出，如给转会球员的签字费或给裁判的红包等。《足球》报的调查结果是：到2004年，俱乐部的投入少则五六千万元，多则上亿元。上海中远进入职业足球界3年，投入五六亿元；云南红塔6年花费六七亿元，健力宝2003年一年就投入1.3亿元。《足球》，2001年11月19日。

续表

原俱乐部	俱乐部的变化			
天津立飞	天津泰达	天津康师傅		
辽宁天伦	辽宁抚顺	辽宁抚顺特钢	波导战斗	辽宁
佛山佛斯第	厦门远华	厦门夏新	厦门红狮	
武汉钢厂	武汉美尔雅	武汉雅琪	武汉红金龙	武汉黄鹤楼
青岛颐中	青岛贝莱特	青岛中能		
上海中邦	上海联城			

资料来源：根据各媒体资料整理。其中原甲级球队重庆力帆降级后，力帆集团收购了原云南红塔俱乐部，并改名为重庆力帆，而原重庆力帆被转让给乙级的湖南湘军。北京国安的股东并未更换，只是因韩国现代对其赞助而更名。

巨大的投入和亏损使俱乐部不堪重负，纷纷退出职业足球市场。表6－3显示，从1994年开始至今的20几个甲级职业足球俱乐部只有北京国安俱乐部一家没有更换股东，变动最为频繁的是深圳俱乐部，达到6次。足球市场的失败也使俱乐部和足协的矛盾日益激化。因对比赛中裁判的判罚不满，北京国安2004年10月公然以“罢赛”与足协抗争，大连实德等其他6家俱乐部随后表示支持北京国安的行动，大连实德并牵头提出包括13份纲领性文件在内的一揽子改革提案，要求成立中国足球职业俱乐部联盟，把联赛的产权、管理权、经营权和监督权归还给俱乐部。而足协认为各俱乐部正是“黑哨”、“假球”的制造者和参与者，足协联赛部主任郎效农称这些俱乐部是在“重复文化革命中造反有理的那一幕”。罢赛风波最终在足协取消2004年的降级、对北京国安扣分和对当值裁判处罚后不了了之，但罢赛事件对职业联赛市场的损害是毋庸置疑的。

职业体育市场的各种问题也使我国的体育管理者当初设想以职业化为契机带动足球竞技成绩提高的设想落空，虽然足球一直以世界杯和奥运会为最高目标，但 1994 年足球职业化以后我国再也没有入围奥运会决赛，世界杯也只是参加了 2002 年的韩日世界杯①，曾经获得 1996 年奥运会亚军的女子足球队在 2004 年奥运会上以 0∶8大败于德国队。职业化后我国俱乐部参加的亚洲级别的比赛最好的成绩仅是一次亚军，成绩还不如职业化以前。中国成年男足与韩国队 20 多年的比赛竟然从无胜绩。国家队的国际排名也越来越差，见图 6－2。2008 年奥运会中国以东道主身份安排参加，但小组赛即遭淘汰，成为奥运历史上成绩最差的东道主足球队。足球竞技成绩的萎靡不振与我国其他项目竞技体育成绩的蒸蒸日上形成强烈反差。

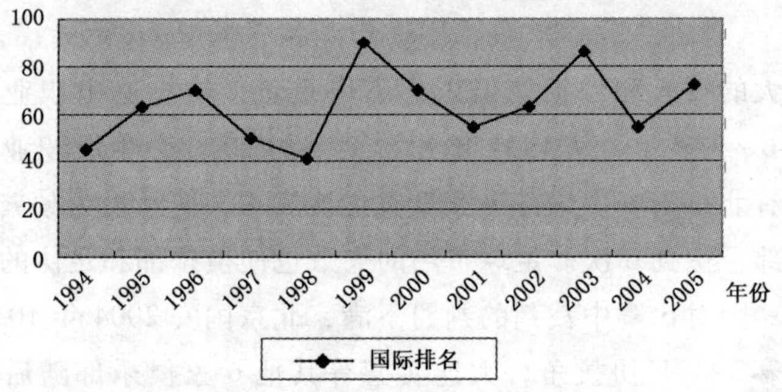

图 6－2　中国男子足球队国际比赛排名

说明：排名数据以每年 12 月份国际足联公布的排名为依据。各国足球队排名是国际足联根据各国足球队参加国际比赛的级别和成绩分配一定积分得到的，排名越靠前水平越高。可以看出，在 1994 年（当年排名世界第 45 名）实现职业化后，中国队的排名除了在 1998 年达到 41 名高于 1994 年外，整体趋势是越来越差，2005 年是 78 名。2009 年的排名更是跌到 102 名。

---

① 2002 年韩日世界杯中国队的东亚宿敌韩国和日本因是东道主而不参加预选赛，中国队或多或少地从中受益。2006 年德国世界杯和 2010 年南非世界杯中国队亚洲小组赛没有出线即被淘汰。

6.2 中国职业体育组织和制度的问题分析

6.2.1 职业体育的管理体制僵化

6.2.1.1 协会的性质

以足球为例，我国职业足球的管理机构是足协，但足协具有两种不同的身份，这使其与国外由各俱乐部自发成立的职业体育联盟有很大不同。

1. 作为社团组织的协会。《中国足球协会章程》（以下简称《章程》）第1~2条规定：中国足球协会是中华人民共和国境内从事足球运动的单位和个人自愿结成的唯一的全国性的非营利性社会团体法人。足协的章程明确了足协作为社会团体的地位，而这与国际足联的规定也是一致的①。上文述及，我国全国性的单项体育协会经体育法授权行使对该项目的管理权。

协会"是一些为达到共同目标自愿组织起来的同业或商人团体"②。协会权能来自内部成员的授权或外部政府的委托授权。《章程》第15条规定：足协最高权力机构是会员代表大会，职权包括：制定和修改章程；选举或罢免主席，主席人选在充分民主协商后，由会员代表大会进行等额选举产生。副主席、秘书长、司库由主席提名，会员代表大会表决通过。显然，足协的权力来自全体社团成员的授权。但我国足协作为承担部分政府职能并由政府赋予其

---

① 因为国际足联本身就是一种民间组织，它也要求其成员是民间团体。《国际足联章程》第10条规定：任何在其国家负责组织和监督足球运动的协会可以成为国际足联的会员。

② 苏东水：《产业经济学》，高等教育出版社2000年版，第425-426页。

某一体育领域的垄断管理地位的协会，在目前阶段必然要配合政府的管理。这种配合首先体现在我国足协的领导实际上必须由政府委派①。我国足球协会的主席一般由国家体育总局局长兼任，足协秘书长以上由有关方面酝酿协商，按相关干部权限管理。足协的成员都有干部编制，有级别待遇，有工龄工资②。

2. 作为行政管理机构的协会。除了领导由政府指派外，实际上足协本身就是国家体育管理机构的一部分，足球管理中心和足球协会是“一套班子，两块牌子”③。足球运动管理中心隶属于国家体育总局，是厅级政府部门。足球运动管理中心的主要职能是行政管理，足协的主要职能是行业指导。足协和中心的“政事不分”使足协也具有行政管理和行业指导职能。足协可以根据自身的需要行使行政领导职能或行业指导职能。足球管理中心的行政职能使其以提高足球水平为首任，虽然职业体育市场的繁荣也可以看作体育管理者的政绩，但职业体育市场的发展和培育是一个漫长的过程且难以量化，最直观的考核指标就是各种国际比赛成绩。因此，中心对竞技成绩的追逐就是必然的结果。理论上说协会主要是企业和政府之间的一个桥梁，足协应以维护行业利益为己任。但足协官员由上级任命、考核的机制决定了足协在这两种职能发生矛盾时必然以行政职能为准。

---

① 《国家体委运动项目管理中心工作规范暂行规定》第 22 条规定：全国单项运动协会副秘书长以上人员的调整，协会法人的变更及其机构设置、变更或撤销，必须报人事司批复后由协会按照章程办理。徐晓燕、单勇、丛湖平：“我国职业足球俱乐部的制度环境分析”，《体育学刊》2004 年第 5 期，第 138 页。

② 郭成岗、吕卫东：“中国足球协会性质的界定刍议”，《山东体育学院学报》2002 年第 3 期，第 2 页。

③ 在原国家体委下发的组建项目管理中心的文件中规定：管理中心一是体委的事业单位；二是协会的办事机构；三是赋予它全面管理项目的行政职能。肖天：“关于体育改革的断想”，转自《体育改革与发展的思索：1997 年国家体委领导干部务虚会文稿汇编》1998 年，第 128 页。

因此，我国足协只是名义上的民间组织，但其核心目标与管理中心一致，都以提高足球竞技水平为己任。足协的目标从其制定的两份十年发展规划也可见一斑。1992 年，中国足协的《中国足球事业十年发展规划（1993 ~2002 年）》明确规定其目标为：国家男足 2002 年世界杯上进入 16 强，2000 年奥运会进入 8 强；女足在世界大赛中进入前 3 名。2003 年的第二份规划把重点放在 2008 年北京奥运会上，具体目标为男足在 2008 年奥运会上打进 8 强，冲击世界杯 16 强，北京奥运会中国女足的目标则是夺取冠军。相比之下，日本足协的宗旨是“J 联赛理念”和“日本足球百年构想”，其主要内容是“普及和提高日本的足球水平；丰富和振兴体育文化，将国民的身心健康提高到新的水平；为国际间的友好和交流作出贡献”。两相对比，我国足协的目标实在显得有点过于急功近利。

6.2.1.2　协会和俱乐部的权利分配

我国的体育一直被视为公共事业，由国家负责。在拥有民间社团组织的名义并可以行使政府管理职能的前提下，足协对我国大多数体育资源拥有了法定的管理权，同时成为我国足球事业的法定代理人，这种代理由于所有者的事实缺位而更接近于所有权。因此虽然职业联赛的参赛者是各个俱乐部，但足协获得了联赛的大部分权力和权利。

图 6 - 3 是我国目前的足球组织管理结构图，国家体育总局和体育总会，足协和足球管理中心都是“两块牌子，一套人马”，足协和体育总会等以民间组织的名义代表我国参与国际体育交往、合作，同时负责国内各种层次的联赛和国家队建设。在足协的领导下，各俱乐部作为各级联赛的参与者进行比赛，国内职业联赛和青少年比赛都由足协负责，各级国家队也由足协负责选拔并参赛。足球协会通过对职业体育俱乐部的资格认定、参赛许可以及生产要素（如运动员的注册、转会等）的严格控制，掌握着职业比赛的大部

分资源。

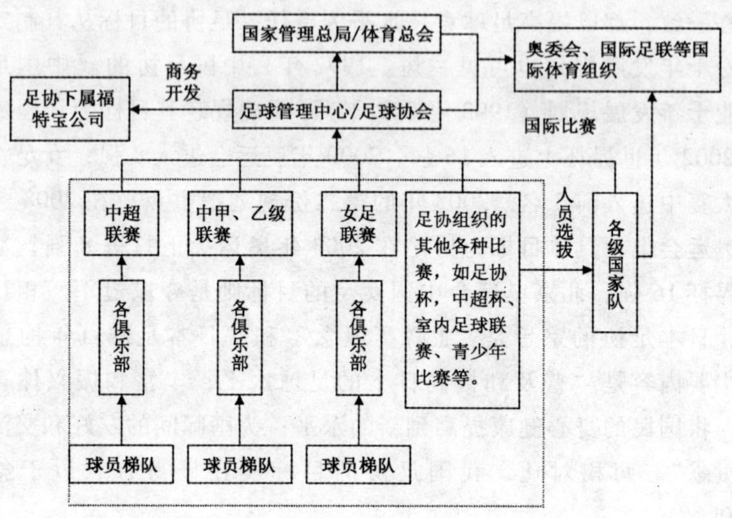

图 6－3　中国职业足球体育管理组织结构图

作为“法定”的管理者和“事实”上的所有者，足协得到职业联赛的大部分商业利益。职业比赛的商务开发则由足协负责(具体事务由足协下属的福特宝公司承担)。中国足协在《中国足球协会关于全国性足球赛事商务管理暂行规定》中规定：“中国足协有权组建‘全国足球市场开发委员会’并通过该委员会对赛事商务活动进行全面和统一管理；中国足球协会拥有赛事的商务开发权，包括冠名权、广告权、制定产品和服务权、各种媒体版权等；中国足球协会有权对赛事商务开发权进行全部或部分转让或许可；中国足球协会有权制定因‘赛事’商务开发所产生收益的分配方案，并执行分配权”。《中国足球协会甲级足球俱乐部工作规范》第五章“公益活动”规定：“俱乐部必须无条件服从中国足协或当地政府安排的各项公益活动”[①]。职业足球联赛的冠名权、媒体转

① 中国足协：《中国足球联赛工作手册》，中国足球协会 2002 年。

播权和所有赛场位置最好的24块广告牌（共40块）都由中国足协控制①。

表6-4　2005年足协公布的中超联赛财务预算方案②

总收入	1.3亿元
西门子移动提供的中超冠名赞助商金额：8100万元	
其他中超广告赞助商和中超电视独家转播上海文广提供金额：4900万元	
总支出	1.3亿元
各种税务、杂费、营业税及附加费等费用：约1277万元	
中超推广商福特宝代理费用：约938万元	
中超各赛区组织、比赛监督和裁判费以及中超联赛组织费用：约731万元	
各赛区分成费用：约600万元	
俱乐部分成费用：约7200万元，12家俱乐部平均600万元	
中国足协提成费用：约2254万元	

协会由此得到了大部分职业联赛的利润，年末足协再根据其经营状况，提取一定比例的留成后（2004年为25%，媒体报道，足协提成除了正常的维持费用和用于青少年培养外，很大一部分还用于补助体育总局的一些冷门奥运项目③），年末会返还一部分给俱

① 中国篮球协会的情况与此类似，中国篮球规定："CBA独家拥有所有在CBA注册俱乐部篮球队标志的设计、管理、经营、使用权和版权所有。""所有在CBA注册的运动员和注册的运动队标志在国内外篮球市场及其相关市场上的商业行为必须经CBA审批"。

② 足协在此前从未公布联赛的财务状况，这个财务预算表是在2004年7家俱乐部声称罢赛并要求足协公布财务状况后公布的。但因罢赛、假球等负面新闻过多使赞助商减少了赞助，最后收入比这个预算减少了约一半。冉雄飞："投资人不满'预算'"，《体坛周报》2004年11月24日。

③ 梁文："为什么不公布往年财务"，《体坛周报》2004年10月27日。

乐部（前几年一般每年 400 万元）[①]，表 6－4 是 2005 年的联赛利润分配表，可以发现足协和下属公司福特宝共分得 3000 万元以上，相当于 5 家俱乐部的收益。

6.2.1.3　职业联赛的监督管理机制

1. 联赛的监督机制。职业体育利益相关者为了其一己私利往往不惜采用各种机会主义行为，为此欧美职业联赛的监督机制非常完善，包括总裁、裁判和媒体监督等多个层次，与之相比，我国的联赛监督制度比较薄弱。

（1）协会的监督。我国协会领导的部分职能与联盟总裁类似。作为协会的领导而言，联赛的顺利发展本身也可视为其政绩的体现，同时对提高运动成绩也不无裨益。从理论上说，其对联赛的各种舞弊行为都是深恶痛绝的，但目前我国协会的管理体制使这种监督难以奏效，原因包括：

第一，作为国家体育管理机构的高级干部，最可能导致协会领导更替的是比赛成绩，而不是职业体育市场的发展。这使协会的领导更愿意在提高竞技成绩上投入更多精力而不是加强对联赛非法行为的监管。我国职业化以来 3 任足协主要领导的更替都是由于比赛成绩不佳所致。

第二，作为肩负两种职能的协会，协会领导采取监管不作为对其个人可能更有利。由于足协的委托代理链很长（见图 6－3），足协在某种程度上是一个权力不受约束的"独裁者"，而越不受制约的权力就会产生越高的"设租、抽租"的可能。无疑，不规范的足球市场对其"设租、抽租"更有帮助，从理论上说足协采取监

① 联赛的商务开发则委托给足协下属的福特宝公司进行开发，而福特宝公司作为中介还可以提取中介费，无形中又增加了足协的收入。"中超在未知中摸索"，《中国体育》2004 年第 1 期，第 31 页。

管不作为甚至参与假球黑哨会给自己带来更大的利益①。

第三，协会领导人的收入与其监督效率不直接相关。我国协会领导实际也是国家正式干部，在对其政绩考核以国家队成绩为主的情况下，其收益（无论是物质的还是政治升迁）主要与该项目的运动成绩直接相关，而与联赛的繁荣与否没有直接关系。

（2）裁判监督机制。由于一些裁判涉嫌受贿，中国职业裁判的威信很低，球员和观众往往对裁判的任何失误都指斥为“黑哨”，协会不得不在许多比赛中聘请国外裁判执法，但这带来了两个负面影响：一是裁判成本大大增加；二是进一步降低了国内裁判的威信和水平，因为裁判本身也需要执法比赛来积累经验并提高水平。

其实协会对裁判制订了各种规章制度，这些文件对我国足球裁判员的管理、选派、监督及处罚都作了非常详细的规定②。规定之详细可以比肩世界上任何一个足球强国。但我国的裁判仍面临巨大的信任危机，不是没有制度，而是这些制度没有考虑到裁判专用性投资的特点以及实施机制不力。我国裁判与欧美 19 世纪的裁判相似，都是业余裁判，大多另有稳定职业。根据其水平，我国裁判分为国际级、国家级、1 级、2 级、3 级共 5 个级别。截至 2001 年，我国共有各级别足球裁判员 4519 名，其中国际级裁判 17 名，国家级裁判 65 名。一名裁判从三级晋级到执法甲级联赛的国家级或国际级最少也需要 10 年的时间③，足协每年还要对裁判员进行体能

---

① 王相林：“产权、制度与公平竞赛——解读‘假球黑哨’”，《北京体育大学学报》2004 年第 6 期，第 731 ~ 734 页。

② 如中国足球协会下发的文件有：体足字［2002］2 号《中国足球协会赛区裁判工作管理规定》共九章六十条；体足字［2002］5 号《中国足球协会足球比赛裁判人员选派办法》共六章二十三条；体足字［2002］6 号《中国足球协会 2002 年足球比赛严格执法的规定》共三章三十五条；《中国足球协会裁判工作违规违纪处罚办法》共四章三十条。

③ 王健：“委托——代理关系下职业联赛裁判员的激励约束机制研究”，《天津体育学院学报》2005 年第 3 期，第 72 ~ 74 页。

考核，包括12分钟跑（要求达到2800米）等。显然要成为一名执法职业比赛的裁判需要巨大的专用性投资。但我国裁判的收入与其国外同行相差很大（见3.2.2小节）。我国足球裁判员的执法收入主要包括：交通费用（实报实销）；食宿费用（住宿标准间每天费用250元），伙食（标准每人每天200元）；执法津贴（甲A联赛、足协杯赛标准为主裁每场1000元，助理裁判及第四官员各700元）等①。这种收入水平与裁判所能左右比赛胜负的经济价值相去甚远，这为裁判的营私舞弊埋下了伏笔。

裁判是一种依靠权威的行业，一旦失去威信难以发挥其应有作用。我国协会对裁判的保护机制很不完善，这使裁判直接暴露在无限制的批评之中。如2005年，北京国安在比赛中认为裁判不公而罢赛，赛后足协认为裁判没有失误，但后来在给予北京国安罚款的同时，又判该裁判停哨8场。如此反复使裁判的声誉受到巨大的损害。此外，我国裁判的监督、培训、保护和处罚等制度均比较薄弱。协会作为集各种权力于一身的行为主体，裁判选拔、培训、管理、委派、监督、处罚都由协会负责，在协会内部又没有形成权力的制衡机制，极易造成权力膨胀和滥用。这种不完善的管理体制为裁判“暗箱”操作和行贿受贿等不法行为营造了有利的空间②。

（3）媒体的监督。与国外无所不在且相对客观公正的媒体监督相比，我国的媒体监督目前尚无法发挥作用。其中有媒体市场机制的原因，也有协会管理机制的原因。

我国的媒体市场从20世纪80年代起逐步发展起来，但至今国家一直对其进行较为严格的控制，对媒体的舆论监督尚未完全放开，同时也受到国家的各种保护。如国家广电总局2000年的

---

① 中国足球协会文件：《关于2002年全国足球甲级联赛及中国足协杯赛比赛监督、裁判员、技术调研员开支标准的规定》，2002年。

② 闫育东、张云、谢铁兔：“对我国足球、篮球裁判界‘黑哨’现象的成因分析及对策探讨”，《全国第七届体育科学大会》2004年第1期，第4~7页。

[2000] 42号文件规定足球世界杯、奥运会、全运会等运动会在我国境内的电视转播权只能由中央电视台负责谈判和购买①。国家对媒体行业的保护使媒体之间的市场竞争远不如国外那么激烈，从业人员素质普遍不高。同时，我国有关媒体报道的各种法律也很不完善，很多媒体随意发表不负责任的评论，假消息、假报道层出不穷，这也对职业体育产生负面影响。

另一方面，协会对媒体的批评性报道似乎也不十分欢迎，协会与媒体的冲突也日益频繁，如足协曾经因对《足球》报的报道不满而禁止其采访足协组织的所有比赛，协会与媒体的交恶也大大限制了媒体的监督职能（周文渊，2005）。

2. 联赛的管理。协会虽然“大权独揽”，但面对庞杂的比赛管理事务，协会的事必躬亲显得捉襟见肘，管理绩效难以令人满意。更由于其根本目标与俱乐部不同，协会制订的一些制度甚至损害了联赛的长期利益。

（1）管理效率低下。虽然因竞技成绩不佳和市场中出现的许多问题受到社会舆论的各种批评，但足协工作人员的勤勉也得到媒体认可②。我国不同层次、不同级别每年几千场的比赛，上千家俱乐部和几万名职业、非职业球员的管理对足协是一个沉重的任务。根据现在的中国足协名录，除了5名足协副主席，中国足协只有41名正式在编和正式招聘的工作人员。以区区几十人要应付如此繁重的工作，难度可想而知。繁重的工作也使足协制订的一些规则纰漏频频，如2004年从甲级联赛变为超级联赛时，足协制定的球队前3年联合计分计算升中超名次的方法可能使某些球队在最后阶

① 陈云开：“我国竞赛表演业市场行为的本质特征”，《体育科学》2002年第2期，第12页。

② 由于比赛多数是在节假日进行，这也使足协管理人员失去了很大一部分休息时间。李承鹏：“革命才能活命——兼与楼世芳董路程建国商榷”，《足球》2004年10月22日；http：//sports. sina. com. cn，2005年2月19日。

段靠输球才能压低对手的名次，让自己进中超[①]。针对近年来球队工资暴涨的情况，足协曾经制订了3次限薪令。1996年，足协规定球员工资上限每月800元，1998年规定球员工资上限每月12000元，2003年规定俱乐部球员工资总额不超过俱乐部收入的55%，但在各个俱乐部盲目追求成绩的背景下，这些规定难以奏效[②]。以2003年的规定为例，一些弱队的收入与强队相差很大，按此规定其工资比例也将同等比例拉大，这对弱队很不公平。这使限薪令收效甚微，俱乐部私下交易盛行，对足协的规定置若罔闻。朝令夕改的制度还影响了足协的权威。

足协成为高度集权的"独裁者"，但其问责制度形同虚设，这也影响了联赛的商业开发。如足协领导与IMG进行直接谈判后，未经与俱乐部商议，就将联赛的商务开发权售出，引发俱乐部的强烈不满[③]。负责中超联赛的商务开发工作是足协下属的福特宝公司，但2005年中超没有冠名，2002年，在女足世界杯商务开发上的滞后甚至导致国际足联直接干预女足世界杯的筹备工作，但这都不影响福特宝中超经纪公司的地位。2001～2002年，中国足协开展过一个青少年百队计划，两年间花费了将近2000万元人民币，最终该项目因效果实在太差而被取消，但也没有人对其负责[④]。2008年9月，足协又陷入与赞助商的诉讼之中，按照2006年中国足协和联赛前赞助商"爱福克斯"签订的赞助合同，后者将向中

---

① 2004年足协规定按前3年联赛成绩联合计分计算升中超的名次，受篇幅限制此处简述如下：球队B输球将使其直接比赛的对手A得分上升（假设C也失利的话），而由于3年比赛权重的不同，A在当年的成绩将超过C，并使C的3年总分小于B，从而使B得以进入中超。这种规则漏洞使足协受到广泛的批评。

② 刘建刚、连桂红："中国职业足球运动员高收入的现状及限薪利弊的经济学分析"，《中国体育科技》2005年第1期，第59页。

③ 谭建湘、周志伟、路卫国："关于职业俱乐部的投资行为与投资环境"，《天津体育学院学报》2000年第2期，第10～13页。

④ 梁文："为什么不公布往年财务"，《体坛周报》2004年10月27日。

超联赛提供600万欧元的赞助款，但至今为止，“爱福克斯”仅仅支付了60万欧元的首付款项，随后就不见踪影。

（2）对赛制的随意修改。由于足协的行政职能和行业管理职能的重合，足协往往以提高运动成绩为首要目标。有限的任期使管理者必须尽快地提高成绩，为此制订的一些制度在短期内可能对提高成绩有利，但对联赛有长远的负面影响。如足协要求入选各级国家队的队员长期到国家队集训，联赛往往因此停顿数月之久，这必然使俱乐部和广告赞助商的利益受影响，同时也不利于整个联赛市场①。况且足协的许多制度创新也谈不上能提高竞技水平，如为提高球员的体能，足协曾要求所有运动员必须参加12分钟跑，未达到2900米的不能参加联赛，许多俱乐部在联赛开始前不得不请长跑教练教授长跑技术，一些体力稍差的老球员只能提前退役。从技术角度看，足球比赛更多的是一种加速和变速的奔跑，与长跑运动员的匀速跑截然不同。从职业体育的角度看，运动员的价值并不等于其奔跑能力，一些有特点或有市场号召力的老球员即使跑得慢一些也有其特殊的贡献，替补出场也可以弥补其体力缺陷。此外，为了满足各级国家队备战需要，避免联赛影响国家队备战国际比赛，足协频频对赛制进行更改，20世纪90年代，联赛一般都采用升降级联赛制度，但足协为方便国家队比赛而频繁更改赛制，如为备战2002年世界杯，2001年“只升不降”，2002年“只降不升”，2005年“只升不降”，2006年“恢复升降”等，赛制的频繁更替令各球队无所适从，其商务开发、外援引进和经营管理均大受影响。

6.2.1.4　职业联赛的赛制

我国职业足球联赛借鉴了欧美职业体育的许多制度，如我国职

---

①　如北京首钢篮球俱乐部副总经理袁超认为“国家队队员每年几乎有2/3的时间要在国家队，1/3时间是在本队，这1/3时间基本上是在联赛期间。赞助的企业一听国手不能到场，兴致就没有了。”孙保生：“企盼体制深化改革”，《篮球》2000年第15期，第32页。

业足球联赛将联赛分为几级，在不同层级之间根据比赛成绩进行升降，这使比赛比较激烈①。但从我国目前的实际情况看，升降级对联赛本身并无益处。从世界范围看，升降级赛制也并非职业联赛所必需。北美 4 大联赛就没有采用升降级，这也不影响其激烈程度。通过前文的历史分析，可以知道各国联赛的赛制取决于各国的实际情况，欧洲采用升降级赛制是因为国家小，球队多，少数球队的升降并不影响联盟的市场覆盖和总体发展。而美国地域大，19 世纪职业联赛开始之初各个俱乐部经营困难，采用升降级将使俱乐部的压力增大，还可能使联盟失去对某些重要城市的占领，而这对联盟的整体发展是非常不利的。我国地域面积比美国还大，现在也正处于联赛的初级阶段，采用欧洲的升降级赛制可能影响联赛市场，如北京现在只有国安 1 支俱乐部，假设国安降级就意味着联赛失去了首都市场，这对联赛整体的商务开发很不利。近几年中超没有广州的球队对中超的负面影响就非常大。同时，现阶段我国俱乐部过于关注成绩而忽视市场，升降级也加剧了俱乐部的无序竞争。为避免降入次级联赛，许多俱乐部往往不择手段，这也为假球黑哨提供了市场空间。

6.2.2 职业体育俱乐部的治理混乱

6.2.2.1 俱乐部的股权结构和地方政府的干预

我国职业体育俱乐部的投资方式有多种，从总的情况看，一般都摆脱了单一的政府投资运动队模式，逐渐由企业赞助运动队、政企联办俱乐部到现在的企业投资办俱乐部。在我国职业足球联赛启动之初，中国足协将职业足球俱乐部定义为“独立法人的经济实体或相对独立法人的事业实体”。中国足协在 1999 年颁布的《中国职业足球俱乐部的基本条件》中明确指出：“职业足球俱乐部是

① 虽然经常变更升降级，但总的来说我国职业联赛还是以升降级为主。

指以足球产业为基础，具有企业法人资格。”我国的许多足球和篮球俱乐部基本已经转化为有限责任公司或股份公司。这也使协会和俱乐部的不同利益取向成为一种必然。研究表明，63.64%的协会管理者认为俱乐部的首要目标是提高竞技水平，但有81.81%的职业俱乐部认为盈利是最重要的①。我国俱乐部产权方面的主要问题有两个，一是地方政府干预过多；二是国企股东。

1. 地方政府的干预。即使是在国外，体育俱乐部也在很大程度上被当作城市的名片，城市往往通过建设各种大型场馆来吸引球队，城市甚至因此被球队“敲诈”。我国的俱乐部往往也得到城市的各种关照，但我国俱乐部隶属于地方体育系统管辖，这使地方政府在很大程度上取得了对俱乐部的控制权。

中国目前的官员选拔机制决定了城市之间的互相竞争比国外要激烈得多，政府官员们有更强的动机来维持一只顶级球队以扩大城市的影响力，并通过球队成绩来彰显其政绩。1994年开始体育职业联赛的影响力通过各种媒体得到充分的宣扬。这使得中国的城市对于职业足球这种具有全国影响力的竞技项目极为关注。在此背景下，地方政府参与对足球的热情空前高涨，“足球搭台，经济唱戏”成为许多地方政府的共识，“足球市长”、“足球书记”成为许多俱乐部直接的坚强后盾②。对城市而言，足球水平提高就意味着城市知名度的提高，也便于其招商引资工作的开展。许多城市为此可谓不惜代价，如重庆力帆只花费8000万元的低价就从政府购得市中心的一块黄金地段③，大连政府在大连队面临保级困境时也伸出援手，协助出资购回在英超踢球的大连籍球星孙继海。原武汉雅琪的俱乐部章程甚至有“市政府以扶持政策投入作为股份，占

① 杨铁黎：《职业篮球市场论》，北京体育大学出版社2003年版，第129页。

② 郑欣：“地方政府与职业足球俱乐部的关系研究”，《解放军体育学院学报》2001年第4期，第61页。

③ 王印毅：“中超梦，汽车梦”，《足球周刊》第89期，第31页。

20%”的条款①。球队的成立和接手要政府安排，球队的迁移和转卖自然也受到政府的干预，因为球队的迁移将使当地政府失去一个提升其政治声望的有力工具，大连万达、四川全兴和辽宁等足球队当时转让的第一个条件就是必须是本地企业接手。

2. 俱乐部的国企股东。为了更好地控制俱乐部，地方政府请当地有实力的企业控股俱乐部是一个两全其美的选择，国企因其与地方政府的密切关系和成本的约束弱化成为首选②。1994 年的四川全兴和大连万达，1997 年的青岛颐中和云南红塔等都是受政府“委托”而接手俱乐部的③。在地方政府的大力支持下，国企股东成为我国俱乐部的主力。以 2005 年中超的 12 支足球队为例，有 7 支是国有企业，5 支是民营企业，见表 6－5。

表 6－5　　2005 年中超俱乐部企业股权性质

俱乐部	主要投资单位	企业性质
辽宁	辽宁省体育局等	国资、民营
上海申花	文广传媒	垄断型国企
上海国际	中远集团	垄断型国企
青岛颐中	颐中集团	垄断型国企
山东鲁能	鲁能电力	垄断型国企
天津泰达	泰达开发区	国资
北京国安	中信集团	垄断型国企
重庆奇车	力帆集团	民营
沈阳金德	金德集团	民营
深圳健力宝	健力宝集团	民营
大连实德	实德集团	民营
四川冠城	冠城集团	民营

资料来源：根据足协及各俱乐部网站资料整理。其中四川冠城实际是大连实德的关联俱乐部，四川冠城 2006 赛季因财政问题退出中超联赛。

① 戴晨：“中国职业足球俱乐部无形资产界定研究”，《体育科学》2001 年第 4 期，第 36 页。

② 郑芳、田世昌：“试论我国职业足球俱乐部的制度安排”，《浙江体育科学》2003 年第 5 期，第 13～15 页。

③ 张邦松等：“谁掌控着国企进退球市”，《新闻周刊》2004 年 2 月 23 日。

参与职业体育的这些民营企业实力不俗，如大连实德的老板徐明、力帆的老板尹明善和浙江绿城的老板宋卫平等都入选《福布斯》的大陆百名富豪之列。但其实力与那些国企俱乐部相比仍不可同日而语。这些国企俱乐部的股东多为大型垄断型国企，资本雄厚。对这些大型国企而言，一个职业俱乐部的投资可谓九牛一毛，依靠其母公司的资金，这些国企俱乐部获得了球员争夺战的胜利。1998 年，原公安部下属的寰岛集团投入上千万元购买了当时的一批国脚，并在当年就获得了第 4 名。云南红塔在 6 年间投入 6 亿元资金，中远集团 2001 年升入甲 A 的全年投入超过 1 亿元，2002 年，上海中远仅在引援方面就投入了 3500 万元。鲁能俱乐部每年仍另需股东“输血”5000 万元①。表 6 - 6 是中国职业足球历年转会标王表，可以发现球员转会记录扶摇直上，其中 75% 的标王被国企俱乐部收购，近 7 年来更是被国企垄断。

表 6 - 6　中国职业足球历年转会标王及收购俱乐部的企业性质

时间	转会标王	转会价（万元）	转入俱乐部	俱乐部性质
1995	黎兵	64	广东宏远	民营
1996	（大）王涛	66	北京国安	国企
1997	郝海东	220	大连万达	民营
1998	彭伟国	235	前卫寰岛	国企
1999	曹限东	386	北京宽利	民营
2000	区楚良	497	云南红塔	国企
2001	曲圣卿	550	上海申花	国企
2002	祁宏	950	上海中远	国企
2003	吴承瑛	1300	上海中远	国企
2004	李金羽	490	山东鲁能	国企
2005	郑智	850	山东鲁能	国企
2006	李炜锋	640	上海申花	国企

资料来源：根据足协公布资料整理。

① 黄一琨：“足球职业化：天凉好个秋”，《经济观察报》2004 年 9 月 28 日。

国企俱乐部对球员的竞争也使球员工资一路飙升。表 6－7 显示，2001 年时，我国足球俱乐部主力球员的工资达到了 120 万元人民币，与韩国球员持平。其收入与国内人均收入的比例达到惊人的 150 倍，远远高于表 6－7 中的其他国家①。而中国的足球水平却是表 6－7 中最差的。在以高薪和巨额转会费获得最优秀运动员后，国企俱乐部的成绩也远远超过那些单纯的民企。在已经产生的 13 届甲级职业联赛冠军中，作为民营俱乐部获得联赛冠军的只有深圳健力宝一家，其余均被国企俱乐部获得②。

表 6－7　2001 年各国顶级联赛主力足球运动员年收入情况

国家	人均收入（年）	国际足联排名	球员平均收入	球员收入与人均收入比
中国	0.09 万美元	67	120 万元人民币	150 倍
韩国	1 万美元	20	17 万美元	17 倍
英格兰	2.6 万美元	12	75 万美元	28 倍
法国	2.7 万美元	2	30 万美元	11 倍
西班牙	1.8 万美元	3	42 万美元	23 倍
日本	3.8 万美元	25	37 万美元	9 倍
美国	2.2 万美元	8	8 万美元	3 倍
德国	3 万美元	9	42 万美元	14 倍

资料来源：刘建刚、连桂红："中国职业足球运动员高收入的现状及限薪利弊的经济学分析"，《中国体育科技》2005 年第 1 期，第 57～59 页。

6.2.2.2　俱乐部的内部治理

1. 俱乐部的组织结构。职业体育俱乐部作为独立承担民事责

---

①　刘建刚、连桂红："中国职业足球运动员高收入的现状及限薪利弊的经济学分析"，《中国体育科技》2005 年第 1 期，第 57～59 页。

②　2006 年联赛尚未结束，但山东鲁能已经提前夺冠。大连实德属于民企俱乐部，共获得了 8 次冠军，但考虑其受到大连市政府的多方关照，此处暂将其从民企剔出。

任的法人实体，有其特定的产业组织结构。我国各职业体育俱乐部的组织形式基本上按照董事会——董事长——总经理（主教练）——职能机构这种企业化管理形式设置组织。但俱乐部的主要控制权掌握在老板手中，老板经常亲自“指导”俱乐部的训练比赛，甚至带大量现金到现场督战，随意更换教练、队员非常普遍，俱乐部董事会形同虚设。同时，俱乐部其他职能机构很不完善，商务开发人才不足，素质不高，俱乐部基本上还是以球队的训练比赛为主，市场营销组织非常薄弱。蒋强等人的研究表明，我国CBA 21 支俱乐部中，只有 4 个设置了经营开发部，只有 2 个设置了内外联络公关部，无一家俱乐部设置法律事务部①。张孝平等对 29 家职业足球俱乐部进行的调查显示，俱乐部经营管理人员在 20 人以上的只有 5 家，在 10～20 人之间的有 21 家，10 人以下有 2 家。教练员在 10 人以上的俱乐部有 5 家，在 5～10 人之间的有 17 家，在 5 人以下的有 7 家②。内部组织机构的不健全和专业人才的缺乏大大限制了俱乐部的盈利能力。

2. 俱乐部的管理。我国俱乐部管理者的主要缺点是非专业化。许多俱乐部的管理者本身并不精通体育产业，这点尤以国企俱乐部为甚。许多国有企业俱乐部总经理的任命与其他政府机关职员一样，都属于组织任命。很多经理属于“上任前不懂足球，卸任后不问足球”。如山东鲁能俱乐部历任 4 个总经理：邵克难是北大教师，董罡是电力专业毕业，康梦君的专业是社会科学，2009 年 11 月新任老总孙国宇此前一直在供电部门任职。4 人的共同特点是此前没有接触过职业足球，也没有经过职业培训。只是由于上级领导部门的一纸任命，他们就走马上任，其离任也是如此。这使他们对

① 蒋强、杨颂：“NBA 与 CBA 职业篮球俱乐部的比较研究”，《哈尔滨体育学院学报》2000 年第 3 期，第 86～88 页。

② 张孝平等：“如何运用‘混合赛制’”，《北京体育大学学报》2006 年第 4 期，第 444～446 页。

俱乐部的经营必然要经过很长一段时间的摸索①。同时，作为有行政级别的俱乐部管理人员也具有政绩和市场双重取向，但后者最终要服务于前者。只有出政绩（成绩），他们的权力和级别才能保持乃至升迁，至于俱乐部经营是否良好已是次要的了，反正其母公司不必依靠俱乐部的收入。职业篮球俱乐部的情况与足球类似，缺乏既懂体育又懂经营的人才。中国 12 家职业篮球俱乐部的总经理除了 1 人是公开招聘以外，其他都是由出资企业提名。总经理的学历结构是：大专以下的 6 人，大学本科 4 人，研究生毕业 2 人。有 8 人有企业工作经历，但对篮球缺乏了解。还有 4 人是运动员出身，精通篮球，但缺乏企业经营方面的经验。所有俱乐部总经理都没有接受过专门的经营管理方面的正规教育②。

俱乐部管理者的水平严重影响了俱乐部的经营管理，许多主教练管理方法简单粗暴，动辄以停赛、停训来惩罚队员。这使俱乐部教练与队员的矛盾激化，1995 年迟尚斌到大连执教，一些球员以关闭整栋大楼的电灯来表明其不合作态度。虽然迟尚斌凭借着其个人能力和魅力最终在大连取得了成功，但 2005 年迟尚斌执教深圳健力宝队时，还是被一些队员以消极比赛的方式“挤走”了③。2006 年，上海申花教练的小车则被球员蓄意破坏。将帅失和使俱乐部不得不承担一系列不利后果，如 2005 年深圳队最终从卫冕冠军变为联赛倒数第二名。

3. 频繁更换的教练。球队的成绩与高水平的教练队伍是分不开的，但我国教练员队伍水平较低。蒋强等对我国 21 支篮球俱乐

---

① 董罡自己也承认，在上任一开始，他交了不少“学费”。周志刚：“足球成跳板俱乐部老总名利双收”，《法制晚报》2005 年 11 月 24 日。

② 杜丛新：“对职业篮球产权制度的研究”，《北京体育大学博士研究生学位毕业论文》2002 年，第 44 页。

③ 媒体报道，迟尚斌声称一些球员故意消极比赛来达到使教练下岗的目的（此前健力宝队作为卫冕冠军已经 9 场不胜），并称这些球员为“球霸”。而深圳一些球员则以“天亮了”来形容迟尚斌的离职。

部教练进行的调查发现，有90%的教练是运动员出身，文化基础和学历普遍偏低。没有人接受过研究生教育，拥有本科学历的人数只有6.8%。虽然72.8%的教练员拥有大专学历，但多数是以函授形式获得。俱乐部对教练队伍的建设也不够重视，只有1支球队配备专门的体能教练①。

表6-8　　中超2003~2005年赛季各队主教练名单

球队	2003~2005赛季的主教练
大连实德	科萨、福拉多
深圳平安	朱广沪、迟尚斌、郭瑞龙、谢峰、王宝山
山东鲁能	涅波、图巴科维奇
辽宁中誉	马林、唐尧东、王洪礼
上海申花	吴金贵、毛毅军、贾秀全、威尔金森、涅波
上海国际	成耀东
青岛中能	李章洙、殷铁生
云南红塔（俱乐部转让）	戚务生
重庆力帆	马林、塔瓦雷斯
四川冠城	徐弘、柳忠长
天津康师傅	马特拉齐、戚务生、刘春明
沈阳金德	斯蒂皮、张光莹、马丁·库夫曼、霍顿
北京现代	杨祖武、沈祥福
武汉黄鹤楼	斐恩才、陈方平
上海中邦（俱乐部转让）	马良行

资料来源：根据媒体资料及各俱乐部官方网站资料整理。

① 蒋强、杨颂："NBA与CBA职业篮球俱乐部的比较研究"，《哈尔滨体育学院学报》2000年第3期，第86~88页。

教练本身是个高风险的职业，中国俱乐部对成绩的过分追求使中国教练的任期比其国外同行更短。如表 6 - 8 显示，在 2003 ~ 2005 赛季中超 14 支球队两年内共有 38 人担任过主教练，深圳平安和上海申花居然各经历了 5 个主教练。所有教练都面临着在最短时间内提高成绩的压力，这也使教练不可能费心为俱乐部制订包括年轻球员培养在内的长期规划，甚至还可能有一些机会主义行为。已有许多媒体报道一些俱乐部的教练在引进外援、选择球队训练对手和训练场地上中饱私囊[①]。我国足球教练的年薪一般在 6 万 ~ 20 万元之间，但一些教练收取回扣的收入高达其工资的 5 ~ 10 倍[②]。

6.2.2.3　劳资矛盾和运动员的培养

1. 俱乐部和运动员的劳资矛盾。我国俱乐部对运动员的管理比较薄弱，运动员的合法权益得不到有效保护，同时运动员又通过各种不合作行为进行对抗，这使俱乐部和运动员两败俱伤。

表 6 - 6 显示我国足球运动员的工资达到 150 万元，但这是前几年职业体育市场繁荣时的情况。近几年随着职业体育市场日益萧条，运动员的工资水平已经大不如前，2005 赛季与 2004 赛季相比，中超球员工资总额（包括工资、奖金、训练补助等）减少 1. 13 亿元，降幅高达 34%。沈阳金德与所有球员一次性签署了为期 5 年的合同，月薪分为 4000 元和 8000 元两档，且规定不进前 5 名只能拿到一半的工资，所有不签合同的球员立刻下岗。2005 年，辽宁队的球员工资总额由上年的 2000 万元锐减至 1100 万元，降幅高达 45%[③]。与此同时，俱乐部经营困难也导致欠薪的普遍化。2004 年，中超的 12 家俱乐部中，因为各种原因拖欠球员工资和奖

---

① 一些教练在球员转会中收取经纪人和运动员的回扣后使俱乐部以高价引进球员。付晓海："外援转会再爆黑幕"，《足球报》2001 年 2 月 19 日。

② 《体坛周报》2003 年 12 月 1 日。

③ 《足球报》2005 年 3 月 23 日。

金的达到了7家，欠薪总数高达5450万元①。

在工资水平大幅下降和俱乐部普遍欠薪的情况下，一些球员开始进行假球交易，还有的运动员则通过罢赛、罢训来对抗。球员是否打假球的证据总是难以获得，对此一些俱乐部采取矫枉过正的做法，对“嫌疑”队员随意采用“三停”（停薪、停赛、停训）的处罚。表6-9显示，自2001年以来，中超（甲A）共有12支俱乐部三停处罚了35名运动员。与此同时，越来越多的球员采用罢赛来对抗，笔者统计，从2002~2005年的4年间，职业足球联赛共发生8次球员罢训、罢赛事件，涉及7家俱乐部。

表6-9　　2001~2006年以来中超（甲A）球员遭受三停处罚一览表

俱乐部	队　员
山东鲁能	郝伟、王超
四川大河	魏群
沈阳金德队	陈波、曲男楠、李毅男、于波、张晓鸥、邓黎
辽宁	刘健生、王亮、马东波
武汉队	王小诗、马成、黎梓菲、吴鹏、李振鸿
深圳健力宝	张永海、王新欣
大连实德	孙寿博、胡兆军
中邦	范志毅、申思、刘全德
重庆力帆	孙治、李国旭、张宇、李健
上海联城	卞军、黎梓菲
上海申花	刘云飞、张玉宁、毛剑卿、虞伟亮
青岛中能	李帅

资料来源：根据有关媒体资料整理。

---

① 虽然足协规定俱乐部必须足额付清球员工资才能注册，俱乐部一般事先要求球员必须在工资单上签字，证明自己已经领过了薪水，俱乐部会另开欠条给球员。如果球队无法注册，球员也就此失业，大多数球员只能听从俱乐部的安排。《东方体育日报》2004年12月11日。

2. 运动员的薪酬制度。国外俱乐部运动员一般都为年薪制，即使运动员表现不佳或因伤病无法上场，俱乐部都必须足额发放工资。但我国俱乐部一般将球队的战绩与其收入挂钩，这使运动员的奖金要远远高于其工资，这点从足协的限薪制度上可见一斑。足协规定18岁到22岁的运动员年最低工资为3.6万元，22岁以上的国内球员年最低工资是6万元。同时规定每场赢球奖金60万元，平球奖金为20万元①。显然对于一般球员而言奖金比工资重要得多，这使收买运动员变得有利可图。这种做法也导致了更多的劳资纠纷，因为奖金多数无法用书面形式确认，许多劳资纠纷都不是因为工资而是由于奖金无法及时、足额发放而产生。

3. 运动员培养问题。从国外俱乐部的历史看，虽然运动员是一种高度的人力资本投资，但运动员过高的工资也将阻碍俱乐部的发展，适当限制运动员的工薪成为共识。与国外足球运动员相比，我国运动员的竞技水平相对较低，但却获得了相对较高的工薪，这使俱乐部不堪重负。其根本原因在于我国职业运动员太少，我国原来体校培养运动员的模式已经无法满足职业体育市场的需求，国家投入难以增加的同时个人投资严重不足。

中国职业球员过少的一个重要原因是原有的体校培训机制已经难以发挥作用。在原有计划经济模式下，青少年足球培养和训练体制为：一般开展学校——传统布局学校——区少体校——市少体校——青年队——专业队的线型培养和选拔体系。球员退役后由国家负责安排工作，也不存在退役安置问题。运动员相当于一个固定工作，在计划经济下成为许多人梦寐以求的理想。但市场经济的建立使这种专业体校模式越来越暴露出一些难以克服的问题，包括以下几点：

---

① 此处我们以足协的限薪令为依据，但媒体报道多数俱乐部的奖金实际远远高于足协的规定，但最低工资与足协规定相差不大，甚至更低。

(1) 运动员受教育程度低下和就业压力问题。虽然在体校也进行文化教育，但体校的首要目标不是文化教育，而是向上级体校输送人才，其学习多为走过场，关键是完成训练任务①。但运动员的运动寿命短暂，最终都面临着就业和融入社会的问题。在我国即使是优秀运动员的退役安置也日益困难，前世界女子举重冠军邹春兰退役后只能在澡堂为人搓背谋生，另一位男子举重冠军才力33岁就因贫病交加而去世。表6-10显示，近年全国优秀运动员退役安置率越来越低。出路困难使各级体校开始大幅萎缩，体校培养的球员越来越少。从1980~1995年，各级各类体校篮球在训人数减少了40%，教练员减少了28%。到1999年，业余体校在训人数还以2.7%的速度逐年递减②。

表6-10　1998~2002年全国优秀运动员退役安置情况

年份	退役人数	待分配人数	政策安置	上大学等其他渠道	就业率（%）
1998	2600	3834	984	950	50.44
1999	1803	3561	961	1106	58.05
2000	1504	3363	642	766	41.87
2001	1549	3226	378	638	31.49
2002	1709	4274	326	401	17.01

资料来源：整理自陈林祥："我国优秀运动员退役安置的现状及对策研究"，《体育科学》2004年第5期，第9页。

另外，体育比赛的复杂性决定了运动员的竞争是其综合实力的竞争而非简单的身体对抗，我国传统体校模式培养的运动员文化素质不高也限制了运动员的水平。文化水平不高的运动员对优秀教练的排兵布阵很难领悟。在雅典奥运会射箭赛场上，一位极有希望获

① 刘建刚、连桂红："中国职业足球运动员高收入的现状及限薪利弊的经济学分析"，《中国体育科技》2005年第1期，第57~59页。

② 信兰成：《解放思想，开拓进取》，1999年全国篮球会议文件之一，第8页。

得奖牌的中国运动员，因为没听懂裁判说的英语“停止试射”，而被取消比赛资格①。

（2）选材覆盖面过窄限制竞技水平提高。现有体校一般由国家全额投资，受条件限制，能进入体校的青少年总是少数，我国现有中等体育学校2000所，参训队员80万人，初级训练的传统体育项目学校24000所，参训学生达到470万人。但与70多万所中小学和全国1.8亿名学生比起来，参加训练的学生不足4%②，全部专业运动员也只有2万人③。过窄选材覆盖面使大多数具有运动天赋的潜在运动员无法被挖掘出来，这使我国运动员的选材先天不足。

（3）俱乐部的球员培养机制。我国足协试图在俱乐部内建立球员培训体系，规定各俱乐部必须建立自己的一、二、三线配套体系，并定期检查。但青少年队伍建设是一项长期的工程，在俱乐部股东“朝不保夕”的情况下，没有几支俱乐部愿意对此进行长期而大量的投资。李震等人的调查显示，88.5%的俱乐部每年青年队投资小于300万元，多数青少年队教练月薪在4000元以下④。一只典型的足球队有22名球员，其中一、二、三线队伍的合理比例约为1:2:4，我国一、二、三线队伍的比例只有1:1.1:1.27，年轻球员明显不足，见表6-11。而且青少年队每年的比赛次数太少，一般每年不超过30场，这也影响了青少年

---

① 袁可飞、任心照：“完善体育机制　培育新一代运动员”，《体育科技文献通报》2005年第7期，第4页。

② 旭光：“竞技体育的‘三驾马车’”，《中国体育》2004年第4期。

③ 潘前：“中美体育后备人才培养体制初探”，《西安体育学院学报》2003年第3期，第24页。

④ 李震等：“我国足球甲级俱乐部梯队建设及发展对策”，《中国体育教练员》2004年第2期，第25页。

球员水平的提高①。

表 6－11　　职业足球俱乐部后备人才调查表　　单位：人

俱乐部	二线队员	三线队员	小计
辽宁	25	50	75
全兴	22	78	100
申花	28	40	68
国安	25	0	25
太阳神	24	0	24
深圳	22	0	22
总计	146	168	314

资料来源：马志和："我国职业足球俱乐部的现状与发展"，《上海体育学院学报》1996 年第 3 期，第 6 页。

6.2.2.4　球迷权益的丧失

球迷作为职业体育的市场基础，被欧美的职业联盟和俱乐部广泛重视。但我国球迷似乎得不到应有的尊重。中国职业化 12 年来几乎没有成立具有广泛社会影响的球迷组织，球迷也无法参与到俱乐部的经营管理中去，俱乐部的经营管理事务球迷更是无从知晓，球迷更广泛的权益受到漠视。一些俱乐部（包括大连、上海和北京等管理相对规范的俱乐部）虽然成立了球迷协会，但其主要作用仍局限于比赛时的摇旗呐喊。一些球员和球迷的冲突时有报道，最终都不了了之。

俱乐部对球迷权益漠视的一个主要原因是俱乐部经营的短期行为，因为进入职业体育市场的俱乐部多以追求竞技成绩为

① 李震等："我国足球甲级俱乐部梯队建设及发展对策"，《中国体育教练员》2004 年第 2 期，第 24 页。

主，这使其难以顾及市场的反应，自然也对球迷无动于衷。从专用性投资的角度看，对球迷权益的漠视，也使球迷对俱乐部的专用性投资很小，球迷可以轻易地转向其他项目或娱乐活动。一些“假球”、“黑哨”等更使球迷如同购买了伪劣产品，比赛观众的日益减少也就不难理解了。

6.2.3 职业体育市场辅助机制的不健全

6.2.3.1 工会组织的缺失

我国2001年的新《工会法》规定，在中国境内的企业、事业单位、机关中以工资收入为主要生活来源的体力劳动者和脑力劳动者，不分民族、种族、性别、职业、宗教信仰、教育程度，都有依法参加和组织工会的权利。但1998年的《中国工会章程》规定，成立工会需坚持“属地原则”——以行政区域划分和“产业原则”——以职业属性划分，实行产业和地方相结合的领导原则。除了少数行政管理体制实行垂直管理的产业（如铁路、航空等）可以跨地区并以产业工会领导为主体，其他产业工会均实行以地方工会领导为主的体制。这使球员只能组成俱乐部内部的工会，而无法成立全行业的工会。同时运动员的流动性和短暂的运动寿命使在俱乐部内部成立工会成本过高且难以有效运作。因此，迄今为止，我国的职业运动员没有建立起自己的工会组织。

缺乏运动员工会的保护使运动员的合法权益得不到应有的保护，在与俱乐部的谈判中处于明显的弱势地位。以球员转会为例，国外运动员最终通过自由转会实现了其自身商业价值，但我国运动员的转会受到协会和俱乐部的诸多限制。一方面，球员未经俱乐部同意，不得自由转会①；另一方面，球员转会价格无法通过市场机制，必须由管理机构审定。如足协规定了很详细的球员身价的计算方法，《规定》第十八条规定：运动员转会费以运动员转会前的年收入为基数，乘以加值系数后的总数为参照标准。运动员的年收入包括：

工资、训练津贴、合同中规定的奖金和出场费。加值系数如下：

（1）俱乐部系数：（转出俱乐部系数 + 转入俱乐部系数）÷2 = 俱乐部系数，甲 A 第一名为 3.4，以下递减 0.1，甲 B 第一名为 2.2，以下递减 0.1。

（2）运动员年龄：25 ~ 28 岁为 1，每减少一岁加 0.1（至 18 岁），每增加一岁减 0.1。

（3）当年国家队集训名单上的运动员为 1，国奥队为 0.6，国青队为 0.5（三项中只计一项）。

就职业体育而言，球员转会的价格应反映市场的供求以及球员自身商业价值，但足协规定的这个转会价格在这两个方面都无法达到，各个球员的情况不同，既有老当益壮也有少年老成，都按 28 岁为界进行增减很不合理。而入选国家队是否就意味球员价值的增

---

① 《中国足球协会运动员身份及转会规定》（以下简称《规定》）第十五条规定：在原俱乐部成年队未满 26 岁和球队在甲级联赛中降级，而俱乐部不同意转会的运动员均不得转会；第十六条规定：30 个月以上未参加任何俱乐部比赛或从来不隶属任何俱乐部的运动员应在所属会员协会注册为"自由人"，否则将不能转会并代表任何俱乐部参赛；第十七条第 4 条规定：首次合同期满时，如俱乐部要求续约，在俱乐部不违反原合同的情况下，运动员应至少续签一年合同。这就意味着如果原俱乐部不和球员签约，也不同意球员转会，则球员必须在 30 个月后才能成为自由人得以自由转会。这个条款实际上使球员的自由转会变得毫无价值，因为几乎没有俱乐部会要一个 30 个月没有参加正式比赛的球员。沈阳金德的一名前队长就因涉嫌"假球"而被俱乐部以 200 万元的高价挂牌出售，最终失业一年在家，第二年该球员再次上了转会榜，还要 30 万元转会费才得以转会成功。《东方体育日报》2005 年 2 月 19 日。

加也值得商榷[1]。

6.2.3.2 中介组织难以发挥作用

体育经纪组织在传递信息，实现职业体育市场资源的配置上发挥着重要的作用。但我国大部分赛事资源都控制在体育管理机构手中，体育经纪市场很不成熟。如球员的人事关系基本都保留在体育系统内，1998 年对职业足球运动员的调查发现除了上海申花的球员外，其余运动员在人事关系上均未与原体委脱钩[2]。足协和篮协把联赛的商务推广交给其下属的公司进行（这难逃与民争利之嫌），而球员转会和转会价格等均由协会审定，则从根本上挤占了民营体育中介的市场空间。中国篮球协会规定涉外转会费的 30% 归中国篮球协会，70% 归运动员所在单位。由于优秀运动员都处于体育管理部门的控制之下，这些管理部门以运动员是国家培养为由，反对体育经纪组织介入运动员的商务开发，运动员的商务开发权也由协会控制[3]。但与一些冷门项目如跳水、体操和举重等主要由国家投入的项目不同，以职业足球为代表的职业运动员的投资主体已不再单一，许多球员通过一些私人的足球学校和俱乐部的培训进入职业足坛，体育总局的这些规定显然剥夺了其他运动员人力资

---

① 2005 年足协为平抑转会价格，又提出转会价格封顶 500 万元，更是典型的以计划手段干预市场。不合理的制度导致各种违规行为盛行，许多俱乐部不得不依靠幕后交易来完成球员转会。

② 梁进等："足球职业化改革中的制度研究"，《体育科学》2002 年第 5 期，第 8 页。

③ 2001 年国家体育总局颁布《国家体育总局关于运动项目管理中心工作规范化有关问题的通知》，规定国家队运动员广告收益的分配比例为："原则上运动员个人 50%，教练员和其他有功人员 15%，全国性单项体育协会的项目发展基金 15%，运动员输送单位 20% 的比例进行分配"。2005 年奥运会冠军田亮就是因为广告收入的分配问题而被跳水管理中心除名。

本投资者的利益，由此引发的冲突越来越多①。

虽然体育管理机构利用法律规定得到运动员的商务开发权，但受到其资金和人员限制，体育管理者难以为运动员提供足够的商务开发服务，这既造成运动员无形资产的流失，也限制了整个职业体育市场的发展②。由于缺乏高水平体育经纪人的协助，我国球员往往难以合理保护、开发其自身商业价值，如跳水明星伏明霞由于不懂英语，在接受电视台专访时竟身着印有不雅英文的衣服，使其形象大受影响。体育经纪组织的欠缺还使我国体育组织的对外交往处于不利地位，如随着大量国外教练和球员进入中国联赛，中国俱乐部这几年与外援或外教的经济纠纷也层出不穷。但由于缺乏有实力的经纪人的协助，纠纷多以国内俱乐部失败而告终。据统计，这几年中国足球俱乐部的涉外经济纠纷净亏 305 万美元③。

此外，我国体育经纪人呈现多头管理的情况，各地区、各单项协会等都出台了各自的经纪人管理条例，标准各异，培训大纲、课程设置和考核标准极不规范。多头管理带来的后果是中介机构的人员构成、数量和素质都比较差，一些“劣迹斑斑”的经纪人在很大程度上控制了运动员的转会市场。

6.2.3.3　忽视体育保险

体育是高风险的行业，国外发达的体育保险机制有效地保护了市场签约方的专用性投资。但国内的体育保险市场很不完善，这使

---

① 如北京奥神是一家民营篮球俱乐部，但因与篮球管理中心在征召其队员参加国家队上的矛盾甚至退出 CBA 转而参加了美国的 ABA 联赛。篮球管理中心认为被征召参加国家队的俱乐部必须无条件地配合，而奥神认为其队员完全是依靠俱乐部培养的，与国家没有关系。姚明也因广告肖像权问题与国家体育总局、健力宝公司打了一场三角官司。第一个登陆 NBA 的中国篮球明星王治郅更曾经因未回国参加国家队集训而被除名。

② 谭建湘等：“我国体育中介市场现状与对策研究”，《广州体育科技》2003 年第 6 期，第 64 页。

③ 周文渊：“上海申花这一年蒸发了多少国有资产?”，《体坛周报》2006 年 3 月 17 日。

市场投资者面临着巨大的风险。表6－12是笔者总结的近年国内职业足球运动员受重伤情况，其中1998年至今8年时间就有6名球员因伤提前退役，3名球员重伤退出当年联赛，其比例远远高于欧美联赛①。

表6－12　　1998～2006年国内足球职业联赛运动员重伤情况表

时间	赛事	事件	后果
1998年5月10日	甲A联赛	广州太阳神队叶志彬飞铲上海申花外援莫拉	莫拉左胫骨粉碎性骨折，提前退役
1999年3月21日	甲A联赛	上海申花队忻峰将天津泰达队巴茨铲伤	巴茨胫骨和腓骨全部折断，退役
2000年4月26日	甲A	辽宁队曲乐恒外出车祸	曲乐恒下肢瘫痪，退役
2004年5月16日	甲A联赛	北京现代队隋东亮铲倒四川大河队刘玉建	刘玉建右腿胫骨与腓骨粉碎性骨折，退役
2004年9月	中超联赛	申花于涛被重庆力帆队员撞倒，昏迷	送医院急救，退出当年联赛
2005年6月	中甲联赛	河南建业苏斌被青岛海信克劳迪内飞踹	苏斌右胫腓骨连线中断，退役
2006年7月7日	甲A联赛	青岛队员吕刚将金德外援班古拉眼球踢暴	班古拉左眼失明，退役
2006年8月10日	中乙联赛	四川队苏洋和张贞杰被广西天基队员恶意蹬踏铲倒	苏洋和张贞杰因伤退出当年联赛

资料来源：根据媒体报道及足协官方网站数据整理。

① 造成这种情况的一个重要原因是我国俱乐部对竞技成绩的狂热追逐造成比赛过于注重身体对抗而缺乏技术表演。国外职业体育运动员认识到职业比赛对其只是一种职业，今日的对手日后可能就会成为队友，过于粗野的竞争将给双方带来损害。这使其基本把竞争限制在球场上，并更多地以竞技表演的形式表现出来。

造成我国体育保险市场发育程度低下的主要原因有：

1. 缺乏适合中国具体情况的体育保险险种。体育保险从本质上说是一种商业保险，保险公司通过对风险的精确测算制订不同的险种和保费。但目前国内很少有真正的体育保险产品[①]。造成这种情况的一个重要原因是因为我国目前的保险市场本身就不发达，参与职业体育的人员数量不多，保险公司不愿意开发设计相关的体育保险险种。国内的体育投保目前还局限于运动员伤残保险范畴，如中华全国体育基金会从 1998 年开始为专业运动员向国内两家保险公司投保，而其他相关责任保险、体育产业保险等发展滞后。一些险种则与客户的需求相去甚远，如国内还没有针对体育比赛的短期意外伤害保险产品，保险公司往往只能提供所谓“一揽子”保险保障[②]。

2. 缺乏体育保险中介。体育保险具有极强的专业性，在西方发达国家的体育保险活动中，保险中介发挥至关重要的作用，被认为是沟通体育和保险领域的桥梁。体育保险中介具有保险和中介两种职能，其服务包括体育风险的评估、重大赛事的监督和管理、投保后的跟踪服务，到提供相关信息和数据、协助开发新的险种、出险后进行理赔等等，但我国体育保险中介尚属空白。

3. 体育保险配套法规不健全，操作不规范。西方发达国家大多明文规定体育保险属于一种强制性保险，所有的体育组织和运动员都应投保。而我国相关体育法规并未对此作出明确规定，使得保险公司和投保人在制定赔偿标准和处理纠纷时无法可依。迄今为止，在《保险法》和《体育法》中均未有体育保险的相关规定，

---

① 我国的保险事业自 20 世纪 80 年代每年以两位数的速度飞快发展，但是至今为止却没有一家专门的体育保险公司，而各大保险公司甚至将诸多体育风险列为除外责任。

② 这类保险虽然全面但投保成本更高。而许多体育风险一般只在举办比赛时发生，比赛结束风险也趋向于零。因此客户往往更需要短期的保险。

仅有国家体委在1998年起草的《国家运动员伤残保险事故程度分级标准定义细则》和《国家运动员伤残保险试行办法》，其法律效力、覆盖面和可操作性都不足。

4. 体育保险意识薄弱。在体育产业发达的欧美国家，人们深知投保的重要性和必要性，养成了主动投保的意识。很多著名的运动员不惜为自己的一条腿、一只手甚至一只手指投保巨额保险，以防不测。相比之下，我国的体育从专业体育转变而来，在长期的计划体制下，运动员已经习惯了一切由国家包办，普遍认为自己为国效力，理应享受公费保险和公费医疗，大多数运动员还没有形成自掏腰包投保的意识。体育竞赛组织的保险意识也很薄弱，存在着侥幸心理，不愿购买赛事保险，这使其一旦遇险损失极大。2002年原定在我国举办的女足世界杯比赛由于受非典影响而易址，但我国未对赛事进行保险，足协的直接损失超过上亿元，间接损失更是难以估量。

5. 保险基金匮乏。在保险市场极不成熟的情况下，我国体育保险也面临着基金匮乏问题。据测算，如果向保险公司投保30万元意外险，年缴费2760元，这对一个普通运动员也是个不小的负担①。

6.2.3.4 体育仲裁机制不健全

体育仲裁由于其解决体育纠纷的公正性、时效性和专业性而被职业体育广泛采用。我国体育法对采用仲裁解决体育纠纷做了原则性的规定，如体育法第三十三条规定：在竞技体育活动中发生纠纷，由体育仲裁机构负责调解、仲裁。体育仲裁机构的设立办法和仲裁范围由国务院另行规定。但具体如何操作至今尚无明确规定。一些协会要求仲裁必须在协会内部进行，这种规定显然在很大程度

① 张锋等："我国运动员保险问题的探讨与对策"，《中国体育科技》2004年第3期，第38~40页。

上排除了法律的干预，使仲裁在程序、形式和实质上都有违公平且缺乏法律效力。例如《中国足球协会章程》（第十四章争议处理）规定：第一，中国足球协会各会员协会、会员俱乐部及其成员，应保证不得将他们与中国足球协会、其他会员协会、会员俱乐部及其成员的争议提交法院，而只能向中国足球协会诉讼委员会提出申诉；第二，诉讼委员会在《诉讼委员会工作条例》规定范围内，作出的最终决定，对各方均具有约束力；第三，诉讼委员会作出的上述范围外的裁决，可以向中国足球协会常务委员会申诉，常委会的裁决是最终裁决①。

仲裁机制的缺乏使许多纠纷采用法律手段或进行劳动仲裁，但结果往往不能令人满意。如 CBA 球员马健和原俱乐部北京奥神因劳动合同问题闹上法庭，最终法院判决马健胜诉，但时间已经过去了近 3 年，马健的转会与否已经没有意义了（因为此间马健无法与俱乐部签约）②。2004 年，原国家队队员谢辉与力帆俱乐部发生工资纠纷，谢晖申请进行劳动争议仲裁。仲裁委员裁决原力帆足球俱乐部应该向谢晖给付工资、补偿金、滞纳金等共计 400 万元。但力帆声称“宁可把 400 万元花在打官司上，也不会给谢晖一分钱”，并积极准备应诉。谢晖和力帆最终庭外和解，谢晖只获得了

---

① 中国足协声称其依据《国际足联章程》规定，《国际足联章程》第十三章争议第 59 条“解决争议”规定：1. 国家协会、俱乐部或俱乐部会员不得将与国际足联或其他协会、俱乐部或俱乐部会员间的争议诉诸法庭。应将争议提交经各方同意指定的仲裁机构。2. 即使有关国家的法律允许俱乐部或俱乐部会员将体育组织的决议诉诸民事法庭，俱乐部或俱乐部会员也不得如此行事。除非在其国家协会的职权范围内已无通过体育方法解决的可能。国家协会应尽一切可能保证其俱乐部和俱乐部会员遵守本规定并明确无视本规定所产生的后果。可见，国际足联只是希望争端尽可能地在国际足联的框架内得以解决，如果在国家协会的职权范围内已无通过体育方法解决的可能，仍然可以通过法律诉讼解决，博斯曼法则就是先例。

② 于振峰等：“我国职业篮球运动员转会制度及相关法律问题”，《体育与科学》2003 年第 4 期，第 50 页。

70 万元，谢晖认为旷日持久的官司将葬送其运动生涯[①]。

6.2.4 职业体育的法律缺失

法制是职业体育市场发展的内在要求和保障。没有相关法制，市场交易主体之间的产权无法彻底界定。我国从专业体育向职业体育的转型过程中，客观上出现了越来越多的市场签约方，各种经济活动和利益关系也越来越错综复杂，这对我国法律制度建设提出了更高的要求。但我国体育职业化改革以来，相关法律很不完善，主要表现在：

1. 法律体系不完善。我国体育市场经济的重要法规包括财产权法（如物权法、媒体转播权法等）、市场主体法（如公司（俱乐部）法、社团组织法、破产法等）、市场交易法（如中介交易法、合同法等）和市场管制法（如反不正当竞争法、反垄断法、仲裁法和行政管理法等）等均有重大不足，如龚建平以受贿罪被判刑，但龚建平属于足协聘请的裁判，而足协属于社会团体，而根据目前刑法只有国家工作人员才适用于受贿罪，足球裁判的执法是否为履行公务引发重大争论[②]。法律制度的缺失使市场主体的投资活动难以得到法律的约束和保障，阻碍了职业体育市场机制的运行。

2. 从已有的法律法规上看，现有的许多法律法规不能适应新的经济体制的需要，急需改进。一些过去所定的法律条文无法适应迅速发展的职业体育市场的要求，甚至相悖。如《体育法》、《工会法》等。以 1995 年制订的《体育法》为例，《体育法》是依据

---

① 一般认为谢晖的留洋背景（谢晖曾经在德国联赛踢球两年）使其具备一般中国球员所不具备的法律意识，甚至可能寻求国际上的帮助。这也是谢晖敢于起诉俱乐部的一个重要原因。莫石：“‘维权斗士’与力帆私了 谢晖以 70 万元结束劳资纠纷”，《体坛周报》2004 年 9 月 1 日。

② 中国人民大学曾经组织法律专家对“黑哨”进行专题讨论，但意见很不统一，许多专家认为虽然黑哨危害严重，但目前法律对此并无明确规定，难以对其定罪，最好的做法是等待立法或司法解释后再行定罪。《人民法院报》2002 年 4 月 1 日。

宪法制订的我国体育专门法，但其中有不少规定已显过时，兹列举几例如下：如《体育法》把体育分为社会体育、学校体育和竞技体育3类，这种分类相当于把3个不同类别的概念并列在一起，从根本上说，学校体育和竞技体育当然都属于社会体育，而社会体育、学校体育中又难免没有竞技成分；《体育法》第二条规定“国家发展体育事业；第七条规定国家发展体育教育和体育科学研究”；第十一条规定“国家推行全民健身计划；第二十四条规定国家促进竞技体育发展”。这些规定无不凸显政府对体育的主导权，似乎难逃计划经济的思维定式。《体育法》第五十一条又规定“利用竞技体育从事赌博活动的，由体育行政部门协助公安机关责令停止违法活动，并由公安机关依据治安管理处罚条例的有关规定给予处罚”，1995年颁布此法时，我国尚未有合法的体育博彩，但现在体育彩票已经在全国公开发行，为我国体育事业的发展开辟了新的财源，这个条款似也有修改的必要。《工会法》虽然规定了劳工成立工会的权利，但集体谈判权和罢工权的丧失使工人无法对雇主进行有效的制约，而成立工会需要主管部门批准也使工会的成立和工会领导的选拔困难重重①。

3. 司法体系不规范，法律法规得不到有效实施。除了法律制度不健全外，我国司法系统普遍存在有法不依、执法不严、违法不究的现象；司法机关的透明度不高，存在司法暗箱操作的现象；司法判决的执行力度不够，司法人员的素质也有待进一步提高。

---

① 我国《劳动法》规定了工人的“集体协商和集体合同制度”，而非“集体谈判和集体合同制度”。依照《劳动法》第8条的规定：劳动者可通过职工大会的形式，就保护劳动者权益与用人单位协商；第33条也规定：集体合同由工会代表职工与企业签订；没有建立工会的企业，由职工推举的代表与企业签订。但是，《劳动法》没有具体规定如何进行集体谈判，因此缺乏可操作性。罢工权是在1982年的宪法中被取消的，当时的理由是罢工会影响生产和稳定。张友渔：《宪法文集》，群众出版社1982年版，第14页。

6.2.5 总结

可以发现，随着我国职业化体育改革的进行，越来越多的投资者进入职业体育市场，各种经济和法律关系日益复杂。而我国职业体育市场绩效低下，“假球”、“黑哨”盛行，球队成绩不佳等一系列问题的根源正是忽视了相关利益者专用性投资与治理机制的对应匹配关系，即专用性投资较少的交易方得到了更多的剩余控制权和剩余索取权，而另一些进行了更多专用性投资的投资者却得不到与其专用性投资程度相对应的组织和制度的有效保护。各种相关的组织和制度要么缺位，要么错位，无法发挥其应有作用，导致各种机会主义行为盛行。可进一步总结如下：

6.2.5.1 组织缺失

1. 相关组织的缺失。与国外职业体育市场相比，我国的职业体育市场缺乏一些重要的组织，这使一些利益相关者的专用性投资得不到组织保障，相应地也就缺乏其特定制度的保障。如代表各个俱乐部利益的组织尚不存在（如国外的职业联盟），协会名义上是各个俱乐部的代表，但其首要目标是竞技成绩而非市场绩效，在领导选拔、与政府职能部门的关系以及资金的调配上均与俱乐部有不同利益取向。职业体育市场中的俱乐部投资不菲并承担大部分市场风险，但大部分控制权和剩余索取权却由协会控制，俱乐部难以保护其专用性投资，这使其倾向于通过非法途径获得收益。另一个重要的组织——工会也不存在，这使运动员、裁判甚至教练等无法合理合法保护其专用性人力资本投资，同样只能通过非法途径来维权。

2. 组织职能的错位。在缺乏一些重要组织的同时，一些已经存在的组织也往往因缺乏某些特定而应有的职能而难以有效发挥作用。如我国的职业俱乐部名义上是独立经营的企业，但受到地方政府的诸多干预，难以自主经营。同时国企资本的存在使俱乐部不太关心其经营状况，而把球队成绩当作首要目标，背离了职业体育的初衷。俱乐部内部治理结构也很不完善，董事会职能缺失，管理者（教练）权益得不到应有保障。外部治理形同虚设，球迷权益被普遍忽视。体育中介组织和体育保险组织虽然已经出现，但其业务范围很小，自身运作也很不规范。体育仲裁组织的独立性很差，某种程度上成为协会的附庸。

6.2.5.2　制度问题

1. 相关制度的缺失。不同层次的组织内部赛制、市场经济制度以及社会法律制度构成了职业体育制度体系，但我国职业体育制度体系很不完善。俱乐部内部治理机制不健全，联盟内部赛制随意更改，各种监督、平衡和合作制度都非常匮乏。球员薪酬、球员合法权益缺乏制度保障，运动员的地位低下，俱乐部和协会通过转会来控制运动员。对不同层次的消费者均没有建立有效的制度保护其专用性投资，球迷、媒体、广告赞助商的权益得不到保障，而地方政府的过度干预得不到遏制。

各种辅助组织也得不到相应的法律制度保障，致使体育保险、体育中介、体育仲裁等难以发挥作用。体育专门法很少，也亟待完善。

2. 相关制度未能发挥作用。我国虽然借鉴了国外的一些制度，但未能充分考虑我国的实际情况，这些制度难以奏效，如协会和俱乐部的利益分配制度，有过于偏向协会之嫌；运动员的转会制度虽然试图采用北美联盟的倒摘牌制度以平衡各队实力，但实际结果是运动员难以自由择业。协会的限薪制也流于形式，一些试图提高竞技水平的制度更招致俱乐部广泛不满。

正是上述这些组织和制度的缺位和错位，使职业体育市场各个利益相关者的专用性投资难以得到有效保障，并最终导致各种机会主义行为盛行，影响了职业体育的市场绩效。这也为我们下一步的对策提供了重要的思路，即组织和制度的建立健全必须围绕着各交易主体不同程度的专用性投资而有序进行。

6.3 中国职业体育改革的对策研究

我国职业体育的问题涉及各个方面，本书认为其关键是没有根据利益相关者不同程度的专用性投资建立健全与之对应的治理机制，各种相关组织和制度要么缺位，要么错位，无法实现对职业体育市场利益相关者专用性投资的保护。那么从何处着手、如何着手解决最为有效呢？笔者的基本思路有两个：一个是组织优先原则；另一个是依据层次态规律。组织优先原则是首先建立健全相关利益者的组织保障体系，上文已述，组织是制度变迁的主导力量，每个组织必然有其特定的制度，通过组织保障可加快其相关制度的建设。层次态规律则解决了对策的先后次序问题。从国外职业体育的发展历史分析，职业体育的组织和制度并非同时出现的，而是呈现出层次态发展的规律，其组织出现的顺序是俱乐部、联盟、市场辅助组织，最后再到法律组织，相关的制度也是逐次发展的，并且遵循从低层次向高层次逐级发展的规律，一般只有在前一层级发展到一定程度后，后一层级才可能出现并对前一层级产生影响。任何跨越层次的跳跃式发展往往扭曲组织和制度发展的内部序列结构，从而造成组织和制度层次之间的失衡，最终将影响利益相关者的专用性投资效果，中国的情况也不例外。因此笔者认为，首先应从市场替代组织着手，而后是市场辅助组织，最后才是法律组织和制度。通过建立专用性投资与组织、制度的对称关系，让专用性投资更大的利益相关者获得更多的控制权和索取权，这种控制权和索取权最终必须通过不同层次的组织和制度加以实施和保障。具体而言应首先解决俱乐部问题，其次理清协会管理机制，再次是市场的辅助机制的健全，最后是法律体制的完善。

6.3.1 俱乐部治理机制的完善

6.3.1.1 俱乐部的股权结构改革

笔者认为我国职业俱乐部首先应要求国企资本退出。

虽然体育被视为一种典型的公共事业，在许多国家由政府负责，但职业体育基本上被视为一个典型的商业。如《美国职业橄榄球大联盟章程》明确规定："任何具有良好声望、已运作职业橄榄球俱乐部为宗旨的个人、联合体、公司或其他实体均具有成员资格。但不具有营利性质的公司、合作体、实体及慈善组织不具备成员资格"。从世界范围职业体育俱乐部的股权结构看，几乎都是私人资本投资，如 NBA30 支俱乐部只有多伦多猛龙有 15% 的股份由加拿大贝尔电信公司（相当于国企）持有。地方政府虽然通过对体育场馆的投资吸引俱乐部，但与俱乐部之间基本是一种平等的合作伙伴关系（甚至还因巨大的专用性投资而处于劣势）。而我国职业体育的一个主要问题是体育首先被视为一项体育竞技，而后才是一个商业。各级地方政府都希望通过体育来扩大其城市的声誉并追求其个人利益。这种目标往往通过当地国企对俱乐部的控股得以实现，其中一些国企俱乐部对此并不感兴趣，只是"奉命行事"而已，一旦政府领导变化或对职业体育不再热衷，那么这些国企也可能随时退出。从治理机制理论分析，国企广泛参与职业体育有以下几个缺陷：

第一个缺陷是与民企俱乐部相比，国企俱乐部的专用性投资的相对价值更低，但其可以取得职业体育市场的更大收益，这相当于侵蚀了民企俱乐部的专用性投资。上文已述，虽然这些拥有俱乐部的民企也是大企业，但与那些国企俱乐部还不能相提并论。因此，投资相同规模的职业俱乐部，民企的负担比那些大型国企沉重得多，这就意味着民企俱乐部一旦在职业体育市场中失败，对母公司的影响也比对那些大型国企大得多。相反，那些垄断行业的国企本身资金雄厚，对其而言“养”一支年投入数千万元的俱乐部并非难事。同时，垄断行业的国企俱乐部又可以很容易地将其成本压力转嫁给消费者，这使其在与民企俱乐部的竞争中可谓“立于不败之地”，通过其雄厚的资金可以轻易在赛场上击败这些民企俱乐部，中国职业足球运动员转会费和工资的大幅增长与国企俱乐部的大规模介入有很大关系。

第二个缺陷是俱乐部国企股东往往更注重球队成绩而非俱乐部的商务开发，这使俱乐部通常不以提高其自身经营效率为首要任务。因为这些国企俱乐部并不缺资金（当然其中的一个原因在于中国职业体育市场尚不成熟，目前阶段难以取得很好的商业利益）。对这些国企领导而言，在最短时间内取得最好的竞技成绩是其首要目的，俱乐部本身盈利与否则在其次。资料显示，各国企俱乐部实际上投资不菲而所得有限（薛涌，2005），这说明这些国企俱乐部的存在只是造成职业体育市场虚假繁荣。否则我们大可由政府出面要求中国最大的一些国企“认养”这些俱乐部，但这显然绝非我们所认为的职业体育。而民营企业毕竟面临着市场的激烈竞争，其投资职业体育俱乐部与否必然要仔细衡量成本和收益，而且无论如何其对利润和市场的反应比垄断型国企敏感得多，也必然在俱乐部的经营上投入更多以期通过俱乐部正常经营来盈利。2004年的俱乐部罢赛除了当事人北京国安外，其他6家都是非国企俱乐部也从另一个侧面说明了这一点。

第三个缺陷是国企俱乐部的存在与我国体育改革和国企改革的整体思路相悖。中国体育改革从原来的专业体制变为职业体育无疑是一个巨大的进步，也是与我国市场经济改革的大方向相吻合的。但国企俱乐部的存在为各个地方政府对俱乐部的随意干预提供了便利。本书认为职业体育并非垄断型行业，实际更接近于一种自由竞争市场，那些垄断型国企在职业体育市场几乎完全没有用武之地。

按照国企改革“有进有退”的改革思路，国企股份是不应该进入职业体育市场的。

显然，国企俱乐部的进入使职业体育市场开始展开竞技成绩的恶性竞争，这与职业体育的本质功能相悖。因此，国企股东退出职业体育市场是必须的①。因此笔者设想可按照两个步骤进行：一是明确垄断型国企必须退出；二是给这种退出设定一个期限。首先，明确那些垄断型国企股份必须退出职业体育市场，至于那些非垄断型国企即使与地方政府关系密切，但一些民企同样如此，在目前要求俱乐部与地方政府完全脱钩也不具有普遍的现实意义，因此可以允许非垄断型国企继续投资职业体育；其次，为了减少国企俱乐部退出对职业体育市场的冲击，可以规定一个适当的退出期限，保证俱乐部股权的合理转让，同时避免国有资产流失问题。

6.3.1.2 俱乐部董事会机构的健全

职业体育俱乐部是一种典型的相关利益者治理机制，但我国的职业俱乐部却存在典型的大股东控制问题。俱乐部的迁移、教练的聘请或解聘以及球员的转会等一般都由俱乐部大股东决定。但由于信息不充分和代理链过长，大股东亲自管理俱乐部效率低下，并且大股东的一股独大也往往侵蚀其他投资者的专用性投资。

恰当的治理机制是保护企业各个专用性投资者的有效机制，董事会被视为现代企业的主要治理机制。因此，健全职业体育俱乐部董事会职能势在必行。由于俱乐部是一种较为典型的利益相关者治理机制，俱乐部董事会成员应由投资者包括俱乐部运动员

---

① 当然从职业体育的本质上说，最好也应脱离地方政府的干预，但在中国目前这种体育管理机制下，体育产业离不开政府的支持和管理，因此地方政府对职业体育的影响必然将在很长一段时间内存在。而且目前职业俱乐部有许多由国企控股，也无法要求国企资本一夜之间退出。

代表、教练员，甚至球迷代表组成。对于俱乐部的重大决策必须经过董事会决议来实施。其中吸引球迷参加董事会非常重要也多被忽视，实际上球迷的广泛参与非常重要。首先，球迷是职业俱乐部的市场基础，通过球迷董事可以培育俱乐部球迷，巩固市场；其次，球迷的意见可以在很大程度上提高俱乐部的决策水平；最后，球迷广泛而深入的参与可以提高俱乐部的社会影响，并有可能吸引各种媒体和广告赞助。明确董事会对俱乐部的宏观管理职权和法律责任，可以使之对俱乐部经理人员保持有效监督。在制度上，董事会对经理人员授权应尽可能明确委托与被委托的关系，并根据其实际能力与业绩对授权进行调整与修正。原则上董事会人员不担任俱乐部经理人员，保证董事会对经理人员实施有效监督。在俱乐部董事会下可设立由训练、经营、法律等方面专家学者组成的专门委员会，如训练指导委员会、经营顾问委员会等，进一步提高董事会决策能力和宏观控制能力。

Fama（1980）认为独立董事的介入，会降低公司管理层和董事合谋的可能性，同时董事会作为进行低成本控制权内部转换的市场引致机制，其活力也会得到加强。为减少股东之间的冲突、提高决策水平并加强信息披露，笔者设想还可以强制要求俱乐部建立“独立董事”制度，这些独立董事可聘请当地社会知名人士或专家学者担任。独立董事的作用是刺激和监督企业管理者之间的竞争，作为专职的调停人和监督人，从而有效地降低管理者对利益相关者专用性投资的侵害。之所以聘请当地知名人士担任独立董事主要是考虑这些名人可能面临着一个较为重大的外部声誉市场，并受到这个声誉市场的高度约束。他们的价值主要取决于在其他组织里作为内部决策经营者的表现，他们利用董事身份向内部和外部的决策代理人市场表示：第一，他们是决策专家；第二，他们理解决策控制的扩散和分离的重要性；第三，他们可以在这种决策控制体系中有效地工作[①]。

6.3.1.3 强制性信息披露制度

笔者前文已经阐述职业体育的治理是个较为典型的相关利益者治理机制，社区、球迷、运动员、广告赞助商、媒体转播商、教练员和股东等都进行了不同程度的专用性投资，信息经济学认为加强信息披露是解决委托—代理关系中机会主义行为的有效途径。为了满足各（潜在的）利益相关者的需要，欧美越来越多的职业俱乐部开始进行更广泛的信息披露。虽然我国俱乐部并非上市公司，但也可以考虑进行强制性信息披露，如要求俱乐部每年定期向社会公开俱乐部报告。并要求俱乐部每年的年度报告必须由一些知名会计师事务所进行审计，具体内容除了一般的财务信息外，还必须包括俱乐部的社区服务以及运动员培养、员工福利等。强制性信息披露一方面可以将俱乐部的信息传递给社会，拉近与球迷的距离，以期吸引市场投资者的注意；另一方面目前许多俱乐部经营管理很不规范，信息披露将使其得到更广泛的社会监督，这也可能使俱乐部贿赂裁判、挪用资金等不法行为有所收敛。

6.3.1.4 教练的管理和培训

与国外同行相比，由于俱乐部对竞技成绩的盲目追逐，我国教练被解职的风险更大。这使教练的权益难以得到保障，同时教练也可能采取各种机会主义行为以尽可能在短期内实现最大化其收益，同时教练水平的低下也限制了俱乐部的竞技水平。对此可以采取健全教练培训机制和完善俱乐部的监督机制来加以解决。

1. 健全教练培训机制。我国俱乐部的教练虽然更替频繁，但受到认可的教练并不多，教练数量的缺乏使各个俱乐部可挑选的高水平教练很少。一些教练即使因成绩不佳在某个俱乐部下岗，但可

---

① Fama and Jensen, 1983 Fama, E. and Jensen M. (1983). Separation of Ownership and Control. Journal of Law and Economics. Vol. 26, (1983), 301-325.

能马上就在另一家重执教鞭。因此有必要健全教练培训机制，增大教练的人力资本投入并增加教练员数量。

我国已模仿国外教练制度，要求教练必须参加一定时间的培训才能获得教练资格。但这种门槛非常低，许多退役球员经过一些学习班的短期培训就成为教练，其执教水平自然不高。为此有必要建立并完善教练员资格制度，具体内容应包括学历要求、工作年限、专业知识和企业经营等方面的内容，并且应明确规定不同级别的教练执教不同等级球队，并逐步建立后续培训制度。

2. 完善俱乐部的激励约束机制。我国俱乐部一般对教练的竞技成绩有明确要求，一旦达不到要求教练往往就要下岗。但体育竞技的偶然性很大，即使一些知名教练也无法保证短时间内提高球队实力，如曼联的教练弗格森在执教曼联 8 年后才得到第一个冠军。俱乐部有必要转变竞相追逐竞技成绩的思路，特别是中国职业体育处于初级阶段，任何想毕其功于一役的想法都是不切实际的，适当延长教练的合约期限并采用年薪制有助于教练更多地考虑俱乐部的长期利益。

6.3.1.5 运动员培训机制的改革

运动员是参加比赛的微观主体，也是吸引球迷的关键。但我国运动员数量的不足导致竞技水平低下，也影响了比赛的观赏性，观众更热衷于更高水平的国外比赛①。从事某体育项目的人口数量最终决定了该项目的竞技水平，巴西足球和中国乒乓球长盛不衰的原因就在于其广泛的群众基础和球员人口。刘福安对注册足球运动员和运动成绩的关系进行的研究表明，注册足球运动员与国民总人口比例每增加一个百分点，该国在国际足联排名就多得 8.587 分②。

① 另一个原因是由于媒体技术的进步，观看国外顶级比赛对中国球迷而言越来越容易了。

② 刘福安、李笋南：“决定足球发展与成绩的宏观经济和社会因素”，《体育科学》2004 年第 11 期，第 12 页。

中国足球人口相对数和绝对数的落后最终决定了中国足球水平的长期停滞不前。如表 6－13 所示，虽然人口众多，但中国注册足球运动员的绝对数是表中最低的，运动员的人口比例甚至只有英国的三十八万分之一。

表 6－13　　传统足球强国和中国足球普及状况一览表

国家	注册足球运动员（百万）（2002 年）	总人口（百万）（2002 年）	二者比例（%）
西班牙	2.47	41.2	6
法 国	1.9	59.4	3.2
意大利	1	57.9	1.73
荷 兰	1	16.1	6.21
德 国	6.25	82.5	7.58
英格兰	3	49.8	6.02
巴 西	7	163.7	4.28
中国	0.02	1281	0.000016
日本	0.8	127.1	0.0063
阿根廷	1.51	35.7	4.23

资料来源：刘福安、李笋南："决定足球发展与成绩的宏观经济和社会因素"，《体育科学》2004 年第 11 期，第 8～12 页。

运动员数量不足的根源在于我国运动员培训机制不健全，原有的专业体校模式已经无法适应市场经济的要求，因此有必要改革运动员培训机制，建立以学校为主、俱乐部培训为辅的运动员培养机制。

1. 以普通学校培养为主。我国现行体育制度号称举国体制，实际上仍然以国家投入为主，很少借助社会力量，学校体育与运动员培训脱钩。上大学往往成为优秀运动员的一种福利，如国家教委和体委联合颁布的《关于著名优秀运动员上大学有关事宜的通知》

中规定："年龄在 30 岁以下的优秀运动员中，奥运会、世界杯、世界锦标赛单项前 3 名可以免试上大学。"显然，绝大部分运动员是难以进入大学学习的。一些大众喜闻乐见的项目（如足球等）虽然受到许多青少年的喜爱，但在许多学校并不开展，这使我国丰富的运动人力资源难以转变为人力资本投资。因此，有必要对原有专业体校培养模式进行改革，使普通学校成为运动员培养的主要途径。

（1）采用普通学校为主要培养模式，学生可以获得基本的学习技能，不至于脱离社会。同时也降低了接受训练人员的就业风险，因为所有学生面临的信息和机会均等，都可以根据自身条件和情况对其前途作出合理的估计，及时在学习和运动中调整自己的侧重点，从而在二者中确保其一，不至于因为没有文凭或缺乏专业技能而难以就业。少数天才运动员自然可以从中脱颖而出，而大部分运动员毕业后也可以顺利进入社会，从而彻底解决困扰我国目前体校发展的就业问题。

（2）学校培养模式必然使更多的青少年参与到体育运动中来，我国庞大的人口基数也将大大提高选材的成功率，最终有可能提高竞技水平。我国的优势体育项目都是群众基础好的项目，如乒乓球、羽毛球等，这已充分证明广泛的群众基础才是高水平竞技的保障。

（3）学校培养模式的运动员文化素质更高，也可能在一定程度上提高了其竞技水平。研究表明，属于较低专业培养级别的业余体校和体育中学人才输送率为 6.1%，明显高于省市重点体校二线队 1.96% 的输送率[①]。2006 年，北京理工大学以大学生球员组队参加全国乙级足球联赛并最终夺冠，成功升入甲 B 联赛，其教练

① 黄银华、张志奇、张碧涛："我国足球职业俱乐部后备人才培养机制的初步研究"，《武汉体育学院学报》2004 年第 5 期，第 18 页。

金志扬（原甲级俱乐部教练）就认为其队员的身体素质并不出色，但其较高的文化素质有效弥补了这个缺陷。

2. 俱乐部的辅助培养。体育竞技的专用性很强，只依靠学校模式进行运动员培训仍嫌不足。对于普通学校中涌现的具有较高运动天赋的年轻球员，有必要给予其更多的专业培养，为此，有必要健全俱乐部的培养机制。但这种培养机制不能变成原来专业体校的翻版，应避免运动员成为新的专业体校学员。为此，各级地方政府和足协有必要对此进行监督，主要内容包括教练员选聘、学习和训练时间的合理分配、运动设施的保障等。

6.3.1.6　运动员工薪制度改革

我国运动员的工薪制度有必要采取年薪制。最初的薪资理论认为薪资仅仅是维持劳动力的再生产所必需，其后的观念则认为薪资是企业和员工集体谈判的结果，现代的薪资理论开始关注人力资本的作用，尤其是职业体育市场。那些优秀运动员往往都是兼具脑力劳动和体力劳动的创造性人才，不能简单用体力劳动创造的直接价值来衡量，对他们的考核需要一个长期的过程，对他们的创造性劳动，需要的激励远大于监督和控制，因此，比较适合采用“年薪制”。这已经在国外俱乐部中得到了充分的体现。就目前而言，我国俱乐部采用年薪制度并不会使俱东部成本增加，因为我国俱乐部的奖金实际上远远超过其应付运动员的合同工资。同时，年薪制将风险和收益分摊到每场比赛中，一方面使运动员获得稳定的收入来源；另一方面也在很大程度上减少运动员打“假球”的动机，因为此时某场特定比赛对其而言已不具有很大的经济刺激。与此同时，必须加大对假球的处罚力度，包括延长禁赛时间、增加经济制裁力度和提请司法介入等。

6.3.1.7　改革职业俱乐部的名称

俱乐部的品牌也是一种重要的专用性资产，但我国俱乐部对此投资严重不足。表6－3显示了中国职业足球俱乐部的变迁，可以发现球队的名称变化频繁，其冠名方法使俱乐部在很大程度上成为股东的广告平台。一旦股东变化俱乐部的名称也随之改变，这使俱乐部自身的无形资产专用性投资价值难以保存和积累。

欧美国家职业俱乐部规定其名称必须与股东所经营的行业脱钩，许多俱乐部因此选择了各种富有特点的名称来取悦球迷，甚至许多俱乐部的名称是经过球迷投票决定，即使球队迁移但其名称也往往不变。以 NBA 俱乐部为例，达拉斯小牛队的名字是球队老板在征集来的大约4600个名称中选中的。中国球员姚明效力的休斯敦火箭队 1961 年迁往美国国家航天局（NASA）所在地休斯敦，其名称与城市可谓相得益彰。孟菲斯灰熊 1995 年诞生时主场设在加拿大温哥华，并以加拿大西部非常有代表性的动物“大灰熊”给球队命名，象征着篮球的力量。2001 年，灰熊队迁回美国田纳西州孟菲斯市，更名为孟菲斯灰熊队。波特兰开拓者成立于1970年，当时波特兰正好是西部大开发的中心地，因此，用“开拓者”给球队命名以反映那个时代的特征。菲尼克斯队所在的亚利桑那州是个光照充足、带有热带气候特征的地方，所以菲尼克斯将自己的球队确定为“太阳队”。

中国具有悠久的历史和丰富的文化资源，通过有特色的俱乐部名称可以完善俱乐部无形资产的专用性投资，通过给俱乐部的恰当命名也可以在很大程度上吸引观众，使俱乐部与当地社区更好地融合在一起。

6.3.2 协会管理机制的变革

职业体育与原来的专业体育不同，各种利益相关者对经济利益的争夺使管理难度加大，足协以区区几十人要事无巨细地负责管理几百个俱乐部和几万名运动员，只能成为“救火队员”，这使足协任务繁重但效率低下。而与职业体育市场息息相关的各俱乐部对职业体育的发展又没有足够的发言权、控制权和索取权。这使俱乐部和协会的矛盾日益加剧，一方面协会认为其对联赛的管理获得国家的授权，协会对联赛的产权是不容置疑的[①]；另一方面俱乐部认为俱乐部是联赛的主要参与者，因此，俱乐部也是联赛的所有者。显然协会和俱乐部的主要矛盾在于联赛产权的归属。从理论上说，产权是一种通过社会强制而实现的对某种经济物品的多种用途进行选择的权利[②]。完整的产权包括：第一，排他的所有权，其中要求对违反权利的处罚具有完全的信息；第二，自由的转让权，所有者可以向他人转移其所有权；第三，剩余的索取权[③]。由于交易成本的存在，产权总是难以完全界定，总会受到不同程度的侵蚀。因此，虽然足协声称拥有联赛的产权，但这种产权实际上很不完整，原因之一是因为联赛最终需要俱乐部参加比赛来提供产品，显然，俱乐部通过实际参与联赛获得了一部分实际的所有权；原因之二是协会并不具有转让权。我国的相关法规使足协成为联赛的当然管理者，这也使足协无法退出。而俱乐部通过股权转让可以相对容易地退出职业足球市场。这使一些俱乐部可以通过各种短期行为来获得短期利益，以此侵占协会的长期利益。最后，协会的剩余索取权在得不到俱乐部的配合时也无法得到保障，因为不论是观众还是广告赞助、媒体转播都与俱乐部息息相关，可以说俱乐部的经营状况才最终决定了协会剩余索取权的多寡。显然，依据产权理论，我国职业联赛的产权是一种应由管理者（协会）和参与者（俱乐部）分享的共有产权。

在明确了联赛的共有产权后，接下来要解决的问题实际是协会和俱乐部的分享比例问题，这也是双方争执的焦点。按现有的制度

---

① 实际是一种代理权，体育总局受全国人民委托对体育事业进行管理，而足协又受总局委托管理。但因所有权人（全体人民）的虚化，这些管理者就在很大程度成为所有者。

② A·阿尔钦：转自《新帕尔格雷夫经济学大辞典》，经济科学出版社 1998 年版。

③ 伍世安：《中国收费研究》，中国财政经济出版社 1997 年版，第 35 页。

安排，协会获得了大部分利益。但企业理论已经说明，只有把剩余索取权赋予资产专用性更强的一方，并由其监督资产专用性较低的一方，才可以确保契约的效率[①]。因此，有必要对协会和俱乐部的专用性投资进行比较以确定二者的权利分配比例。我国俱乐部以各种物质资本投资，协会得到国家授权，相当于以其声誉（无形资产）投资。两者相比，俱乐部物质资本的专用性投资价值更大，因为一方面俱乐部实际上可以脱离协会，自主联盟（像北美联盟那样）进行比赛，而协会离开了作为具体参与者的俱乐部，是无法继续组织联赛的；另一方面，俱乐部的投资会因联赛市场萎缩而大幅贬值，而协会的声誉可能受损，但影响没有俱乐部那么大，因为职业联赛并非协会的全部投资，只要运动竞技成绩出色，即使联赛完全失败协会也不会解散。因此，就职业联赛而言，俱乐部的专用性投资价值更大。显然俱乐部不但应享有联赛的剩余索取权和控制权，而且从理论上说，其份额还应比协会更大。在目前协会"拥有"联赛，并据此瓜分联赛大部分利润的情况下，俱乐部的利益被大大忽视。因此包括"假球"和"黑哨"在内的俱乐部各种机会主义行为的泛滥也在所难免。

因此，必须适当调整协会和俱乐部之间的权利义务关系，应增加俱乐部的权利并扩大协会的责任。职业联盟被视为保护俱乐部权益的有效组织，从国外的历史看，职业联盟几乎是每一种职业体育发展到一定程度的必然产物。国内许多俱乐部和学者也认为足协应放弃对联赛的管理，以国外的那种自治性联盟作为职业体育的管理机构。但笔者认为现阶段这种"抛开足协闹革命"并不可行，主要原因如下：

---

① Hart, Oliver, and John Moore, 1990, Property Rights and the Nature of the Firm, Journal of Political Economy 98, 1119 - 1158. Grossman, Sanford, and Oliver Hart, 1986, The Costs and the Benefits of Ownership: A theory Vertical and Lateral Integration, Journal of Political Economy 94, 691 - 719.

1. 制度的供给和需求不足。制度创新的主体有其各自的不同利益追求，只有进行制度变迁的收益超过成本时，制度变迁才能得以实现。我国的职业体育在制度的供给和需求上都不具备产生自治性职业联盟的条件。从制度变迁的供给看，政府是我国体育制度改革的主要力量，我国体育改革在很大程度上只是一种体制内的权力下放活动，绝大部分权力仍掌握在政府手中①。决策者有其自身利益追求，当这种制度变迁可能损害其政治或经济利益时，他们很难作出利他的选择。自治性的联盟意味着联赛的大部分利益由各俱乐部分享，协会的利益大大减少，决策者难以有此意愿。再从制度变迁的需求看，制度需求会通过对制度创新预期收益的影响而最终形成制度供给者的供给意愿。但我国俱乐部实际上缺乏实施制度创新的有效需求，职业联盟意味着俱乐部将成为联赛的主导，而且我国俱乐部的投资主体多为国企，国企俱乐部资本雄厚，其主要目标是球队成绩而非盈利，因此进行制度创新的动机并不强烈。2004 年的罢赛的主要参与者都是非国企俱乐部就从另一个方面验证了这一点。而民企俱乐部同样受到地方政府的诸多掣肘。

2. 管理权威的路径依赖根深蒂固。管理者必须有相应的权威性，而政府权威性在不同国家不同政治体制下的显著差异决定了不同的管理模式。“权力是一种社会关系，权威则是权力的合法化，即对权力正当性的认同”②。没有权力也就没有权威。以美国为例，其实行的是“三权分立”的政治权力分配体制，不同权力的相互制衡是其宪法的核心内容。议会、政府和法院分享了国家的权力，政府的权力在社会中并不占绝对优势，其政府的权威性大大低于我国政府。而我国传统的文化教育强调个人对集体的服从，政府作为

---

① 丛湖平、田世昌：“政府主导型职业体育制度的创新约束机制研究”，《中国体育科技》2003 年第 9 期，第 2 页。

② 孙关宏等：《政治学概论》，复旦大学出版社 2003 年版。

集体利益的代表，也获得了当然的权威，因此，中国历史上代表部分集体利益的民间机构一直不被重视。中国几千年来中央集权政治制度就是社会公众“重官轻民”思想的体现。而马来西亚、印尼、韩国和新加坡等东亚各国都是由政府主导经济改革，同样取得不俗的经济成就，可以发现这些东亚国家的儒家文化对政府权威的推崇有其深刻的文化根源。解放后，我国体育的改革一直在政府的主导下进行，这种持续了几十年并得到不断巩固的政府管理体制可谓根深蒂固，并通过传统文化得以强化，短期内难以根本转变。现阶段要想在这种制度环境下建立一种独立于政府之外的民间组织对职业联赛进行自治管理是不可能的。

3. 相关法律法规欠缺。组织的存在是基于制度结构的激励带来的机会①。一个国家相关的法律体系是否健全对管理主体的选择有重要影响，完善的法律环境使交易双方签订的契约相对简单，而契约的一些未尽事宜也可以在相关制度和组织的保障下快捷合理地解决。欧美职业体育组织的利益受到侵犯时，可以比较容易地通过各种法律或仲裁手段寻求救济。而这也迫使联盟等管理组织规范其行为，因为其法律地位与球员、俱乐部都是平等的。任何契约总是不完备的，我国相关法律和各种市场辅助组织的缺失使各利益相关者难以合理解决契约中的一些问题，如现行法律对球员工会、强制性保险和球员转会等均没有明确规定。在此情况下，许多问题实际是依靠政府的权威来裁决和保证的。脱离了政府的权力支持，又没有充分的法律援助途径，依靠民间自治的职业联盟很难解决交易各方的签约问题，甚至可能激化冲突。

4. 协会的法律地位得到保障。与国外民间自发组织的联赛不同，中国的职业联赛是在政府的组织和领导下进行的，而联赛被视

---

① ［美］道格拉斯·C. 诺斯：“一个经济学家的思想演进”，《制度经济学研究》2003 年第 1 期，第 220 页。

为一种国有资产，体育总局和协会是这种国有资产的受托管理者。国际足联也认为协会本身具有所有权[①]。中超联赛是中国足协管辖的赛事，其各种财务权利由足协控制，实际上得到法律的认可。俱乐部股东对俱乐部的所有权不等于对联赛的所有权。在我国，以俱乐部为主的自治性联盟来管理联赛首先就与目前的法律法规相悖。

5. 俱乐部的经营水平低下。一些俱乐部虽然希望成立联盟自行管理联赛，但通过上文的分析，可以发现俱乐部受到地方政府的诸多干预，其自身的经营管理水平比较低，各种“假球”、“黑哨”也大都与俱乐部有关。从国外联赛的情况看，媒体对联赛的作用越来越大，但中国目前仍然缺乏一个自由竞争的媒体市场，俱乐部很难获得充足的媒体转播收入。在这种情况下，俱乐部并没有足够的社会信用和资金支持来保证其“自治”的效果，相反，这种自治很可能带来巨大的社会波动并影响竞技成绩。中国的改革采用的是一种风险较小的渐进式改革，体育的巨大社会影响力也决定了政府和社会都不可能接受这种没有把握的改革。

我国体育管理者一直以来都认为职业化是提高竞技水平的最佳途径，这本无可厚非。以足球为例，长期来看，职业足球市场和球队的竞技成绩是一种正相关关系，英格兰、西班牙、意大利、法国和德国等传统的五大联赛 2000 年收入共 193 亿英镑，是世界上最大的职业足球市场[②]。而这 5 国的足球竞技成绩也遥遥领先，欧洲 1955 ~2004 年间的冠军联赛，有 37 个冠军和 30 个亚军来自这 5 大联赛。从足球世界杯的成绩看，迄今共 18 个世界冠军，欧洲 5 大

① 《国际足联章程》第 71 条规定“国际足联、其会员协会以及各洲际足联为由其管辖的各项赛事和竞赛所产生的所有权利的最初所有者，且不受任何内容、时间、地点和法律的限制。这些权利包括各种财务权利、视听和广播录制、复制和播放版权、多媒体版权、市场开发和推广权利以及无形资产权如徽章和版权。”

② ［英］史蒂芬·多布森、约翰·戈达德著，樊小苹、张继业译：《足球经济》，机械工业出版社 2004 年版，第 26 ~27 页。

联赛占了9个[①]。但影响体育比赛的偶然性因素太多，这使职业体育对提高竞技水平的作用非常缓慢。以英格兰足球为例，英格兰是世界足球的鼻祖，但其参加世界杯的成绩只排世界第5，迄今共参加12届比赛，如果以1992年英超联赛为界对其参加世界杯的战绩进行比较，此后4届分别为未入围、16强、8强、8强，而此前4届为4强、8强、12强、未入围，成绩反而有所下降。可见，进行足球职业化是一个漫长的提高竞技水平的过程，试图依靠职业化迅速提高竞技水平并不现实。因此，中国职业体育更可行的办法是在现有体制内进行一种“渐进式”改革，而非推倒重来式的革命。笔者考虑可以从以下四个方面着手：

6.3.2.1　体育管理组织的变革

由于管理中心（协会）以提高竞技水平为首要目标，而职业体育依靠体育比赛来获利，二者的根本目标并不一致。体育管理者如果将这两个目标统一在一个组织内部进行管理，一旦二者利益冲突时往往不得不牺牲商业目标，这对职业体育市场很不利。以足球为例，如图6-4所示，笔者设想将足球管理中心和足协脱钩，足球管理中心负责各级国家队的比赛，而足协下面分设两个组织：职业联赛部和足球事业部，职业联赛部负责职业联赛的开发，足球事业部则负责各种青少年培训、女子足球和学校足球等无法商业化足球事业的管理。参加国家队的运动员从联赛中征召。这种组织架构明确了不同组织之间的分工，足球竞技部对国家队成绩负责，足球协会则负责职业联赛的商务开发和足球人口的普及工作。这两个不同的部门具有不同的考核指标，很大程度上避免了由于目标冲突而产生的矛盾。当然这两个部门之间必须将对如何征召球员、何时征

---

① 南美的巴西和阿根廷各获得5次和2次世界冠军，但其主要球星基本都在欧洲踢球，如2002年世界杯巴西和阿根廷国家队队员中在欧洲五大联赛的球员分别达到了18人和14人（世界杯一支足球队有22名球员）。

召球员等进行协商，足球竞技部也可通过国家级球队的比赛获得商业利润用于国家队的建设。职业联赛部将由足协和俱乐部代表共同组成，联赛利润由足协和俱乐部分享，足协的收益还可用于发展足球事业。职业联赛的商务开发可以由足协（包括俱乐部）自行负责，也可以委托其他外部中介公司进行。这种组织变革使足协的目标相对单一，并为今后协会作为社团组织的彻底民间化奠定了基础①。

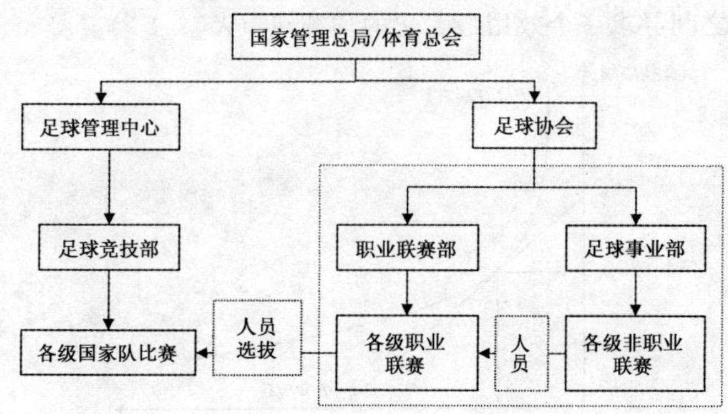

图 6－4　中国足球体育管理组织结构设想图

6.3.2.2　协会和俱乐部的利益分配

1. 理论分析。在协会和俱乐部都认可共享联赛产权后，剩余索取权的合理分配是双方达成有效契约，防止对方进一步机会主义行为的关键。

社会经济活动中各利益主体的最大效用表现为其目标函数。作为国家体育事业的管理者，协会的目标函数主要有两个：提高竞技成绩和培育市场。其中，提高竞技成绩可视为体育管理机构租金（个人或部门利益）最大化，培育职业体育市场是其产出（集体或

---

① 笔者认为最终体育总会和奥运会也将与体育总局脱钩，但这取决于政府对于体育竞技政治功能的认识以及民众对竞技成绩的偏好。

公共利益）最大化。只有市场繁荣，体育管理机构才可以从中提取更多的利润用于补助其他冷门项目。因此，体育管理者的制度安排是满足竞技成绩和培育市场（市场提成）两个目标函数的均衡，如图 6 – 5 所示。

图 6 – 5 中，Y 为球队成绩（以国家级球队为代表），X 为体育管理机构从职业体育市场中的提成比例，只有整个职业体育市场良好，体育管理机构才能获得更多经济利益。体育管理机构的目标是在二者之间寻求一个效用最大化的均衡点（X^*，Y^*）。

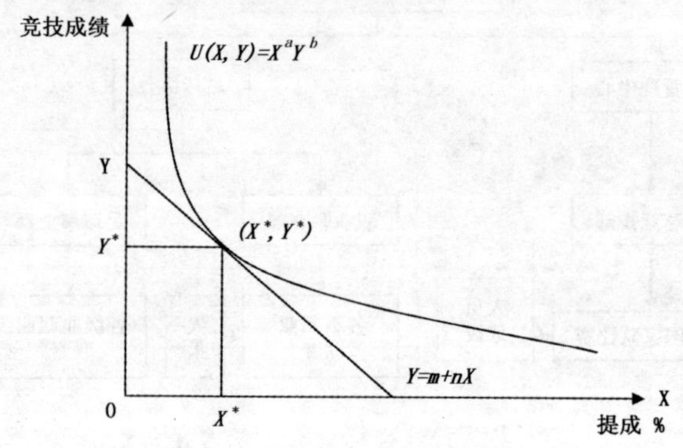

图 6 – 5　协会的最优目标效用

说明：图中竞技成绩指该项运动项目的运动成绩，提成指从该项目市场提取的用于扶持其他冷门项目的比例。从长期看，市场和成绩是正相关的（前文已述），但我国现阶段管理者的短暂任期使二者之间呈现负相关关系。

假设 1：体育管理机构的效用为柯布—道格拉斯效用函数 $U(X,Y) = X^a Y^b$，a 和 b 的经济含义是 U 对 X、Y 的弹性系数，此处分别表示管理者对经济利益和运动成绩的不同偏好。

假设 2：体育管理机构的提成和球队排名之间的关系为负相关的线性函数关系，以 $Y = m + nX$ 表示，其中 $n < 0$。$Y = m + nX$ 实际就是体育管理机构效用函数 $U(X,Y)$ 的约束条件，m 表示当管理者不从市场提取额外利润时可以达到的最佳竞技成绩，n 表示提取的

利润对竞技成绩的影响程度，m 和 n 取决于该地区竞技人口、运动员自身素质、球队对物质利润和荣誉的不同偏好以及比赛的运气等因素。

则有：

$$\begin{cases} Max \underset{(X,Y)}{U} (X,Y) = X^a Y^b \\ s.t. \quad Y = m + nX \end{cases} \tag{1}$$

构建拉格朗日函数 $L = X^a Y^b + \lambda(Y - m - nX)$ (2)

其一阶条件为

$$L_x = aX^{a-1}Y^b - n\lambda = 0 \tag{3}$$

$$L_y = bX^a Y^{b-1} + \lambda = 0 \tag{4}$$

$$L_\lambda = Y - m - nx = 0 \tag{5}$$

由（3）、（4）得 $\frac{aY}{bX} = -n$；

求得 $Y = \frac{-bnX}{a}$；将其代入（5）

求得 $X = \frac{-ma}{n(a+b)}, Y = \frac{mb}{a+b}$；

即在 $Y = m + nX$ 的约束条件下，我国体育管理机构的最大效用为 $\left[\frac{-ma}{n(a+b)}, \frac{mb}{a+b}\right]$。

其中的 $\frac{-ma}{n(a+b)}$ 就是协会最佳的提成比例，而 $\frac{mb}{a+b}$ 是此时可以达到的最佳成绩排名，可以把协会的最佳提成比例进一步细分为两个因素：$\frac{a}{a+b}$ 和 $\frac{m}{n}$，其中 $\frac{a}{a+b}$ 表示协会对经济利益的偏好程度，另一个因素是 $\frac{m}{n}$，如上文所述这取决于 m 和 n，也就是当地运动员的人数、自身水平、社会传统甚至比赛的运气等因素；影响最佳竞技成绩的因素也可以分为 m 和 $\frac{b}{a+b}$，m 由球队自身水平决定（就像巴西等强队不论提成比例如何改变，其水平也远远高于我国），而 $\frac{b}{a+b}$ 取决于协会对比赛成绩的偏好程度。总之，对协会而言，在成绩和市场之间的这个均衡点就是协会的最大效用，过分追求市场经济利益或者竞技成绩都将使其偏离最大效用。

2. 实证研究。将此结果与我国的实际情况进行对比，可以对现实中协会的提成比例进行分析、判断。2005 年中国足球的世界排名为第 78 位，当年的足协提成比例约为 30%，最佳排名 28 位时，足协提成比例 0%①。由此可求得约束条件函数②：

$$Y = m + nX = 72 - 1.867X$$

说明：因国际足联的名次越低表示成绩越好，为便于分析，此处进行了转换，以高排名表示好成绩，假设共有 100 个国家，则中国的最优成绩从 28 变为 72，现在排名则由 78 变为 22。

假设 3：体育管理机构的偏好受到其任期的影响，为便于分析本书取任期之初和任期之末两个阶段对其偏好进行分析。

假设 4：根据效用函数 $U(X,Y) = X^a Y^b$ 中 a 和 b 的经济含义，我们可以假设其上任之初更重视经济利益，任期快结束时更重视运动成绩。因此，任期之初 $a > b$，而期末应有 $a < b$③。

（1）假设任期之初 $a_{初} = 6$，$b_{初} = 4$④；

代入上面得到的最优效用 $\left[\frac{-ma}{n(a+b)}, \frac{mb}{a+b}\right]$，可以求得管理

---

① 由于难以得到中国足协最优排名的提成比例，此处以韩国的排名作为中国最优排名，中韩作为东亚近邻，但中国男子成年足球队从未战胜过韩国队，这种替代还是比较合理的。韩国足协不从联赛中提成。

② 严格来说，应对 X 和 Y 进行回归分析，但因无法取得足够数据，此处以两点确定该约束条件函数。

③ 考虑到市场的建设需要一个更长期的规划，这种假设应该还是合理的。

④ 在此 a 和 b 的取值只是一种假设，主要目的是为了观察不同时期的不同状况是否符合整体变化的一个趋势，期初 a 与 b 的比例越大，说明管理者更重视经济利益而相对轻视运动成绩，期末则与之相反。

机构任期之初的最优效用函数为 $U_{初}$ $(X, Y) = (23.14, 72)$。说明任期之初管理者更重视市场，从市场中提取的比例为23.14%，此时的排名可以达到 72 位。

(2) 假设任期之末 $a_{末}=4$，$b_{末}=6$；同理可求任期之末的最优效用函数为 $U_{末}(X,Y) = (15, 57)$。说明管理者任期快结束时更重视成绩，从市场中提取的比例应降为 15%，但排名可达到 57 名。

将两个阶段的结果与我国目前的效用（30，78）对比，发现目前的效用大大偏离了最优点，主要是提取的比例过高。因此现阶段要提高运动成绩，体育管理机构必须适当降低从市场中的提取比例。

因此，联赛和俱乐部的产权首先必须明确，也就是说各个经济行为主体的责、权、利要统一，所有产权资本都应该获得自身产权的收益，本书已经论证了联赛产权其实是一种共有产权；其次，权利分配的适当性是现阶段的关键，而这种分配比例又多取决于我国体育管理者的效用。最优效用取决于管理者对成绩或市场的不同偏好，而这些不同偏好又受制于多种因素，包括我国目前的社会转型、经济转轨，计划经济体制下残留的意识、观念、体育成绩对社会福利的作用以及我国竞技体育的对外竞争压力等。现阶段竞技成绩的提高是符合全体国民的集体利益和管理者的个人利益的，但市场因素的比重越来越重要，长期而言，市场的发达程度将最终决定竞技成绩。

6.3.2.3　监督机制的完善

1. 协会管理者监督。对于分散股权的企业而言，必须要有一个监督者对各方行为进行监督。同时为了加强其监督效果，视监督难度和监督效率必须给予监督者不同的回报，这种回报应与其经营者的经营业绩相关。因此，国外职业联盟都聘请了专业经理人（总裁）来管理监督联盟事务，在付出辛勤劳动的同时，这些专业经理人也充分享受到体育市场增长所带来的各种利益。我国协会的领导实际上也是监督者，但其收益却与职业体育市场无关，而其国家干部的身份也限制了他们全力扩展职业体育市场的动机，为了寻求升迁，他们必然更关注竞技成绩，协会领导也往往熟知体育事务而对商务开发较为陌生。但从国外的经济看，这些体育管理者首先必须具备丰富的企业管理和市场营销经验，如 2007 年微软中国区总裁陈永正受聘为 NBA 中国区总裁，而此前陈永正一点都没有体育管理经验。因此，当我国体育协会的工作重点转到职业体育市场后，可以仿照股份公司的做法，聘请高水平的专业经理人负责联赛的商务开发和各种行政事务，同时与其签订详细的契约，明确规定各种权利义务，契约结束由足协根据其经营业绩决定续约与否以及其他各种奖惩措施。

2. 裁判制度改革。职业比赛牵涉的经济利益日益增长，这使裁判面临着巨大的压力。但与裁判面临的压力和其高昂的专用性投资相比，我国裁判的收入相对较低，正是这种不对称使裁判可能采取一些机会主义行为来获得额外利益，可考虑推行职业裁判制度。

职业裁判与专业裁判不同，是以裁判为主要谋生职业的裁判。经过考核的业余裁判经过一定场次的执法比赛，可以与协会签约，成为职业裁判。其工资应明显高于业余裁判，同时根据其不同级别而拉开档次。最高级别的裁判将可以执法顶级职业比赛，其收入也要远高于低级别裁判。按笔者设想，裁判的工薪不应低于职业球员的平均工资，同时不同等级的裁判收入应有很大区别，即使同级裁判也应根据不同业绩而拉开档次。采用职业裁判将使裁判进行更大的专用性投资以进入职业裁判市场，这本身就限制了其机会主义行为，因为裁判一旦被开除出裁判市场，其前期的专用性投资将化为乌有。

当然只靠提高职业裁判的收入还远远不够，恰当的监督和激励机制仍是必要的。监督包括裁判自律、媒体监督和协会内部监督三种。裁判也可以成立裁判员协会，一方面可与协会谈判，保护裁判的合法权益；另一方面对裁判进行业内监督。由于每场比赛都有媒体参与，因此，可以邀请一些知名的媒体对裁判进行评估，但为保护裁判，这种评估未必公开，只是作为一种参考。最后协会内部应有专门的裁判机构负责对裁判进行评估。评估可以量化，一定期限后就可以作出对裁判的评判，分数较低的降入次级比赛，而次级比赛成绩优异的可以升入上一级联赛。裁判还应定期向协会报告其财产变动状况以便于监督。

同时，为了减少观众和媒体、参赛者对裁判的误解，有必要加强裁判与外界的沟通和联系。协会应将其如何选择裁判、裁判的评估方法等向外界公开，欢迎外部的监督；而裁判（裁判协会）也可以通过参与评球解说、定期举办包括教练、队员参加的培训班等加强与外界的沟通，以期获得外界的理解和支持。

3. 媒体监督。职业体育参与者众多，而其中任何一个参与者的不法行为都可能导致比赛的质量下降，如两支足球队上场的22名球员只要有一名试图打假球可能就改变了比赛的结果。同时联赛层级众多，各种信息不对称使单靠协会和裁判的监督远远不够，有必要发挥媒体的监督作用。

媒体对职业体育影响巨大，媒体的转播费成为重要的奖金来源，媒体的报道扩大了赛事的影响。虽然一些媒体的片面性评论给联赛制造了许多麻烦，但职业体育离不开媒体的宣传和监督。为此协会可以专门邀请一些声誉卓著的全国性电视台、报刊和杂志对每场比赛进行评估，评估的内容包括：俱乐部教练的表现、球员的表现和裁判的表现（不公开，上文已述），场地的安全保障、赛事的组织和球迷的行为等，并可以进一步量化。同时，为了获得这些媒体的支持和配合，协会应尽可能地为这些媒体提供各种采访便利。对媒体提出的批评建议应采取“有则改之，无则加勉”的态度，而不能将媒体推到协会的对立面。

6.3.2.4　俱乐部之间的竞争平衡

国外联赛俱乐部的竞争基本限于赛场上，赛场外更多的是一种合作，因为比赛本身就需要对手，对手越强大，比赛的价值也就越高。但国内联赛的竞争涵盖了赛场内外，这种对竞技成绩的狂热追求实际上背离了职业体育的商业目的。这也与协会制订的各种制度有关，这些制度过多地强调了各个俱乐部之间的竞争而忽视了俱乐部之间的合作和平衡。因此有必要重建联赛内部的竞争平衡制度，具体包括：

1. 取消升降级赛制。我国职业足球采用升降级主要借鉴了欧洲职业足球的制度，更像是一种路径依赖在起作用。但从美国的职业体育看，升降级与否与比赛的激烈程度没有必然联系。许多业内人士不满的实际上是频繁更改赛制，协会经常为了国家队、国奥队取得更好成绩而取消升降级甚至暂停联赛。实际上我国现在的市场与北美市场初期类似，都面临着开拓市场的问题，其中最重要的是俱乐部如何尽快覆盖全国，构建全国性的市场。但现在采用升降级对于联赛总体市场的开发很不利，广州20世纪90年代初期曾经是我国足球发达地区，一度有5支甲级（民营）足球队，但由于广州地方政府不再大力扶持职业足球而逐渐被淘汰出顶级职业联赛。这种状况无疑大大影响了职业足球市场，也使广州地区的足球发展受到影响。因此，有必要考虑取消升降赛制，改用北美职业联盟的审批制。对我国现阶段而言，取消升降赛制相当于在联赛管理者与俱乐部之间签订了一份长期合同，在很大程度上缓解了联赛管理者与俱乐部的短期行为。

当然赛制也是一种制度，其目的是为了达成某种预期，以避免机会主义行为。一旦确定就不能随意更改，朝令夕改的制度不具有约束力。从我国和国外的实践经验来看，国家队的长期集训似没有必要（否则我国只要继续原来的专业运动员模式就可以了）。因此，为了国家队比赛而严重影响联赛无异饮鸩止渴，关键是要建立一个具有稳定预期的赛制。

2. 俱乐部之间的平衡。如果取消升降赛制，为了保持联赛的激烈程度，更必须平衡各俱乐部的实力。为此可以考虑建立以下一些平衡制度：

（1）地域平衡。我国现阶段经济发展很不平衡，职业俱乐部的发展离不开城市，但我国城市之间差距很大，大城市的市场当然更大，俱乐部对大城市也更加青睐。但球队集中于大城市也不利于整个联赛的推广，因此对城市的分配必须整体考虑。如上海作为大城市，其商业机会比一般城市多得多，球队的赛场广告牌可以达到"3 翻"①。2005 年，上海甚至吸引了 3 家职业足球俱乐部，但这种集中对现阶段联赛市场的开发很不利。而一些弱队却年年垫底，1999～2005 年联赛最后一名分别来自武汉、延边、沈阳、西安、重庆，都是相对落后的城市。职业体育是一种依托城市而发展起来的体育商业活动，目前可以考虑在一些经济发达地区优先布点，同时兼顾落后地区的做法，但大城市球队必须给予中小城市一定补助。发达地区的城市将为俱乐部的发展提供良好的市场，而一些经济相对落后地区往往更渴望通过体育竞技获得其自豪感，民众对体育可能更加狂热，这些地方的俱乐部可望获得更高的社会地位，这也对其商业开发有所帮助。

（2）利润平衡。我国现在正处于职业体育市场发展的初期，整个联盟的生存发展将对具体某个俱乐部的发展产生巨大影响，为此有必要建立健全联盟内部的利润平衡制度。即对协会经营管理产生的利润在联赛范围内分享，强队的门票收入、广告赞助和媒体转播往往都大大高于弱队，如果不设法进行干预，这种强弱差距可能越来越大，最终迫使弱队退出职业体育市场，我国俱乐部频繁退出联赛就与此有关。也给联赛带来了巨大的负面影响，这种状况最终

---

① 相当于在一块广告牌上轮流播放 3 个不同的广告。

也影响到强队。为此应特别考虑对实力较弱俱乐部的扶持，可以实行门票收益分享和媒体转播收入分享制度。

（3）人员平衡。运动员直接决定了比赛的胜负，如果不对此进行限制可能使联赛缺乏悬念，并最终影响联赛市场的开发。我国职业足球联赛从 1983 年开始至 1996 年 13 年间，大连队 8 次夺冠，夺冠概率远远高于欧美职业联赛，这对大连队自然是个好消息，但对联赛而言并非好事。为此也有必要采取更严格的运动员平衡制度。可以借鉴北美职业联盟的做法，采用工资帽制度和选秀制度来平衡运动员分配问题。

工资帽制度可以按协会的收入给予每个俱乐部一个工资和收入的比例，俱乐部的工资不得突破这个比例，否则将对其进行“罚款”，罚金交给协会进行二次分配，主要分配给那些未违规的俱乐部。选秀制度与北美联盟略有不同，由于北美联盟新运动员都不由俱乐部培养，因此其可以直接进入选秀，但我国一些俱乐部有自己的人才梯队，并为此进行了不菲的投资，因此，由各个俱乐部培养的运动员可以直接与俱乐部签约，另外，一些学校培养的年轻球员或无法与原培养的俱乐部签约的运动员则可由协会组织选秀活动，可以采用竞标的方式决定运动员归属。一方面一些球队可以得到有潜力的年轻球员；另一方面也可以将各级学校涌现的准运动员推向市场。运动员数量的增加也有助于降低俱乐部的工薪成本。

6.3.3 市场辅助机制的健全

6.3.3.1 运动员工会的建立

解放以后，我国工会组织的职能大大弱化，这是当时的社会环境和经济体制所决定的。计划经济条件下，整个社会的劳动管理和劳动关系运行完全由政府负责，工会并不直接介入劳动关系，工会实际上是一个为政治需要而存在的政治组织。职工与企业的关系，实际上就是职工与国家的关系，劳动关系也是计划管理，没有讨价还价的余地和空间。但改革开放以后，特别是经济体制向市场经济转轨以后，国家退出了对劳动关系的直接的管理，劳动关系在一定程度上也市场化了。劳动关系转变成为职工与企业的契约关系，不论是国有企业职工，还是私营企业职工，其劳动关系的性质从根本上讲是一样的。政府的退出实际上把调节劳动关系的一部分责任留给了劳资双方自主处理。由于个体力量过于单薄和不同的利益取向，必然导致各群体内部的联合和团结，雇员组织便应运而生。因此，中国向市场经济的转型过程中，必然会带来工会组织的发展，这是雇员的要求，更是市场的要求。

对我国的职业运动员而言，从原来的专业运动体制下其专用性投资主体以国家为主，国家全面负责其生老病死到市场经济下人力资本以私人投资为主，其投资回报需要通过与俱乐部谈判来争取，这对运动员是一个巨大的转变，必然产生对雇员组织的需求。但在目前体制下却无法成立，这使运动员不得不通过建立各种非正式组织来维护其利益，包括常见的拉帮结派等①。这类组织在一定程度上扮演了工会应当扮演的角色，在组织的某个成员遭受外部压力时为其提供各种支持。但在俱乐部内部的这些帮派缺乏合法的法律地位，也无法运用合法的程序得到外界的帮助，帮派的领导也往往有其自身素质和能力限制，这些缺陷使球员之间的维权往往采取非法手段，如合伙打假球以报复俱乐部或教练等。可以预计，只要运动员权益得不到恰当的保护，缺乏劳资谈判的合法途径，运动员的非法对抗将愈演愈烈，“假球”也将屡禁不绝。职业体育的特点决定了运动员自身专用性投资价值的不断提高，正是物质资本所有者的种种侵权行为引发了运动员采取的各种激烈而隐蔽的对抗，而这种

① 一些处于弱势地位的外地民工组成了各种各样的组织形式，如同乡会、兄弟会、联谊会等等。这些跨企业、跨行业、甚至跨地区的组织被中国学者称之为非正式组织。柏宁湘：“工人非正式组织：一个急需重视的社会现实”，载《海峡两岸三地劳资关系与劳工政策》，香港城市人学出版社 2001 年版，第 211 ~ 213 页。

对抗最终导致整个职业体育市场的萎缩。

显然，建立运动员工会，使运动员的维权行为合法化，并通过与企业的谈判机制和国家法律来约束其行为，保障其合法权益对于职业体育市场至关重要。而运动员工会绝非单纯的劳资对抗的工具，工会除了代表运动员的利益与俱乐部进行谈判外，还可以根据工会章程和劳资协议的要求对工会成员进行适当的监督，并对会员的违法行为进行处罚。考虑到目前由运动员成立工会受到诸多限制，笔者的主要设想有两个：

第一个设想是我国可以由协会出面牵头成立运动员工会组织，一方面这使运动员工会更容易被现有管理体制所接受和认可；另一方面这个组织至少在某种程度上可以代表运动员利益，与俱乐部进行劳资谈判，而协会则成为两者之间的监督者和第一调解者。当然为了让运动员工会发挥积极作用，需要让运动员工会代表更多地获得协会的各种信息。任何涉及运动员权益的重大事项（包括赛程安排、处罚违规运动员或调整运动员的工薪、福利等）都必须向运动员工会通报。无法在协会内部解决的劳资争端可以提交体育仲裁或法院。

第二个设想是认可运动员工会的成员资格。由于运动员工会兼有行业工会和产业工会的特点，为此运动员工会的成员资格比较特殊，只要是在足协注册的职业运动员均可参加，其主管部门可以是足协。由运动员选举若干名代表组成常务理事会，并根据情况决定是否聘请专职人员处理工会事宜。

6.3.3.2　体育中介组织的管理

体育中介通过为职业市场上买卖双方提供信息服务得以生存，但我国长期以来中介市场有限，中介组织发展缓慢。为此可以考虑从以下三个方面进行变革：

1. 协会的权利让渡。我国体育中介无法迅速发展的一个主要原因是协会控制了绝大多数体育资源，包括运动员转会和市场较好的体育赛事。但受到专业水平和人员的限制，项目管理中心和各级协会实际上无法实现这些体育资源的最优配置，造成各种体育资源的浪费，同时也限制了体育中介的发展。因此，首先要把一些市场从协会的垄断中解放出来，对于一些协会组织的赛事可以采用招标的方式转让给中介组织进行商务开发，像现在协会将商务开发的权利交给其下属公司难免有“与民争利”之嫌。对于运动员转会也应采取合理的方式，因为我国现在的职业运动员的人力资本投资已经不仅仅是国家（即使是由国家投资的，运动员自身的天赋和努力也比单纯的物质投入专用性更强，离开了运动员的这些条件，国家的物质资本难以增值，而运动员只要得到其他物质资本的资助往往仍然可以成功)，因此协会不应为转会运动员定价，并垄断运动员的转会市场。可以想象，一旦开放运动员转会市场，运动员自身的商业价值必然将大幅增加，而体育经纪人也将获得重要的发展契机。

2. 中介市场的准入制度。与国外经纪人类似，我国经纪人也设置了较高的进入门槛，如足协规定从事足球业务的经纪人必须缴纳 35 万元保证金。但现阶段过高的保证金使大部分个体经纪人难以进入体育中介市场。然而从体育中介的发展历史看，正是依靠这些个体经纪人，体育中介市场才得以壮大并逐渐出现大型体育中介组织的①。现阶段过高的准入门槛不利于培育我国的中介市场。为此笔者设想可以适当减少物质保证，代之以其他的资格保证，如可以仿效国际足联，规定足球经纪人必须出具职业责任保险②。通过这种措施，既保证了体育经纪人的资质，同时也降低了国内足球经纪人资格的门槛，有利于优秀个体经纪人脱颖而出。

3. 经纪人协会的自律。我国体育经纪人目前处于一种群龙无

---

① 据统计，目前北京市已有 1000 多人取得了该项资格认证，然而目前在北京市却只有 200 ~ 300 人真正从事该职业——也就是说，体育经纪人的从业率只有不到 30%。

② 所谓职业责任险，是为各种专业技术人员提供的保险，用以转嫁其因工作上的疏忽、过失造成他人人身伤害或财产损失，而依法应承担的经济赔偿责任。

首的状态，一些通过正常资格考查的经纪人得不到业务，而一些长期从事体育工作的业内人士则实际主导了体育中介市场，但其行为又得不到协会、俱乐部的有效制约和监管，即使其不法行为被曝光，也可以“非从业人员”的借口逃避处罚。

对此有必要组建经纪人协会。体育经纪人协会是体育经纪人的自律组织，所有获得资格证书的经纪人（或企业）在缴纳一定会费后可以申请加入经纪人协会，协会具有服务、监督和管理职能。经纪人协会可以代表经纪人的利益参与与协会、俱乐部的谈判，并在组织经纪人资格考试、后续培训上发挥作用，同时对协会内部违规经纪人进行各种形式的处罚。

6.3.3.3 体育仲裁制度的完善

1. 协会内部仲裁机制。各种联盟内部一般都设置某种形式的仲裁机构，可以便捷地对联盟内部的一些纠纷进行仲裁。但这种机制的缺陷是其公正性不足，导致人们对其信任度不高，为此应重视其独立性和公正性的建设。

（1）人员组成。为减少纠纷当事人的顾虑，提高其公正性，协会内部仲裁机构人员应有很大一部分由协会外部人士担任，特别应有一些知名的法律专家。为避免仲裁人员的长期化和固定化的弊病，仲裁机构可以建立一个包括协会内部和外部人员的人才库，由当事人从中选择人员组成仲裁小组进行仲裁。

（2）健全事前听证制度。我国规定行政处罚应该采取听证制度，由于目前协会的双重身份，协会内部的仲裁同样具有行政处罚的性质，因此在作出仲裁决定之前，必须给予当事人举行听证的机会，我国体育界从 2002 年起开始实行听证制度①，但现行的听证是一种事后听证，即当事人受到处罚后对结果有异议才可提出举行，难免流于形式。为此有必要在仲裁前进行听证，同时要明确当

---

① 《中国体育报》2002 年 3 月 29 日。

事人的申请回避、申辩和聘请代理人的制度。

2. 协会外部独立仲裁机制。一些事关重大的纠纷往往难以在协会内部解决，为此有必要设立独立于协会之外的体育仲裁机构。近年来我国的体育纠纷日益增多，可以考虑设立一个或若干个全国性的体育仲裁组织，专门负责对体育纠纷进行仲裁。同时为保证其高效运作，可以要求当事人只能在体育仲裁和法院之间选择一种作为解决纠纷的途径，这种做法可提高解决纠纷的时效性，避免一些纠纷迁延于仲裁和法院之间，最终使仲裁失去应有作用。

图 6－6 是笔者设想的我国体育仲裁组织结构图，其核心是民间性质的体育仲裁院。为体现仲裁的民间性质，这个独立的体育仲裁院是一种独立的社团法人组织，由奥委会、体育总会和仲裁协会共同拨款设立，负责全国范围的体育纠纷仲裁。其资金来自这 3 个组织以及会员的会费、仲裁费等。其人员由这 3 个组织派出，但应有一定比例的外部人士。仲裁院下设常务理事会进行日常行政事务的管理，由其负责体育仲裁员的选聘和监督工作。为保证其对仲裁员的监督，理事会成员不得担任体育仲裁员，体育仲裁员承担保密义务，如有徇私舞弊和枉法裁决的需承担法律责任。

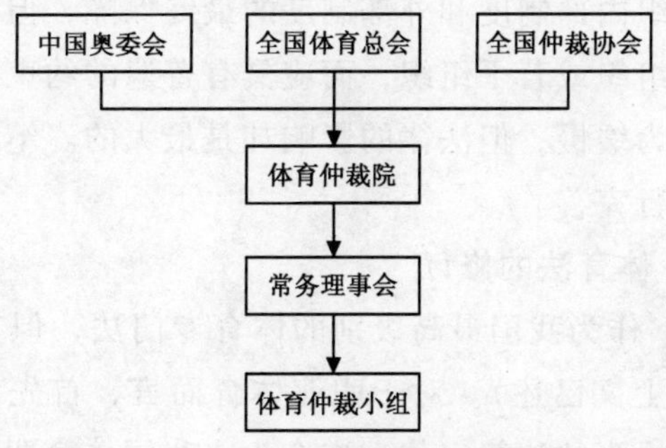

图 6－6　我国的体育仲裁组织结构图

为保证仲裁的效率和权威，避免当事人的漫天要价和旷日持久的谈判，可仿照北美的最终仲裁制度，要求当事人提交仲裁时必须与仲裁院签署协议，保证仲裁的效力得到实施，其仲裁要求是最终的要求，一旦提交仲裁后不得再进行调解。仲裁将在短期内作出最终裁决，当事人可以有一次（或没有）上诉机会。

6.3.3.4 强制性体育保险的实施

我国体育保险无法发挥其应有作用的原因包括供给和需求两方面，保险公司因投保人数和赛事不足而不愿开设新的险种，运动员和赛事组织者则受制于资金困难，投保意愿也不强。为此有必要推广强制性的体育保险。

强制性体育保险的核心内容是要求各种赛事和所有运动员都必须投保一定形式的保险，特别是与赛场安全、赛事取消和运动员伤残、养老有关的保险。因为我国目前运动员总数不少，每年的赛事总量也很可观，如果以体育管理者的名义要求其下属成员都必须进行强制性保险，实际上将形成一个初具规模的体育保险市场，可以得到保险公司的重视，并有可能有一些专门针对体育比赛特点的新险种被开发出来。

6.3.4 加快相关法律建设

法律是组织内部制度和外部制度的最终保障，但法律的建设不仅仅牵涉某个组织或若干组织，而应具有普遍的约束性，这使法律的建设相对最为缓慢，但法律的影响却是最大的。笔者建议应从以下几个方面进行完善。

6.3.4.1 体育法的修订

《体育法》作为我国最高级别的体育专门法，但其中的一些规定亟待修订（上文已述）。对于职业体育而言，首先，应给予各级职业体育组织恰当的法律定位。迄今为止我国体育职业化已经开展了16年，但关于职业体育组织的定位尚无定论。职业俱乐部和协会的性质究竟是什么？如果认为职业俱乐部是企业，那就意味着必须自主经营，自负盈亏，对运动员有管理权，但许多俱乐部和俱乐部所属的运动员往往又受到各级体育管理部门的诸多制约。协会所具有的官民二重性问题也必须通过司法解释来加以定位，包括裁判、足协一般工作人员在内的协会从业人员的身份也因此变得模糊，这使对其的监督变得尤为困难；其次，各种体育保险、体育仲裁、体育中介和工会都是职业体育重要的治理机制，应该在体育法中得到说明和解释，这将为这些组织和制度的建立健全奠定法律基础。

6.3.4.2　职业体育运动员的劳工地位和培养机制的转变

我国一直没有从法律上明确职业运动员的身份，如果视其为普通劳动者，那么普通劳动者享有自由就业、择业的权利。但现行转会制度使我国职业运动员实际上在很大程度上丧失了这些权利。运动员的集体谈判权、结社（成立工会）权利和养老、保险等众多机制都没有相关的法律规定，这使运动员的地位低下，合法权益被剥夺，许多运动员只能采用非法手段来维权。

运动员转会的诸多限制与我国运动员的专业体校培养模式有关，因为国家作为某种程度的运动员人力资本投资者必然要求享有一定的收益权，但这种国家与个人之间收益权的分配谈判非常复杂且成本高昂。笔者认为应转变专业体校培养模式为普通学校培养模式，使运动员成为其人力资本的主要投资者。但这种转变无疑也需要借助国家法律来进行，即国家必须立法将投资重点从专业体校转向一般学校，并进一步从时间和物质保障上对学生进行体育活动作出法律规定。

6.3.4.3　体育仲裁的法律效力

体育仲裁在解决体育纠纷上具有调解和诉讼所不具备的优势，但我国的体育仲裁效力还得不到法律的保证，现行制度是当事人对仲裁不满的可以到法院起诉，这使仲裁实际成为某种形式的次级法院，也浪费了法律资源。失去了仲裁所具有的费用低、时间短和专用性高的优势。因此，有必要授予体育仲裁相应的法律效力，使之具有强制执行的效力。

6.3.4.4 强制性体育保险

体育保险是一种高风险的行业，因此，有必要在一般社会保险之余推行更为普遍的保障，以维护职业体育市场的健康发展，而这种普遍性的体育保险如果依靠社会自发形成需要市场交易主体的反复谈判，需要很长时间，在此过程中各种机会主义行为难以避免且可能浪费大量的社会资源。通过法律强制力来保证体育保险的普及可以大大缩短这个时间，并促进体育市场的发育。

6.3.4.5 完善新闻监督法

在服务市场里，信息的自由流通涉及众多的公众利益，管理者的监督难免鞭长莫及。但一个自由的、不加审查的新闻媒体不仅可以独立地提供完整的、公正的市场信息，而且能成为中国职业体育市场重要的纠错机制，正如我们所熟知“阳光是最好的杀菌剂”那样[①]。对于职业体育而言，其参与者众多，各种不法行为难以避免，通过适当的新闻监督不但可以减少各种舞弊行为，而且可以扩大职业体育市场。从欧美国家职业体育的历史看，新闻媒体的监督确实是一种常见而高效的市场监督机制。因此，有必要给予媒体更多的自由空间，当然这种空间并非不受限制，欧美等发达国家制订了各种法律来规范体育新闻的报道，为此我国可以考虑修改目前的新闻管制制度，代之以更为规范的新闻监督的相关法律。

---

① 耶鲁大学的陈志武教授认为中国经济增长主要依靠对制度的依赖度较低的制造业和住房基建业，这些看得见的产品可以依靠这一特点，帮助购买方规避其在信息方面的不利局面，从而降低他的交易风险。而对于需要各种制度扶持的“服务”的发展却比较缓慢，因为服务市场对法治环境和新闻制度的依赖性要大得多。而那些有新闻自由以及可靠法治制度的国家则既可选择专注于工业，也可发展服务业，专挑在价值链中利润最高的行业来经营，而把“苦力活”留给那些制度欠缺的国家去做。陈志武：“中国经济前景为何离不开新闻自由？”，http://www.tecn.cn，2005年6月15日。

参 考 文 献

中文书籍：

[1]［冰］埃格特森著，吴经邦等译：《新制度经济学》（中文版），商务印书馆 1996 年版。

[2]［美］埃瑞克·G. 菲吕博顿、鲁道夫·瑞切特著，孙经纬译：《新制度经济学》，上海财经大学出版社 1998 年版。

[3]［美］阿瑟·奥沙利文：《城市经济学》，中信出版社 2003 年版。

[4]［美］安塞尔·M. 夏普、查尔斯·A. 雷吉斯特、保罗·W. 格兰姆斯著，郭庆旺译：《社会问题经济学》，中国人民大学出版社 2003 年版。

[5]［美］奥利弗·E. 威廉姆森著，王健等译：《治理机制》，中国社会科学出版社 2001 年版。

[6]［美］奥利弗·E. 威廉姆森著，段毅才、王伟译：《资本主义经济制度——论企业签约与市场签约》，商务印书馆 2002 年版。

[7]［美］奥利弗·E. 威廉姆森著，张群群、黄涛译：《反托拉斯经济学——兼并、协约和策略行为》，经济科学出版社 1999 年版。

[8] 鲍明晓：《体育市场——新的投资热点》，人民体育出版社 2004 年版。

[9] [美] 伯尼·帕克豪斯著，秦椿林等译：《体育管理学》，清华大学出版社 2003 年版。

[10] [美] 布伦达·G. 匹兹、戴维·k. 斯托特勒著，裘理瑾主译，《体育营销原理与实务》（第 2 版），辽宁科学技术出版社 2005 年版。

[11] 蔡俊五编著：《世界体育俱乐部制》，中国大百科全书出版社 1995 年版。

[12] 陈郁：《企业制度与市场组织——交易费用经济学文选》，上海三联书店 1996 年版。

[13] 陈郁：《所有权、控制权与激励——代理经济学文选》，上海三联书店 1996 年版。

[14] [澳] 戴维·希伯里、谢恩·奎克、汉斯·韦斯特比克：《体育营销学》，清华大学出版社 2004 年版。

[15] [美] D·B. 范达冷、B·L. 本夸特著，张泳译：《美国的体育》，人民体育出版社 1995 年版。

[16] [美] 大卫·鲍乔弗、克里斯·步莱迪著，陈斌等译：《向足球学习——英超足球经营启示录》，人民邮电出版社 2003 年版。

[17] [美] 丹尼尔·科维尔等著，钟秉枢等译：《体育产业组织管理》，清华大学出版社 2005 年版。

[18] [美] 道格拉斯·C. 诺斯著，刘守英译：《制度、制度变迁与经济绩效》，上海三联书店 1994 年版。

[19] [美] 道格拉斯·C. 诺斯著，陈郁、罗华平译：《经济史中的结构与变迁》，上海人民出版社、三联书店 1994 年版。

[20] [美] 道格拉斯·C. 诺斯、罗伯斯·托马斯著，厉以平、蔡磊译：《西方世界的兴起》，华夏出版社 1999 年版。

[21] 董小龙、郭春玲:《体育法学》，法律出版社 2006 年版。

[22] 段昆:《当代美国保险》，复旦大学出版社 2001 年版。

[23] 段文斌:《产权、制度变迁与经济发展:新制度经济学前沿专题》，南开大学出版社 2003 年版。

[24] [美] 福克纳著，王锟译:《美国经济史》，商务印书馆 1989 年版。

[25] [美] 富兰克林·弗尔著，都帮森译:《足球解读世界》，当代中国出版社 2006 年版。

[26] 国家体育总局政策法规司:《他山之石——国外、境外体育考察报告选编》，国家体育总局政策法规司 2000 年。

[27] 郭金林:《企业产权契约与公司治理结构——演进与创新》，经济管理出版社 2002 年版。

[28] 郭树理:《体育纠纷的多元化救济机制探讨——比较法与国际法的视野》，法律出版社 2004 年版。

[29] [美] 哈罗德·德姆塞茨，段毅才等译:《所有权、控制与企业》，经济科学出版社 1999 年版。

[30] [英] 亨特·戴维斯著，李军花等译:《足球史（1863—2004)》，希望出版社 2005 年版。

[31] [美] 杰·科克利著，管兵等译:《体育社会学》，清华大学出版社 2003 年版。

[32] [意] 卡洛·M. 奇波拉:《欧洲经济史》，商务印书馆 1988 年版。

[33] [英] 克雷格·麦盖尔著，谷兴译:《足球潜规则》，哈尔滨出版社 2004 年版。

[34] [美] 肯·卡瑟、多蒂·博·奥尔克斯著，高远洋译:《体育与娱乐营销》，电子工业出版社 2002 年版。

[35] [美] 科斯、哈特、斯蒂格利茨等著，李凤圣主译:《契约经济学》，经济科学出版社 1999 年版。

[36]［美］科斯、诺思、威廉姆森等著：《制度、契约与组织：从新制度经济学角度的透视》，经济科学出版社 2003 年版。

[37]［德］柯武刚、史漫飞著，韩照华译：《制度经济学：社会秩序与公共政策》，商务印书馆 2000 年版。

[38] 国家体育总局政策法规司：《体育产业现状、趋势与对策》，人民体育出版社 2001 年版。

[39] 李建德：《经济制度演进大纲》，中国财政经济出版社 2000 年版。

[40] 李明、苏珊·霍华斯、丹·马宏尼著，叶公鼎译：《体育经济学》，辽宁科学技术出版社 2005 年版。

[41]［英］里斯·豪威著，赵竞玲、阳效译：《俱乐部运营》，北京体育大学出版社 2005 年版。

[42] 刘勇：《体育市场营销学》，高等教育出版社 2001 年版。

[43] 卢现祥：《新制度经济学》，武汉大学出版社 2004 年版。

[44] 马克坚：《我离中国足球最近：马克坚讲述足球真实》，山东友谊出版社 2004 年版。

[45]［美］玛格丽特·M. 布莱尔、张荣刚译：《所有权与控制：面向 21 世纪的公司治理探索》，中国社会科学出版社 1999 年版。

[46]［美］迈克尔·迪屈奇著，王铁生、葛立成译：《交易成本经济学》，经济科学出版社 1999 年版。

[47]［美］迈克尔·利兹、彼得·冯·阿尔门著，杨玉明等译：《体育经济学》，清华大学出版社 2003 年版。

[48] 马铁：《体育经纪人》，中国经济出版社 2002 年版。

[49]［美］马修·D. 尚克著，董进霞等译：《体育营销学》，清华大学出版社 2003 年版。

[50]［德］诺贝特·魏斯著，方厚升译：《金球》，文汇出版社 2004 年版。

[51] [美] 哈特著，费方域译：《企业合同与财务结构》，上海三联书店、上海人民出版社 1998 年版。

[52] 何立胜：《中外企业制度嬗变的比较研究》，中国财政经济出版社 2004 年版。

[53] [日] 青木昌彦著，周黎安译：《比较制度分析》，上海远东出版社 2001 年版。

[54] 盛洪主编：《现代制度经济学》，北京大学出版社 2003 年版。

[55] [英] 史蒂芬·多布森、约翰·戈达德著，樊小苹、张继业译：《足球经济》，机械工业出版社 2004 年版。

[56] [美] 斯特德曼·格雷厄姆著，钟秉枢等译校：《体育营销指南》，中信出版社 2003 年版。

[57] 随路：《中国体育经济政策研究》，人民出版社 2007 年版。

[58] 体育信息研究所编译组：《体育软科学研究成果汇编——体育赛事经营管理》，国家体育总局政策法规司 2002 年。

[59] 汪丁丁、韦森、姚洋：《制度经济学三人谈》，北京大学出版社 2005 年版。

[60] 王俊生：《我知道的中国足球》，北京出版社 2002 年版。

[61] 伍世安：《中国收费研究》，中国财政经济出版社 1997 年版。

[62] [美] 小艾尔弗雷德·D. 钱德勒著，重赟武译：《看得见的手——美国企业的管理革命》，商务印书馆 2001 年版。

[63] [美] 夏普·雷吉斯特·格里米斯著，郭庆旺、应惟伟译：《社会问题经济学》，中国人民大学出版社 2000 年版。

[64] 徐爱丽、陈书睿：《体育经纪人实务》，上海复旦大学出版社 2004 年版。

[65] 薛涌：《炫耀的足球》，云南人民出版社 2005 年版。

[66] 颜强:《你永远不会独行（英国足球地理)》，湖南文艺出版社 2004 年版。

[67] 阎世铎:《忠诚无悔: 我与中国足球》，新华出版社 2006 年版。

[68] 杨瑞龙:《国有企业治理结构创新的经济学分析》，中国人民大学出版社 2001 年版。

[69] 杨铁黎:《职业篮球市场论》，北京体育大学出版社 2003 年版。

[70] 姚洋:《制度与效率——与诺斯对话》，四川人民出版社 2002 年版。

[71] [美] Y. 巴泽尔著，费方域、段毅才译:《产权的经济分析》，上海三联书店、上海人民出版社 1997 年版。

[72] 张保华: 《现代体育经济学》，中山大学出版社 2004 年版。

[73] 张军:《现代产权经济学》，上海三联书店 1991 年版。

[74] 张林:《我国职业体育俱乐部运行机制》，人民体育出版社 2001 年版。

[75] 张维迎: 《企业的企业家——契约理论》，上海三联书店、上海人民出版社 1995 年版。

[76] 张文健:《职业体育组织的演进与创新》，北京体育大学出版社 2006 年版。

[77] 张雄、徐济成:《NBA50 年》，人民体育出版社 1997 年版。

[78] 张忠元、向洪:《体育资本》，中国时代经济出版社 2002 年版。

[79] 中国篮球协会:《中国篮球协会体育经纪人管理暂行办法》，中国篮球协会 2002 年。

[80] 中国足协:《中国足球协会足球经纪人管理办法》，中国

足球协会2002年。

[81] 周文渊：《"审判"足球大佬》，北岳文艺出版社2005年版。

中文期刊：

[1] 安德雷·马科维茨、史蒂文·海勒曼著，赵梅译："足球在美国：一个边缘化的故事"，《美国研究》2001年第1期。

[2] 白喜林等："中国职业篮球俱乐部的经营现状与发展对策"，《北京体育大学学报》2000年第1期。

[3] 曹可强、刘新兰："英国体育政策的变迁"，《西安体育学院学报》1998年第3期。

[4] 曹清："论我国体育保险险种的开拓与障碍"，《金融与经济》2002年第9期。

[5] 陈林祥："NBA成功运作的营销策略分析"，《武汉体育学院学报》2000年第1期。

[6] 陈昕、袁培树："论宏观消费结构类型与宏观消费需求梯度"，《上海经济研究》1989年第1期。

[7] 崔之元："美国二十九州公司法变革的理论背景及对我国的启示"，《经济研究》1996年第4期。

[8] 董群："我国职业体育俱乐部产权及解决对策"，《体育与科学》2007年第2期。

[9] 高永刚、张瑞林："职业体育俱乐部侵犯运动员权利之法律思考"，《武汉体育学院学报》2007年第12期。

[10] 韩丹："概述我国体育运行机制和管理体制的演化"，《哈尔滨体育学院学报》1999年第1期。

[11] 侯海波："职业足球推动英国默西赛德郡经济发展"，《足球理论与实践》2005年第2期。

[12] 胡鞍钢："我国体育改革与发展的方向"，《体育科学》

2000 年第 2 期。

[13] 黄银华、张志奇，张碧涛：“我国足球职业俱乐部后备人才培养机制的初步研究”，《武汉体育学院学报》2004 年第 5 期。

[14] 蒋强、杨颂：“NBA 与 CBA 职业篮球俱乐部的比较研究”，《哈尔滨体育学院学报》2000 年第 3 期。

[15] 李伟峰等，《我国职业体育利益冲突和法律控制的分析”，《浙江体育科学》2008 年第 1 期。

[16] 廖理、朱正芹：“从金融产品创新看美国体育场馆融资”，《国际经济评论》2004 年第 9~10 期。

[17] 李海、马国凯：“我国足球裁判员管理现状与对策研究”，《天津体育学院学报》2003 年第 1 期。

[18] 李海舰、聂辉华：“论企业与市场的相互融合”，《中国工业经济》2004 年第 8 期。

[19] 李吉慧：“中国职业足球俱乐部经营状况及对策研究”，《山西师范大学体育学院学报》2001 年第 2 期。

[20] 李开元等：“我国职业体育俱乐部经费来源及市场开发现状探析”，《中国体育科技》2000 年第 10 期。

[21] 李留东、罗普磷：“国内外足球产业管理问题研究现状的分析”，《西安体育学院学报》2003 年第 2 期。

[22] 李元伟等：“关于进一步完善我国竞技体育举国体制的研究”，《中国体育科技》2003 年第 8 期。

[23] 梁进等：“足球职业化改革中的制度研究”，《体育科学》2002 年第 5 期。

[24] 刘福安、李笋南：“决定足球发展与成绩的宏观经济和社会因素”，《体育科学》2004 年第 11 期。

[25] 刘江南：“对美国体育产业调研而引发的思考”，《广州体育学院学报》2001 年第 4 期。

[26] 马志和：“论政府体育管理职能的转变与制度创新”，

《上海体育学院学报》2003年第3期。

[27] 聂辉华："企业：一种人力资本使用权交易的黏性组织"，《经济研究》2003年第8期。

[28] 潘前："中美体育后备人才培养体制初探"，《西安体育学院学报》2003年第3期。

[29] 潘志琛等："对英、法、德、澳四国竞技体育管理体制的考察与调研"，《中国体育科技》2004年第6期。

[30] 裴立新："经营性国有体育资产所有权、产权及经营管理模式研究"，《天津体育学院学报》1999年第4期。

[31] 任海等："论社会主义条件下体育资源的配置"，《天津体育学院学报》2000年第3期。

[32] 谭建湘："从足球改革看我国竞技体育职业化的发展"，《广州体育学院学报》1998年第4期。

[33] 唐小英："北美职业体育设施投资进程与发展"，《体育文化导刊》2004年第11期。

[34] 田慧、刘鹏："论体育电视转播的产业化功能"，《中国体育科技》2000年第10期。

[35] 田世昌、丛湖平："我国职业足球俱乐部运动员'高成本'现象的原因"，《体育与科学》2002年第3期。

[36] 王玉峰等："城市政府对当地职业足球俱乐部支持情况的调查分析"，《广州体育学院学报》2001年第1期。

[37] 杨瑞龙："论我国制度变迁方式与制度选择目标的冲突及其协调"，《经济研究》1994年第5期。

[38] [美] 约翰·卢卡姆、罗纳德·史密斯，杨子译："乡村城市化与体育商业化进程——19世纪中叶至20世纪初美国体育的变革"，《体育文史》1995年第3期。

[39] 郁俊："构建我国体育纠纷裁决机制的探讨"，《体育学刊》2004年第1期。

[40] 于振峰等:“我国职业篮球俱乐部运行管理中的法律问题研究”,《中国体育科技》2003 年第 7 期。

[41] 于振峰、谢恩杰、李晨峰:“我国职业篮球运动员转会制度及相关法律问题”,《体育与科学》2003 年第 4 期。

[42] 张锋等:“我国运动员保险问题的探讨与对策”,《中国体育科技》2004 年第 3 期。

[43] 张立等:“我国体育赛事电视转播权研究”,《天津体育学院学报》2000 年第 2 期。

[44] 张林、李明:“职业体育俱乐部发展沿革”,《西安体育学院学报》2001 年第 3 期。

[45] 赵芳、孙民治:“我国职业体育俱乐部若干法律问题研究”,《成都体育学院学报》2002 年第 2 期。

[46] 郑芳:“美国职业体育制度的起源、演化和创新——对中国职业体育制度创新的启示”,《体育科学》2007 年第 2 期。

[47] 郑芳、田世昌:“试论我国职业足球俱乐部的制度安排”,《浙江体育科学》2003 年第 5 期。

[48] 周爱光等:“我国体育保险的现状及对策研究”,《体育与科学》2002 年第 4 期。

[49] 周进强:“我国职业体育俱乐部的法律资格特征及其设立问题研究”,《天津体育学院学报》2000 年第 4 期。

[50] 周其仁:“市场里的企业:一个人力资本与非人力资本的特别合约”,《经济研究》1996 年第 6 期。

[51] 周业安:“中国制度变迁的演进论解释”,《经济研究》2000 年第 5 期。

学位论文:

[1] 杜丛新:“对职业篮球产权制度的研究”,《北京体育大学博士研究生学位毕业论文》2002 年。

［2］林志扬："企业组织变革——治理结构与组织结构互动角度的考察"，《厦门大学博士研究生学位毕业论文》2002 年。

［3］杨年松："职业竞技体育的经济学分析"，《华南师范大学博士研究生学位毕业论文》2003 年。

［4］张剑利："职业体育联盟及其相关法律研究"，《北京体育大学博士研究生学位毕业论文》2004 年。

［5］赵芳："我国体育产业立法理论的研究"，《北京体育大学博士研究生学位毕业论文》2002 年。

英文文献：

［1］Andrew Zimbalist, Baseball and Billions. New York: Basic books, 1992, p113.

［2］Arrow, Kenneth J. 1973, The Limits of Organization, New York: Norton, 1974.

［3］Atkinson S., Stanley L. and Tschirhart J. 1988, "Revenue Sharing as an incentive in an agency problem: an example from the National Football League" Rand Journal of Economics, 19, 1, 27 - 43.

［4］Boon G, Jones D. Deloitte & Touche Annual review of football finance［R］. 2002. 25, 56.

［5］Carlino, Gerald and N. Edward Coulson. 2002. "Compensating differentials and the social benefits of the NFL." Federal Reserve Bank of Philadelphia working paper No. 02 - 12/R.

［6］Charles P. Korr, West Ham United football Club and the Beginning of Professional football in East London, 1895 - 1914, Journal of Contempary history, 1978, Vol. 13, 222.

［7］Chis Gratton. The Peculiar Economics of English Professional Football. The Future of Football, First Published in 2000 in Great Britain by FRANK CASS PUBLISHERS, p. 16

[8] Chris Gratton and Peter Taylor. Economics of Sport and Recreation [M]. First published 2000 by Spon Press 11 New Fetter Lane, London EC4P 4EE. P212.

[9] Coates, Dennis and Brad R. Humphreys. 1999. "The Growth Effects of Sports Franchises, Stadia and Arenas." Journal of Policy Analysis and Management. 14 (4): 601 – 624.

[10] Coates, Dennis and Brad R. Humphreys. 2001a. "The Economic Consequences of Professional Sports Lockouts and Strikes." Southern Economic Journal. 67 (3): 737 – 747.

[11] Coates, Dennis and Brad R. Humphreys. 2003. "The Effects of Professional Sports on Earnings and Employment in the Retail and Services Sector of U. S. Cities." Regional Science and Urban Economics. 33 (2): 175 – 198.

[12] David Conn. The football business: the Modern Football Classic [M]. Edinburgh: Mainstream Press, 1997: 165, 169, 179 – 180.

[13] David Harris, The league: The Rise and Decline of the NFL New York: Bantem Books, 1986.

[14] De Brock, L. and Roth, A. 1981. Strike two: labor-management negotiations in major league baseball. Bell Journal of Economics 12 (2), 413 – 25.

[15] Dobson S. and Goddard J. 1998, "Performance and revenue in professional league football: evidence from Granger causality tests" Applied Economics, 30. pp: 1641 – 1651.

[16] Duane W. Rockerbie: the Economics of Professional Sports. Journal of Sports Economics 2005 6: 168 – 169.

[17] Forster, J (2006) Global sports organizations and their governance, Corporate Governance, 6, 1, 72 – 83.

[18] George. B. Kirsch, The Creation of American Team Sports: Baseball and Cricket, 1838 - 1872 (Chicago 1989); Adelman, A Sporting Time, Section II.

[19] Gerald Scully, 1974, "Pay and Performance in Major League Baseball," American Economic Review, 64: 6, pp. 915 - 930.

[20] Green, M. (2004). Changing policy priorities for sport in England: The emergence of elite sport development as a key policy concern. Leisure Studies, 23, 365 - 385.

[21] Greendorfer, S. L. 1993. Sport and mass media: General overview. ARENA Review 7, 2: 1 - 6.

[22] Hardman, K. (1973). A dual approach to the study of personality and performance in sport. In H. T. A. Whiting, K. Hardman, L. B. Hendry, & M. G. Jones (Eds.). Personality and performance in physical education and sport. London: Kimpton.

[23] Harris, J. C. & Hills, L. A. (1993). Telling the story: Narrative in newspaper accounts of a men's collegiate basketball tournament. Research Quarterly for Exercise and Sport, 64, 108 - 121.

[24] Hart, Oliver, and John Moore, 1990, Property Rights and the Nature of the Firm, Journal of Political Economy 98, 1119 - 1158. Grossman, Sanford, and Oliver Hart, 1986, The Costs and the Benefits of Ownership: A theory Vertical and Lateral Integration, Journal of Political Economy 94, 691 - 719.

[25] H. MacFarlane, "Football of yesterday and today: a comparison", Monthly Review, xxv, 1986, p129.

[26] J. Quirk & R. D. Fort; Pay Dirt: The Business of Professional Team Sports; Princeton University Prezz, 1992.

[27] Kahn L. (2000), "The sports business as a labor market laboratory", Journal of Economic Perspectives, 14, 3, 75 - 94.

[28] Kesenne, S. (2000a), "Revenue Sharing and Competitive Balance in Professional Team Sports" Journal of Sports Economics, Vol 1, No 1 pp56 - 65.

[29] Kesenne, S. (2000b), "The Impact of Salary Caps in Professional Team Sports", Scottish Journal of Political Economy, Vol 47, No 4.

[30] Klein, Benjamin, Alwin Crawford, and Armen Alchian, 1978, Vertical Integration, Appropriable Rents and the Competitive Contracting Process, Journal of Law and Economics 21, 297 - 326.

[31] K. Radnege, the Uitimate Encyclopedia of Soccer [M]. Hodder and Sloughton Ltd, 1998. 12.

[32] Lazear, E. and Rosen, S. (1981) "Rank Order Tournaments as Optimal Labor Contracts", Journal of Political Economy, Vol. 89, pp. 841 - 864.

[33] Lisa Pike Masteralexis, Carol A. Barr, Mary A. Hums, Principles and Practice of Sport Management, Maryland: Aspen Publishers Inc, Gaithershurg, 1998.

[34] Lowenfish, L. (1980). The imperfect diamond: A history of baseball's labor wars. New York: Da Capo Press.

[35] Mansel G. Blackford & K. Austin Kerr, Business Enterprise in American History (Boston, 1986).

[36] Michie, J (2000) The governance and regulation of professional football, The Political Quarterly, 71 (2), 184 - 191.

[37] North, Douglas, 1990, Institutions, Institutional Change and Economic Performance, Cambridge: Cambridge University Press.

[38] Peel D. and Thomas D. (1988) "Outcome Uncertainty and the Demand for Football: An Analysis of Match Attendances in the English Football League" Scottish Journal of Political Economy, 35, 3,

242 - 249.

[39] Quirk J. and El Hodiri M, 1974. "The economic theory of a professional sports league" in Noll (ed.) Government and the Sports Business. Brookings Institution.

[40] Quoted in M. Golesworthy (ed.) The Encyclopedia of Association Football, Newton Abbot, 1977.

[41] Robert Baade and Richard Dye, "The Impact of Stadiums and Professional Sports on Metropolitan Area Development," Growth and Change, v. 21, no. 2 (Spring 1990), pp. 1 - 14.

[42] Rosen S, 1981. "The economics of superstars" American Economic Review, 845 - 858.

[43] Rosen S. and Sanderson A. (2001) "Labor Markets in Professional Sports" Economic Journal, 111, 469, F47 - F68.

[44] Seymour, Harold. 1971. Baseball: The Golden Age. New York: Oxford University Press.

[45] Scully G. Economics of sports. International Encyclopedia of the Social & Behavioral Sciences. 2001, 14938 - 14944.

[46] Scully G. 1974. "Pay and performance in Major League Baseball", American Economic Review, 64, 915 - 30.

[47] Sloane, P. J. 1971. "The Economics of Professional Football: The Football Club as a Utility Maximiser." Scottish Journal of Political Economy.

[48] Vrooman, John, . A General Theory of a Professional Sports League., Southern Economic Journal, 61 (4), April 1995, 971 - 990. 14.

[49] Westerbeek, H. M. and Smith, A. (2001). "Understanding the criteria for a winning bid straregy", The future for Host Cities, Sport Business Group, p. 24.

[50] Wilbert Marcellus Leonard : A Sociological Perspective of Sport. Illinois State University. Burgess Publishing Company, 1980.

[51] Williamson, O. E. (1985). The Economic Institutions of Capitalism: Firm, Markets, Relational Contracting, Macmillan. New York: Free Prss. P48.

[52] Williamson, O. E. : The Institutions of Governance. American Economic Review, Vol. 88, Issue 2, 1998 (May).

[53] Williamson, O. E. : The Theory of The Firm as Governance Structure: From choice to Contract. Journal of Economic Perspectives. Vol. 16, No. 3, 2002 (Sum): 171 - 195.

[54] Wray Vamplew: Pay up and play the game - professional sport in Britain 1875 - 1914. Cambridge 115 University Press. 1988.

[55] Yasser, R., McCurdy, J. R., & Gopelrud, C. P. (1997). Sports law: Cases and materials (3rd ed.) Cincinnati: Anderson Publishing.

[56] Zander Hollander, The American Encyclopedia of Soccer, NewYork 1980.

后　记

本书由笔者的博士论文《职业体育的组织形态与制度安排》修订而成，也是笔者对近几年学术生涯的总结。

从小被视为有一些小聪明的人，但也因此一直不能专注于学业，各种兴趣爱好牵扯了我许多的时间精力，一直令家人担心害怕，而学习渐渐也成为我的一种负担。在勉强获得硕士学位并开始从事教师工作之后，发现自己的人生似乎就将稳定而略显平淡地进行。

俗话说“人过三十不学艺”，但到 2003 年我终于决定尝试开始一种新的生活，原因之一是希望将自己对体育的长期兴趣转变为研究的专业；原因之二是想知道在摆脱了功利性的应试教育之后自己是否具有一种独立开拓事业的能力。幸运的是此时我恰巧遇到了江西财经大学的伍世安教授，虽然素昧平生且学识浅薄，但伍老师似乎更赞赏我求学的精神和动机，因此我幸运地厕身伍老师的门墙，踏上了人生第一次完全由我自主选择的科研之路。

如果说我的论文有些许价值的话，必须首先归功于伍老师的精心指点。虽然伍老师承担着繁重的行政事务，但从论文的选题、写作到修改、定稿，无不饱含着伍老师的大量心血。伍老师严谨求实的治学态度和克己宽厚的大家风范，对一贯疲沓的我具有极大的促进和提高作用。还必须提到的是师母曾六妹老师，曾师母热情而朴实，伍老师的严格要求有时不免令一向懒散的我感觉沮丧，但曾师母的鼓励和倾听总是给人以奋发向上的信心。虽说大恩不言谢，但弟子实在无以为报，在此，谨向我的导师和师母致以一名弟子的崇高敬意。

江西财经大学是个学术氛围自由的高校，在此我能够开始进行轻松而自由的思考。我的第一大收获是渐渐发现学术研究似乎也是有趣的一件事。而过去我所广泛涉猎的被不少人视为不务正业的各种兴趣爱好也不断激发我新的灵感，特别是使我保持一种对新知识的好奇，也许不同学识的殊途同归正在于此。当然，学生的任何成就都是在前辈师长的基础上取得的，我的第二大收获是在江西财经大学我聆听了多位导师的课程，包括校内的和许多到我校进行学术交流的知名学者。论文的写作过程中更得到了史忠良教授、廖进球教授、卢福财教授、吕江林教授、方宝璋教授、王小平教授、胡宇辰教授和陈富良教授等多位导师的精心指导，在此对这些老师一并致谢。论文的评审和答辩得到了卢元镇教授、黄汉升教授、张昕竹教授、靳英华教授、秦椿林教授和夏大慰教授的指点和勉励。中国体育产业的发展方兴未艾，这些专家对拙文的肯定进一步坚定了笔者从事体育经济研究的信心。

三年的博士学习生活，认识了一批思维活跃、各具优点的师兄弟，从他们身上我受益良多，陈军昌、秦川、周伟贤、杨继平、陈文华、车圣保、罗雄飞和金通等同学是其中的代表。陈军昌兄为完成其宏篇巨著“非线性产业或经济系统的演化分析”耗时八年，我深感愧不能及。我的学弟陈明敏、黄先明和罗海兵等则为论文资料的收集以及打印等付出了辛勤劳动。本书出版前，我的第一位硕士生汪志敏进行了最后的校对。在此对他们的帮助和支持表示感谢。

我中学时代的好友方有毅已经定居美国，在百忙之中他为我文中的英文内容进行了译校。另两位同学郑强和陆哲棋为论文资料的收集和打印提供了许多帮助，时间和空间似乎只是见证了我们牢固的友谊。

我原来所在的单位福州闽江学院为我的学习提供了支持，使我可以专心学术，特别是管理学系的王贤斌主任和科研处狄俊安处长在学习和工作等诸多方面给予我许多便利，我为有这样的单位和领导而心怀感激。

最后，特别感谢我的父母和家人对我的宽容和支持，我的成长是父母教诲和奉献的结果，求学几年妻子陈华敏承担了大部分养家糊口和抚育女儿的重担，数年前负笈求学时女儿郑若瑜刚刚呀呀学语，现在已是一个名副其实的淘气包了，带给我许多的痛苦和欢乐，也许就像我带给我的父母一样。女儿的成长似乎也见证着自己的成长历程。希望我今后能不负他们的期望，甚至有出人意料的成绩。

悟已往之不谏，知来者犹可追。我逐渐明白，对我而言这几年的学习生涯最大的收获并不是获得了博士学位或完成了这本著作，而是我似乎已经略窥学术研究的堂奥。博士论文或者著作仅仅是一尾鱼，但我更愿意掌握捕鱼的方法，每念及此，总令人心潮澎湃。

郑志强

2009 年 11 月 22 日定稿